云南省禁毒委员会办公室
云南师范大学　　　　　　资助项目
云南省禁毒教育培训科研基地

# 毒品滥用与治理实证研究

## ——以云南省为视角

莫关耀　等著

中国人民公安大学出版社
群众出版社
·北　京·

**图书在版编目（CIP）数据**

毒品滥用与治理实证研究：以云南省为视角/莫关耀等著. —北京：中国人民公安大学出版社，2018.5

ISBN 978-7-5653-3273-9

Ⅰ. ①毒… Ⅱ. ①莫… Ⅲ. ①毒品管理—研究—云南 Ⅳ. ①D669.8

中国版本图书馆 CIP 数据核字（2018）第 082922 号

**毒品滥用与治理实证研究**

莫关耀 等著

出版发行：中国人民公安大学出版社
地　　址：北京市西城区木樨地南里
邮政编码：100038
经　　销：新华书店
印　　刷：北京市泰锐印刷有限责任公司

版　　次：2018 年 7 月第 1 版
印　　次：2018 年 7 月第 1 次
印　　张：18
开　　本：787 毫米×1092 毫米　1/16
字　　数：373 千字

书　　号：ISBN 978-7-5653-3273-9
定　　价：68.00 元

网　　址：www.cppsup.com.cn　www.porclub.com.cn
电子邮箱：zbs@cppsup.com　zbs@cppsu.edu.cn

营销中心电话：010-83903254
读者服务部电话（门市）：010-83903257
警官读者俱乐部电话（网购、邮购）：010-83903253
教材分社电话：010-83903259

# 毒品滥用与治理实证研究

## ——以云南省为视角

莫关耀　陈　璐　金　羽
康蔚林　段宏宇　马　彦　杨海燕

# 序

当前，毒品问题日益成为危及人类健康与福祉的灾难。《2018年世界毒品报告》显示，2016年，世界上约有2.75亿人使用毒品，其中，全球成年人口（15~64岁）的0.6%——约3050万人在使用毒品时产生问题，深受毒品使用障碍之苦，包括成瘾导致对毒品的依赖。阿片类药物是全世界最有害的药物类型，全世界70%毒品使用障碍相关的负面健康影响均同阿片类药物有关。毒品市场上可获得的成瘾物质的范围已扩大许多。特别是阿片类药物市场变得越来越多样化，除国际管制的成瘾物质如海洛因之外，还有许多是从合法市场转移过来或作为假冒药品生产的处方药。新型精神活性物质（NPS）继续发展，到2015年，报告的成瘾物质种类几乎翻了一番，达到483种，2016年达到739种，2018年已经达到800多种，而2012年则为260种。《2017年世界毒品报告》显示，全球注射毒品者有1200万人，其中丙型肝炎患者受到的危害最大。注射毒品者当中，有1/8——约160万人为艾滋病病毒感染者，有1/2——约610万人患有丙型肝炎，而大约有130万人同时带有丙型肝炎和艾滋病病毒。统计显示，有22.2万名使用毒品者死于丙型肝炎，比使用毒品者死于艾滋病的人数多出3倍。

中国呈现出毒品过境贩运、境内消费、境外输入与国内制造，以及部分易制毒化学品和新精神活性物质的走私出口的特点。《2017年中国毒品形势报告》显示，中国毒品来源于境外输入和国内制造。当前，境外毒品向中国渗透仍呈加剧势头。“金三角”“金新月”和南美三大毒源地毒品对中国形成全面渗透之势，境外贩毒势力与境内贩毒团伙结成贩毒网络，贩毒团伙结构更加复杂，贩毒路线不断变化，贩毒规模不断扩大，贩毒手段不断升级，现实危害和潜在威胁进一步加大。经过连续开展打击制毒犯罪专项行动，国内制造合成毒品犯罪受到有力打击，制毒活动受到有效遏制，重点地区制毒活动大为收敛，一些地方合成毒品价格大幅上涨。国内毒品来源多元化、毒品种类多样化趋势更加明显，进一步加大了治理毒品问题的复杂性。

截至2017年年底，全国现有吸毒人员255.3万名（不含戒断三年未发现复吸人数、死亡人数和离境人数），同比增长1.9%，增幅较上年下降5个百分点。其中，不满18岁1.5万名，占0.6%；18岁至35岁141.9万名，占55.6%；36岁至59岁109.9万名，占43%；60岁以上2万名，占0.8%。2017年，全国查获35岁以下青少年吸毒人数同比下降19%，其中新发现人数同比下降29.3%，占新发现人员总数的比例同比下降2.2%，青少年毒品预防教育成效继续得到巩固。

在全国现有255.3万名吸毒人员中，滥用合成毒品人员153.8万名，占60.2%，较上年下降0.3个百分点；滥用阿片类毒品人员97万名，占38%，较上年下降0.1个百分点；滥用大麻、可卡因等毒品人员4.6万名，占1.8%。2017年，全国新发现吸毒人员34.4万名，其中滥用合成毒品人员占77.1%，较上年下降4个百分点；滥用海洛因等阿片类毒品人员占16.6%，较上年上升0.8个百分点；滥用大麻、可卡因等毒品人员占6.3%。2017年，全国查获复吸人员53.2万人次，其中滥用合成毒品人员占60.1%，较上年下降2个百分点；滥用阿片类毒品人员占39.2%，较上年上升1.8个百分点；滥用大麻、可卡因等毒品人员占0.7%。2017年，合成毒品滥用占比出现下降，大麻、可卡因等毒品滥用占比上升，毒品滥用种类更加多元化。

《2017年中国毒品形势报告》显示，2017年，中国禁毒工作取得明显成效，毒品形势发生了积极向好的变化。全国禁毒部门在党中央、国务院坚强领导下，以习近平新时代中国特色社会主义思想为指导，深入学习贯彻党的十九大精神，认真贯彻落实习近平总书记关于禁毒工作的系列重要指示精神和党中央关于禁毒工作的重大决策部署，全面深化各项毒品治理措施，禁毒工作取得明显成效。大力开展打击制毒犯罪专案工作，严厉打击了制造合成毒品犯罪活动；创新完善堵源截流工作机制，有力遏制了毒品入境内流；集中打击网络涉毒违法犯罪活动，有效遏制了网上涉毒问题的快速蔓延；深入实施青少年毒品预防教育工程，有效减缓了新吸毒人员滋生；积极推进社区戒毒社区康复工程，有效减轻了毒品社会危害；持续深化禁毒重点整治工作，彻底扭转了一些地方毒品问题严重态势；务实开展禁毒国际合作，深度参与国际禁毒事务和跨国禁毒执法行动，有力服务了禁毒斗争全局。2017年，全国禁毒部门破获毒品刑事案件14万起，打掉制贩毒团伙5534个，抓获毒品犯罪嫌疑人16.9万名，缴获各类毒品89.2吨；查获有吸毒行为人员87万人次，其中登记新发现吸毒人员34万人；依法强制隔离戒毒32.1万人、责令社区戒毒社区康复26万人次，戒断三年未发现复吸人员167.9万名，有力保护了公民的人身权、财产权、人格权。通过一年努力，国内毒品形势稳中可控，没有形成重大涉毒社会问题，有效遏制了毒品问题对经济社会发展的现实危害和潜在威胁，为维护社会和谐稳定做出了积极贡献。

禁毒是一个世界性的难题，也是一个综合性的研究课题，当前禁毒研究的趋势是多样化、多学科的交叉研究。从公安学、法学、医学等领域逐渐向社会学、教育学、社会工作等领域拓展，也逐渐形成了具有鲜明特色的禁毒学。本研究运用多学科视角、交叉学科的研究思路，采取文献研究、比较研究、定性与定量实证研究的方法，丰富了相关研究的第一手资料，拓展了毒品研究的视野和领域。在全球毒品问题总体恶化的大背景下，毒品问题全球化趋势短期内难有明显改变，国际国内毒品问题加速交织，中国毒品违法犯罪活动仍处于持续活跃期。面对严峻的毒品形势，加强毒品滥用与治理研究，减少毒品需求具有战略意义，禁毒工作任重道远！

2018 年 6 月

# 目 录

# 第一章　青少年与毒品滥用[①]

云南省作为中国的西南门户，与缅甸、老挝、越南接壤，边境线长达4061公里，与世界上主要的毒品产地“金三角”毗邻。当前“金三角”地区仍然是对我国危害最大的毒源地。因此，云南省边境州市成为“金三角”毒品进入我国的主要渠道，也成为毒品流入内地的主要集散地，吸毒问题的重灾区。边境地区的吸毒贩毒形势日益严峻，毒品迅速蔓延，吸食毒品问题日益突出，35岁以下青少年[②]吸毒严重，毒情形势日趋严峻。

## 第一节　相关理论与研究综述

### 一、国内外研究介绍

#### （一）国外研究简况

美国学者默顿将法国社会学家迪尔凯姆的失范理论学说应用于分析美国社会，创立了紧张理论。默顿认为，人的欲望由社会文化引起，尽管社会文化认可的成功目标在整个社会中是一致的，但实现成功的机会在各阶层中并不均等，当下层阶级无法用合法手段实现社会承认的成功目标时，就会产生紧张情绪。个人缓解紧张情绪的方式有五种：遵从；创新；形式主义；退却主义；造反。在他看来，除遵从以外的四种社会适应方式都构成“越轨”，但它们并非必然引起犯罪。默顿把吸毒看作是一种“逃避主义”，吸毒者逃避文化规定的成功目标，它们被隔断或者拒绝了成功的道路。[③]

用功能主义的越轨理论解释吸毒就是社会文化与社会结构失调的产物。许多国外的社会学家认为人们吸毒是因为他们的社会目标不能实现，许多实证研究也证明

---

① 注：本章所有案例及数据采集于2012年。

② 联合国将青年定义为：15～24岁的人；世界卫生组织将青年定义为：18～44岁的人；联合国教科文组织将青年定义为：16～34岁的人；中国国家统计局将青年定义为：15～34岁的人；共青团将青年定义为：15～28岁的人；青年联合会将青年定义为：18～40岁的人。少年一般是指十岁左右至十五六岁这一时期的孩子。研究定义35岁以下青少年是根据国家禁毒报告统计数据口径。

③ 韩丹．国外吸毒问题的社会学理论视角述评——以美国相关研究成果为例．唯实，2010（3）．

大多数吸毒者来源于社会下层。也有一些学者从社会整合的角度来解释吸毒。他们认为社会的解体是人们吸毒的原因。而在微观社会学的层次，许多学者用亚文化理论、拟剧理论来说明吸毒的原因。美国教授贝克认为个人卷入大麻亚文化群是其吸食大麻的关键原因。国外一些学者认为吸毒问题是被建构出来的，它本身并不可怕。使用海洛因具有许多的特征，与其说是由使用海洛因造成的不如说是由使用海洛因的非法性造成的。①

布迪厄说："一个场域可以被定义为在各种位置之间存在的客观关系的一个网络（network），或一个构型（configuration）。"场域是以各种社会关系联结起来的表现形式多样的社会场合或社会领域，场域对影响社会行动者及其实践的外在力量有自主的形塑机制。场域制约着个人心理、个人行为及个人的地位和作用，等等。场域的规则是共同的，但是行动者却因自己的资本与位置不同在场域中发生不断的争斗。社会阶级和种族这类场域可以作为社会重大结构变量的重要参照。它们可以反映出不同群体对吸毒的不同倾向。现在，海洛因吸食主要集中在黑人和西班牙裔人中，这种现象似乎表明比较低的社会经济地位和不利的种族身份为海洛因吸食提供了重要的线索。但是，在世纪之交，各种各样的阿片类吸食以医疗为目的，主要集中在中产阶级白人妇女之中。在英国，海洛因吸食和规模与社会阶级分布大致相当，而黑人并不是典型代表。Jessor 在 1978 年研究吸食大麻趋势的时候，发现一些分类因素诸如城乡、种族和社会经济地位正逐渐丧失其意义。性别因素在大麻吸食上也逐渐模糊。如果绝大多数常用的社会指标正在变得没有意义，那么有一个大麻吸食的特点始终是很重要的：绝大多数吸食者是年轻人，并且首次吸食大麻的年龄有减小的趋势。大麻在短时间内流行起来，可能现在年轻的吸食者在年龄变大时还会继续吸食。年龄因素同样在海洛因吸食者中也很明显，至少绝大多数美国海洛因吸食者在年轻时就开始吸食了。绝大多数吸毒的人都是年轻人；那些上瘾的人都会随着年龄的增长减少或者终止吸食毒品。结构性变量，比如阶级种族，根据已有的研究显示，和吸毒的关系都非常模糊。②

社会规范的识别假设每个社会行为人都会根据生存的环境，倾向于坚持合适的信念和相应的行为。这说明社会化的重要作用，虽然有时候只是副产品，而观念本身也被识别出来而进行传播。家庭抚养对于人格形成并将文化价值和规范传递给后代人非常重要。除了家庭在个体社会化过程中的重要作用以外，社会控制的其他媒介也很重要，最多的是朋辈群体的影响。③

美国学者在研究吸毒问题的视角中，将吸毒作为文化系统出现过程的一部分。问题是：把吸毒作为一个重要部分的生活方式是怎样出现的呢？如果家庭和其他社

① 蒋涛. 吸毒研究文献综述. 中国市场，2010（9）.

② 韩丹. 国内吸毒问题的社会学研究述评. 唯实，2008（5）.

③ 韩丹. 国外吸毒问题的社会学理论视角述评——以美国相关研究成果为例. 唯实，2010（3）.

会控制的对接能够一贯有效，吸毒行为就几乎不会发生，因为吸毒并不是成年人生活方式的典型特点，因为社会化展现了一些通常交给家庭、学校和教堂的年轻人基本的适应策略的教化方式。Andrews 和 Kandel 在 1979 年指出，在吸毒之前的社会化过程中，那些吸毒者已经有了促进吸毒的态度。Jessor 在 1977 年指出，虽然吸食大麻者总是和吸毒者有联系，但是并不是所有与吸毒者交往的人都选择吸毒。尝试过海洛因并且还和海洛因吸食者保持密切联系的人中有很多不吸毒。Vaillant (1966b) 发现本地出生的移民后代吸毒者超过一般的比例，而不是那些在其他地方被抚养大而后迁到本地的移民后代。他猜测，两代之间的文化差异似乎增加了吸毒的倾向。Iukoff 和 Brook 在 1974 年发现贫民窟中报道的海洛因吸食者来自社会经济地位高的群体中的比例很大，但是和移民比起来，本地出生、社会经济地位比较高也起了作用。最重要的因素是移民和本地人，其中本地出生的人相对占了海洛因吸食者更大的比例。在同一个调查中也有一种观点认为，儿童的抚养造成了两代的不同。所有四个种族的移民，包括非裔美国人、西印第安黑不列颠人、白人、波多黎各人管教后代都比本地的父母严厉。①

（二）国内研究现状

关于吸毒的原因分析，国内学者有不同的实证分析，主要是从宏观和微观两个方面进行研究。

1. 宏观方面。宏观方面吸毒的原因主要是指社会原因造成的吸毒行为。

国内学者梅建明认为吸毒不是一种孤立的现象，它是社会失范的表征之一。由于在社会结构上的位置不同——社会流动性太小，这种位置改变的可能性也很小(同有些人相比较而言，拥有较多的机会)。在吸毒者中，有 42.61% 的人处于无业状态，而西安市的数字与全国其他城市的数字相比较还算低的。在武汉、上海、深圳，吸毒人群中无业者分别高达 60.0%、63.6%、56.9%。对于这些人而言，他们缺乏足够的合理手段获得成功。这样，在文化结构的目标与社会结构的目标之间，产生了断裂，这就是失范的根源。作为失范的各种表现形式，如卖淫嫖娼、青少年犯罪等，在层出不穷的越轨形式中，吸毒即是其中之一。②

廖龙辉认为青少年吸毒的宏观因素主要包括两方面：第一，社会转型中不利因素影响导致价值观错位。1997 年在对武汉市司法局主办的戒毒中心调查发现：有 38.1% 的青少年认为吸毒是有钱人的象征。在他们看来，某些人成功的标志就是有钱，而毒品只有有钱的人才吸得起，因此，吸毒可以体现自己有钱，能显示自己的成功，是一种身份、地位的象征。第二，禁毒宣传不足，造成某种“宽容”的心理环境。据某市有关专家对 714 名青少年对吸毒行为评价的专项调查发现，有 5.7% 的人认为吸毒是“无可厚非的”，有 7.6% 的人表示“如果发现朋友吸毒，自

---

① 韩丹．国外吸毒问题的社会学理论视角述评——以美国相关研究成果为例．唯实，2010 (3)．

② 蒋涛．吸毒研究文献综述．中国市场，2010 (9)．

己不会因此中断与他来往”。1997 年度北京市的调查中，有 6% 的被调查者对吸毒流露出向往的想法。这种现状，客观上为吸毒者提供了某种“宽容”的社会与心理环境。①

夏国美在对 391 名青少年吸毒者的实证研究中发现，禁毒教育的误区是青少年吸毒的推动力。在本样本中，研究对象涉足毒品前对毒品的认识中，“听说它能使人飘飘然，很想试试”的人占了 63.9%。笔者发现，青少年对毒品的这种认识并不仅仅是受到毒品亚文化的影响，而更多的是从主流社会的媒体宣传中获得。在许多媒体宣传中，经常出现吸毒能使人飘飘欲仙的夸张描述。这种描述对青少年的误导作用是显而易见的。②

2. 微观方面。青少年吸毒的原因从微观方面进行分析主要有自身因素、朋友群体的影响及家庭的原因。

在自身因素方面，很多学者提出了自己的观点。

廖龙辉认为青少年吸毒的自身原因包括：第一，好奇心驱使，无知心理误导。第二，社会角色紧张。③

夏国美认为青少年吸毒的失范行为与吸毒者自身的低学历标签有关。在研究的 391 名青少年吸毒者中，中专及以下学历的占了 86.0%；涉足毒品前接近半数无工作。由于当代青少年普遍处于学历霸权制度的压迫之中，中专及以下的毕业文凭早已被贬得一文不值。而低学历的标签就意味着没有人会赞赏你，承认你的价值；意味着你将不再有前途，赚不到钱。④

蒋涛、朱玲怡根据吸毒者将初次吸毒行为作为一种目的还是手段，以及初次吸毒是主动还是被动，将初次吸毒行为分为四种：追求性吸毒、逃避性吸毒、反叛性吸毒、诱骗性吸毒。其中，追求性吸毒就是以吸毒为终极目标，吸毒人员主动去追求的吸毒行为。逃避性吸毒也是一种主动吸毒行为，是吸毒人员知道吸毒的后果而主动选择的行为。反叛性吸毒是一种被动选择的吸毒行为，刚开始时吸毒者是对吸毒持反对态度的，继而他们把吸毒作为一种抗议手段。诱骗性吸毒指吸毒者是受了他人的诱骗、强迫而产生的吸毒行为。可以看出，在追求性吸毒中，吸食毒品的原因是主观的，是自我选择的结果，跟个人因素有关；逃避性吸毒虽然与自身的因素有关，也受到社会环境或者其他方面因素的影响，来自各方面的压力使得当事人承受不了，故而选择吸毒的方式得到自我解脱；反叛性吸毒则是将吸毒作为一种抗议的手段，为了对抗一些自己主观意识上的不公平或不公正而开始吸毒；诱骗性吸毒则与自身因素无关，是社会控制的缺失。⑤

---

① 廖龙辉. 青少年怎么会吸上毒的——青少年吸毒的社会学分析. 社会，2001（10）.

② 夏国美. 社会学视野下的禁毒研究——青少年吸毒问题调查. 社会科学，2003（10）.

③ 廖龙辉. 青少年怎么会吸上毒的——青少年吸毒的社会学分析. 社会，2001（10）.

④ 夏国美. 社会学视野下的禁毒研究——青少年吸毒问题调查. 社会科学，2003（10）.

⑤ 蒋涛，朱玲怡. 初次吸毒行为的社会学解析. 青年研究，2005（8）：33－38.

在朋辈群体的影响方面，廖龙辉认为青少年交往行为不慎导致吸毒。朋辈群体在个人社会化过程中的正向和副向作用是非常明显的，所谓“近朱者赤、近墨者黑”就是这个道理。①

夏国美在实证研究中发现，有 81.7% 的青少年承认自己在涉足毒品前一年中结交了一些在社会上“混”的朋友，而且有 54.6% 的人认同，在社会上混，不可能一点违法的事也不做。研究发现，行为失范的青少年价值观的形成和同伴影响关系密切。②

在家庭因素方面，廖龙辉认为有两方面的因素。第一，家庭结构残缺或家庭破碎。第二，家庭教育方式的偏差与不当。有的父母“望子成龙”或“望女成凤”心切，不考虑子女的实际与可能，一味地给他们加压，使他们难以承受而产生逆反心理，出现逃学旷课，学习成绩下降等现象，对此，父母不是耐心教导，而是棍棒相加，这严重摧残了子女的身心健康。在青少年吸毒者中，由于家庭教育方式偏差与不当的影响而导致青少年染上毒瘾的占有相当比例。③

夏国美认为父母的职业阶层、家庭的教育能力、父母培养态度等都对青少年的吸毒失范行为有影响。在 391 名样本中，父母属私营企业主、个体工商户和失业或无业这三种阶层的比率明显偏高。其中私营企业主为 4.8%（母亲）和 7.2%（父亲）；个体工商户为 10.1%（母亲）和 14.7%（父亲）；失业或无业为 20.5%（母亲）和 11.0%（父亲）。在青少年涉足毒品之前的家庭教育中，普遍存在着父母与子女之间在教育上的“弱交流”现象。其表现为：一是教育方式不当。在样本人群中，父母采用谈心型方式的仅占 21.0%，采用最多的是唠叨型，占 35.0%，溺爱型和放任型，分别占 15.5% 和 14.0%。二是教育效果不佳。样本人群在涉足毒品前对父母教育的反应是，愿意接受者仅占 21.2%，勉强接受者占 43.6%，其余为厌烦、对抗、阳奉阴违或者不理睬，占 35.2%。三是父母监护不力。样本人群涉足毒品前父母对他们在闲暇时间的安排、交往的朋友和消费方式方面的了解程度都很低，分别为 2.07 分、2.34 分和 2.29 分（4 分为了解，1 分为不了解）。其中 20 岁及以下组人群在闲暇时间的安排这项上分值最低，只有 1.94 分。在吸毒的青少年家庭中，父母对子女的监护态度呈现两极分化：要么是恨铁不成钢，动辄惩罚或干脆放任自流；要么是过度关心、过度保护，甚至包揽前途。前者容易使青少年形成反社会的攻击性人格，从而行为失范；后者则容易使青少年形成依赖人格，缺乏判断力和独立性，从而跌入社会陷阱。④

何志雄、罗伟导等人指出：吸毒者大多出身于农民家庭，其次为工人家庭、商

① 廖龙辉．青少年怎么会吸上毒的——青少年吸毒的社会学分析．社会，2001（10）．
② 夏国美．社会学视野下的禁毒研究——青少年吸毒问题调查．社会科学，2003（10）．
③ 廖龙辉．青少年怎么会吸上毒的——青少年吸毒的社会学分析．社会，2001（10）．
④ 夏国美．社会学视野下的禁毒研究——青少年吸毒问题调查．社会科学，2003（10）．

人家庭、干部家庭，以知识分子家庭为最少；吸毒者的婚姻状况大多是未婚，其次为已婚者和离婚者；文化程度则以初中程度为最多，其次是小学、高中、中专，大专以上最少；吸毒者的职业以待业者最多，农民、司机、商业人员次之；初次吸毒的地点多在住家以外，以朋友家为最多；吸毒的原因有多种，依次为“好奇”“证明自己吸上一两次不会上瘾”“尝试飘的感觉”等；而毒品来源则依次为黑市、朋友处、自己走私、帮派提供；复吸的原因依次为“自己决心不大”“心瘾的折磨”“受粉友的诱惑”。由上述可以得出，吸毒是多种因素作用下的结果，其中，有家庭因素、个人因素、朋辈群体、社会因素等。①

## 二、研究设计

### （一）研究方法

研究方法的选择取决于研究的对象、范畴和目的，先进而科学的研究方法能为论文分析提供强大的工具平台，并得出全面而深刻的结论。本书沿用社会学常用的研究方法，并自觉地尝试和吸收其他学科的方法论原则。

1. 文献研究。主要是指通过对相关理论文献的研究，形成对事实科学认识的方法。本书力求在查阅当地的地方志、文件、会议记录等资料的基础上，结合国内外学者的研究成果，对相关问题进行分析。

2. 问卷调查。它是调查者运用统一设计的问卷向被选取的调查对象了解情况或征询意见的调查方法。问卷调查是以书面提出问题的方式收集资料的一种研究方法。研究者将所要研究的问题编制成问题表格，以邮寄、当面作答或者追踪访问的方式填答，从而了解被问者对某一现象或问题的看法和意见，所以又称问题表格法。问卷法的运用，关键在于编制问卷，选择被试者和结果分析。

3. 个别访谈。是指调查员单独与被调查对象进行的访谈活动，具有保密性强、访谈形式灵活、调查结果准确、访问表回收率高等优点。

### （二）调查设计

1. 调查地点选择。根据云南省毒品滥用的形势，本次调查主要对云南省的8个州市或县进行调研，分别是楚雄、大理、保山、德宏、昆明、玉溪、普洱、西双版纳。

2. 调查对象选择。本次项目的调查对象主要为35岁以下吸食毒品的青少年，样本以偶遇抽样和滚雪球抽样的方式产生。

3. 资料收集方法。本次研究的资料主要来自于以下几个方面：

（1）现有的文献资料。包括国内外最新的毒品吸食原因的文献、国家的统计资料等。收集方法主要通过计算机检索，以及到有关部门收集、购买等。

（2）“云南省35岁以下青少年吸食毒品原因调查问卷”资料。样本规模为

① 何志雄，罗伟导，等．对吸毒原因的调查与分析．中国药物滥用防治杂志，2004（1）．

2204名35岁以下吸毒青少年（每个调查地点根据实际情况，样本控制在300人左右）。收集方法为：课题组成员分为两组，分别在云南省8个州市或县依据预先设计的抽样方案挑选被调查者，采取结构式访问、当场填答、当场回收的方式进行，以保证填答的质量和回收率。

（3）个案访问资料。每个调查的州市或县中，随机抽取25名进行深入访谈，访谈对象包括：强制隔离戒毒所的戒毒人员及工作人员；社区戒毒的戒毒人员及工作人员；美沙酮替代疗法的治疗者。

4. 资料分析方法。根据研究设计，对调查问卷所收集的资料进行统计分析。运用统计分析软件SPSS19.0对所收集的资料进行分析。

## 第二节　云南省35岁以下青少年吸毒状况概述

### 一、云南省吸毒问题概况

#### （一）云南省省情

云南省之所以成为我国毒品形势最为严峻的省份，与云南省特有的地理位置、人口特点有关。

1. 地理环境。云南省位于我国的西南边陲，占地面积约39万平方千米，占我国国土面积的4.11%，与四川、贵州、广西、西藏等四个省相邻。云南省共有4061千米的边境线，与缅甸、老挝、越南三国相邻。在云南省16个州市中，怒江、保山、德宏、临沧、普洱、西双版纳、红河、文山等8个州市与他国接壤。云南省与世界主要的毒品产地“金三角”毗邻，4061千米的边境线，且茂密的热带雨林，无天然屏障，这些特殊的地理位置，加上20世纪80年代我国的改革开放政策，使“金三角”地区的毒贩改变了贩毒线路，“金三角”地区贩毒集团大量抛售囤积毒品，向我国大宗贩毒明显增多，贩运毒品路线出现新变化。近年来，境外毒贩针对云南省公安机关一直高度重视加大“西线”（国道320线、214线，来自德宏、临沧、保山方向的毒品）查缉力度的现实，从境外绕道至帮康、勐拉一线，走私进入孟连、澜沧、勐海县。由于“南线”（国道213线，来自于西双版纳、普洱方向的毒品）高速公路没有固定的公安边防检查站，沿线公安机关禁毒力量相对不足，多年“无战事”，因而“南线”成为毒品特别是冰毒进入云南省的主要通道。[①]

2. 人口数据。根据2010年第六次人口普查数据显示，云南省共有4596.6万人（2015年达4742万人）。其中60岁以下的有4087.9万人，占全省总人口的88.93%。全省普查实际登记的人口中，具有大学（指大专以上）文化程度的有

① 莫关耀．调整云南禁毒战略措施的思考．云南大学学报，2011（5）．

265.6万人，占全省总人口的5.8%；具有高中（含中专）文化程度的有385.0万人，占全省总人口的8.4%；具有初中文化程度的有1263.1万人，占全省总人口的27.5%；具有小学文化程度的有1994.4万人，占全省总人口的43.4%。而在全省实际登记的15周岁及以上人口中，文盲人口为277.0万人，占全省总人口的6.0%。由此可见，有超过80%的人的文化程度在初中及以下，而将近一半的人的文化程度为小学或者文盲。文化程度的低下使得他们对于毒品的认识有欠缺，在利益驱使下，走上人体运毒、贩卖毒品的犯罪道路。

3. 民族构成。全国56个民族中，云南省有52个。其中，人口在5000人以上的民族有26个，除了汉族外，还有25个少数民族，其人口为1533.7万人，占全省总人口的33.37%。在这25个少数民族中，彝族、白族、哈尼族、傣族、傈僳族、拉祜族、佤族、纳西族、景颇族、布朗族、普米族、阿昌族、怒族、基诺族、德昂族、独龙族等16个民族是云南省的世居民族。其中以彝族人口最多，占全省总人口的10.94%。而这些民族中，很多民族都是跨境而居的民族。虽然是跨境而居，但也是同宗、同源、通婚，习惯相同，世代友好。以傣族为例，傣族是一个跨境民族，与缅甸的掸（傣）族、老挝的主体民族佬族、泰国的主体民族傣族、印度阿萨姆邦的阿洪傣都有着渊源关系。

（二）云南省吸毒现状

1. 总体形势。截至2016年，云南省现有吸毒人员13万多人，占云南省总人口的28‰。在云南16个州市中，各州市均有吸毒登记在册人员，吸毒登记在册人数超过5000人的就有10个，其中，以德宏、昆明、红河最多，分别有将近5万人、3万多人、1万余人。

2. 性别、年龄。在云南省登记在册的13万多名吸毒者中，男性吸毒者有12万多人，女性吸毒者有1万多人，说明在吸毒者的队伍中，女性吸毒者所占比例不大。

在年龄方面，18~35岁的吸毒者有7万多人，36~59岁的吸毒者有6万余人。由此可见，云南省现有吸毒人员多是青壮年，18~59岁的吸毒人员占95%以上。

3. 吸食毒品种类。在吸食毒品的种类上，现有13万多名吸毒者中，对于吸食阿片类（海洛因、鸦片、吗啡、杜冷丁、罂粟壳）毒品的占80%多；对于吸食新型化学合成类毒品的不到20%。但是新发现的吸毒人员吸食合成毒品人数超过吸食传统毒品人数。

4. 吸毒人员职业分布。云南省吸毒人员以农业人员最多，达7万多人，无业人员次之近3万人，再次为自由职业者和个体经营者。

## 二、云南省35岁以下青少年吸毒现状分析

本次研究通过对云南省8个州市的强制隔离戒毒所、社区戒毒（康复）场所、美沙酮门诊的戒毒人员进行问卷调查和个案访谈，共获得2000多份问卷和150多

份个案访谈记录。其中，昆明—玉溪—普洱—西双版纳一线的调查由远至近，先从西双版纳开始，然后到普洱、玉溪，最后回到昆明；楚雄—大理—保山—德宏一线的调查亦是如此，从德宏到保山，到大理，再到楚雄，完成本次调研。涉及的2000多名吸毒者，在个人基本情况、吸食毒品的基本状况和高危行为状况等方面呈现出以下特点。

（一）个人基本情况

1. 性别、年龄。在性别状况上（见表1－1），2204名35岁以下青少年吸毒者中，男性有1718名，占调查总数的77.9%；女性有486名，占调查总数的22.1%。

表1－1 被调查者的性别

| 性别 | 人数 | 百分比 |
|---|---|---|
| 男 | 1718 | 77.9% |
| 女 | 486 | 22.1% |
| 总和 | 2204 | 100% |

在年龄状况上（见图1－1），2204名35岁以下青少年吸毒者中，18岁以下（不包括18岁）的有36名，占调查总数的1.6%；18～25岁的有838名，占调查总数的38.0%；26～35岁的有1330名，占调查总数的60.4%。

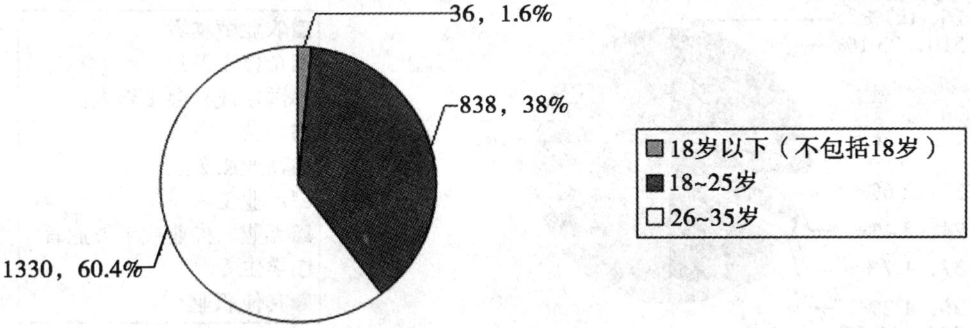


图1－1 被调查者的年龄

2. 受教育程度、职业及收入状况。在受教育程度上（见图1－2），2204名35岁以下青少年吸毒者中，有150名是文盲半文盲，占调查总数的6.8%；有598名被调查者是小学文凭，占调查总数的27.1%；有1126名被调查者是初中文凭，占调查总数的51.1%；有295名被调查者是高中、中专或职高技校文凭，占调查总数的13.4%；有35名被调查者是大学专科及以上文凭，占调查总数的1.6%。

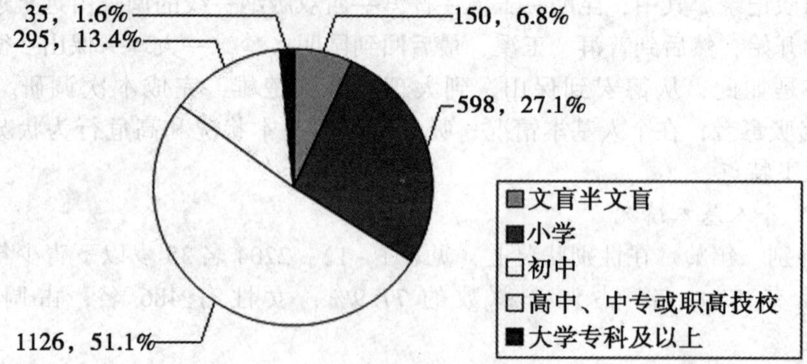


图 1－2　被调查者的受教育程度

在之前或现在职业状况上（见图 1－3），2204 名 35 岁以下青少年吸毒者中，农业劳动者有 1095 名，占调查总数的 49.7%；个体工商户有 344 名，占调查总数的 15.6%；国家或社会工作人员、私营企业主、商业服务业员工、产业工人分别有 26 名、37 名、74 名、57 名，分别占调查总数的 1.2%、1.7%、3.4%、2.6%；而无业、失业或半失业者有 510 名，占调查总数的 23.1%；有 16 名被调查者之前或现在的职业是学生，占调查总数的 0.7%；其他职业的有 45 名，占调查总数的 2.0%。

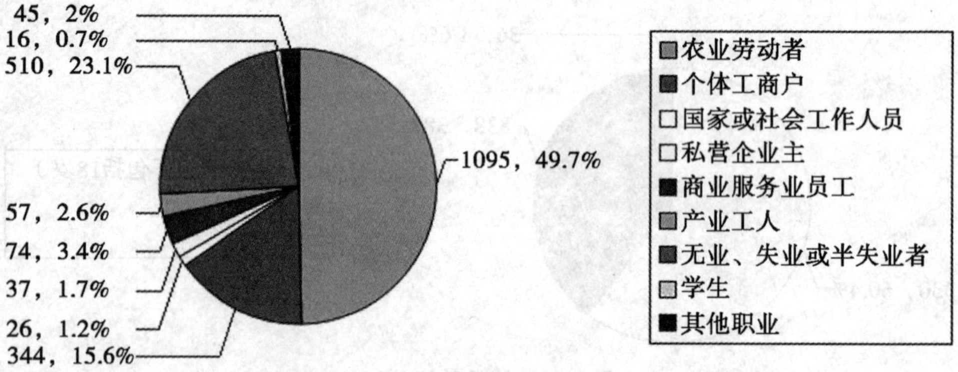


图 1－3　被调查者之前或现在的职业

在就业经历上，2204 名 35 岁以下青少年吸毒者中，有 664 名被调查者表示曾经有在娱乐服务场所从业的经历，占调查总数的 30.1%；这些娱乐服务场所包括舞厅、酒吧、游艺厅、美容美发室、浴室、浴足坊等；有 1540 名被调查者表示没有在娱乐服务场所从业的经历，占调查总数的 69.9%。

在收入状况上（见表 1－2），2204 名 35 岁以下青少年吸毒者中，有 1269 名被调查者的月收入为 2000 元以下，占调查总数的 57.6%；有 637 名被调查者的月收入为2001～4000元，占调查总数的28.9%；有185名被调查者的月收入为4001～7000元，占调查总数的8.4%；有113名被调查者的月收入在7000元以上，占调查总数的5.1%。

**表1－2 被调查者的收入状况**

| 收入状况 | 人数 | 百分比 |
|---|---|---|
| 2000元以下 | 1269 | 57.6% |
| 2001～4000元 | 637 | 28.9% |
| 4001～7000元 | 185 | 8.4% |
| 7001元以上 | 113 | 5.1% |
| 总和 | 2204 | 100% |

3. 婚姻状况。在婚姻状况上，2204名35岁以下青少年吸毒者中，1130名被调查者处于未婚状态，占调查总数的51.3%；有179名被调查者是未婚同居，占调查总数的8.1%；有640名被调查者是已婚，占调查总数的29.0%；有47名被调查者是已婚分居状态，占调查总数的2.1%；有208名被调查者为离婚或丧偶，占调查总数的9.5%。由此可见，在所有的被调查者中，只有不到30%的被调查者是已婚状态，婚姻状况比较稳定，其余70%多的被调查者的婚姻状况都处于不稳定状态，有未婚的、已婚分居的、离婚的、丧偶的等。迪尔凯姆的社会整合理论认为，社会问题的产生与社会整合程度的高低有关，而婚姻状况也是社会整合的一个表现。因此在所有的调查对象中，婚姻状况稳定的调查对象比婚姻状况不稳定的调查对象少得多。

4. 户籍及户口性质方面。在户籍状况上（见图1－4），2204名35岁以下青少年吸毒者中，来自云南本省的有2074名，占调查总数的94.1%；来自其他省市的有107名，占调查总数的4.9%；来自缅甸的有23名，占调查总数的1.0%。而云南省籍的调查者中，来自保山的有193名，占调查总数的8.8%；来自大理的有280名，占调查总数的12.7%；来自德宏的有505名，占调查总数的22.9%；来自昆明的有157名，占调查总数的7.1%；来自临沧的有91名，占调查总数的4.1%；来自普洱的有181名，占调查总数的8.2%；来自曲靖的有83名，占调查总数的3.8%；来自西双版纳的有224名，占调查总数的10.2%；来自玉溪的有193名，占调查总数的8.7%；来自昭通的有74名，占调查总数的3.4%；来自红河的有26名，占调查总数的1.2%；来自楚雄的有23名，占调查总数的1.0%；来自云南省其他地州的有47名，占调查总数的2.0%。在其他省市的调查者中，以来自贵州、四川的最多，分别为41名和35名，占调查总数的1.9%和1.6%。由此可见，在当地戒毒的吸毒者以本地人员居多。

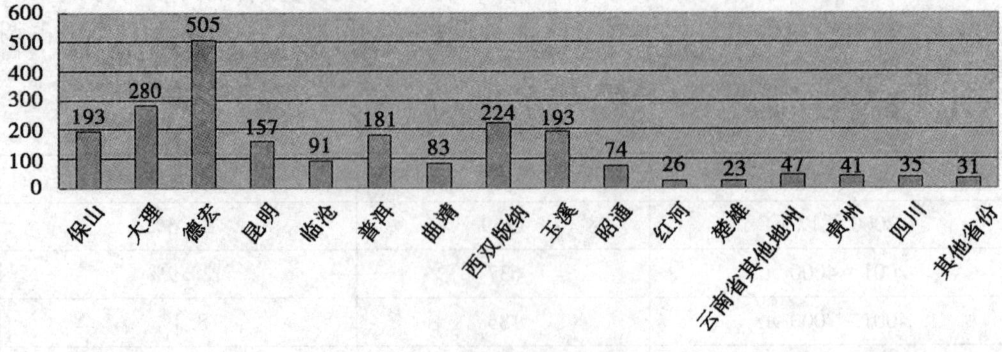


图 1-4 被调查者的户籍所在地

在户口性质上，2204 名 35 岁以下青少年吸毒者中，有 228 名被调查者是城市户口，占调查总数的 10.3%；有 457 名被调查者是城镇户口，占调查总数的 20.7%；有 1519 名被调查者是农村户口，占调查总数的 69.0%。

5. 身体状况。关于身体状况方面，本研究主要设计了吸毒后是否感染过一些传染性疾病，如性传播疾病、感染性疾病（甲肝、乙肝、肺炎等）。在 2204 名被调查者中，有 1203 名被调查者在吸毒后没有感染过任何病，占调查总数的 54.6%（见图 1-5）。

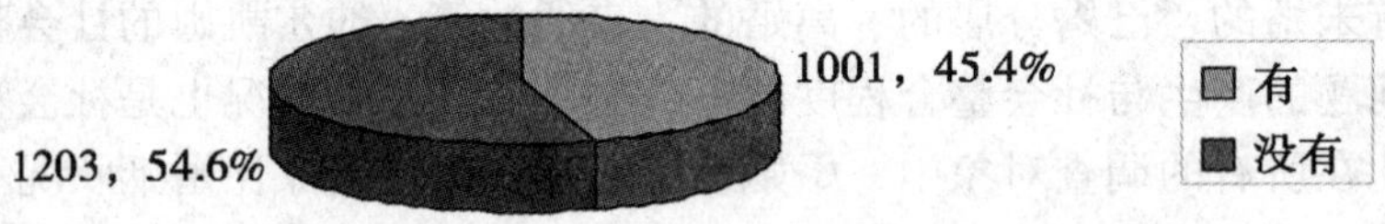


图 1-5 被调查者吸毒后是否感染过传染性疾病

在是否被感染性传播疾病上，1001 名吸毒后感染过疾病的被调查者中，127 名被调查者表示吸毒后自己感染了性传播疾病，占吸毒后感染过疾病被调查者的 12.7%。

在是否感染过感染性疾病（甲肝、乙肝、肺炎等）上，1001 名吸毒后感染过疾病的被调查者中，166 名被调查者表示吸毒后自己感染过感染性疾病，占吸毒后感染过疾病被调查者的 16.6%（见图 1-6）。

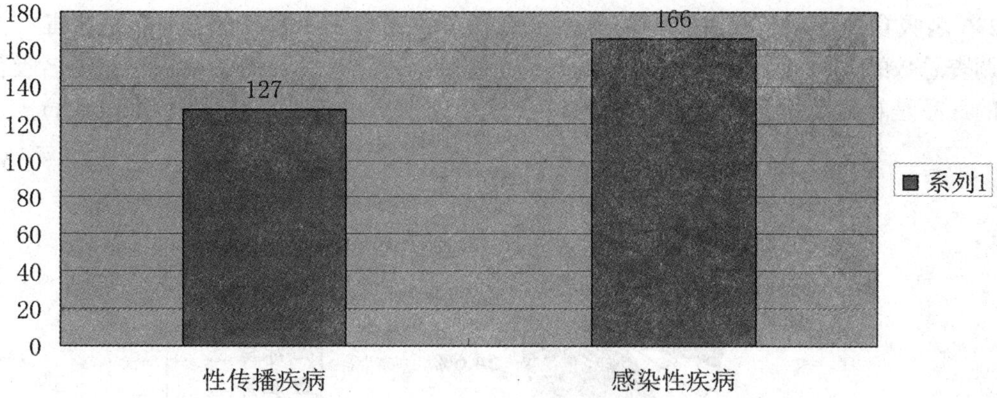


**图 1-6　被调查者吸毒后感染过哪些传染性疾病**

（二）吸食毒品的状况

关于被调查者吸食毒品的状况，本次调查主要对第一次吸食毒品时的情况、平时吸食毒品的情况、吸食毒品后的反应、复吸的情况进行了调查。

1. 第一次吸毒的状况。

（1）第一次吸毒的年龄状况。在第一次吸食毒品的年龄状况上（见图 1-7），2204 名被调查者中有 588 名被调查者表示第一次吸食毒品时的年龄在 18 岁（含 18 岁）以下，占调查总数的 26.7%；年龄在 19～25 岁的有 1063 名，占调查总数的 48.2%；年龄在 26～35 岁的有 553 名，占调查总数的 25.1%。由此可见，在调查的 2204 名被调查者中，有将近四分之三的被调查者第一次吸食毒品在 25 岁以内。

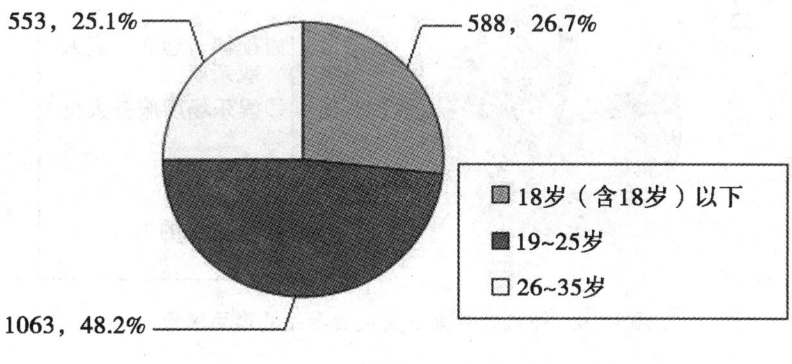


**图 1-7　被调查者第一次吸食毒品的年龄**

（2）第一次吸毒的种类。在第一次吸食毒品的种类上，2204 名被调查者中，有 1204 名被调查者表示第一次吸食的毒品是海洛因，占调查总数的 54.6%；有 72 名吸食的毒品是“摇头丸”，占调查总数的 3.3%；有 158 名吸食的毒品是“K

粉”，占调查总数的7.2%；有124名吸食的毒品是大麻，占调查总数的5.6%；有236名吸食的毒品是麻古，占调查总数的10.7%；有313名吸食的毒品是冰毒，占调查总数的14.2%；有53名吸食的毒品是鸦片，占调查总数的2.4%；有31名吸食的毒品是麻黄素，占调查总数的1.4%；有13名吸食的毒品是其他（见图1-8）。

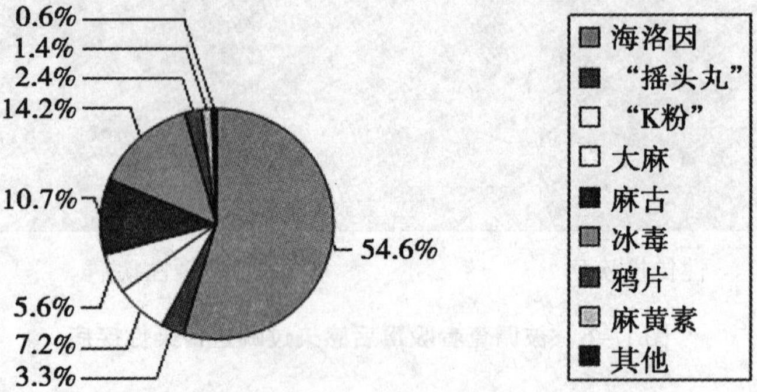


图1-8　被调查者第一次吸食毒品的种类

（3）第一次吸毒的来源。在第一次吸食毒品的毒品来源上，2204名被调查者中有1695名被调查者表示第一次吸食的毒品是朋友提供的，占调查总数的76.9%；有148名的毒品是配偶、恋人、家人或亲戚提供的，占调查总数的6.7%；有62名的毒品是娱乐服务场所的服务人员提供的，占调查总数的2.8%；有86名的毒品是不熟悉的人提供的，占调查总数的3.9%；有213名的毒品是自己购买的，占调查总数的9.7%（见图1-9）。

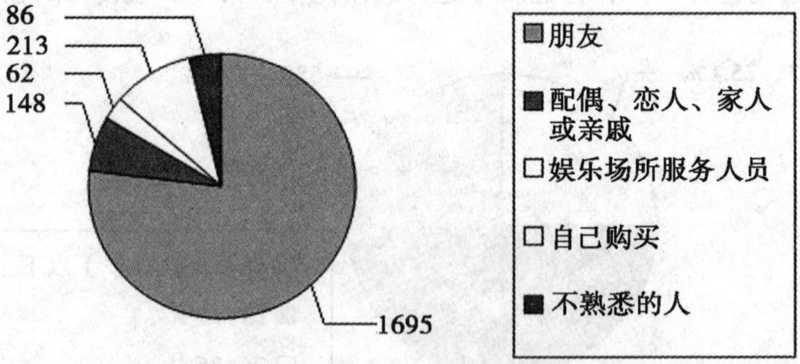


图1-9　被调查者第一次吸食毒品的毒品来源

（4）第一次吸毒的地点。在第一次吸食毒品的地点上，2204名被调查者中，有346名被调查者是在自己家里，占调查总数的15.7%；有539名是在娱乐服务场所，占调查总数的24.5%；有1096名是在朋友家里，占调查总数的49.8%；有177名是在公共场所，占调查总数的8.0%；有46名是在山上、田里、学校、车上等地方，占调查总数的2.0%（见图1-10）。

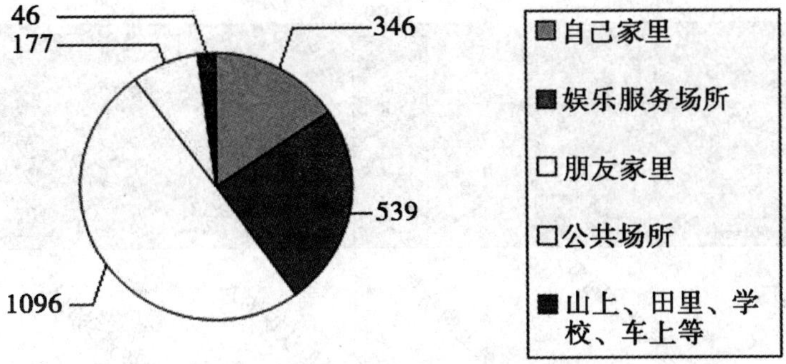


图1－10　被调查者第一次吸食毒品的地点

（5）第一次吸毒在场的人数。在第一次吸毒时有多少人在场的问题上，2204名被调查者中，有113名被调查者表示第一次吸毒时是独自一人，占调查总数的5.1%；有257名还有另外一个人在场，占调查总数的11.7%；有1469名另外还有2～3个人在场，占调查总数的66.7%；有365名有很多人在场，占调查总数的16.5%（见图1－11）。

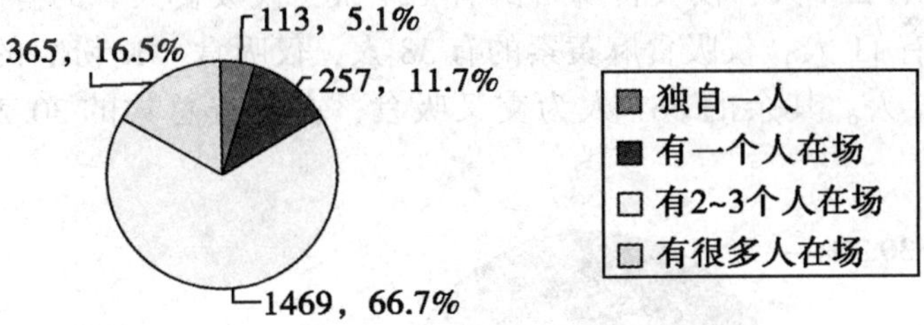


图1－11　被调查者第一次吸毒时在场人数

在第一次吸毒时有别人在场的情况下，这些人与调查者的关系分别是家人、亲戚、恋人、同学、同事、社会上的朋友、不熟悉但认识的人、聚会场所偶尔遇到的人等。其中，表示在场的人是家人、亲戚及恋人的有111名，占调查总数的5.0%；在场的人是同学、同事的有407名被调查者，占调查总数的18.5%；有1699名被调查者表示第一次吸毒时有社会上的朋友在场，占调查总数的77.1%；有138人表示有不熟悉但认识的人在场，占调查总数的6.3%；有105名有聚会场所偶尔遇到的人在场，占调查总数的4.8%。由此可见，在所调查的2204名吸毒者中，有超过90%的被调查者第一次吸毒时有其他人在场，而在场的人大多是调查者社会上认识的朋友（见图1－12）。

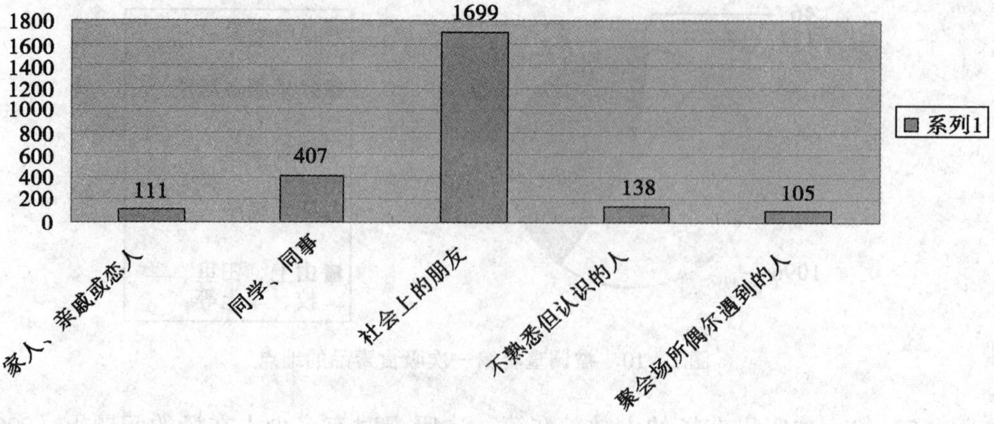


图 1-12　被调查者第一次吸毒在场的人

2. 平时吸毒的情况。

（1）平时吸毒的种类。在平常吸食的毒品种类上，2204 名被调查者中，吸食单一毒品的有 1537 人，占调查总数的 69.7%。其中，仅吸食海洛因的有 1097 人；仅吸食冰毒的有 224 人；仅吸食麻古的有 124 人；仅吸食大麻的有 22 人；仅吸食“摇头丸”的有 11 人；仅吸食麻黄素的有 38 人；仅吸食“K 粉”的有 5 人；仅吸食鸦片的有 16 人。其余的 667 人为交叉吸食，占调查总数的 30.3%（见图 1-13）。

图 1-13　被调查者平常吸食毒品的种类

（2）平时吸毒的来源。在平时的毒品来源上，2204 名被调查者中，有 156 名表示自己的毒品通常是由亲友提供的，占调查总数的 7.1%；有 1725 名表示自己的毒品是从药贩子那里购买的，占调查总数的 78.3%；有 585 名表示毒品是由同伴提供的，占调查总数的 26.5%；有 21 名表示毒品是自己在个体诊所和零售药店购买的，占调查总数的 1.0%；有 219 名表示毒品是从娱乐服务场所得到的，占调查总数的 9.9%（见图 1-14）。

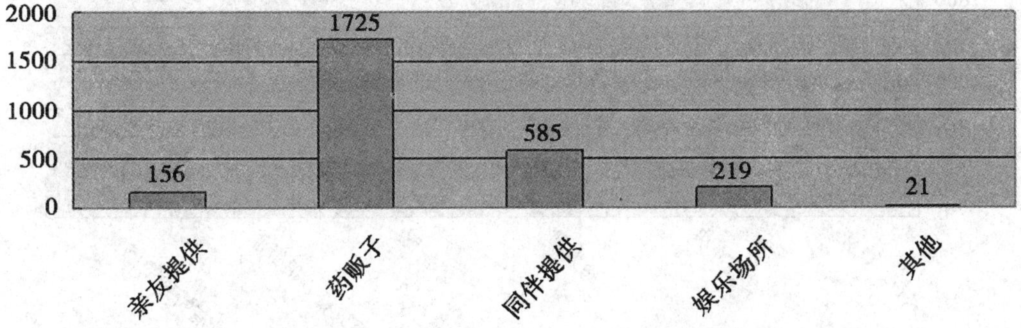


图 1－14　被调查者平时吸毒时的毒品来源

3. 吸毒后的反应。

（1）吸毒后的生理心理反应。在吸毒后是否有瘾的问题上，2204 名被调查者中，有 1136 名认为自己生理上有瘾，占调查总数的 51.5%；有 504 名认为自己生理上没有瘾，占调查总数的 22.9%；有 564 名自己也说不清楚是否生理上有瘾，占调查总数的 25.6%。有 1300 名认为自己心理上有瘾，占调查总数的 59.0%；有 360 名认为自己心理上没有瘾，占调查总数的 16.3%；有 542 名说不清楚自己是否有心瘾，占调查总数的 24.6%（见图 1－15）。

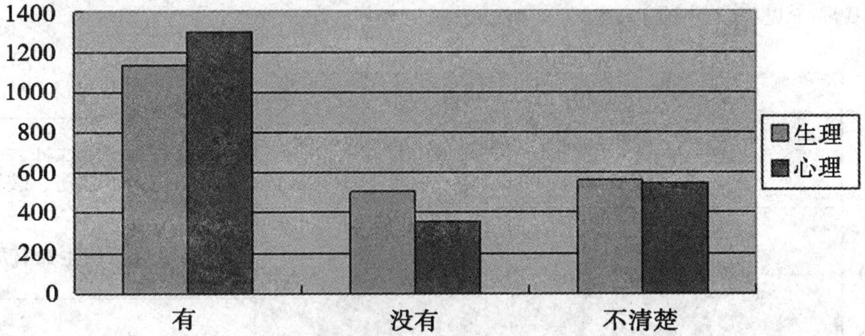


图 1－15　被调查者是否有瘾——生理和心理

（2）吸毒后的其他生理反应。在吸食毒品后的其他反应上，2204 名被调查者中，有 744 名表示吸毒后会兴奋、疯狂，占调查总数的 33.8%；有 345 名吸毒后有性冲动，占调查总数的 15.7%；有 179 名表示想发泄，占调查总数的 8.1%；有 302 名吸毒后感到不舒服，占调查总数的 13.7%；有 1376 名表示感觉很放松、很舒服，占调查总数的 62.4%；有 6 名认为自己吸毒后没有什么特殊的感觉（见图 1－16）。

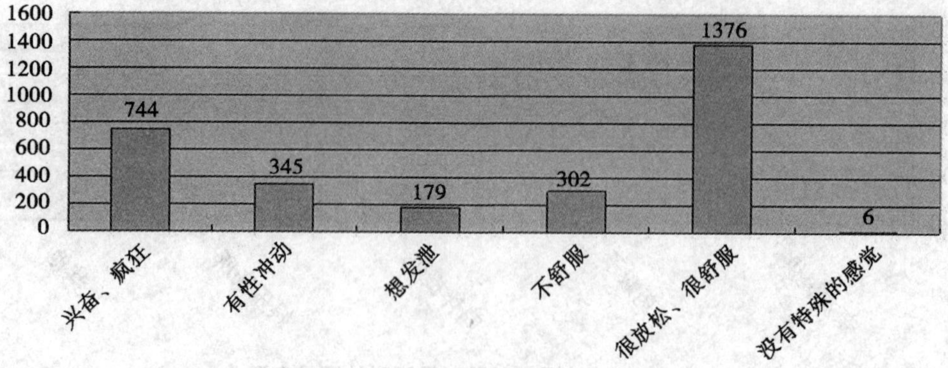


图 1－16　被调查者吸食毒品后的反应

（3）吸毒后的破坏性行为。在吸毒后是否有过破坏性行为（如伤人、自伤、破坏财物）上，2204 名被调查者中，有 368 名表示曾经在吸毒后有过破坏性行为，占调查总数的 16.7%；有 1835 名表示吸毒后没有发生过破坏性行为，占调查总数的 83.3%（见图 1－17）。

（4）吸毒后的生命危险性。在有没有因为吸毒而使生命有危险的问题上，2204 名被调查者中，有 706 名被调查者表示曾经因为吸毒而使生命有危险，占调查总数的 32.0%；有 1498 名表示没有过因为吸毒而威胁生命的情况，占调查总数的 68.0%（见图 1－17）。

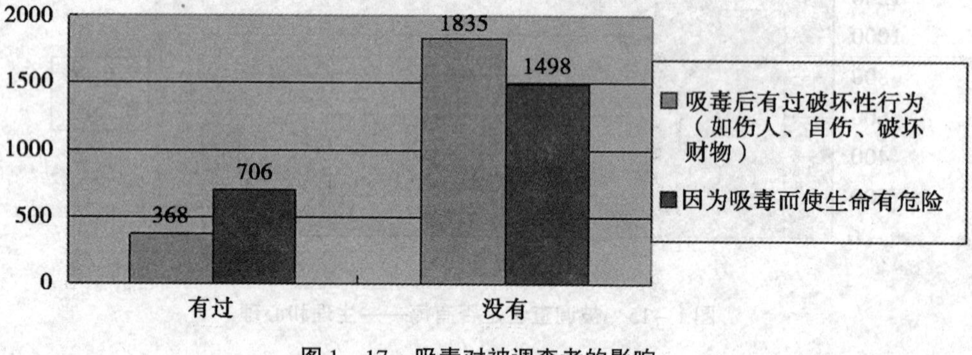


图 1－17　吸毒对被调查者的影响

4. 吸毒前后的行为变化。吸毒者的行为在吸毒前后有差别。对于借朋友钱不还这一行为，在吸毒以前，有 2093 名被调查者表示吸毒以前没有借朋友钱不还的行为，然而吸毒以后，这 2093 名被调查者中，有 434 名被调查者发生过借朋友钱不还的行为。

对于是否有过偷拿家里钱的行为，在吸毒以前，有 2009 名被调查者表示没有发生过这一行为；而在吸毒以后，这些人中有 457 名被调查者发生过偷拿家里人钱的行为。对于有没有靠谎话和假话骗钱的行为，在吸毒以前，有 2064 名被调查者表示没有过这种行为；但吸毒以后，这些人中有 547 名被调查者发生过靠谎话和假话骗钱的行为。对于有没有过有意破坏或损害公共财物的行为，在吸毒以前，有 2152 名被调查者表示没有过这种行为；但是吸毒以后，这些人中有 105 名被调查者发生过有意破坏或损害公共财物的行为。对于是否有过破坏公共秩序的行为，在吸毒以前，有 2119 名被调查者表示没有发生过这种行为；但吸毒以后，这些人中有 142 名被调查者发生过破坏公共秩序的行为。对于有没有发生过在超市拿了东西不付钱的行为，在吸毒以前，有 2160 名被调查者没有发生过这种行为；但吸毒以后，这些人中有 105 名被调查者发生过在超市拿了东西不付钱的行为。对于有没有常常旷工或逃学的行为，在吸毒以前，有 1616 名被调查者表示没有过这种行为；但吸毒以后，这些人中有 392 名被调查者有过旷工或是逃学的行为。

5. 复吸。在 2204 名被调查者中，有 992 名被调查者进入戒毒所是初次吸毒，占调查总数的 45.0%；有 1212 名被调查者是复吸，占调查总数的 55.0%。由此可见在所调查的 2204 名戒毒者中，有一半多的人之前有过戒毒的经历（见图 1-18）。

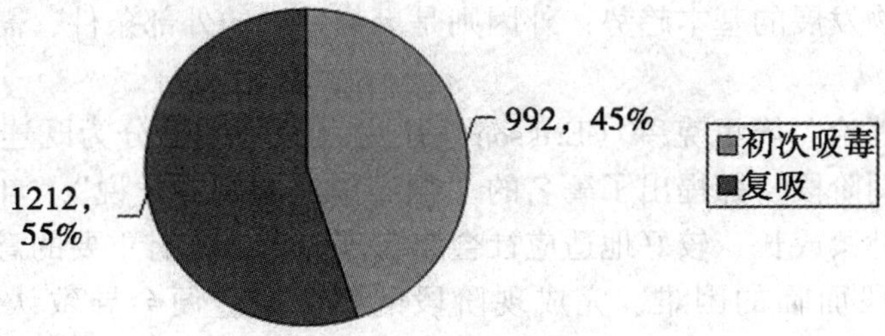


**图 1-18 被调查者吸毒经历**

在复吸地点上，1212 名复吸者中，有 369 名复吸者的复吸地点是娱乐场所（迪厅、舞厅、网吧等），占复吸者总数的 30.4%；有 755 名复吸者的复吸地点是家里（包括自己家与朋友家），占复吸总数的 62.3%；有 60 名复吸者的复吸地点是浴池或厕所，占复吸总数的 5.0%；有 168 名复吸者的复吸地点是公共场所（车站、厕所、广场等），占复吸总数的 13.9%；有 520 名复吸者的复吸地点是宾馆酒店或出租房，占复吸总数的 42.9%（见图 1-19）。

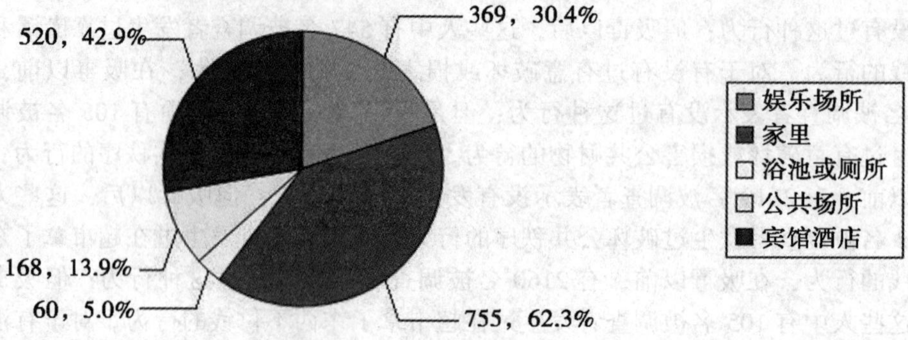


图 1－19　被调查者复吸地点

## 第三节　云南省 35 岁以下青少年吸毒的个体因素

唯物辩证法认为，事物的发展是内外因共同作用的结果，内因是事物发展的根据，决定了事物发展的基本趋势；外因则是事物发展的外部条件，需要通过内因起作用。

自我认知理论：埃里克森（Erikson）认为人的一生可分为既连续又有其独特发展课题的不同阶段，并提出了著名的“循序渐进的发展学说”。自我同一性的确立对青少年的健康成长、较好地适应社会和实现自身价值有重要的意义。当青少年无法解决现阶段面临的困难，完成现阶段的任务时，便会导致认同混淆，遭遇“自我认同危机”，即对权威的大人为他们设定的目标不认同，自己也不积极寻找方向，对未来没有想法，对自己没有信心。因此为了填补空虚、掩饰焦虑，常抱着“今朝有酒今朝醉”的心态，寻找麻痹自己、让自己不必面对严肃人生课题的方式。①

因此，导致个体吸毒这一越轨行为的主要原因在于个体自身，与个体的心理、认知、兴趣爱好有关（见图 1－20、图 1－21）。

① 沙莲香．社会心理学．中国人民大学出版社，2011：88.

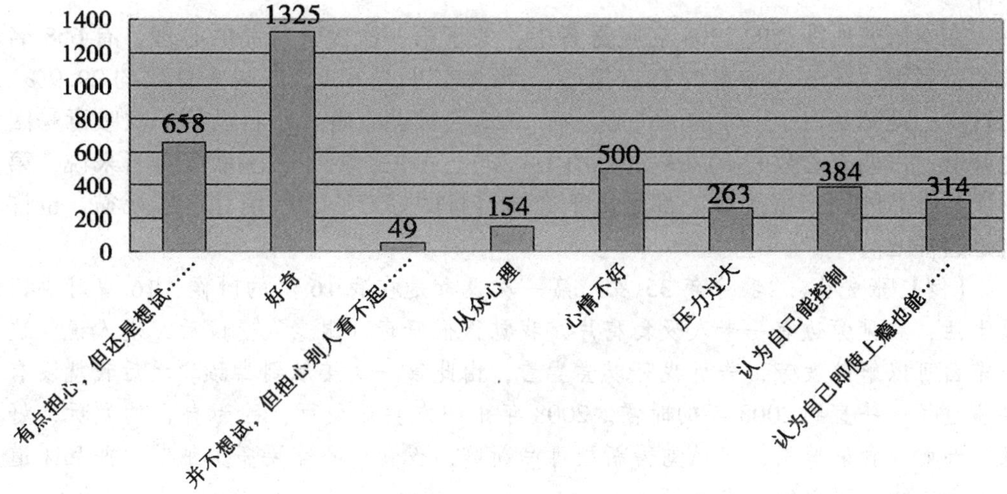


图 1－20 初次吸毒心理

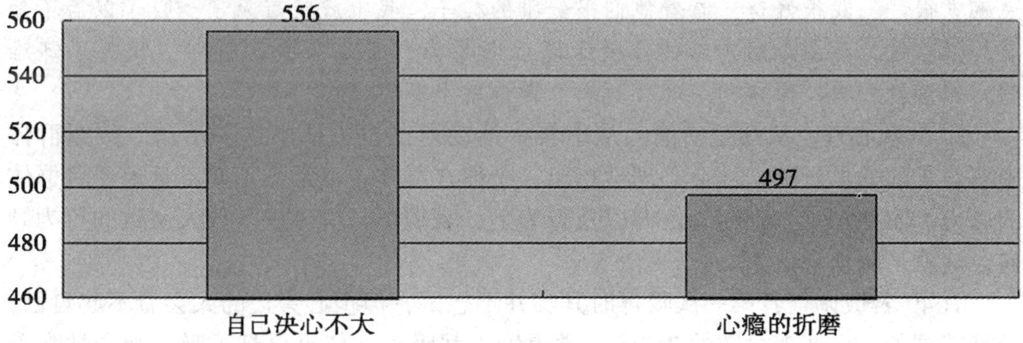


图 1－21 复吸心理

## 一、个人心理方面

### （一）第一次吸毒的心理

1. 好奇心理。人们对任何新事物和陌生事物都具有探索和尝试的欲望，尤其是青少年处于身心发展不够成熟的阶段，各方面都不成熟，自我受欲望与冲动的支配，总是试图摆脱束缚，这一时期青少年好奇心强，求知欲旺盛，总是试图寻求新奇刺激，有着更加强烈的好奇心。在吸毒方面，面对着吸毒会获得强烈快感的渲染和诱惑，好奇心强烈的人就有可能抱着试一试的心理去尝试吸毒而慢慢地滑入深渊。①

在本研究所涉及的2204名吸毒者中，关于第一次吸食毒品的心理，有658名被调查者承认第一次吸毒时有点担心，但还是想试一试，占调查总数的29.9%。而这一心理则是由于个体的好奇心。有1325名被调查者表示自己第一次吸毒是因为好奇，占调查总数的60.1%（见图1-20）。可见，对于大多数吸毒者来说，第一次与毒品的“亲密接触”都是出于个体自身的好奇心，所谓好奇害死猫，也许就是这样吧。

【例】张先生：“我今年35岁，第一次吸毒是在我16岁的时候，16岁时去田里干活，看见旁边有一老人吸食鸦片，我觉得很好奇，跟老人交谈后，老人说，这个东西可以解除疲劳，告诉我可以尝尝看，由此第一次接触到毒品。之后我就没有再碰过了，一直到2008年的时候。2008年跟朋友去瑞丽玩，因为自己的爱玩、好奇，开始吸食麻黄素，自己觉得新型毒品新鲜，吸食时不需要多少细节，并且味道好，有香味，可以麻痹自己。”

今年19岁的王先生，现在在云南省一所强制隔离戒毒所戒毒。他说：“2010年1月份，快过年的时候，在我工作的理发店，有几个朋友，他们吸海洛因，他们说感觉很好，我很好奇，看着他们很舒服的样子，我也就跟着吸了，吸了以后不舒服，很难过，毒品是朋友给的，吸了以后会想为什么别人吸了舒服，我吸了却难受，然后就一口、两口，一次、两次，慢慢就上瘾了。”

2. 从众心理。从众是指他人从事某一活动自己也去从事这一活动。按照群体中多数人的意见行事。社会心理学指出，个体在群体中常常会不知不觉地受到群体的压力，而在知觉、判断、信仰以及行为上，表现出与群体中多数人一致的行为倾向，这就是从众现象。②

有49名被调查者第一次吸毒时其实并不想试，但担心旁边的人会看不起自己，于是就试了，占调查总数的2.2%。觉得别人都吸了，如果自己不吸，则会被瞧不起，是一种自尊心作祟的心理。在第一次吸毒的原因中，有154名被调查者第一次吸毒是因为从众心理，占调查总数的7.0%（见图1-20）。可见，由于自尊心、从众心理，一些本来不想接触毒品的调查者迈出了与毒品亲密接触的第一步。

【例】向先生，今年20岁，2011年开始吸毒。他说：“2011年的时候，跟一个村子的两三个朋友在一起玩，这几个朋友都吸毒，由于看着朋友吸毒，觉得自己不吸不好，所以就跟着吸了，吸的是海洛因4号。”

缪女士，今年35岁，现在在服用美沙酮，已经服用5年。据她说：“16岁时，一次在朋友家，给朋友过生日，其中一个朋友拿出海洛因，每人都发了一点，由于不懂事，想问题很简单，当时毒品的宣传力度不大，不知道有多大危害。自己也想

① 胡剑，景海俊．北京青少年吸毒主观原因与预防研究．经济师，2010（7）．

② 沙莲香．社会心理学．中国人民大学出版社，2011：213．

尝试一下，另外就是，大家都在吸，自己不吸不好，于是就染上了海洛因。”

3. 心情不好、压力过大。有500名被调查者第一次吸毒是因为心情不好，想试一试，占调查总数的22.7%。可见，有将近四分之一的吸毒者第一次吸毒都是因为心情不好，想通过吸毒来放松一下。在问及第一次吸毒的原因时，2204名被调查者中，有263人认为自己是压力过大所以才去接触毒品的，占调查总数的11.9%（见图1－20）。可见，当被调查者有心理压力或者有心事，想要放松时，加上朋友的诱惑，就开始了第一次吸毒。

【例】苏女士，今年21岁，第一次吸毒是2011年12月份。她说：“第一次吸毒是在2011年的12月，在一个旅馆，因为家里和男朋友的原因，自己心情不好，酒喝多了，两三个朋友一起，她们都吸毒，朋友跟自己说心情不好的时候，可以试一下，可以心情好一点，然后自己就试了。当时不知道是毒品，是后来朋友告诉自己是海洛因，吸了以后心里面没那么难过了，心里也轻松了很多，知道是海洛因以后不想再吸了，但是吸了几次后已经上瘾了，不吸就难过，一难过就又想吸了。”

严先生，今年17岁，现在某强制隔离戒毒所戒毒。他说：“我是个不爱说话的人，也很少与别人交往，比较内向。吸毒是在我上初中的时候，当时我的学习成绩不好，作业很多时候都完成不好，有一次老师就骂我不成器，在家又被妈妈骂。我就跑出来学校外面。当时我的心情很不好，有同学在一边就说：‘走嘛，去干两颗，很舒服的。’我当时也想借烟消愁，就跟着去了。没有想太多，也没有想过这东西的危害有这么大。”

4. 过于自信。有384名被调查者第一次吸毒时是认为自己能控制，占调查总数的17.4%。存在这一心理的人过度地相信自己的意志力，认为自己即使染上毒瘾也可以得到很好的控制甚至戒掉，但是他们错误地认识了毒瘾的魔力。曾经有个戒毒成功的吸毒者说过，再坚强的意志在毒瘾来的时候也会土崩瓦解。在第一次吸毒的原因这一问题上，有314名被调查者选择的是过于相信自己的自制力，认为自己即使上瘾也可以戒掉，占调查总数的14.2%（见图1－20）。然而也正是这样的想法、这样的心理，让他们在与毒品的吸与戒上越走越远。

【例】李女士，今年19岁，第一次吸毒是在2009年的时候。她说：“我是个有着很外向的性格，不喜欢背后议论别人，自负心理很强的人。我男朋友是无业游民，经常吸毒，因此我们经常吵架。2009年，我们又吵架，那一次吵得很凶，心情很不好，也吸食了海洛因。当时的想法是觉得自己能控制。但事实上是自己想断不能断。”

马女士，今年26岁，2003年开始吸毒。她说：“我是个比较喜欢讲话，有很多的朋友，与朋友相处也很真诚的人。在朋友眼里我是个比较正义、比较豪爽的人。开始吸毒是在2003年，我朋友在吸毒，没有戒成功，我就想我的自制力强，我如果吸上的话也能戒，想戒给朋友看。当时是在朋友租的房子里吸的，吸的是海洛因，第一次吸后很难过，有点想死，又呕吐。第二次是朋友说再吸一次就好过了，但没有朋友说的那样，仍然难受。之后就上瘾了。”

(二) 复吸的心理

在所有的2204名被调查者中，有1212名吸毒者是复吸，在对复吸的原因进行调查时，有556名复吸者认为复吸是因为自己决心不大，占复吸者总数的45.9%(见图1-21)。也就是说，在所有的被调查者中，有不到一半的复吸者复吸的原因是因为自己没有下定决心要与毒品一刀两断，因此在戒除毒瘾以后，即使是很小的诱惑或者其他什么原因，终会走上复吸的道路。

1212名复吸者在为什么复吸的问题上，有497名复吸者表示复吸是因为心瘾的折磨，占复吸者总数的41.0%（见图1-21)。可见，在毒品戒断的过程中，生理上的毒瘾可以轻而易举地戒掉，但是心理上的毒瘾则会跟着吸毒者一辈子，吸毒者一辈子都将受到心理毒瘾的折磨。

【例】今年19岁的王先生，现在某强制隔离戒毒所戒毒。他说：“在开始吸毒的三个月后，我毅然决定回家戒毒，在家里时，每天就上网，也不出门，跟小学的朋友、邻居在我家一起玩，由于原本毒瘾就不深，所以一个月后身体的毒瘾就戒掉了，又回去原来工作的地方上班，但是在工作无聊时，又会想吸，之前没有去买过，但是知道哪里有卖的，也不知自己当时是怎么想的，就去拿了，花了50块钱，一小包，可以吸三四天，之后就复吸了。这次我决心要戒掉，至于是否会再吸，也不知道，有心瘾，一日吸毒，终生戒毒。”

方先生，今年22岁，现在某强制隔离戒毒所戒毒。他说：“我是从2006年3月开始吸毒的，2008年进入戒毒所戒毒一年，2009年2月离开戒毒所。2009年4月份去北京打工，去了大概10个月，无法适应当地的环境后，又回到老家，回家后一直都闲着，没有什么事可做。2010年7月的一天，和朋友一起去喝酒，喝了以后，有点醉了。当时就有身边的朋友在吸毒，自己看了以后也就跟着朋友吸了起来。吸的时候没有想什么。我觉得可能是心里有瘾，自己不清楚。”

## 二、个人认知层面

有不少人第一次接触毒品时并不知道毒品是什么，没有接触过有关毒品的宣传教育，而这也是他们染上毒品的一个重要原因。所以，对于毒品的无知，使他们终究走上了一条不归路。

(一) 对于毒品的认识不足

在第一次吸毒以前，本研究涉及的2204名吸毒者对于毒品的认识各不相同，其中，有的人在吸毒以前从未听说过毒品，有的人听过关于毒品的宣传教育等(见图1-22、图1-23)。

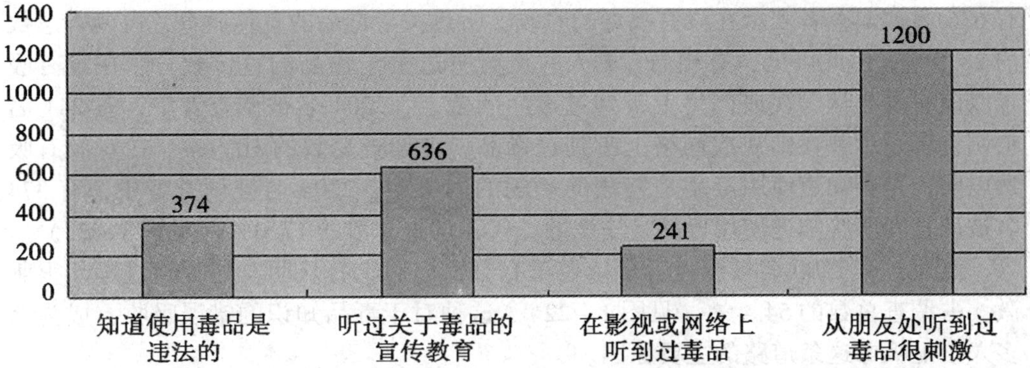


图 1－22 吸毒以前对毒品的认识

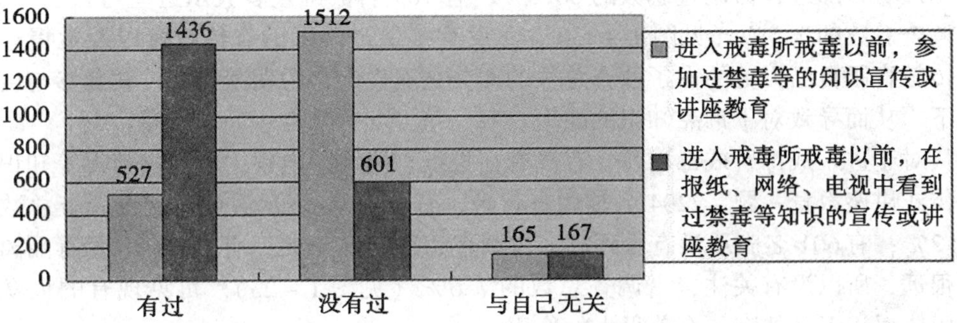


图 1－23 进入戒毒所戒毒以前

在调查的 2204 名吸毒者中，有 368 名被调查者在第一次吸毒之前，从未听说过毒品，占调查总数的 16.7%（见图 1－22）。正是因为他们对于毒品知识的缺乏，才会让他们在面对毒品的时候，选择了屈服。

【例】穆女士，今年 22 岁，现在某强制隔离戒毒所戒毒。她说："我开始吸毒是在 2011 年。2010 年的时候我离开家到亲戚开的一间茶室打工。2011 年 2 月份，认识了两个女性朋友，她们吃药（后来知道是毒品），但从来不在我面前吃，我也不知道她们吃的是什么，什么也不懂，后来她们让我吃的，当时我不了解毒品的危害，于是在朋友租的房子里，第一次吃了海洛因（后来知道自己吃的是海洛因）以后头晕，觉得房子都在转，想吐，持续了两三天，然后上瘾了。"

瞿先生，今年 23 岁，2009 年开始吸毒。他说："2009 年的时候，有一次跟朋友在旅社里，看朋友在吸食海洛因（后来知道的），我感到很好奇，经朋友诱惑后，也尝试了一下。在此之前，我并不知道毒品的危害有多大，第一次吸的时候也没有什么感觉。在学校时，学校有做过关于禁毒的宣传，但只是一个形式。直到上瘾后，才感觉到自己控制不了了。"

在没有吸毒以前有没有听过关于毒品的宣传教育一题中，2204 名被调查者中，有 636 名被调查者表示在没有吸毒的时候，听过关于毒品的宣传教育，占调查总数的 28.9%。由此可见，有相当多的人并没有听过关于毒品的宣传教育。在没有吸毒以前有没有从影视或网络上听到过毒品问题上，2204 名被调查者中，有 241 名被调查者表示曾在影视或网络上听到过毒品，占调查总数的 10.9%。在对没有吸毒以前，是否知道使用毒品是违法的一题的回答中，2204 名被调查者中，有 374 名被调查者回答知道使用毒品是违法的，仅占调查总数的 17.0%（见图 1－22）。

然而，有 1200 名被调查者承认在没有吸毒以前，有从朋友处听到过毒品很刺激，占调查总数的 54.4%（见图 1－22）。这种对于毒品知识的错误吸收，成为众多人走上吸毒这条道路的主要原因。

在对于进入戒毒所戒毒以前，有没有参加过禁毒等的知识宣传或讲座教育的提问中，有 527 名被调查者表示参加过，占调查总数的 23.9%；有 1512 名被调查者表示没有参加过，占调查总数的 68.6%；有 165 名被调查者表示这些与自己无关，占调查总数的 7.5%（见图 1－23）。而没有接受过禁毒的宣传教育以及觉得这些宣传教育跟自己无关的占了调查总数的四分之三以上，说明禁毒宣传教育参与度的低下，从而导致对于毒品知识的缺失。

对于进入戒毒所戒毒以前，有没有在报纸、网络、电视中看到过禁毒等知识的宣传或讲座教育一题，2204 名被调查者中，有 1436 名表示看到过，占调查总数的 65.2%；有 601 名表示没有看到过，占调查总数的 27.3%；有 167 名表示毒品离自己很远，所以没有关注，占调查总数的 7.6%（见图 1－23）。可见现有的大众传播媒体对于毒品的宣传有着很大的作用。

（二）对于吸毒的认识缺失

一个人是否会吸毒，除了跟自己对于毒品的认识有关外，还与对于吸毒这一行为的认识有关。对于吸毒这一行为，每个人的认识各不相同（见图 1－24）。

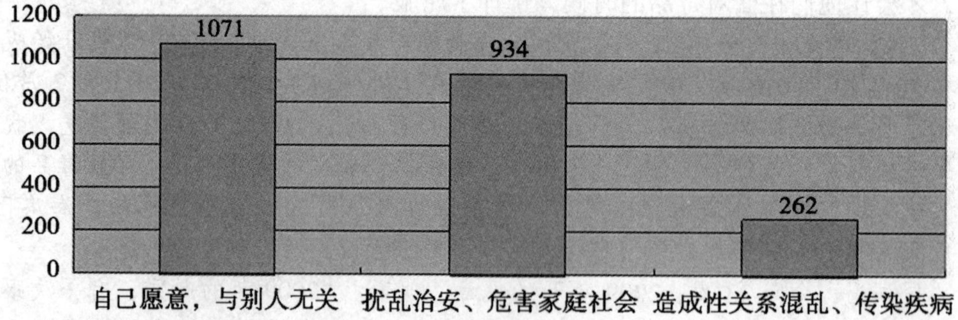


图 1－24　对吸毒的认识

2204 名被调查者中，有 1071 名认为吸毒是自己愿意，与别人无关，占调查总数的48.6%（见图1－24），也就是说有将近一半的被调查者认为吸毒与否都是出于自己的主观意志，与他人没有任何关系。将近一半的人第一次吸毒的原因都跟自己本身的好奇心有关，所以对于吸毒这一行为的认识上，也就会产生如此的想法，认为吸毒是自己愿意的，与他人无关。

在对于吸毒是否会扰乱治安、危害家庭社会一题的回答中，2204名被调查者中，有934名认为吸毒会扰乱治安、危害家庭社会，占调查总数的42.4%（见图1－24）。有的人认为毒品都是自己挣钱买的，没有因为吸毒做过任何偷窃抢劫的违法事情。而正是这种对于吸毒的错误认识，认为只要没有因为吸毒做一些违法的事情，那吸毒这一行为就是正确的，从而导致了越来越多的明星、“X二代”们去“追求”时尚。

2011年5月27日，发生在云南省楚雄市Y县的挟持妻女案件的犯罪嫌疑人张某就是在吸食了冰毒以后，产生了种种幻觉，最后危害家庭，扰乱社会的例子。

【例】张某，男，出生于1978年12月，四川攀枝花人，在楚雄Y县开了一个出租车行。2010年11月开始吸毒，第一次并不知道是什么毒品，和家人吵架了以后，跟社会上的朋友聚在一起喝酒，他喝醉了，朋友说要“开会”，他不知道是什么意思，朋友都没有正式的工作，那要开哪门子的会啊，于是他就很好奇，去医院打完点滴后，就跟朋友去“开会”了。……像味精，后来知道是冰毒，朋友说可以提神，人高度兴奋到一定程度，精神就会崩溃。海洛因成瘾比较大，容易降低人的免疫力，而合成类毒品破坏人的神经。最开始，一个月一两次，只会在攀枝花吃，跟朋友一起时偶尔会吃一次，后来开始频繁地吃，一个要得很好的朋友欠他几万块钱，他去要，朋友说钱没有，想去玩、吃那个可以，之后几乎天天吃，一天一次。吃了以后，脸色很难看，一个月的时间就出去了一两个晚上，其余时间都待在朋友租的房子里，吃了以后，不睡觉，精神上很兴奋，但是身体上却是有气无力。他从未主动去买过，他其实对毒品从内心深处有抵触，所以他从不在Y县吃，只会在攀枝花吃。吃了以后一直觉得有人跟踪他，想要报复他。他有几个好朋友因为吃这个进了精神病院，甚至有个朋友吃了以后裸奔。2011年5月23日回攀枝花，在攀枝花待了四天，这四天也是天天吃冰毒。5月27日早上吃了冰毒以后，回到Y县，他一直觉得有人跟踪他，就去了公安局，结果在大门口被值班人员拦下来询问，这个时候他的意识已经有点模糊了。后来，离开公安局以后，撞了一辆三轮车，接着又撞了一辆车，都有给他们赔钱，车子开到农贸市场，也撞坏了。这时很多人围着他的车开始骂他，警察也来了。他叫他妻子下车，可妻子就是不下车，在神志不清又没有控制能力的情况下，他抽出了在车上的一把刀，逼着妻子下车，可妻子还是不下，无奈之下，他实在忍不住了，就用刀捅了自己的妻子（他自己在事后说，自己当时就是尽量地克制自己，才不至于让妻子受伤太严重）。这时周围围观的人越来越多了，他让妻子下去包扎伤口，那时他对自己的妻子已经失去信任了。妻子不知道他这样的状况，以为也就是平时的吵架，就把女儿交到丈夫的手里，而妻子自己下车包扎伤口去了。而女儿看到大人吵架，妈妈还流了血，很害怕，就大声地哭。他认为自己是拿着刀抵着自己的手背，但是别人说他是拿刀抵着女儿。他抱着女儿（他自己说，根本没有任何挟持妻女的意思），要求见公安局长，之后来了很多警察，武警也来了。

在吸毒会造成性关系混乱、传染疾病一题中，2204名被调查者中，有262名认为吸毒会造成性关系混乱、传染疾病，占调查总数的11.9%（见图1－24）。在与一位吸毒人员的交谈中，他提到："我是艾滋病感染者，还感染了丙肝，只要是注射过的，90%都带有丙肝。"有一位调查者提到吸毒后会增强性欲，如他所说，对于新型化学合成类毒品来说，吸食了以后会让人产生性冲动。有853名被调查者在吸毒后发生过同时和多个人的性行为，就是对于这一问题的很好说明。

在访谈的将近200个个案中，大多数人都认为吸毒害人害己、危害社会、危害家庭。

【例】今年20岁的王先生，在提到吸毒以后的感受及吸毒的影响时这样说道："我吸食的是海洛因4号，吸了以后很舒服，不想睡觉，很兴奋，上瘾以后不想吃饭，爱吃零食了。家里人知道我吸毒后，劝说我戒掉，并威胁如果我再吸就去报案，爸爸因为我吸毒而流泪，家人对我很失望，有时会不给钱买毒品。然而我仍然坚持吸毒，还会夜不归宿，爸妈会责骂质问我，不让我与其他吸毒的朋友一起玩，后来家人向派出所举报，所以我在家里的时候被抓，被送到强制隔离戒毒所。吸毒影响了我和家人的关系，家人会骂我，不给我钱，为了买毒品我会骗钱，吸毒以后不想干活，邻居对我的态度虽然和之前一样，但是背后会议论我，没有吸毒的朋友都和我疏远了，不与我一起玩了。"

19岁的王先生在提到毒品对自己的影响时是这样说的："毒品一般都是拿工资去买，不够的时候就问家人要钱，说是要和朋友一起出去玩。没想过什么后果，没什么顾虑，复吸以后不经常回家了，妈妈经常打电话让我回家，回家后发现我生活习惯也变了，晚上睡不着，早上起不来，后来家人发现了，但始终不相信自己的孩子会吸毒，爸爸很生气。一个星期爸爸瘦了一圈，爸爸是个小包工头，爸爸说如果真的上瘾了就带我出去一段时间，去思茅姨爹那里戒毒。去了一个月以后，坐不住的时候去找毒品，去网吧找，爸爸发现后跟妈妈商量实在不行就送我去戒毒所，于是2011年8月23日回到家就把我送去戒毒所了。刚开始吸毒的时候觉得很舒服，一两个月后，不吸会很难受，在预定要做什么事情之前，必须先吸毒，吃了以后就不难受了，到后面吃了也感觉身体不舒服。吸过麻黄素、冰毒，很兴奋，两三天睡不着觉，大脑很兴奋，找到快感了，海洛因吃进去是麻醉人的。一般都会先吃海洛因，防止难受，朋友在一起的时候吃点麻黄素，吃了以后会出冷汗，什么都看不见。吸了海洛因以后不想睡觉，可以代替任何东西，进戒毒所时我的体重只有45公斤，现在都有60公斤了。觉得我吸毒对弟弟很有影响，慢慢地弟弟会学我，学会结交社会朋友，跟爸妈说话不礼貌，爸爸觉得没有教好我，爸爸也不爱说话了，有什么事情都憋在心里。”

## 三、个人兴趣爱好

吸毒这一行为的产生除了与个体的心理、认知有关外，还与个体的兴趣爱好有关，经常出入娱乐场所或者有过这些场所工作经历的人染上毒品的几率要明显高于不出入这些场所的人。

（一）业余时间的不当支配

在业余时间的支配上，2204 名 35 岁以下青少年吸毒者中，有 1544 名被调查者表示业余时间经常出入娱乐场所（迪厅、舞厅、网吧等），占调查总数的 70.1%；有 256 名表示业余时间经常出入棋牌馆，占调查总数的 11.6%；有 131 名表示业余时间经常出入美容美发室、浴室、浴足坊等地，占调查总数的 5.9%；有 273 名表示业余时间没有出入过以上场所，占调查总数的 12.4%。可见，大部分被调查者在业余时间都会出入一些娱乐场所、棋牌馆、美容美发室等吸食毒品的高危地点（见图 1－25）。

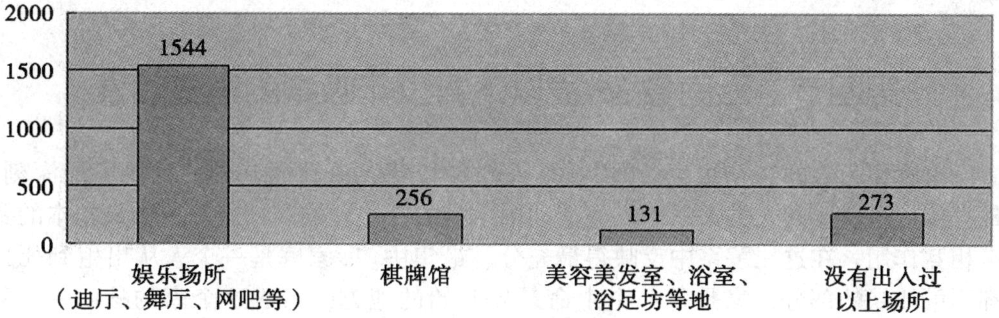


图 1－25　业余时间的支配

【例】周女士，今年 20 岁，对于如何染上毒品她是这样说的：“我是一个跟熟悉的人一起会很开朗的人，我喜欢上网、溜冰、逛街、唱歌。我十七八岁就出去打工，在餐厅当过服务员，也做过超市的服务员，卖过衣服，月工资一千块左右。2011 年 3 月份，我想减肥，吃过很多种减肥药都没有效果，在溜冰场认识的一个男性朋友，刚认识的时候他不会溜冰，我教他，后来很聊得来，经常一起玩，一起逛街，我问他什么东西可以减肥，他说海洛因跟小马，他也吃，第一次就是他拿给我的。”

今年 28 岁的张先生在自己如何染上毒瘾一事时说道：“我是一个外向的人，喜欢唱歌，而我第一次接触毒品是在 KTV 里边。2008 年的时候，和保山的一些在社会上认识的朋友去 KTV 唱歌，朋友中有的吸毒，喝醉酒后，我觉得好奇就吸了，吸的是海洛因，吸了以后会头晕，后来上瘾了以后毒品都是我自己买的，吸了以后感觉很舒服，用自己打工挣的钱买，没有钱的时候就问家里人要，或者跟朋友借，一般都在 KTV 或者溜冰场吸。”

（二）对寻求刺激的热衷

在第一次吸食毒品的原因上，有370名被调查者表示第一次吸毒是为了寻求刺激，占调查总数的16.8%。可见，有部分吸毒者接触毒品、吸食毒品只是为了寻求刺激，寻求吸食毒品带来的刺激，以及偷吸毒品这一行为带来的刺激。

【例】孙先生，今年22岁，对于如何染上毒品，他是这样说的：“2008年7月，一个要好的同学约我出去玩，然后认识了吸毒的朋友。之后，为了寻找刺激，在旅社里花了200元钱，向朋友买了吗啡，从此染上了毒品。”

今年31岁的罗女士在谈到自己如何开始复吸时这样说道：“我是1997年开始吸毒的，中间戒断过很多次，到了2008年的时候我去武汉做了戒毒手术，在肚子里脾下埋药，一边三颗，海洛因吃进去或注射进去都没有用，身体对海洛因产生免疫力。之后去云南打工，回家碰到朋友，知道我做过手术，就说试试看效果，可能是当时手术时在脾下埋的药被身体吸收完了，结果一吸我就有反应了，待了半个月，便回来昆明，继续在酒吧推销酒，一个月赚两千多，之后毒瘾不大，但心瘾戒不掉。”

## 第四节　云南省35岁以下青少年吸毒的家庭因素

家庭作为人的“初级生活圈”，是人们参与社会活动的基础，反映了最深刻、最直接、最重要的人类关系。人类活动中生物的、心理的和社会的三种最基本的要素相互作用，在这一关系中反映得最充分、最集中。① 家庭是一个人从出生到死亡都不可或缺的部分，家是每一个生命最先开始的地方，组成这个家的核心——父母，则是孩子的第一任老师，父母的一言一行都会影响到孩子的心理与行为。父母的教育方式不同、家庭成员之间的关系不同，所培养出来的孩子也各不相同。吸毒这一越轨行为除了与个体自身分不开外，还与家庭环境有着十分重要的联系。社会化是指个体在与社会的互动过程中，逐渐养成独特的个性和人格，从生物人转变成社会人，并通过社会文化的内化和角色知识的学习，逐渐适应社会生活的过程。作为社会化的社会主体之一的家庭对于个体的早期社会化甚至是一生的社会化都有至关重要的影响。

### 一、家庭教育方式不当

根据家庭教养方式的差异，麦科比和马丁（Maccoby & Martin）从父母要求和反应两个维度把教养方式分为四种：高要求和高反应的权威型、高要求低反应的专制型、低要求高反应的溺爱型及低要求低反应的忽视型。相应的，家庭可以分成权

① 郑杭生. 社会学概论新修. 中国人民大学出版社，2005：166－167.

威型家庭、专制型家庭、溺爱型家庭和忽视型家庭。权威型家庭比较民主，父母和子女的双向互动良好。父母既能将经验知识以适当的方式传授给子女，又能乐于听取子女的意见，根据子女反馈的信息调整自己的态度和行为。家庭气氛活跃，有利于青少年的健康成长。专制型家庭采取单向管教的方式，以父母为中心，强制推行自己的价值观念和行为方式，对子女的不满或抗拒感到愤怒，常使用惩罚的方式迫使子女服从自己。这种教养方式容易产生青少年表面服从、内心抗拒的行为特征，部分家庭还存在家庭暴力，对子女的成长产生长远的消极影响。溺爱型家庭以子女为中心，尽最大可能满足子女的一切要求，而不考虑要求的合理性。同时，包揽子女的一切日常生活，无视他们的不良行为，造成子女的社会适应能力不足，学业或工作难以取得突破进展，并容易导致违法犯罪行为的增加。忽视型家庭对子女的所作所为不闻不问，与子女共处时间少，没有沟通互动的机会，家长按照自己的方式行事，忽视子女本身的兴趣和需要，不利于青少年心理的发展和成长。①

吸毒这一行为作为一种社会化的偏差或失败，与家庭教养方式有着直接的关系。家庭的教养方式对于孩子行为的养成至关重要。人们常说“棍棒底下出孝子”，然而，在现在的社会中，棍棒底下出来的则是反叛的孩子。

（一）父母的毒品知识教育缺失

在调查的2204名吸毒者中，进入戒毒所戒毒之前，有1139名被调查者的父母对其进行过毒品知识教育，占调查总数的51.7%；有483名被调查者的父母没有对其进行过毒品知识教育，占调查总数的21.9%；有582名被调查者表示自己的父母虽然对自己进行过毒品知识教育，但是自己听不进去，占调查总数的26.4%。可见，有将近一半的被调查者实际上并未受到家庭的毒品知识教育（见图1－26）。

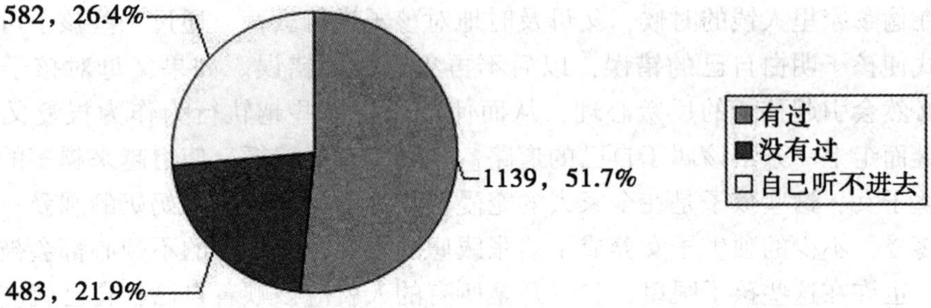


**图1－26　进入戒毒所戒毒以前，父母有没有对自己进行过毒品知识教育**

【例】海女士，今年19岁，成长在一个单亲家庭，父母在她小的时候离婚了。

① 彭华民．人类行为与社会环境．高等教育出版社，2011：341．

她说："我爸爸是个吸毒者，所以我妈妈经常教育我不能吸毒，我妈妈憎恶吸毒，但是我对麻黄素的认识不多，只听朋友说过，没有过多的了解，所以在朋友的劝说下，我也吃了。"

（二）吸毒以前的不良行为方式

在对吸毒以前的行为方式进行调查时，2204名被调查者中，有111名被调查者表示吸毒以前，发生过借朋友的钱不还的情况，占调查总数的5.0%；有194名在吸毒以前，有偷拿过家里人的钱的行为，占调查总数的8.8%；有139名在吸毒以前，有靠谎话和假话骗钱的行为，占调查总数的6.3%；有51名在吸毒以前，有过有意破坏或损害公共财物的行为，占调查总数的2.3%；有83名表示在吸毒以前，有过破坏公共秩序的行为，占调查总数的3.8%；有41名表示在吸毒以前，有过在超市拿了东西不付钱的行为，占调查总数的1.9%；有587名表示在吸毒以前，常常旷工或逃学，占调查总数的26.6%（见图1-27）。

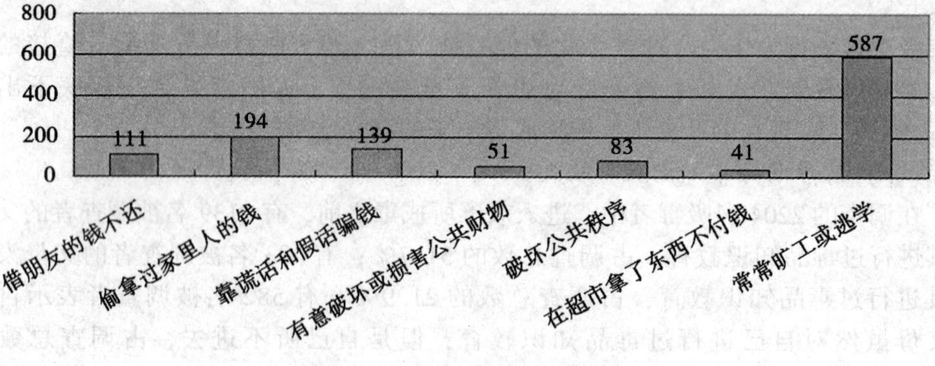


图1-27　吸毒以前的行为方式

这些行为虽然发生在少数人身上，但是与家庭的教养方式有很大的关系，如果孩子在偷拿家里人钱的时候，父母及时地对孩子进行教育，通过一些孩子可以接受的方式使孩子明白自己的错误，以后不再犯这样的错误。如果父母对孩子动辄打骂，必然会引起孩子的反叛心理，从而使孩子将一些越轨行为作为报复父母的手段，继而走上一条不该属于自己的道路。计划生育的执行，使得越来越多的孩子成为独生子女，这些孩子是在全家人的宠爱下长大的，有着爷爷奶奶的溺爱，外公外婆的疼爱，不少的独生子女养成了嚣张跋扈的个性，一丁点的不顺心都会被无限地放大，也许在这些孩子眼里，父母乃至所有的人就应该顺着自己，自己就应该为所欲为。所以，一旦遇到他们不如意的事情、一些让他们不满意的事情，小则与父母吵架，更甚者打骂父母，而这些都与家庭的教养方式有关。

【例】杨先生，今年28岁，他说："我是独生子，我是个内向的人，很少有朋友，很少出家门，平常喜欢玩游戏。我第一次吸毒是1998年的时候，因为和我妈吵架了，至于因为什么，已经过了这么多年了，也不记得了，吵完以后我就去外面，买了海洛因，回到家里吸，吸的目的是让自己平静下来。可是也就是因为这样的一次赌气，让我染上了毒瘾。”

（三）吸毒遇到经济困境时

在访问的2204名吸毒者中，有1619名吸毒者因为吸毒陷入过经济困境，占调查总数的73.5%。当他们陷入经济困境时，又是怎样应对的？在1619名曾因吸毒陷入经济困境的被调查者中，有858名表示自己通过向父母要的方式解决经济困境，占曾因吸毒陷入经济困境总数的53.0%；有570名陷入经济困境时，向亲戚朋友借钱度过，占35.2%；有167名通过变卖家里的东西来缓解经济困境，占10.3%；有108名通过偷窃抢劫来增加经济收入，占6.7%；有103名通过到处骗钱的行为来增加收入，占6.4%；有243名解决经济困境的方式是以贩养吸，占15.0%；有61名是通过坐台或出台的方式来解决经济困境，占3.8%。如果说吸毒违法的话，那么通过偷窃抢劫、以贩养吸来获得毒资的方式则是犯罪，要受到法律的制裁（见图1－28）。

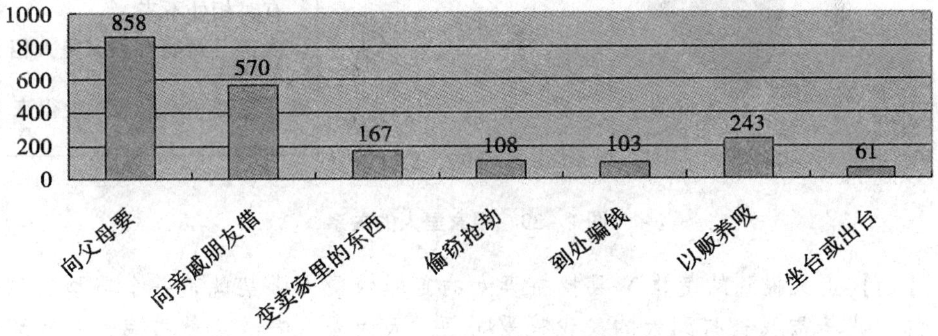


**图1－28　如何应对经济困境**

【例】今年16岁的石先生，在和他聊到没有钱吸毒时，他是这么说的：“钱都是问家里人要的，当然不是说要钱买毒品，说要和朋友一起出去玩，家里人当时并不知道我又开始吸毒了。”

罗女士在说到没有钱吸毒时，这样说道：“复吸后我妈妈很伤心，随时注意自己，把家里的钱都收起来，我要什么东西，他们去买，不会把钱给我，知道我会去买毒品，所以我就会向朋友借，以贩养吸，挣的钱够自己吸毒了。”

## 二、家庭成员关系不佳

费孝通认为，人类创制家庭的基本结构，目的是在解决孩子的抚育问题，使每个孩子都能靠着这个社会结构长大，成为可以在社会中生活的分子。一个人要在社会中生活，他得有一番很长的训练。我们长大了的人觉得在这世界上做事能应付自如，左右逢源。须知这是从十多年种种不自由中挣得的自由。社会的桎梏并不是取消了，只是我们熟习了。尽管社会并不能直接约束人，可是它是借着人来表现这种约束作用的。在一个抚育是父母的责任的社会中，父母就得代表社会来征服孩子不合于社会的本性，因之生物和社会的冲突一化而为施教者与被教者之间的冲突，再化而为亲子间的冲突。①

（一）跟家里人的关系不佳

在调查的2204名吸毒者中，有171人感到自己和家里人从来就相处不来，占调查总数的7.8%；有187人感到自己很少和家里人相处得来，占8.5%；有476人感到自己有时和家里人相处得来，有时相处不来，占21.6%；有509人感到自己大部分时间都和家里人相处得来，占23.1%；有861人感到自己一直都和家里人相处得来，占39.1%（见图1-29）。

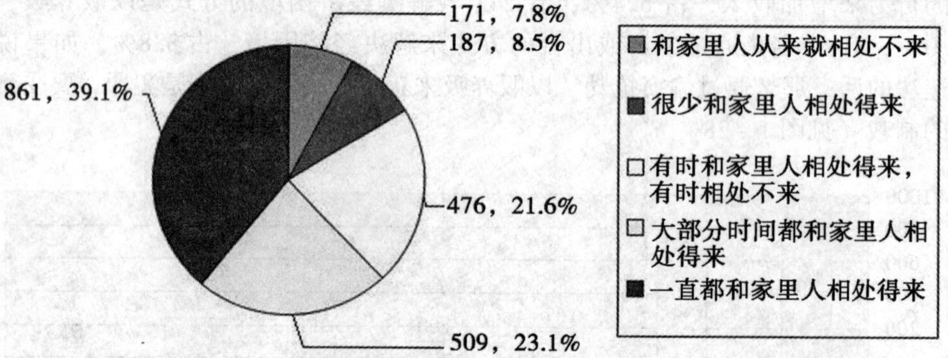


图1-29 跟家里人的关系

【例】上文提到的楚雄Y县挟持妻女的犯罪嫌疑人张某就是一个典型的例子。他说："我是被我爸打到大的，我爸爱喝酒，天天喝，喝醉后就打我，打我姐姐，打我妈妈，我到了二十多岁的时候，我爸还打过我呢。所以我跟我爸爸的关系很不好。我小学毕业以后，初中读了一年，因为经常逃学打架，一年时间转了三次学。我十一二岁的时候，跟父母赌气，用刀把自己的左手小指砍断了，曾经因为打架坐过牢，理由是寻衅滋事、故意伤人，数罪并罚判了五年，在监狱里待了四年半的时间。"

今年23岁的张先生，说到自己家庭的时候是这样说的："我家里有爸爸、妈妈，还有个弟弟，我小的时候，爸爸妈妈关系很好，但是现在不好了。从小我就觉得我爸爸没有养过我，看不起我，有了我弟弟以后，就更加疏远我了。从我有记忆开始，记忆中我爸爸在我小的时候爱喝酒，而且经常喝酒，喝完就跟我妈妈吵架、打架，也会打我，但是从来没有打过我弟弟。"

（二）家里人之间的关系不和谐

家庭里存在着复杂的社会关系，有夫妻关系、婆媳关系、父母与孩子之间的关

① 费孝通．乡土中国与生育制度．北京大学出版社，1998：190-192.

系、祖孙关系等。从古至今，婆媳关系一直受到人们的关注。而夫妻关系也随着时代的发展引起人们的关注，在一个夫妻经常争吵的家庭里，孩子的教育受到忽视。随着近年来离婚率的不断上升，很多的单亲家庭出现，孩子被判给爸爸或者妈妈，对于孩子的成长来说有很大的危害，在一个不完整的家庭长大，孩子的心理发展也不完善。

【例】今年19岁的陈女士，在谈到自己如何染上毒瘾时这样说道："在2010年时爸爸因为外面有女人，所以就要求和妈妈离婚，我当时很伤心，自己是小孩，也没有去劝劝爸爸妈妈不要离婚，一方面自己想惩罚一下爸妈，他们离婚就不会想一想我们孩子的感受；另一方面，自己承受不起爸妈的离婚，但自己又无可奈何，想逃避现实。选择两者之间最好的办法就是吸毒。因此，在2010年7月份我就和一个朋友一起去外面买海洛因，买了以后，自己就在外面吸了。"

### 三、家庭支持网络不足

家庭作为一个系统是个人思想感情交流较为充分的场所。在家庭系统中，人们不是单纯按角色规范的要求发生互动，而是相互把对方作为特殊的人，如我的妻子、我的儿子等来对待，因此这种互动是富有感情的。由于处在共同的生活环境之中，家庭成员之间容易达成相互理解，通过相互关怀和支持，家庭可以帮助其成员处理来自家庭之外的各种问题，使其获得精神安慰与寄托，消除家庭系统外社会生活带来的苦恼与挫折，从而缓和与协调个人与社会之间的某些紧张关系，对增进身心健康有重要意义。[①] 家庭支持网络是指支持家庭的存在，使家庭能够履行其功能及职责的内外部条件有机结合的体系。

#### （一）总体家庭支持网络

在家庭支持网络中，本研究设计了一道关于家庭支持网络的表格。把选项分为没有、很少有、有时有、常常有和都有，并赋以"1～5"的分值，在七个不同的问题中，调查者选择符合自己情况的选项。将七个问题的得分相加得出的总分则是家庭支持网络的得分，得分越多，说明调查者有越多的家庭支持。总分在7分的说明调查者认为跟自己的家庭没有任何的关系，或者说没有任何的家庭支持网络；总分在8～14分的说明调查者有较少的家庭支持网络；总分在15～21分的说明调查者的家庭支持网络一般；总分在22～28分之间的说明调查者有较多的家庭支持；总分在29～35分之间的说明调查者有很多的家庭支持，说明家里人都支持他尽快戒除毒瘾，对他并没有失望。

在2204名被调查者中，得分为7分的有4名，占调查总数的0.2%；得分在8～14分的有96名，占4.4%；得分在15～21分的有406名，占18.4%；得分在22～28分的有884名，占40.2%；得分在29～35分的有811名，占36.8%。由此

① 彭华民．人类行为与社会环境．高等教育出版社，2011：341－342.

可见，超过70%的调查者有较高的家庭支持网络。但仍有少部分调查者感受不到家里人对自己的重视，认为家里人对自己不信任，感到家里人漠视自己的存在，感到家里人已经抛弃了自己。这些因素则会引起戒毒者离开戒毒所之后重新走上吸毒这条路，开始复吸。在1212名复吸者中，有149名被调查者复吸的原因是无家可归，占复吸者总数的12.3%（见图1-30）。

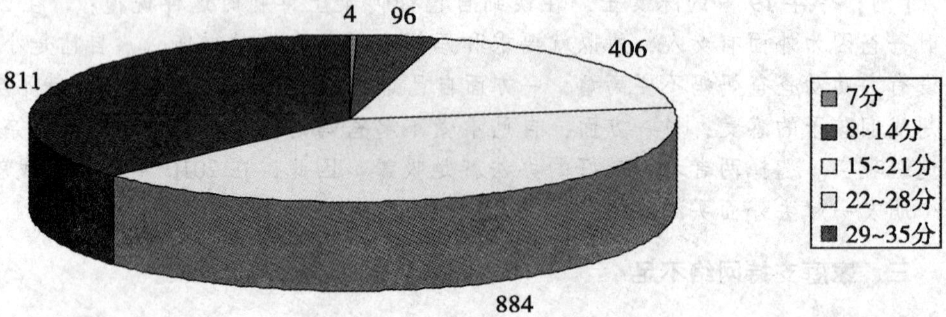


图1-30　家庭支持网络

（二）家庭支持网络表现

家庭对于其成员的支持可以表现在对于家庭成员的信任、对于个体是家庭一员的认可、帮助家庭中有困难或者处于困境中的成员等方面。

在“感到你对家人很重要”一题中，2204名被调查者中，有175名表示从来没有这种感觉，占调查总数的7.9%；有144名表示偶尔会有这种感觉，占调查总数的6.5%；有428名被调查者表示时不时地会有这种感觉，占调查总数的19.4%；有434名被调查者表示经常有这种感觉，占调查总数的19.7%；有1023名被调查者表示一直都有这种感觉，一直都觉得自己对家人很重要，占调查总数的46.4%。由此可见，在自己对家人是否重要的问题上，超过60%的调查者觉得自己对家人比较重要（见图1-31）。

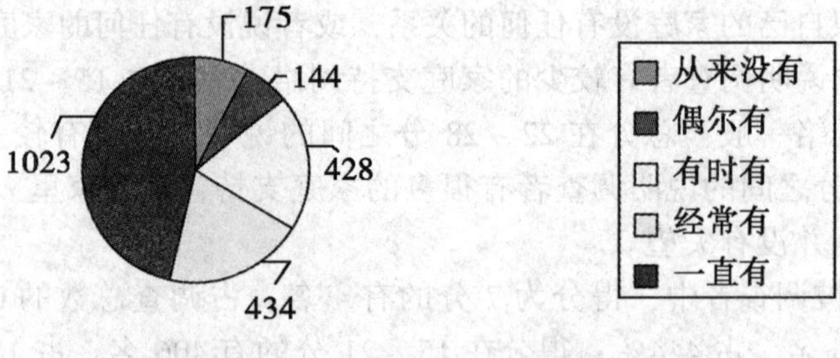


图1-31　感到自己对家人很重要

在“感到家里人很信任你”一题中，2204名调查者中，有252名表示从来没有这种感觉，占调查总数的11.5%；有283名表示偶尔会有这种感觉，占调查总数的12.8%；有633名被调查者表示时不时地会有这种感觉，占调查总数的28.7%；有405名被调查者表示经常有这种感觉，占调查总数的18.4%；有631名被调查者表示一直都有这种感觉，一直都觉得家里人很信任自己，占调查总数的28.6%（见图1－32）。

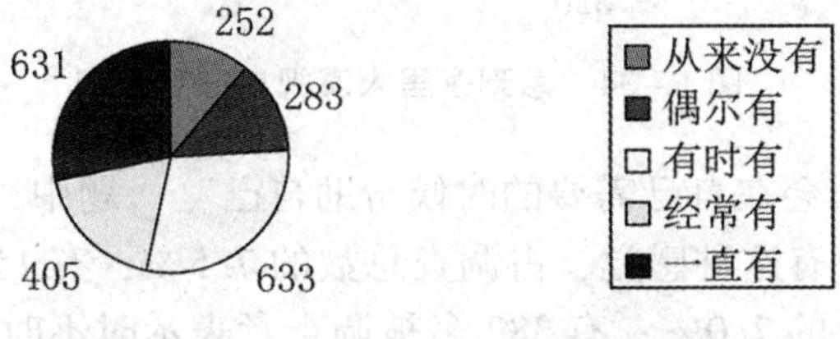


图1－32 感到家里人很信任自己

在"感到生活中不缺少亲情"一题中，2204名被调查者中，有306名表示从来没有这种感觉，占调查总数的13.9%；有213名表示偶尔会有这种感觉，占调查总数的9.7%；有460名被调查者表示时不时地会有这种感觉，占调查总数的20.9%；有433名被调查者表示经常有这种感觉，占调查总数的19.6%；有792名被调查者表示一直都有这种感觉，一直都感到生活中不缺少亲情，占调查总数的35.9%（见图1－33）。

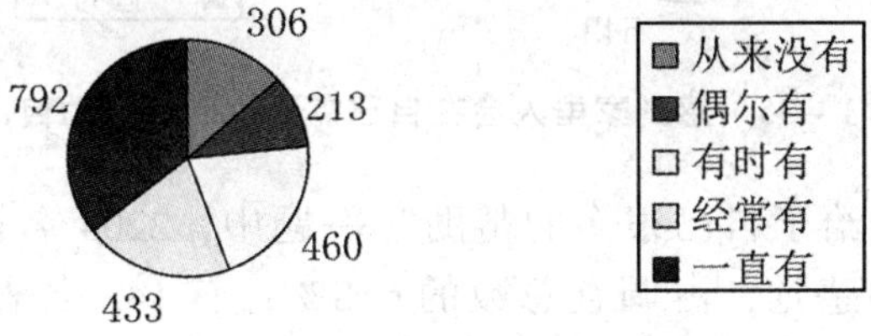


图1－33 感到生活中不缺少亲情

在"感到家里人漠视你的存在"一题中，2204名被调查者中，有836名表示从来没有这种感觉，占调查总数的37.9%；有320名表示偶尔会有这种感觉，占调查总数的14.5%；有465名被调查者表示时不时地会有这种感觉，占调查总数的21.1%；有235名被调查者表示经常有这种感觉，占调查总数的10.7%；有348名被调查者表示一直都有这种感觉，一直都感到家里人漠视自己的存在，占调查总数的15.8%（见图1－34）。

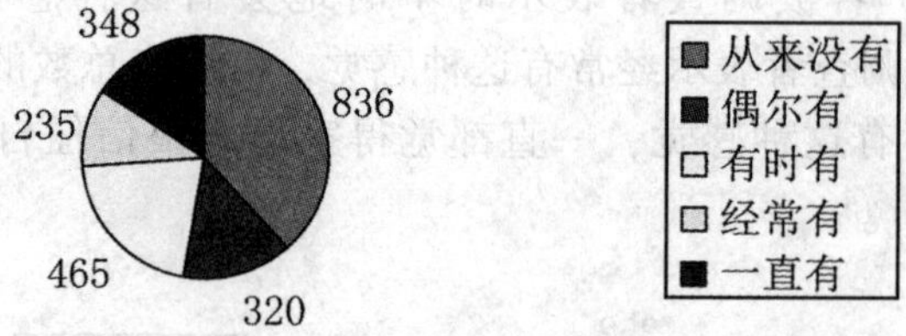


图1-34　感到家里人漠视自己的存在

在“感到家里人会在自己需要的时候帮助自己”一题中，2204名被调查者中，有165名表示从来没有这种感觉，占调查总数的7.5%；有155名表示偶尔会有这种感觉，占调查总数的7.0%；有382名被调查者表示时不时地会有这种感觉，占调查总数的17.3%；有543名被调查者表示经常有这种感觉，占调查总数的24.6%；有959名被调查者表示一直都有这种感觉，一直都感到家里人会在自己需要的时候帮助自己，占调查总数的43.5%（见图1-35）。

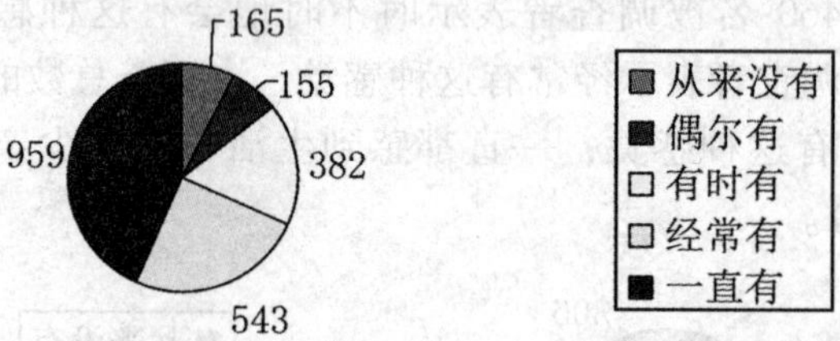


图1-35　感到家里人会在自己需要的时候帮助自己

在“感到家里人给了自己很多的帮助”一题中，2204名被调查者中，有148名表示从来没有这种感觉，占调查总数的6.8%；有142名表示偶尔会有这种感觉，占调查总数的6.4%；有292名被调查者表示时不时地会有这种感觉，占调查总数的13.2%；有551名被调查者表示经常有这种感觉，占调查总数的25.0%；有1071名被调查者表示一直都有这种感觉，一直都感到家里人给了自己很多的帮助，占调查总数的48.6%（见图1-36）。

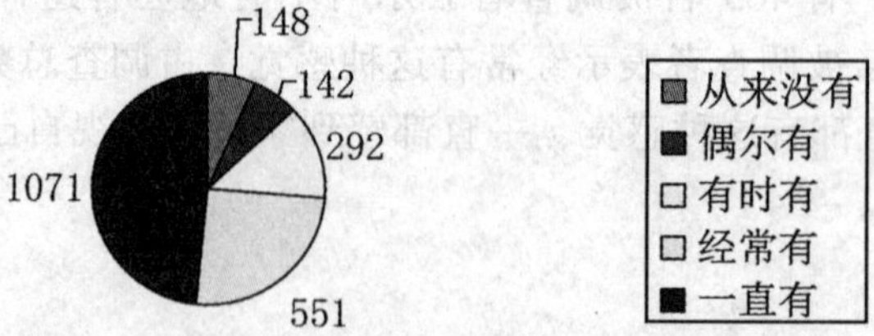


图1-36　感到家里人给了自己很多的帮助

在“感到家里人永远不会抛弃自己”一题中，2204名被调查者中，有347名表示从来没有这种感觉，占调查总数的15.8%；有156名表示偶尔会有这种感觉，占调查总数的7.1%；有325名被调查者表示时不时地会有这种感觉，占调查总数的14.7%；有887名被调查者表示经常有这种感觉，占调查总数的40.2%；有489名被调查者表示一直都有这种感觉，一直都觉得家里人永远不会抛弃自己，占调查总数的22.2%（见图1－37）。

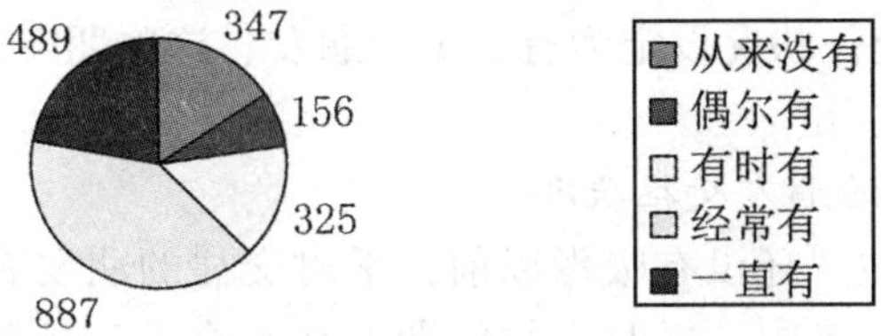


**图1－37　感到家里人永远不会抛弃自己**

【例】今年24岁的蒲女士，在说到家人对她的支持时这样说道："觉得为了吸毒我失去太多了，把最美好的青春献给了毒品。因为吸毒，我跟家人关系变得很僵，家人会刻意避开毒品，会偷偷去我房里看看。爸妈打电话会商量是让我去强戒还是自愿戒，妈妈建议自愿戒，认为强戒太苦了，爸爸则建议强戒。他们一直觉得过早离婚对我的伤害比较大，但我觉得都是我自己的原因，跟他们离婚没有关系。出去以后要好好想想以后的路怎么走，复吸这么多次家人还这么支持我、相信我，我很感动，妈妈说会用母爱来唤回我的良知。"

## 第五节　云南省35岁以下青少年吸毒的朋辈因素

社会学家库利曾说过："人性是逐渐形成的，并不是与生俱来的；没有共同参与，他不能获得人性，而人性会在独处中衰退。""参照群体"是指个体在心理上所从属的群体，是个人认同的为其树立和维持各种标准、提供比较框架的群体。个体将其参照群体的价值和规范作为评价自身和他人的基准，作为自己的社会观和价值观的依据。对个体来说，参照群体有两个基本的作用：一是规范作用；二是比较作用。前者指参照群体在个体内化价值规范，形成社会态度的过程中具有重要影响。后者是指参照群体往往是个体对自我、他人进行评价时所采用的比较性标准。

朋辈群体也是个体社会化的一个重要环境因素。在朋辈群体中，个体能够感受到一些不同于家庭和学校环境中的新的东西。在朋辈群体的大多数活动不是由某些权威事先为他安排好的，他可以以一种独立的姿态，在平等的基础上和他人进行交往，建立和中断某种人际关系。个体在朋辈群体中接受大量亚文化的影响。由于在朋辈群体中个体可以摆脱像家庭或学校环境中的那些社会权威的约束，因此他们可以自由地从事自己喜欢的活动，讨论大家共同感兴趣的话题，从而使个体某些朦胧的感受在群体成员之间的沟通中产生共鸣，而形成较为明晰的群体亚文化意识。①

在青少年吸毒的诱因中，起着很大作用的是朋辈群体，朋辈群体是青少年行为养成的最大外因。本研究从调查者吸毒以前的人际交往状况、吸毒以后的人际交往状况、对于朋友的依赖程度等方面对35岁以下青少年吸食毒品的原因进行分析。

## 一、不良人际交往状况

本研究将人际交往状况设定为有多少个朋友、这些朋友的工作性质、与这些朋友的聚会及聚会方式等。

（一）吸毒以前的朋友交往状况

1. 交往人数。在"还没有吸毒以前，平时交往的朋友有多少"这一问题的回答上，2204名被调查者中，平时交往的朋友在5个及以下的有369名，占调查总数的16.7%；平时交往的朋友在6～10个的有456名，占20.7%；平时交往的朋友在11～20个的有432名，占19.6%；平时交往的朋友在21～50个的有515名，占23.4%；平时交往的朋友在51个以上的有432名，占19.6%（见图1－38）。可见吸毒者平时交往的朋友10人以上的占绝大多数，多且杂。

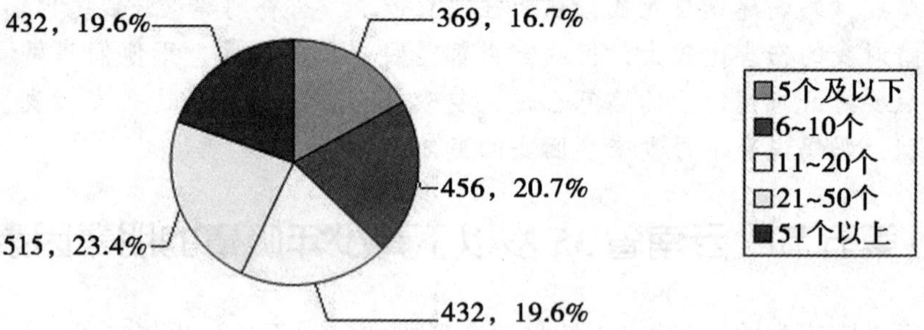


图1－38　吸毒以前，平常交往的朋友个数

2. 交往关系。在"这些朋友和自己是什么关系"这一问题的回答上，2204名被调查者中，969名表示这些朋友中有自己的同学，占调查总数的44.0%；有597名表示这些朋友中有自己的同事，占27.1%；有808名表示这些朋友中有自己的邻居，占36.7%；有794名表示这些朋友中有的是自己的亲戚，占36.0%；有1680名表示这些朋友中有自己在社会上结交的，占76.2%；有287名表示这些朋友中有的是自己通过网络结识的，占13.0%（见图1－39）。可见吸毒者交往的朋友多数是社会上结交的人员。

① 郑杭生．社会学概论新修．中国人民大学出版社，2005：127－128．

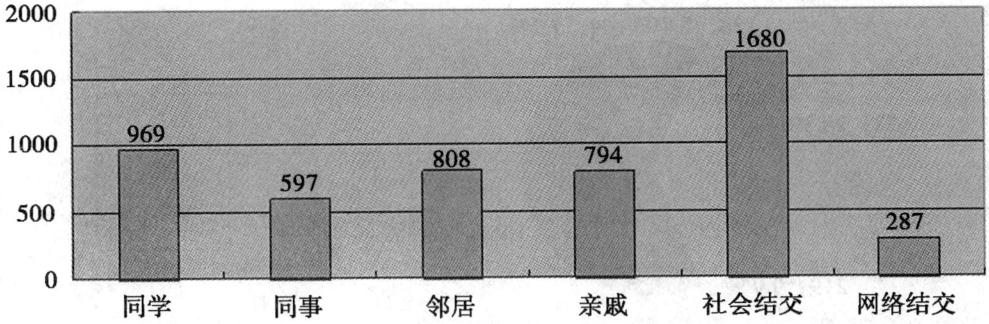


图1－39　这些朋友与自己的关系

3. 朋友工作情况。在“这些朋友中有多大比例的人有正式工作”一题中，2204名被调查者中，有325名表示自己的朋友中有75%以上都有正式工作，占调查总数的14.7%；有581名表示自己的朋友中有50%～75%的人有正式的工作，占26.4%；有526名表示自己的朋友中有25%～50%的人有正式的工作，占23.9%；有772名表示自己的朋友中有25%以下的人有正式的工作，占35.0%（见图1－40）。可见吸毒者的朋友中无工作的占近59%。

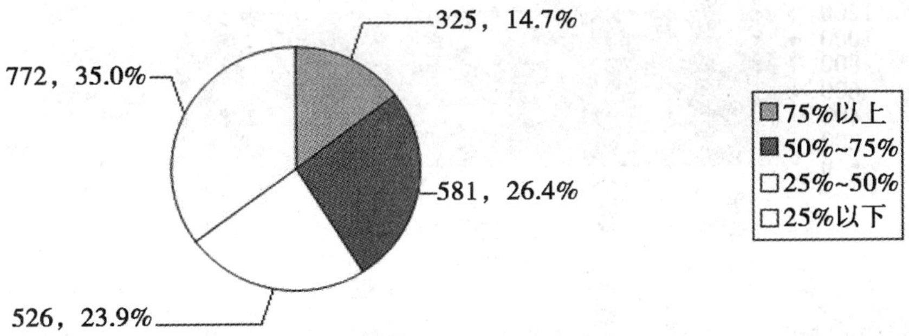


图1－40　这些朋友有多少人有正式工作

4. 聚会频率。在问到“是否经常与这些朋友聚会”时，2204名被调查者中，有169名被调查者表示从来不与这些朋友聚会，占调查总数的7.7%；有1065名表示偶尔会与这些朋友聚会，占48.3%；有219名表示与这些朋友聚会的次数一般，占9.9%；有623名表示自己常常与这些朋友聚会，占28.3%；有128名表示自己与这些朋友有非常频繁的聚会，占5.8%。可见，有超过90%的被调查者都与朋友有过或多或少的聚会，而这些聚会也为他们的吸毒以及被调查者染上毒瘾提供了条件。如果一个人不与自己吸毒的朋友聚会，那他染上毒瘾的几率就会降低（见图1－41）。

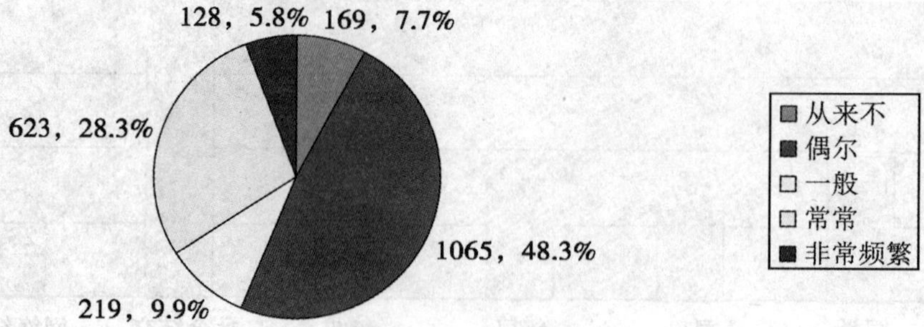


图 1-41　与这些朋友聚会的频率

5. 聚会形式。而在聚会的形式上，与朋友有过聚会的 2035 名被调查者中，有 1120 名与朋友聚会的方式包括吃饭，占与朋友有过聚会的被调查者总数的 55.0%；有 827 名与朋友聚会的形式有打牌（麻将），占 40.6%；有 1030 名表示会与朋友一起唱 KTV，占 50.6%；有 536 名表示会与朋友一起跳舞蹦迪，占 26.3%；有 219 名表示会与朋友一起洗浴按摩，占 10.8%；有 228 名表示会与朋友一起泡吧，占 11.2%（见图 1-42）。

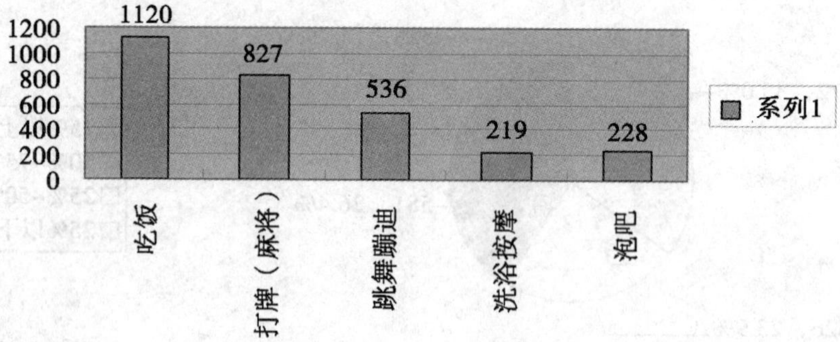


图 1-42　与朋友的聚会形式

6. 吸毒前朋友吸毒状况。在“这些朋友中有多少人是在自己没有开始吸毒的时候已经在吸毒了”的问题上，2204 名被调查者中，359 名的朋友中没有人在吸毒，占调查总数的 16.3%；有 1114 名的朋友中有 1～5 人在自己还没有吸毒的时候已经开始吸毒了，占 50.5%；有 384 名表示自己的朋友中有 6～10 人在自己还没有吸毒的时候已经开始吸毒了，占 17.4%；有 218 名表示自己的朋友中有 11～20 人在自己还没有吸毒的时候已经开始吸毒了，占 9.9%；有 100 名表示自己的朋友中有 21～50 人在自己还没有吸毒的时候已经开始吸毒了，占 4.6%；有 29 名表示自己的朋友中有 51 人及以上在自己还没有吸毒的时候已经开始吸毒了，占 1.3%（见图 1-43）。

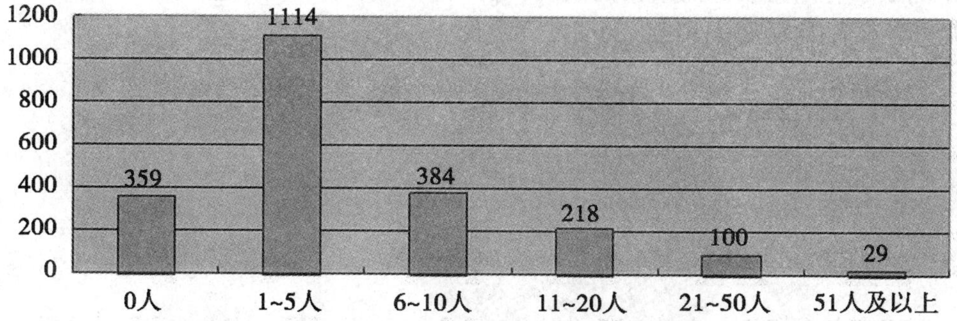


图1－43 有多少朋友在自己还没有吸毒时已经开始吸毒

7. 朋友吸毒种类。而在“这些朋友以吸什么为主”的问题上，有朋友吸毒的1845名被调查者中，有1199名表示自己的朋友主要吸食海洛因，占有朋友吸毒的被调查者总数的65.0%；有246名说自己的朋友主要吸食冰毒，占13.4%；有165名说自己的朋友主要吸食麻黄素，占8.9%；有43名说自己的朋友主要吸食麻古，占2.3%；有55名说自己的朋友主要吸食鸦片，占3.0%；有137名说自己的朋友为混吸，占7.4%，其中有混吸化学合成类毒品的，也有阿片类毒品与化学合成类毒品混吸的（见图1－44）。

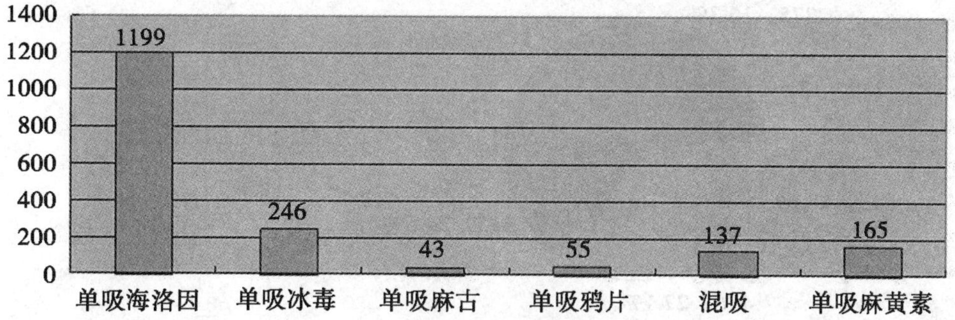


图1－44 这些朋友经常吸食什么

【例】今年19岁的海女士，现在一家强制隔离戒毒所戒毒。她在说到自己如何染上毒瘾时这样说道：“我是2012年1月开始吸毒的。我成长在一个单亲家庭，跟着妈妈相依为命，我爸妈在我小的时候就离婚了，我爸爸是个吸毒者，我都十多年没有见过他了。我有很多的朋友，经常和朋友一起玩，朋友大都是无业游民，有很多是吸毒的，吸的是麻黄素。2012年1月份的时候，和朋友一起在酒店里玩，看到朋友吸毒，在朋友的劝说下自己也吃了，吃的是麻黄素。”

（二）吸毒以后的朋友交往状况

在“有没有因为吸毒而结识其他的朋友”一题中，2204名被调查者中，有

1687 名表示有因为吸毒而结识的朋友，占调查总数的 76. 5%。由此可见，大多数被调查者都有因为吸毒而结识的朋友（见图 1 –45）。

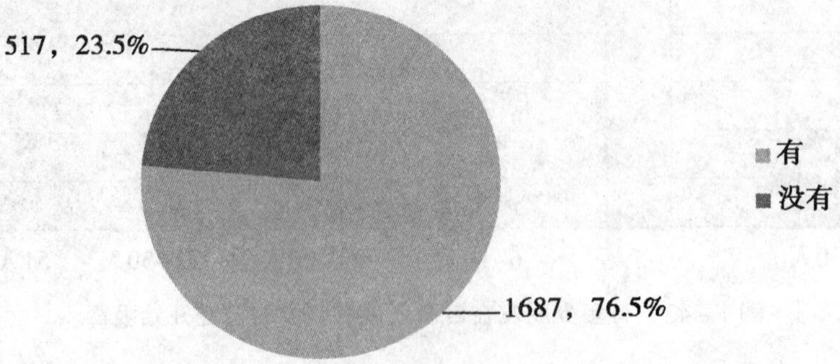


图 1 –45　因吸毒结识其他朋友

在“因吸毒结识多少朋友”的回答中，1687 名因吸毒结识其他朋友的被调查者中，有 413 名因吸毒结识的朋友在 1 ~5 人，占因吸毒结识其他朋友的调查总数的 24. 5%；有 456 名因吸毒结识的朋友在 6 ~10 人，占 27. 1%；有 313 名因吸毒结识的朋友在 11 ~20 人，占 18. 6%；有 230 名因吸毒结识的朋友在 21 ~50 人，占 13. 5%；有 275 名因吸毒结识的朋友在 51 人及以上，占 16. 3%（见图 1 –46）。

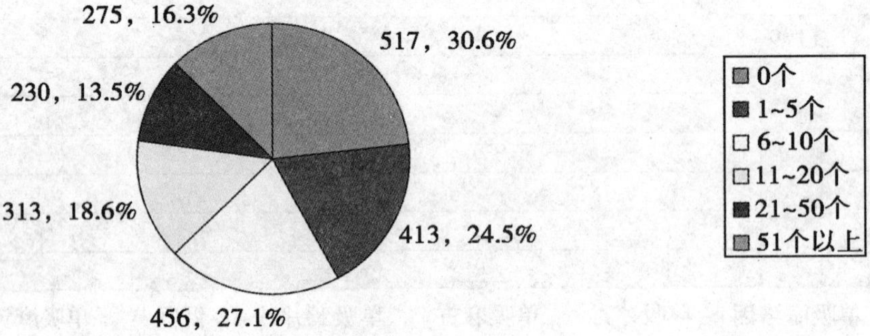


图 1 –46　因吸毒结识朋友人数

在“这些新朋友中有多大比例的人有正式的工作”一题中，1687 名因吸毒结识其他朋友的调查者中，有 172 名表示自己的朋友中有 75% 以上都有正式工作，占因吸毒结识其他朋友的被调查者总数的 10. 2%；有 269 名表示自己的朋友中有 50% ~75% 的人有正式的工作，占 15. 9%；有 397 名表示自己的朋友中有 25% ~50% 的人有正式的工作，占 23. 5%；有 849 名表示自己的朋友中有 25% 以下的人有正式的工作，占 50. 3%。可见，吸毒者结识的朋友以无工作的居多（见图 1 –47）。

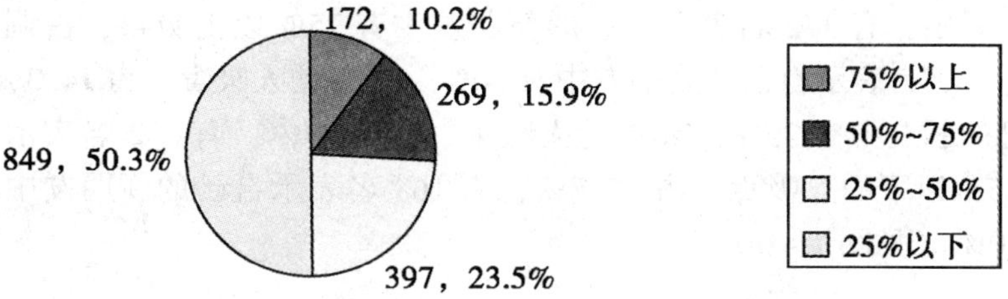


图 1－47　新朋友中有正式工作的比例

在问到“是否经常与这些朋友聚会”时，1687 名因吸毒结识其他朋友的被调查者中，有 90 名表示从来不与这些朋友聚会，占因吸毒结识其他朋友的调查总数的 5.3%；有 942 名表示偶尔会与这些朋友聚会，占 55.8%；有 270 名表示与这些朋友聚会的次数一般，占 16.0%；有 330 名表示自己常常与这些朋友聚会，占 19.6%；有 55 名表示自己与这些朋友有非常频繁的聚会，占 3.3%（见图 1－48）。

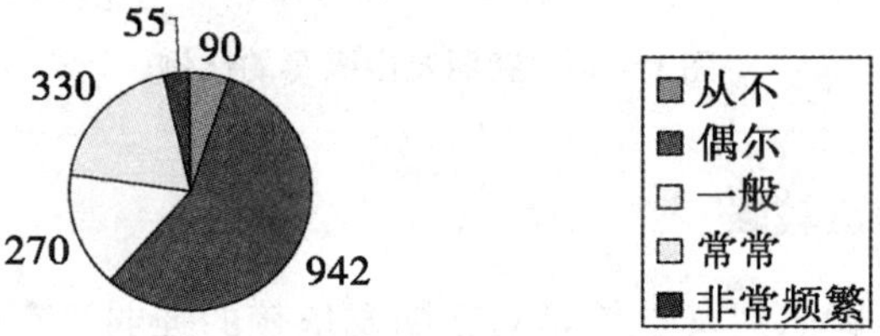


图 1－48　与新朋友聚会的频率

而聚会的形式上，与这些新朋友有过聚会的 1597 名被调查者中，有 640 名与朋友聚会的方式包括吃饭，占与朋友有过聚会的被调查者总数的 40.1%；有 534 名与朋友聚会的形式有打牌（麻将），占 33.4%；有 696 名表示会与朋友一起唱 KTV，占 43.6%；有 331 名表示会与朋友一起跳舞蹦迪，占 20.7%；有 121 名表示会与朋友一起洗浴按摩，占 7.8%；有 165 名表示会与朋友一起泡吧，占 10.3%（见图 1－49）。可见，聚会方式以娱乐场所为主。

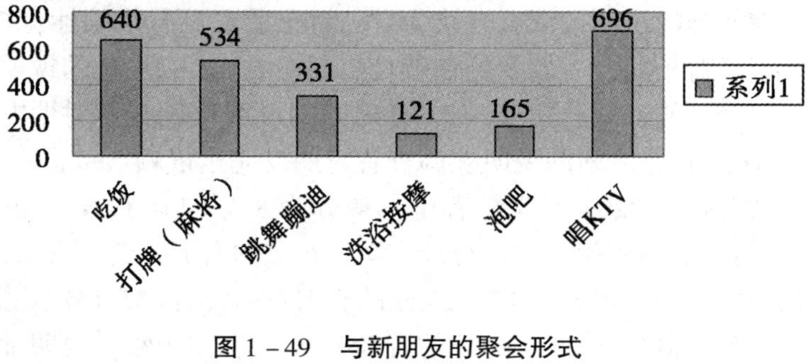


图 1－49　与新朋友的聚会形式

在“这些新朋友中，吸毒的比例是多少”一题中，1687 名因吸毒结识其他朋友的被调查者中，有 372 名表示自己的新朋友中有 75% 以上吸毒，占调查总数的 22.1%；有 242 名表示自己的新朋友中有 50% ~75% 的人吸毒，占 14.3%；有 303 名表示自己的朋友中有 25% ~50% 的人吸毒，占 18.0%；有 602 名表示自己的新朋友中有 25% 以下的人吸毒，占 35.7%；有 168 名表示自己的新朋友中没有人吸毒，占 10.0%（见图 1－50）。

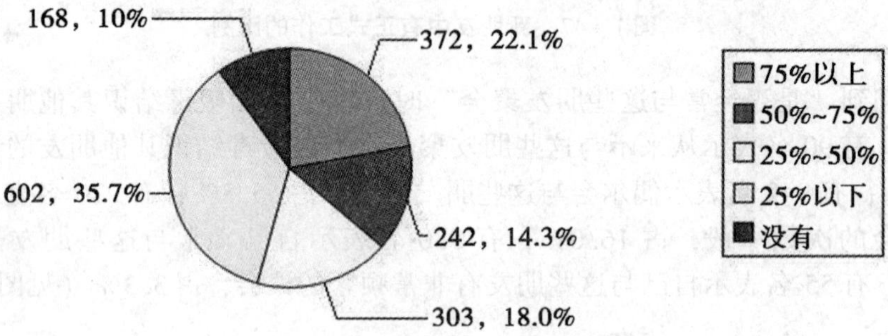


图 1－50　新朋友中吸毒的比例

## 二、朋友依赖程度较强

朋友依赖程度，顾名思义，就是对于朋友依赖的强弱，有的人对朋友有很强的依赖性，很在意朋友对于自己的评价，总希望自己的行为能够和朋友保持一致。而对于吸毒这一越轨行为而言，对朋友的依赖会造成个体想要跟朋友保持行为上或者思想上的一致而做出与朋友相同的行为。

### （一）总体朋友依赖程度

对于朋友依赖程度，本研究则是以一个说明朋友依赖程度的表格来进行说明。把选项分为很不同意、不太同意、一般、比较同意和非常同意五项，并赋以“1 ~ 5”的分值，在 8 个不同的问题中，被调查者选择符合自己情况的选项。将 8 个问题的得分相加得出的总分则是朋友依赖程度的得分，得分越多，说明被调查者越依赖朋友。总分在 8 分的说明被调查者认为自己对于朋友没有依赖性；总分在 9 ~ 16 分的说明被调查者对于朋友有较少的依赖性；总分在 17 ~ 24 分的说明被调查者对于朋友的依赖程度一般；总分在 25 ~ 32 分之间的说明被调查者对朋友有很强的依赖性；总分在 33 ~ 40 分之间的说明被调查者对朋友完全依赖。

据此，在被调查的 2204 名吸毒者中，得分为 8 分的有 19 名，占调查总数的 0.9%，说明他们完全不依赖朋友；得分在 9 ~ 16 分的有 158 名，占 7.2%，说明他们对朋友有很少的依赖；得分在 17 ~ 24 分的有 1006 名，占 45.6%，说明他们对朋友的依赖程度一般；得分在 25 ~ 32 分的有 858 名，占 38.9%，说明他们对于朋友有较强的依赖性；得分在 33 ~ 40 分的有 163 名，占 7.4%，说明他们对于朋友完全依赖。由此可见，将近一半的被调查者对于朋友有较高的依赖性，主要表现为：比较容易受朋友的影响、会在言行举止上尽量和朋友保持一致、朋友对自己的生活来说非常重要、总是接受朋友们的建议、很在乎朋友对自己的评价、会根据朋友对自己的评价来改变自己的行为、迫切希望得到朋友的认可和赞扬、只要有空就希望能和朋友们待在一起，等等（见图 1－51）。

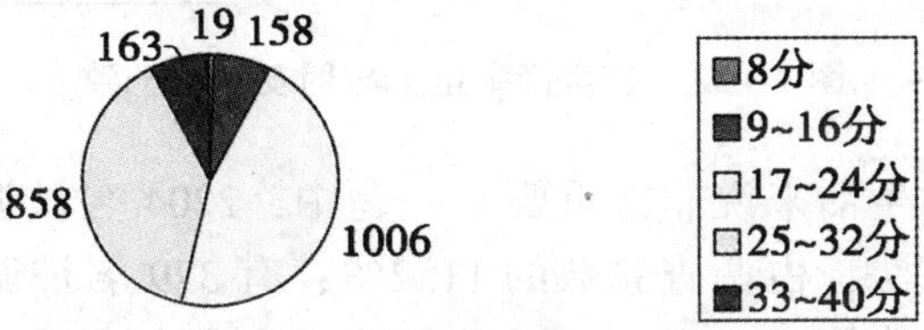


图 1－51　对朋友的依赖程度

（二）朋友依赖程度表现

在“自己比较容易受朋友的影响”一题中，2204 名被调查者中，有 257 名表示很不同意这一说法，占调查总数的 11.7%；有 365 名被调查者表示不太同意这一说法，占调查总数的 16.6%；有 895 名被调查者表示对于“是否容易受朋友的影响”这一说法有时同意有时不同意，占调查总数的 40.6%；有 378 名被调查者表示比较同意这一说法，占调查总数的 17.2%；有 309 名被调查者表示非常同意这一说法，认为自己比较容易受朋友的影响，占调查总数的 14.0%（见图 1－52）。

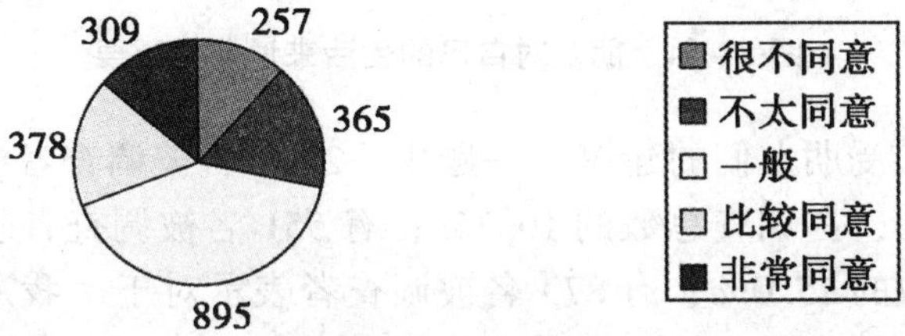


图 1－52　比较容易受朋友的影响

在“我会在言行举止上尽量和朋友们一样”一题中，2204 名被调查者中，有 409 名表示很不同意这一说法，占调查总数的 18.6%；有 595 名被调查者表示不太同意这一说法，占调查总数的 27.0%；有 714 名被调查者表示对于“会在言行举止上尽量和朋友保持一致”这一说法有时同意有时不同意，占调查总数的 32.4%；有 305 名被调查者表示比较同意这一说法，占调查总数的 13.8%；有 181 名被调查者表示非常同意这一说法，认为自己会在言行举止上尽量和朋友保持一致，占调查总数的 8.2%（见图 1－53）。

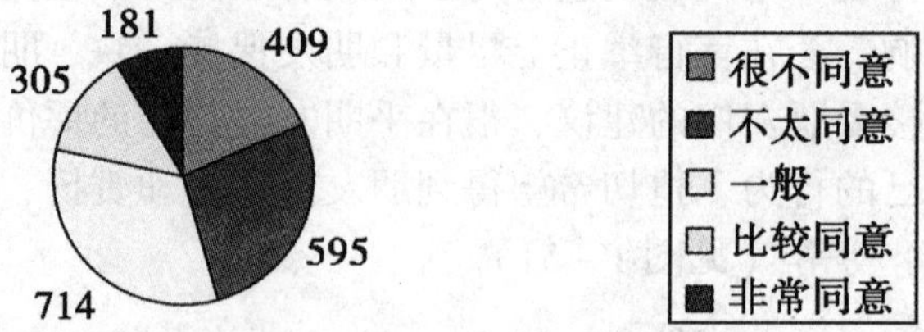


图1-53　在言行举止上与朋友保持一致

在“朋友对我的生活来说非常重要”一题中，2204名被调查者中，有247名表示很不同意这一说法，占调查总数的11.2%；有379名被调查者表示不太同意这一说法，占调查总数的17.2%；有829名被调查者表示对于“朋友对我的生活来说非常重要”这一说法保持中间立场，占调查总数的37.6%；有409名被调查者表示比较同意这一说法，占调查总数的18.6%；有340名被调查者表示非常同意这一说法，认为朋友对于自己的生活来说非常重要，占调查总数的15.4%（见图1-54）。

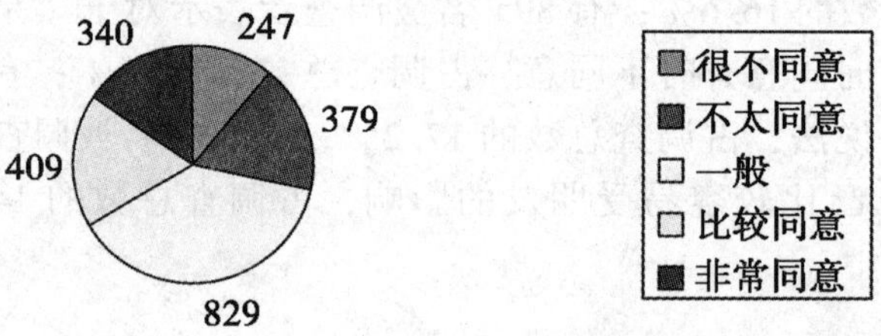


图1-54　朋友对自己的生活来说非常重要

在“我总是接受朋友们的建议”一题中，2204名被调查者中，有236名表示很不同意这一说法，占调查总数的10.7%；有551名被调查者表示不太同意这一说法，占调查总数的25.0%；有879名被调查者表示对于“我总是接受朋友们的建议”这一说法保持中间立场，占调查总数的39.9%；有325名被调查者表示比较同意这一说法，占调查总数的14.7%；有213名被调查者表示非常同意这一说法，认为自己总是会接受朋友们的意见，占调查总数的9.7%（见图1-55）。

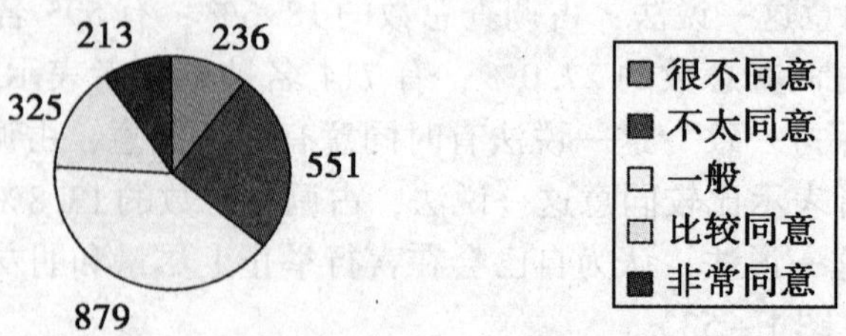


图1-55　我总是接受朋友们的建议

在“我很在乎朋友怎么评论我”一题中，2204 名被调查者中，有 266 名表示很不同意这一说法，占调查总数的 12. 1%；有 402 名被调查者表示不太同意这一说法，占调查总数的 18. 2%；有 741 名被调查者表示对于“我很在乎朋友怎么评论我”这一说法保持中间立场，占调查总数的 33. 6%；有 460 名被调查者表示比较同意这一说法，占调查总数的 20. 9%；有 335 名被调查者表示非常同意这一说法，表示非常在意朋友怎么评论自己，占调查总数的 15. 2%（见图 1－56）。

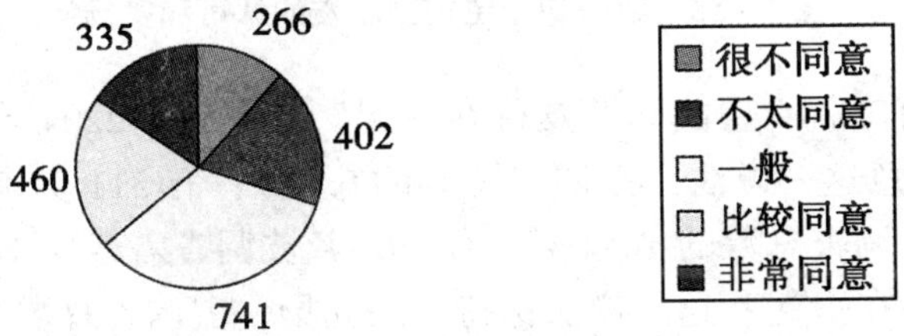


图 1－56　我很在乎朋友怎么评论我

在“我会根据朋友的评价来改变自己的行为”一题中，2204 名被调查者中，有 269 名表示很不同意这一说法，占调查总数的 12. 2%；有 447 名被调查者表示不太同意这一说法，占调查总数的 20. 3%；有 658 名被调查者表示对于“我会根据朋友的评价来改变自己的行为”这一说法保持中间立场，占调查总数的 29. 9%；有 468 名被调查者表示比较同意这一说法，占调查总数的 21. 2%；有 362 名被调查者表示非常同意这一说法，表示会根据朋友的评价改变自己，占调查总数的 16. 4%（见图 1－57）。

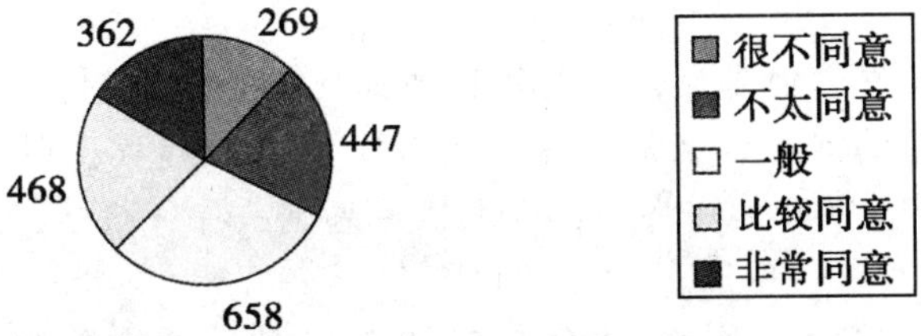


图 1－57　我会根据朋友的评价来改变自己的行为

在“我迫切希望得到朋友的认可和赞扬”一题中，2204 名被调查者中，有 290 名表示很不同意这一说法，占调查总数的 13. 2%；有 392 名被调查者表示不太同意这一说法，占调查总数的 17. 8%；有 791 名被调查者表示对于“我迫切希望得到朋友的认可和赞扬”这一说法保持中间立场，占调查总数的 35. 9%；有 389 名被调查者表示比较同意这一说法，占调查总数的 17. 6%；有 342 名被调查者表示非常同意这一说法，认为自己迫切需要得到朋友的认可和赞扬，占调查总数的 15. 5%（见图 1－58）。

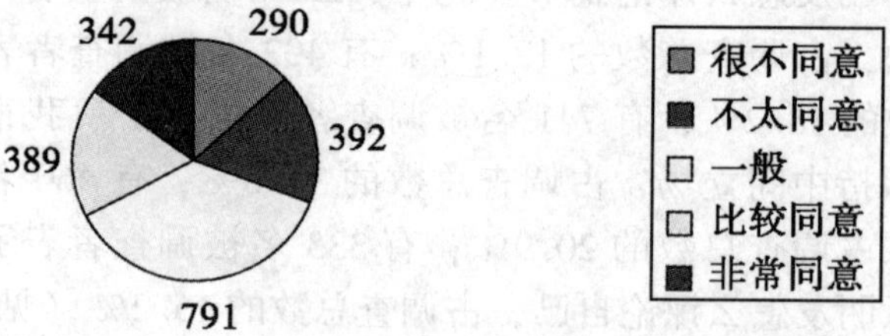


图 1－58　我迫切希望得到朋友的认可和赞扬

在“我只要有空就希望能和朋友待在一起”一题中，2204 名被调查者中，有 140 名表示很不同意这一说法，占调查总数的 6.4%；有 311 名被调查者表示不太同意这一说法，占调查总数的 14.1%；有 792 名被调查者表示对于“我只要有空就希望能和朋友待在一起”这一说法保持中间立场，占调查总数的 35.9%；有 447 名被调查者表示比较同意这一说法，占调查总数的 20.3%；有 514 名被调查者表示非常同意这一说法，表示只要有时间就希望和朋友待在一起，占调查总数的 23.3%（见图 1－59）。

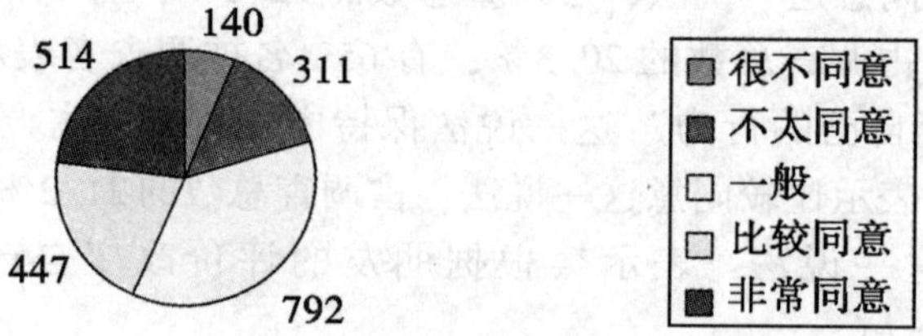


图 1－59　我只要有空就希望能和朋友待在一起

【例】今年 19 岁的何先生，在说到自己如何染上毒瘾时说：“我是 2010 年开始吸毒的。2010 年的时候，在朋友家，十多个朋友一起玩，朋友在吸毒，在朋友的劝说下我也吸了，吸食的海洛因，吸了以后感觉头昏，想吐，第一次吸毒的毒品是朋友给的。”

雷先生，今年 30 岁，他说：“我是 2000 年开始吸毒的。2000 年，有一次在朋友家，两三个朋友一起玩的时候，在朋友的劝说下，我吸了海洛因，朋友给的，第一次吸了以后，我感到很难受，头昏、呕吐，之后又在朋友的劝说下，吸了第二次，觉得兴奋，毒品也是朋友给的，之后自己就上瘾了。”

而在复吸原因的访问中，1212 名复吸者中，有 455 名复吸者表示复吸的原因为受粉友的诱惑，占复吸总数的 37.5%。可见，超过三分之一的复吸者复吸的原因与朋友有关。

【例】上文提到的雷先生，在谈到自己复吸的时候说：“我现在已经是第三次进戒毒所戒毒了。第一次是 2002 年，在戒毒所待了一年多时间，我觉得这一年多的时间自己生理上的毒瘾已经戒断了，但是心理上的毒瘾并未戒断，2004 年离开戒毒所后，回家种地。差不多2005年3、4月份的时候，在朋友的诱惑下，觉得如果再次吸毒的话应该挺好玩的，就开始复吸了。2007年第二次进入戒毒所，2009年上半年离开戒毒所回家。2009年下半年，又因为朋友的引诱，再次开始复吸，一直到2011年年底进来这里戒毒。”

今年24岁的蒲女士，她在提到自己复吸的时候说：“我是14岁的时候开始吸毒的，15岁的时候进入戒毒所戒毒，在戒毒所待了三个月，出来后去找之前的朋友玩，朋友在吃，自己经不住诱惑也吃了，之后戒过七八次，有时自愿戒，有时强戒。可是每次戒完都会在朋友的诱惑和自己心瘾的折磨下又开始吸毒。”

**结论**

在对2204名戒毒或康复人员进行问卷调查及对154名戒毒或康复人员进行个案访谈的基础上，通过对所得数据的整理与分析，得出以下结论：

第一，在被调查者的基本状况上，有不到40%的被调查者的年龄在25岁及以下，有超过60%的被调查者的年龄在26~35岁之间；在调查者教育程度上呈现教育程度低下的趋势，有超过80%的被调查者的教育程度在初中及以下，其中有超过50%的被调查者是小学文化程度；在被调查者的职业中，有超过70%的被调查者的职业是农民或者无业、失业和半失业者；在收入状况上，有将近60%的被调查者月收入在2000元以下；在婚姻状况上，有将近70%的被调查者是未婚、离婚或丧偶状态。

第二，在初次吸食毒品的问题上，初次吸毒年龄呈现年轻化，有超过四分之一的被调查者的初次吸毒年龄在18岁及以下，有将近二分之一的被调查者的初次吸毒年龄在19~25岁之间；在第一次吸食毒品种类的问题上，有超过60%的被调查者第一次吸食的是传统类毒品，其中，超过50%的被调查者第一次吸食的是海洛因；而第一次吸食毒品的毒品来源上，有超过70%的被调查者第一次吸食毒品的来源是来自朋友；在第一次吸食毒品的地点上，超过70%的被调查者第一次吸食毒品的地点是在朋友家或者娱乐场所。

第三，在吸毒原因的问题上，被调查者中，大多数人初次吸毒的原因跟自己的好奇心理有关，有超过60%的被调查者第一次吸毒的原因就是好奇；而在复吸的原因上，大多数吸毒者复吸的原因是心瘾的折磨，生理上的毒瘾两个星期或者一个月的时间就可以戒掉，可是心理上的毒瘾却会跟着这个人一辈子，可谓是一日吸毒，终生戒毒。朋辈群体对于个体的行为有深远的影响。大多数被调查者吸毒之前交往的朋友中就有吸毒的，而与这些瘾君子的交往，也就促成了被调查者的吸毒。俗话说：“近朱者赤，近墨者黑”，就是这个道理。而家庭因素也是个体吸毒的原因之一，由于家庭关系的不和睦、家庭环境的不良、父母关系的恶劣、家庭教养方式的不正确等原因，导致个体因为家庭的不和睦、父母之间的争吵等心情不好，从而走上吸毒的道路，这类例子屡见不鲜。

# 第二章　青年女性与毒品滥用[①]

从20世纪70年代末以来，毒品在中国泛滥，引发了严重的社会问题。当前中国女性吸毒人数呈不断上升趋势，引起了社会的广泛关注。由于社会性别因素，女性吸毒带来了严重的社会危害，如卖淫、性传播疾病，同时长期吸毒和卖淫也对女性身体造成了损害。本书主要从社会学角度出发，运用问卷调查和个案访谈相结合的方法，对云南省青年女性[②]吸毒原因进行实证研究。笔者及调研团队分别在云南省德宏、保山、大理、楚雄、西双版纳、普洱、玉溪、昆明8个州市的强制隔离戒毒所、社区戒毒（康复）场所、美沙酮门诊等分别发放问卷200～400份不等，共发放问卷2300份，收回有效问卷2204份。其中女性的问卷有486份、个案有49份，本书主要根据这些数据和访谈来进行实证研究。

## 第一节　相关理论与研究综述

### 一、国外相关理论

#### （一）社会结构论

社会结构论首先关注的是结构因素，而正是社会结构压力产生个体越轨行动。迪尔凯姆是最早从社会结构角度讨论越轨行为的学者，他对越轨行为的研究主要体现在自杀行为上。迪尔凯姆对其他形式的越轨行为并没有进一步的研究，但他对自杀的研究被后来的社会学家加以采纳推广。

美国学者默顿在迪尔凯姆关于社会解体产生失范性自杀的基础上，在1930年提出失范理论。默顿从美国社会文化的分析入手研究失范，指出一方面美国社会鼓吹个人奋斗和赚大钱，但另一方面实现个人成功的机会并不平等，正是这两方面的冲突和压力，造成下层阶级以社会不接受和不认可、非制度化的手段去追求社会认可的文化价值目标，这是产生行为失范的主要原因。默顿认为，人的欲望是由社会文化引起的，尽管社会文化认可的成功目标在整个社会中是一致的，但实现成功的

---

① 注：本章所有案例及数据采集于2012年。

② 本章所说的“青年女性”是指青年和少年的女性，具体来说是35岁以下的青年和少年女性。

机会在各个阶层中并不均等，当下层阶级无法用合法的手段实现社会承认的成功目标时，就会产生紧张情绪。个人缓解紧张情绪的方式有五种：遵从、创新、形式主义、退却主义和造反。默顿认为除遵从之外的四种社会适应方式都构成“越轨”。默顿把吸毒看作拒绝文化目标和制度化手段的一种社会退却行为。[①]

Cloward 和 Ohlin（1960）扩展了默顿的理论，指出在不同的社会阶层中越轨机会结构不同，底层和穷人比社会其他成员更有可能有机会成为越轨者。[②]

吉登斯认为，社会结构论强调在不同的社会背景中遵从和越轨之间的联系，他认为成功机会的缺乏是把从事犯罪行为与不从事犯罪行为的人区分开来的主要因素（吉登斯，2003：263）。[③] 它为大量越轨形式提供一般解释框架，包括犯罪、酗酒、吸毒成瘾、自杀和精神失常（Marshall and Robert，2001：144－115）。社会结构论认为社会环境对毒品使用的影响不可忽视，结构性劣势与毒品使用之间有很大的关系。广泛贫困的居住环境、严重的社会失序、缺乏合法机会与足够的教育和训练，都会造成对毒品使用的易感性。

（二）社会控制论

社会控制理论是近代一种主要研究青少年罪行的犯罪学理论。社会控制理论主要整合自特拉维斯·赫西的社会联系理论及华伦·C. 雷克利斯的遏制理论，是解释人为什么不犯罪的一种理论。社会控制论着重研究正常人为什么不去吸毒，社会为人们提供了许多吸毒的机会，然而为什么大多数人能抗拒毒品的诱惑呢？这是因为，在一般社会里，作为一种不符合社会准则的越轨行为，吸毒会给个体与家庭、朋友、邻居和学校、工作单位等社会机构之间的正常关系造成不可弥补的损害，一般人都担心破坏这些重要的人际关系而不得不放弃吸毒。赫西于 1969 年提出社会联系理论，他认为人与动物行为无异，都具有犯罪的倾向，因此人需要社会联系（social bond），来减少人犯罪的倾向。社会联系通常有四种：一是依恋，它是指一个人对他人的情感联系。二是奉献，它是指一个人在常规社会活动中所做出的成绩和贡献。三是参与，指一个人在常规社会活动中所投入的时间、精力和努力。四是信念，是指个人对于所处社会环境下社会准则的认可和接受。[④]

由此可见，个体与各种社会机构之间的正常关系作为社会制约因素对个体是否吸毒起约束作用，这种关系越强大，则约束力就越大，个体吸毒的可能性就越小。个体去吸毒，主要是因为他们与家庭、朋友、学校、工作单位等社会机构的正常关系过于弱小。

（三）标签理论

标签理论也称为互动主义观点，关注越轨与社会控制的政府机构之间的互动结

---

① 罗伯特·默顿．社会理论和社会结构．唐少杰，齐心等译．译林出版社，2006.

② Cloward·R.，Ohlin，L. E. Delinquency and Opportunity：A Theory of Juvenile Gang. Free Press，1960.

③ 安东尼·吉登斯．社会学（第四版）．北京大学出版社，2003.

④ Hirschi，T. A Control Theory of Delinquency. Theories of Deviance，1994.

果，这点与社会控制理论有相似之处，不过社会控制理论强调阻止犯罪的能力，标签理论强调越轨行为的创造，它认为是贴标签而不是越轨动机创造了越轨行为。把标签理论作为一种重要观点导入越轨社会学的是贝克尔，他在著作《局外人》（Becker，1963）中，把理论关注点放在社会反应方面。贝克尔认为，越轨与正常行为之间缺乏清晰的界限，越轨行为是越轨行为者和非越轨行为者之间互动的结果，而不是个人或群体特征。他认为越轨是由社会群体创造的，这些群体规定了若干规则（违反它们就构成了越轨），并将这些规则用于那些被称为“局外人”的特殊个体。越轨者是那些被成功贴上标签的人，而越轨行为则是被人们贴上这种标签的行为。[①] 因此标签理论始于这种假设，即任何行为本身都不是犯罪性的。它认为行为的问题性定性是行为定义者与行为被定义者之间的互动结果。

（四）行动者理论

相对于以上理论，行动者论未必形成系统成熟的理论流派，但对于吸毒问题的研究，行动者论给出了比其他理论更加个体、专门的理论解释。比起其他理论，行动者论更加强调行动者的主体地位，关注行动者如何建构自身的生活事实和意义系统，为行为认知和行为产生提供解释依据。

行动者论从研究毒品话语的角度，考察吸毒者毒品话语与政府毒品话语之间的关系。它认为吸毒者自身的毒品话语并未脱离政府毒品话语的影响，而是在承认政府毒品话语的前提下，做出不同于政府毒品话语的毒品认知。Rjader 认为，吸毒者承认政府的毒品话语，但不承认自己的吸毒行为与政府界定的毒品行为一致，他们转换政府毒品话语的概念，认为政府毒品话语提出的毒品滥用者是指缺乏控制的人群，这些人被界定为弱者，是不正常的，而他们自己是强者，可以控制毒品的使用和自己的生活，是正常的。行动者论把吸毒者看成是主动人，认为他们不是社会和制度力量的机器人。一些吸毒者巧妙地应用概念，通过把自己的吸毒行为转换成并非社会所认定的污名化行为，从而建构自己行为正常化的事实，为自己吸毒行为的发生提供合理化的辩解。行动者论体现的“自控”能力和个体生活意义系统的建构功能对毒品危害的减少有积极作用。研究发现，认同的重建与修复对毒瘾的自然减轻或康复有很大的作用。

另外，行动者论肯定越轨动机的重要性，认为吸毒行为的产生是理性决策的结果，而不是同辈交往的结果。它强调行动者的策略与应对，在承认创造越轨行为的基础上，与政府定性的越轨行为拉开距离，达到自己行为正常化的解释。

## 二、国内相关研究

国内关于毒品问题的研究，与国外相比还未形成比较系统的理论观点，关注的三大学科是历史学、心理学和法学。历史学研究近代鸦片历史和国外毒品问题，探

① 霍华德·S. 贝克尔. 局外人：越轨的社会学研究. 南京大学出版社，2011.

索近代与国外毒品治理经验；心理学研究吸毒成瘾者的人格、心理特征；法学研究毒品法律政策的缺陷和戒毒模式。近几年，社会学陆续有学者对毒品问题进行研究，很大部分是进行现状描述分析，对不同地方或特定吸毒群体，如青少年、女性的毒品现状及吸毒的危害和后果做简单的描述。国内主要从四个方面来研究：

（一）亚文化影响

从亚文化角度进行毒品研究，主要运用在新型毒品使用群体上。夏国美教授认为，新型毒品具有迎合时尚的群体娱乐、混淆流行的消费观念、依托从众的社交圈等亚文化特点，而这些亚文化动因正成为当代社会新型毒品泛滥的深层社会原因。阮惠风等人于 2006 年在昆明市各戒毒所进行新型毒品滥用行为的调查，将新型毒品滥用群体分为“high”妹群体、无业者群体和公司职员群体三类，认为在新型毒品预防教育中，必须加强不良交往预防教育，避免受到不良社会亚文化的影响。韩丹在 2007 年对南京市强制戒毒所进行调查，指出新型毒品使用者另类亚文化的特点，认为社会学习、氛围影响、模仿、文化压力对新型毒品使用行为产生影响。

（二）社会关系网

社会关系网方面首先是家庭不良环境的影响。家庭中有没有吸毒人员对子女产生很大影响；家庭教育失败和家庭成员之间的不良关系可能会增加子女走上吸毒之路的可能性，一些家庭父母离异或者长期外出，孩子得不到正常的教育；还有一些经济条件好的家庭，父母过分溺爱子女，无条件地满足子女的物质要求，使子女有充分的物质条件去寻求毒品的刺激，这些都可能是导致青少年吸毒的原因。其次是吸毒同伴的影响。大多数吸毒者是通过朋友染上毒瘾，受朋友的蛊惑，得到同辈群体的支持、从众行为是他们初次吸毒的原因之一。蒋涛的研究总结了吸毒者的社会关系网络特征，家庭等社会支持网规模很小，吸毒同辈网络具有秘密性和牢固性（蒋涛，2006）。

（三）制度因素影响

夏国美指出，国内学者对吸毒原因的解释主要集中于好奇心理驱使、不良的家庭环境、个人交友不慎和精神空虚等层面（夏国美，2003），她指出制度环境的影响十分重要。青少年毒品使用受家庭、职业等各方面的影响，青少年吸毒很大一部分原因在于教育制度的缺陷，低学历标签对青少年行为失范有着重要影响。学历霸权一方面把学习成绩差的学生推向社会，另一方面就业对低学历的不认可，造成青少年从事越轨行为（夏国美，2003）。① 徐向群认为，青少年吸毒行为的防控应该着力改善产生吸毒行为的社会宏观环境，加强社会管理力度及个体自我控制力（徐向群，2000）。②

① 夏国美．社会学视野下的禁毒研究——青少年吸毒问题调查．社会科学，2003（10）．

② 徐向群．青少年吸毒行为及其防控的社会学分析．青年研究，2000（3）．

（四）心理因素影响

一些学者认为吸毒主要是心理成因，包括好奇、刺激、合群、从众、逃避等毒品使用心理。其中好奇一直是大家公认的原因，认为吸毒者使用毒品多是因为好奇心所致。好奇或者追求刺激的心理一般都源于对自己业已成型的生活方式的不满，人们在周而复始、枯燥单调的生活方式中会逐渐产生一种空虚、乏味和麻木的感觉，消极对待这种感觉的人，在心理年龄上会一天一天地变得衰老。然而，对大多数人来说，他们都会有改变现状、寻求解脱的本能追求，渴望接触新生事物，渴望体验新的生活方式和生活内容，一旦社会上出现了新的风尚、新的生活内容时，他们就极易去效仿和体验，而这种效仿和体验往往是盲目的。不少步入吸毒歧途的人一开始就是这样的。有学者对此提出挑战，认为好奇不能作为吸毒的原因，如果好奇心是吸毒的主要因素，那么吸毒人群应该是一个常数。但是吸毒者人数却在短短几年内大有变化。蒋涛、朱玲怡的研究发现，严重的吸毒成瘾者在他们第一次吸毒后，好奇心也满足了，但在好奇心满足之后，他们却继续吸毒，致使吸毒成瘾。而大多数人第一次吸毒后的感觉并不好，所以他们吸毒并不是好奇心引起的。①

## 第二节　云南省青年女性吸毒现状

本次研究通过对云南省 8 个州市（昆明—玉溪—普洱—西双版纳一线，楚雄—大理—保山—德宏一线）的强制隔离戒毒所、社区戒毒（康复）场所、美沙酮门诊的戒毒人员进行问卷调查和个案访谈，共获得 2204 份有效问卷和 150 多份个案访谈记录。在 2204 份有效问卷中，有 486 名女性吸毒者，本章主要对这 486 名女性吸毒者的现状进行描述分析。

### 一、个人基本情况

（一）年龄

在 486 名女性被调查者中，18 岁以下（不包括 18 岁）的有 9 名，占总数的 1.9%；18～25 岁的有 199 名，占总数的 40.9%；26～35 岁的有 278 名，占总数的 57.2%（见图 2－1）。

① 蒋涛，朱玲怡．初次吸毒行为的社会学解析．青年研究，2005（8）．

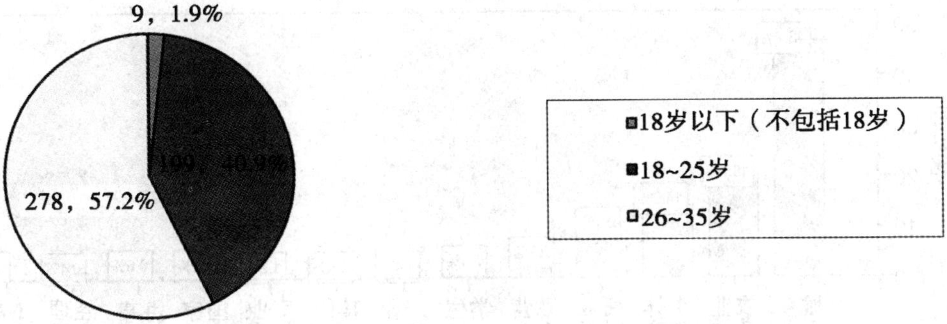


图 2－1　年龄分布

（二）受教育程度

在受教育程度上，486 名女性被调查者中，文盲半文盲有 30 人，占总数的 6.2%；小学学历的有 108 人，占总数的 22.2%；初中学历的有 258 人，占总数的 53.1%；高中、中专、职高技校学历的有 80 人，占总数的 16.5%；大学专科学历的有 9 人，占总数的 1.9%；大学本科及以上学历的只有 1 人，占总数的 0.2%（见图 2－2）。

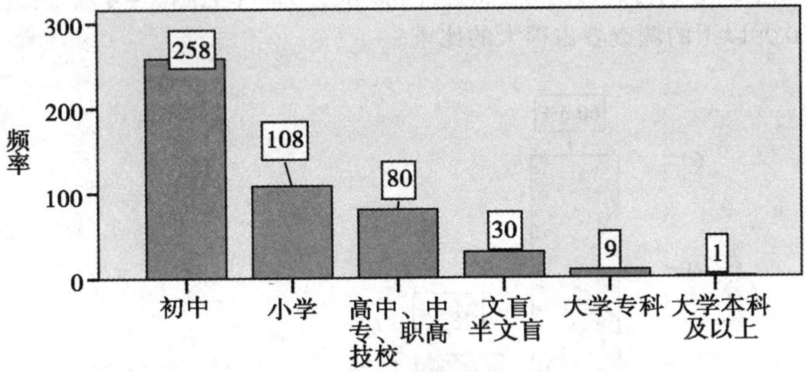


图 2－2　受教育程度

（三）职业及收入状况

在之前或现在的职业状况上，486 名女性被调查者中，有 1 名调查者没有回答。城乡无业、失业、半失业者有 227 人，占总数的 46.7%；其次，农业劳动者有 91 人，占总数的 18.7%；个体工商户有 69 人，占总数的 14.2%；商业服务业员工有 44 人，占总数的 9.1%；私营企业主、学生、产业工人和专业技术人员分别是 13 人、10 人、7 人和 6 人，分别占总数的 2.7%、2.1%、1.4% 和 1.2%；国家或社会工作人员、办事人员、经理人员及其他职业分别是 6 人、3 人、2 人和 7 人，分别占总数的 1.2%、0.6%、0.4% 及 1.4%（见图 2－3）。由此可见，城乡无业、失业、半失业者占很大比重。

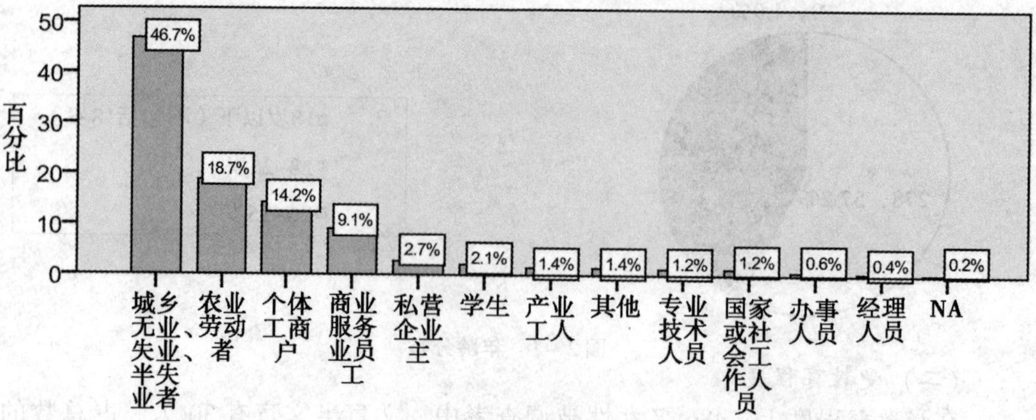


图 2－3　职业

在之前或现在的月收入现状中，月收入 2000 元以下的占总数的 60.3%；月收入 2001～4000 元的占总数的 24.7%；月收入 4001～7000 元、7001～10000 元及 10001 元以上的分别占总数的 8.2%、3.1% 和 1.6%（见图 2－4）。由此可见，月收入 2000 元以下的调查者占很大的比重。

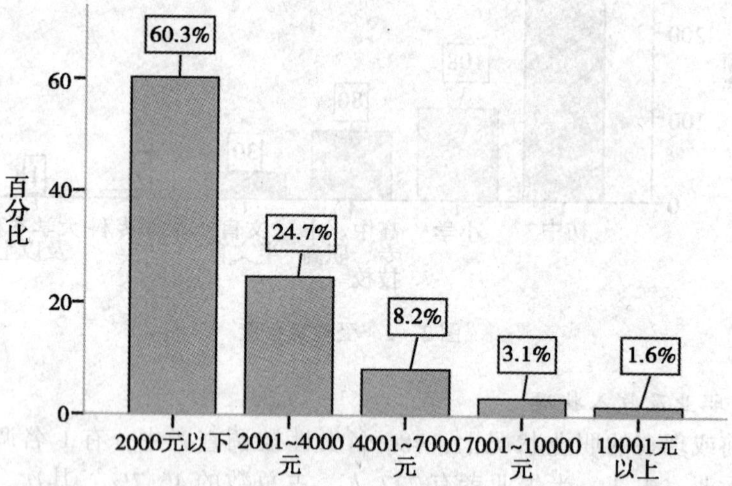


图 2－4　之前或现在的月收入

（四）婚姻状况

在婚姻状况调查中，有 2 名调查者没有回答。未婚者有 251 人，占总数的 51.6%；已婚的有 86 人，占总数的 17.7%；离婚的有 61 人，占总数的 12.6%；未婚同居的有 56 人，占总数的 11.5%；已婚分居和丧偶的分别是 26 人和 4 人，分别占总数的 5.3% 和 0.8%（见图 2－5）。由此可见，在 486 名女性被调查者中，婚姻状态不稳定的调查者比婚姻状态稳定的调查者要多很多。

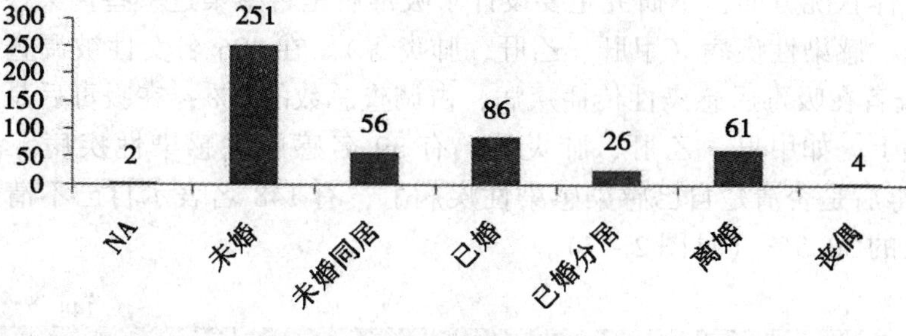


图 2－5　婚姻状况

（五）民族状况

在所属民族上，486 名女性吸毒者中，汉族有 367 名，占调查总数的 75.5%；有 26 名被调查者是彝族，占调查总数的 5.3%；回族有 20 名，占调查总数的 4.1%；傣族、白族、傈僳族、拉祜族、佤族和景颇族分别有 18 名、15 名、8 名、8 名、7 名和 6 名，分别占总数的 3.7%、3.1%、1.6%、1.6%、1.4% 和 1.2%；其他民族总共有 11 名，占总数的 2.3%（见图 2－6）。由数据可以看出，在 486 名女性被调查者中，汉族占非常大的比重。

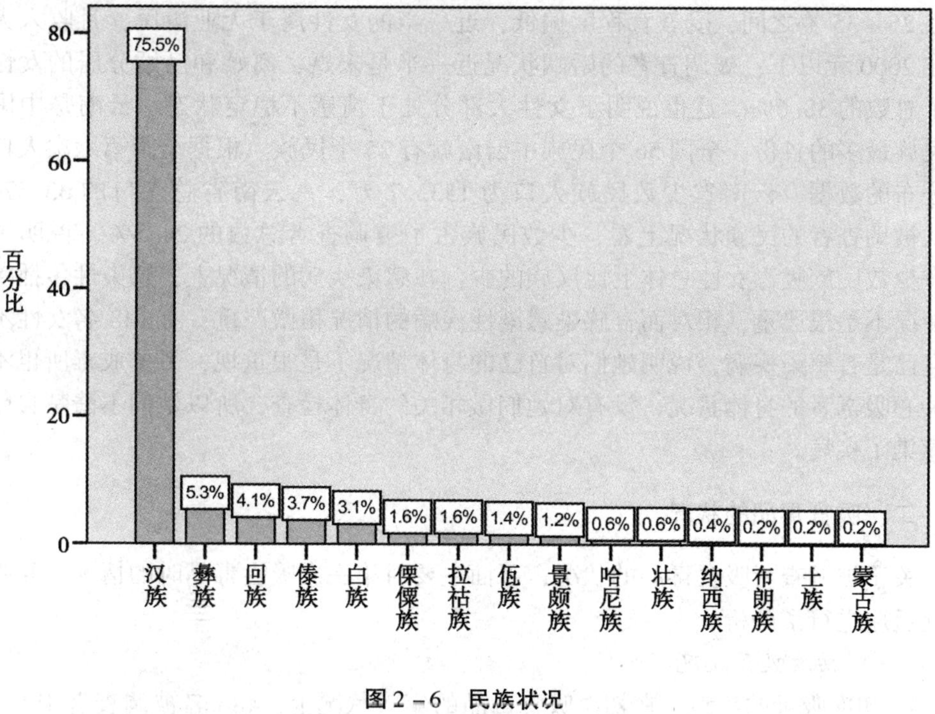


图 2－6　民族状况

（六）感染疾病状况

关于身体状况方面，本研究主要设计了吸毒后是否感染过一些传染性疾病，如性传播疾病、感染性疾病（甲肝、乙肝、肺炎等）。在486名女性被调查者中，有14名被调查者在吸毒后感染性传播疾病，占调查总数的3%；在吸毒后是否感染过感染性疾病上，如甲肝、乙肝、肺炎等，有39名感染过感染性疾病，占总数的8%；在吸毒后是否清楚自己感染感染性疾病上，有148名表示自己不清楚有没有病，占总数的30.5%（见图2－7）。

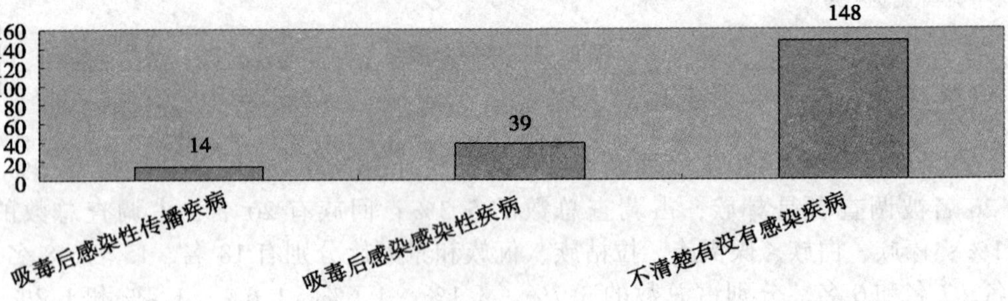


图2－7　吸毒后是否感染性传播疾病

根据对486名女性吸毒者的现状调查分析发现，有超过一半的女性被调查者年龄在25～35岁之间，受教育程度偏低，近一半的女性属于无业游民，月收入大部分在2000元以下；被调查者的婚姻状况近一半是未婚，离婚和已婚分居的女性占到了总数的38.6%，这也说明了女性大部分处于情感不稳定状态。云南是中国少数民族最多的省份，全国56个民族中云南就有25个民族。根据全国第六次人口普查公布的数据，云南省少数民族人口为1533.7万，占云南省总人口的33.37%。但从被调查者的民族状况上看，少数民族占了被调查者总数的24.5%，说明了云南省少数民族吸毒女性总体上比汉族的少。在感染疾病的情况上，感染性传播疾病的情况不是很严重，相对而言感染感染性疾病的情况稍微严重；有148名女性不知道自己是否感染疾病，说明她们对自己的身体情况不是很重视，另外戒毒所也不是很关心吸毒者的身体状况，没有对她们做相关的身体检查，所以她们不清楚自己是否感染了疾病。

## 二、吸食毒品的状况

关于被调查者吸食毒品的状况，下面主要对第一次吸食毒品时的情况、复吸的情况反应进行了分析。

（一）初次吸毒状况

1. 初次吸毒的年龄。在初次吸食毒品的年龄状况上，486名被调查者中有205名被调查者表示第一次吸食毒品时的年龄在18岁（含18岁）以下，占调查总数的42.2%；年龄在19～25岁的有229名，占调查总数的47.1%；年龄在26～35岁的有52名，占调查总数的10.7%（见图2－8）。由此可见，在调查的486名被调查者中，19～25岁占最大的比例。

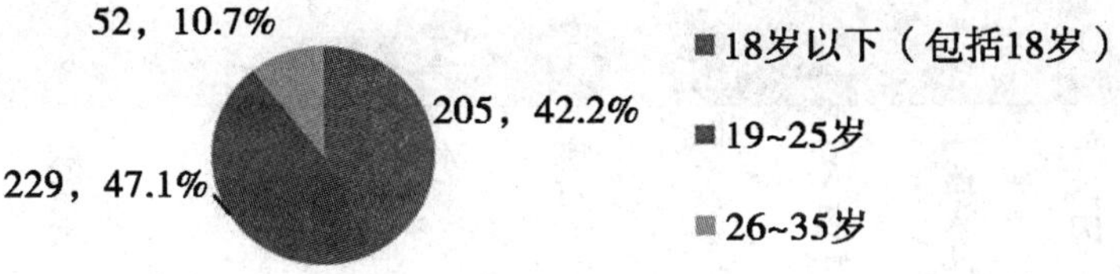


图2－8　第一次吸毒年龄

2. 初次吸毒的地点。在初次吸食毒品的地点上，486名被调查者中，有333名被调查者是在朋友家里，占调查总数的68.5%；有62名是在娱乐服务场所，占调查总数的12.8%；有60名是在家里，占调查总数的12.3%；有5名是在公共场所，占调查总数的1%；有26名是在其他场所，如宾馆、出租房等地方，占调查总数的5.3%（见图2－9）。

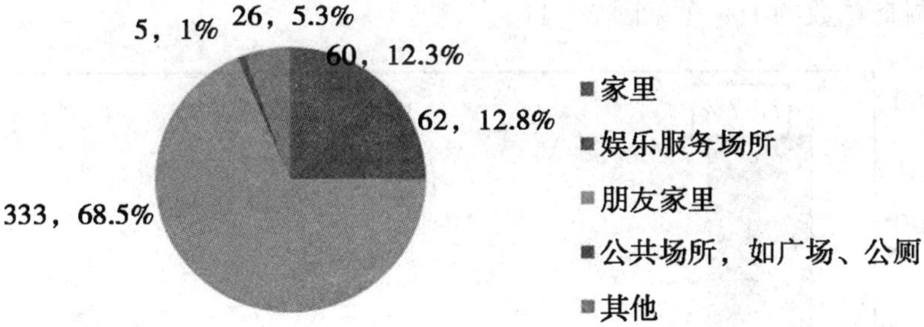


图2－9　初次吸毒地点

3. 初次吸毒的种类。在初次吸食毒品的种类上，486名被调查者中，有393名被调查者表示第一次吸食的毒品是海洛因，占调查总数的62.2%；有24名吸食的毒品是“摇头丸”，占调查总数的3.8%；有48名吸食的毒品是“K粉”，占调查总数的7.6%；有23名吸食的毒品是大麻，占调查总数的3.6%；有76名吸食的毒品是麻古，占调查总数的12%；有64名吸食的毒品是冰毒，占调查总数的10.1%；有1名吸食的毒品是古柯碱，占调查总数的0.2%；有3名吸食的毒品是鸦片，占调查总数的0.6%；有8名吸食的毒品是麻黄素，占调查总数的1.6%；有2名吸食的毒品分别是三唑仑和“小马”（麻古）（见图2－10）。由此可见，吸食海洛因的被调查者占很大部分。

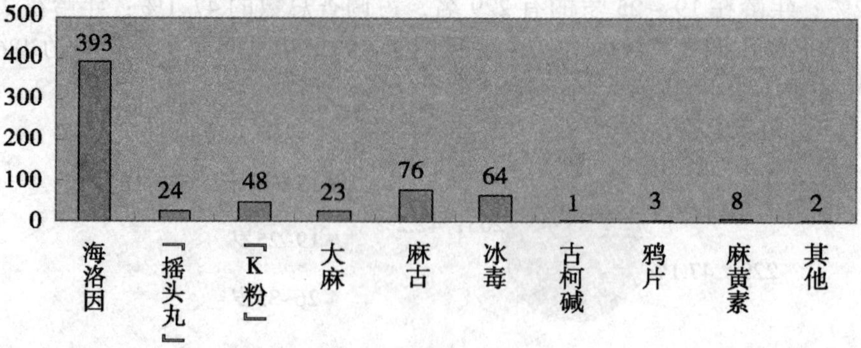


图 2－10　第一次吸毒种类

4. 初次吸毒时的毒品来源。在初次吸食毒品的毒品来源上，486 名被调查者中有 359 名表示第一次吸食的毒品是朋友提供的，占调查总数的 73.7%；有 86 名的毒品是配偶、恋人提供的，占调查总数的 17.7%；有 22 名的毒品是自己购买的，占调查总数的 4.5%；有 8 名的毒品是不熟悉的人提供的，占调查总数的 1.6%；有 6 名是娱乐场所服务人员提供的，占调查总数的 1.2%；有 5 名是亲戚或家人提供的，占调查总数的 1%（见图 2－11）。

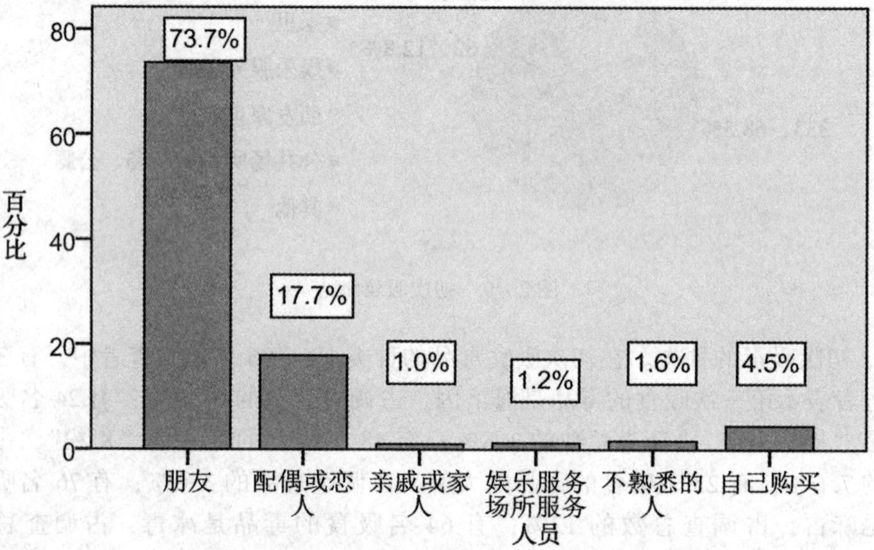


图 2－11　初次吸毒毒品提供者

5. 初次吸毒时在场人数。在“初次吸毒时有多少人在场”的问题上，486 名被调查者中，有 14 名被调查者表示第一次吸毒时是独自一人，占调查总数的 2.9%；有 68 名有另外 1 个人在场，占调查总数的 14%；有 346 名另外还有 2～3 个人在场，占调查总数的 71.2%；有 58 名被调查者有很多人在场，占调查总数的

11.9%（见图2－12）。

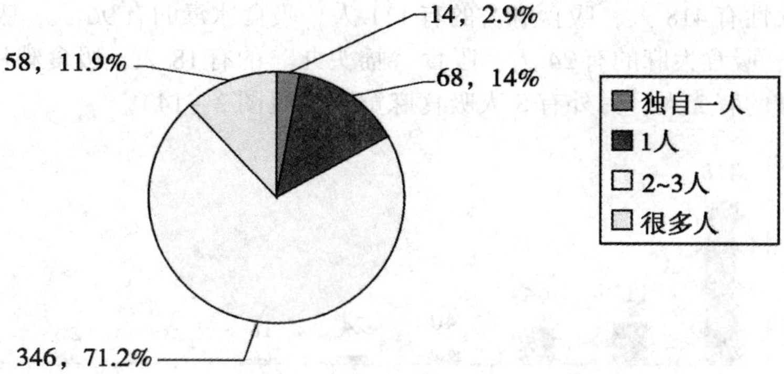


图2－12　第一次吸毒在场人数

在初次吸毒时有别人在场的情况下，这些人与被调查者的关系分别是家人亲戚、恋人、同学、同事、社会上的朋友、不熟悉但认识的人、聚会场所偶尔遇到的人等。其中，表示在场的人是社会上朋友的有384人，占调查总数的79%；表示在场的人是同学的有39人，占调查总数的8%；有31名被调查者表示第一次吸毒时有不熟悉的人在场，占调查总数的6.4%；有26人表示有同事在场，占调查总数的5.3%；有25名被调查者表示有家人亲戚在场，占调查总数的5.1%；有22人表示有聚会场所偶尔遇到的人在场，占调查总数的4.5%（见图2－13）；还有2个表示有老公在场，有5个表示有男朋友在场，有3个表示有恋人在场。由此可见，在被调查的486名吸毒者中，有97.1%的被调查者第一次吸毒时有其他人在场，而在场的人大多是被调查者社会上认识的朋友。

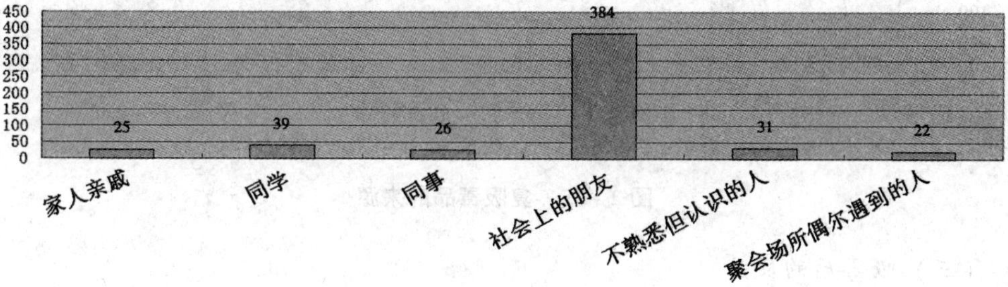


图2－13　初次吸毒与在场人员的关系

从被调查者初次吸食毒品的情况可以看出，初次吸毒的年龄基本上偏小，低龄化现象很严重，以吸食海洛因为主；初次吸毒的地点大部分是在朋友家里，大多是社会上的朋友，毒品的来源也大部分来自朋友，从场所来看，毒品使用已经超过了娱乐场所，说明随着对毒品的打击日益严厉，使用场所逐渐向私人场所转变。

（二）复吸情况

1. 平时吸毒的种类。在平时吸食的毒品种类上，486 名女性被调查者中，吸食海洛因的女性有 418 人，吸食麻古的有 111 人，吸食冰毒的有 96 人，吸食“K 粉”的有 40 人，吸食大麻的有 24 人，吸食“摇头丸”的有 18 人，吸食鸦片的有 3 人，吸食古柯碱的有 2 人，另外有 8 人吸食麻黄素（见图 2－14）。

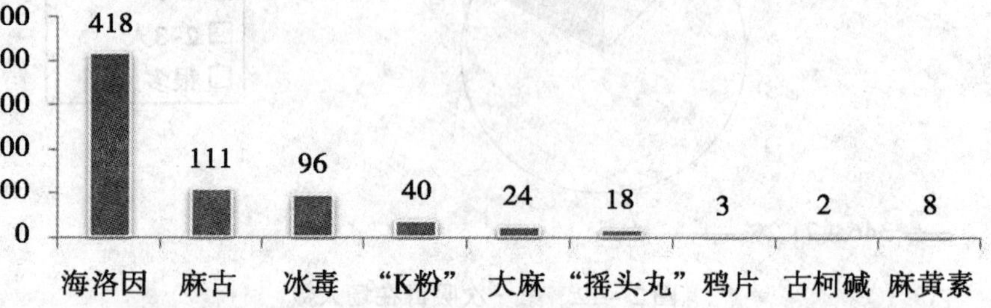


图 2－14　平时吸毒种类

2. 复吸的毒品来源。在复吸的毒品来源上，486 名女性被调查者中，有 396 名表示自己的毒品通常是从药贩子那里购买的；有 149 名表示自己的毒品由同伴提供；有 34 名表示毒品是由亲友提供的；有 18 名表示毒品是从娱乐服务场所得到的；有 2 名表示毒品是自己在个体诊所和零售药店购买的（见图 2－15）。

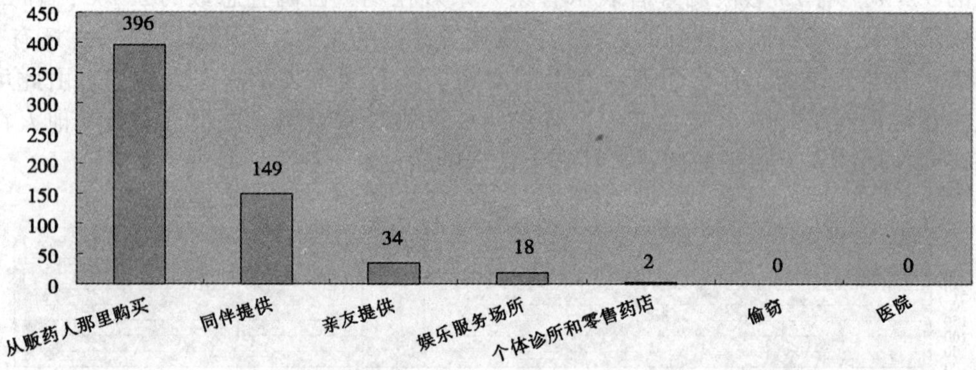


图 2－15　复吸毒品的来源

（三）吸毒后的反应

1. 吸食毒品后的生理有瘾问题。在“吸毒后是否有瘾”的问题上，486 名女性被调查者中，有 286 名认为自己生理上有瘾，占调查总数的 59%；有 88 名认为自己生理上没有瘾，占调查总数的 18%；有 112 名自己也说不清楚是否生理上有瘾，占调查总数的 23%（见图 2－16）。

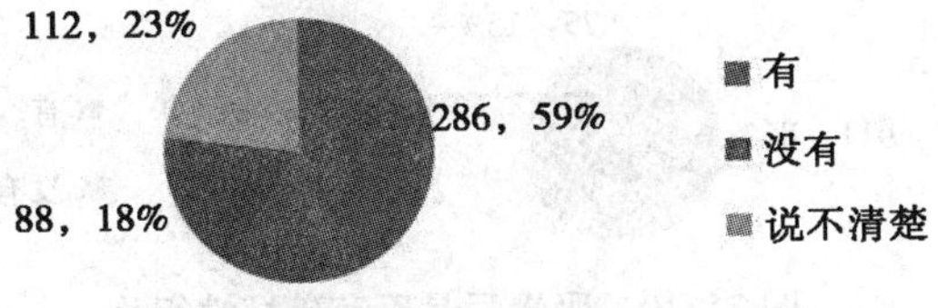


图 2－16　吸毒后是否生理有瘾

2. 吸毒后的心理有瘾问题。在“吸毒后是否心理有瘾”的问题上，486 名女性被调查者中，有 342 名认为自己心理上有瘾，占调查总数的 70.4%；有 51 名认为自己心理上没有瘾，占调查总数的 10.5%；有 93 人说不清楚自己是否有心瘾，占调查总数的 19.1%（见图 2－17）。

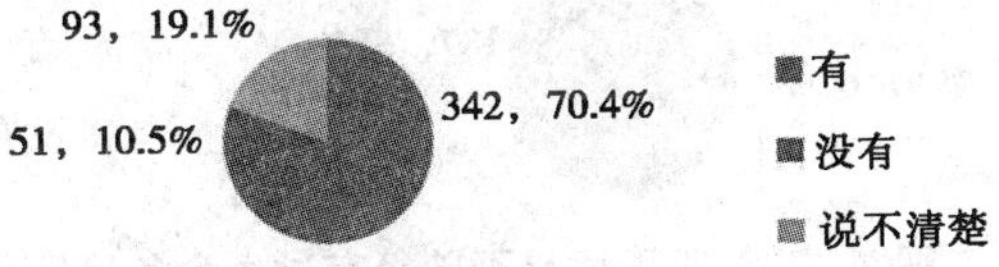


图 2－17　吸毒后是否心理有瘾

3. 吸食毒品后的反应。在“吸食毒品后的其他反应”的问题上，486 名女性被调查者中，有 316 名表示感觉很放松、很舒服，占调查总数的 53.1%；有 121 名吸毒后感到不舒服，占调查总数的 20.3%；有 100 名表示吸毒后会兴奋、疯狂，占调查总数的 16.8%；有 39 名表示想发泄，占调查总数的 6.6%；有 19 名表示吸毒后有性冲动，占调查总数的 3.2%（见图 2－18）。

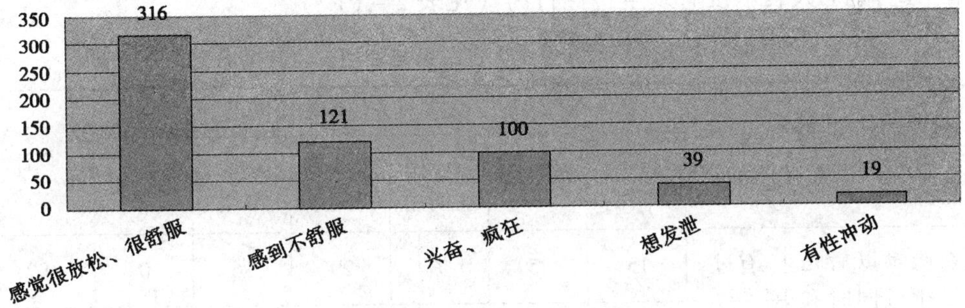


图 2－18　吸食毒品后的反应

4. 吸食毒品后的破坏性行为。在“吸毒后是否有过破坏性行为”（如伤人、自伤、破坏财物）的问题上，486 名女性被调查者中，有 75 名表示曾经在吸毒后有过破坏性行为，占调查总数的 15%；有 411 名表示吸毒以后没有发生过破坏性行为，占调查总数的 85%（见图 2－19）。

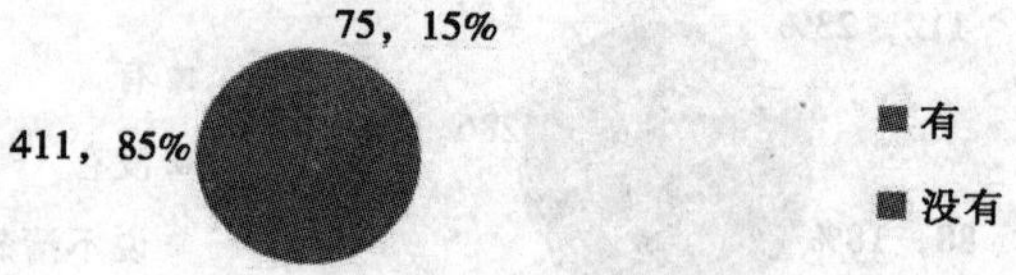


图 2－19 吸毒后是否有破坏性行为

5. 吸食毒品后的生命危险性。在“有没有因为吸毒而使生命有危险”的问题上，486 名女性被调查者中，有 187 名表示曾经因为吸毒而使生命有危险，占调查总数的 38%；有 299 名表示没有过因为吸毒而威胁生命的情况，占调查总数的 62%（见图 2－20）。

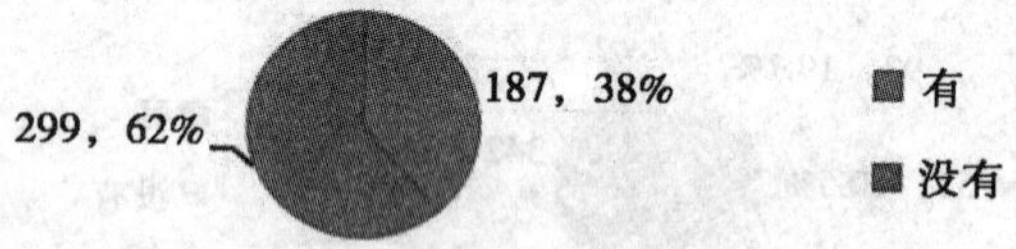


图 2－20 吸毒后是否曾经有过生命危险

6. 吸食毒品后的性行为、性传播疾病感染情况。在对吸毒后是否和多个人发生性关系与使用安全套情况上进行交叉分析，486 名女性吸毒者中，有 1 名没有回答。有 92 名表示吸毒后发生过同时和多个人的性关系，其中 15 人从来不用安全套，25 人很少用，7 人约一半的时间用，29 人大部分时间用，16 人表示每次都用。有 393 人表示吸毒后没有发生和多人的性关系，其中 47 人发生性行为时从来不用安全套，105 人很少使用，21 人约一半时间使用，79 人大部分时间用，130 人每次都用，还有 11 人表示没有发生过性行为（见表 2－1）。

表 2－1 吸毒后发生过同时和多个人性关系与使用安全套情况交叉分析表

| | | 发生性行为时，您或对方使用安全套的频率是： | | | | | | 合计 |
|---|---|---|---|---|---|---|---|---|
| | | 从来不用 | 很少用 | 约一半时间用 | 大部分时间用 | 每次都用 | 不适用 | |
| 您在吸毒以后是否发生过同时和多个人的性关系 | 有过 | 15 | 25 | 7 | 29 | 16 | 0 | 92 |
| | 没有过 | 47 | 105 | 21 | 79 | 130 | 11 | 393 |
| 合计 | | 62 | 130 | 28 | 108 | 146 | 11 | 485 |

在对“吸毒后发生性行为使用安全套与是否感染性传播疾病”问题上，进行交叉分析，486 名女性吸毒者中，有 1 名没有给出回答，其中有 14 名感染性传播疾病，这 14 名女性中有 1 名表示从来不用，9 名表示很少用，3 名表示大部分时间

用，1 名表示每次都用（见表 2－2）。

**表 2－2　吸毒后发生性关系时使用安全套频率与感染性传播疾病交叉分析表**

| | | 您在吸毒后感染过哪种传染疾病：性传播疾病 | | 合计 |
|---|---|---|---|---|
| | | 是 | 否 | |
| 吸毒后，您与他人发生性关系时，您或对方使用安全套的频率是： | NA | 0 | 1 | 1 |
| | 从来不用 | 1 | 47 | 48 |
| | 很少用 | 9 | 89 | 98 |
| | 约一半时间用 | 0 | 30 | 30 |
| | 大部分时间都用 | 3 | 95 | 98 |
| | 每次都用 | 1 | 139 | 140 |
| | 不适用 | 0 | 70 | 70 |
| 合计 | | 14 | 471 | 485 |

在对“吸毒后是否感染性传播疾病与是否与他人共用针具”情况进行交叉分析中，486 名女性吸毒者中有 1 名没有回答，有 98 名表示与他人共用过针具，386 名表示没有与他人共用过针具；在 14 名感染性传播疾病的女性中有 10 名表示与他人共用过针具（见表 2－3）。

**表 2－3　吸毒后感染性传播疾病与共用针具情况交叉分析表**

| | | 您是否与他人共用过针具 | | | 合计 |
|---|---|---|---|---|---|
| | | NA | 是 | 否 | |
| 您在吸毒后感染过哪种传染疾病：性传播疾病 | 是 | 0 | 10 | 4 | 14 |
| | 否 | 1 | 88 | 382 | 471 |
| 合计 | | 1 | 98 | 386 | 485 |

从被调查者吸毒后反映的数据可以看出，大部分吸毒后生理和心理有瘾，觉得吸毒后很放松很舒服，有一小部分被调查者因为吸毒而发生生命危险，有很少的被调查者吸毒后发生破坏性行为；从发生性关系时使用安全套的情况来看，只有小部分女性在发生性行为时每次都使用安全套；在 14 名感染性传播疾病的女性中，有 10 名发生性行为时基本不使用安全套，她们缺少对艾滋病传染的认识，也缺乏自身保护的安全意识；感染性传播疾病的女性同时也有 10 名与他人共用过针具，这也是艾滋病传染的途径。虽然感染性传播疾病的被调查者所占比例不大，但还是要加强禁毒防艾的宣传工作，强化女性的自我保护意识。

### 三、小结

根据486名女性吸毒者的现状分析，可以发现女性吸毒者初次吸毒年龄主要集中在19~25岁，教育程度主要是初中及以下，近一半的被调查者处于无业、半失业状态，月收入低。由此可见，云南省女性辍学较早，没有接受更高层次的教育就踏入了社会，难辨是非；由于学历低，工资低，所接触人群的社会层次也不会高，加上工作环境较差，对生活慢慢产生消极的态度，生活比较迷茫，精神也比较空虚，易对新鲜事物产生好奇。在未成年时期和成年早期，交际环境对个体的社会化影响往往具有直接、明显的影响；被调查的486名女性被调查者第一次吸食毒品主要在朋友家里，毒品也主要是朋友提供，初次吸毒基本都有其他人在场，这些朋友大部分是社会结交认识，说明女性踏入社会后，容易结交社会上认识的朋友，易受朋友的引诱，在朋友的怂恿下尝试“第一口”。

## 第三节　云南省青年女性吸毒的个体因素

女性吸毒问题是一个很严重的社会问题，诱发原因有很多方面，但最关键的还是与个人有关。吸毒行为是可以选择的一种行为，在接触毒品的人群里个人的选择是至关重要的，为什么有的人受毒品引诱而选择吸毒，有的人受毒品诱惑而选择不接触毒品，这些与个人的年龄、文化程度、职业、生理和心理因素有着重要的关系。因此，本节根据调查数据和个案访谈，分析女性吸毒原因的个体因素。

### 一、年龄

通过调查发现，在486名女性被调查者中，女性初次吸毒的年龄主要集中在16~20岁，有273人，占调查总数的56%，其中20岁初次吸毒的女性占最大比例，这60名吸毒女性，只有20人知道吸毒是违法的，有13人不知道吸毒违法，有9人不清楚，还有18人没想过吸毒是违法的。被调查者中最小年龄是13岁，而且有6人，可见女性吸毒人群的低龄化现象特别严重（见表2-4）。

16~20岁这个年龄段的女性缺乏社会认知能力，辨别力差，比较冲动，容易受身边人物及事件的影响。被访者PT来自贵州省贵阳市，初次吸毒是16岁，她的表述如下：

第一次吸毒是16岁，自己上初中时，不懂事，家里小姨和同母异父的姐姐都在吸毒，自己觉得吃一次不会上瘾，自己知道是毒品，当时吃的是海洛因，吃了以后会难受，头晕，吐，昏昏沉沉的。16岁之后，天天吃，爸妈会给自己生活费，当时妈妈在昆明，自己在贵阳，每月都会给自己寄生活费，吃了以后很舒服，时间很好混，一下子一天就过去了，人也变得懒惰了。17岁的时候被抓去强戒，一群朋友在宾馆吸毒，太惹眼了，被派出所查房，在戒毒所待了三个月，出来后，去找朋友，朋友在吃，自己经不住诱惑，也吃了。之后戒过七八次，有时自愿戒，有时强戒。

**表2-4 初次吸毒年龄与知道吸毒违法情况交叉分析表**

| | | 您当时知道吸毒是违法的吗？ | | | | 合计 |
|---|---|---|---|---|---|---|
| | | 知道 | 不知道 | 不清楚 | 没想过这个问题 | |
| 您初次吸毒大约是多少岁 | 13 | 2 | 1 | 2 | 1 | 6 |
| | 14 | 3 | 1 | 0 | 6 | 10 |
| | 15 | 9 | 4 | 2 | 5 | 20 |
| | 16 | 16 | 15 | 6 | 17 | 54 |
| | 17 | 16 | 16 | 4 | 21 | 57 |
| | 18 | 17 | 1 | 35 | 4 | 57 |
| | 19 | 19 | 6 | 1 | 19 | 45 |
| | 20 | 20 | 13 | 9 | 18 | 60 |
| | 21 | 10 | 7 | 0 | 8 | 25 |
| | 22 | 7 | 6 | 3 | 9 | 25 |
| | 23 | 12 | 4 | 1 | 6 | 23 |
| | 24 | 14 | 3 | 1 | 7 | 25 |
| | 25 | 6 | 8 | 3 | 9 | 26 |
| | 26 | 5 | 3 | 4 | 5 | 17 |
| | 27 | 5 | 2 | 1 | 0 | 8 |
| | 28 | 3 | 3 | 2 | 3 | 11 |
| | 29 | 2 | 0 | 1 | 0 | 3 |
| | 30 | 0 | 3 | 2 | 2 | 7 |
| | 31 | 2 | 0 | 0 | 0 | 2 |
| | 32 | 0 | 0 | 1 | 0 | 1 |
| | 33 | 0 | 0 | 0 | 2 | 2 |
| | 35 | 0 | 0 | 0 | 1 | 1 |
| 合计 | | 167 | 116 | 50 | 153 | 486 |

1998年湖南省长沙市报告女性吸毒者的年龄最低21岁,[①] 2008年的福建省女性吸毒调查报告女性吸毒者最小年龄为13岁,[②] 可以看出初次吸毒的年龄越来越小，呈现低龄化趋势。本次调查显示初次吸毒女性年龄最小的是13岁，而且有6名，这个数据很令人震惊。一般来说，13岁这个年纪的女生差不多在上初中，思想还比较幼稚，在学校会接触很多朋辈群体，行为容易受到朋辈群体的影响，也容易受到诱惑，接触毒品的时候考虑不到使用毒品的后果，因此要加强学校对毒品的知识教育，加大毒品预防教育的力度，加强她们对毒品的防范意识。

## 二、受教育程度

上一节对女性吸毒人群的文化程度进行了分析，结果发现，在486名女性受访者中，初中及初中以下学历的有396人，占总数的81.5%。可见女性吸毒人群中，吸毒者以低学历为主。很多女性，尤其是未成年女性的吸毒行为与她们的教育程度有直接的关系。首先，低文化使她们在认知方面表现出较差的分析问题能力，所以很多女性明明知道是毒品但还是禁不住朋友的引诱和自己好奇心的驱使而去尝试毒品，导致成瘾；其次，她们对社会心存不良的人或者已经开始吸毒的朋友没有防范意识。被访者苏女士，21岁，来自大理白族自治州，白族，她的表述如下：

家里有五口人：爸爸、妈妈、哥哥、嫂子和自己，爸爸在石场工作，妈妈在家干农活，哥哥嫂子在外面打工，自己没有上过学，不喜欢说话，跟处得习惯的朋友会一起玩，家里条件在当地差不多，自己一直都没有工作过。2011年12月份，在一个旅馆，因为家里和男朋友的原因，自己心情不好，酒喝多了，两三个朋友一起，她们都吸毒，朋友跟自己说心情不好的时候，可以试一下，可以心情好一点，然后自己就试了，当时不知道是毒品，是后来朋友告诉我是海洛因，吸了以后心里面没那么难过了，心里也轻松了很多，知道是海洛因以后不想再吃了，但是吸了几次后已经上瘾了，不吃就难过，一难过就又想吃了。毒品是跟朋友拼钱买的，钱是家里人和男朋友给的。每次吸毒后都觉得很轻松。2012年4月进入戒毒所，现在已经不想吸了，心情不好也不想吸了。

文化程度低，缺乏对毒品的正确认识，是导致吸毒的重要内在因素之一。被访者赵女士，今年23岁，她表示吸毒前对毒品没有了解，也不知道吸毒是违法的，她的吸毒经历如下：

我家里面有一哥哥，还有爸爸妈妈，读书读到初中。哥哥在打工，爸爸妈妈是农民，我也是在大理打工，平常喜欢唱歌、上网（看电影、聊QQ）。2011年9月某天晚上，喝醉酒了，心情不好。朋友说给我吸心情好点，于是就吸了。在大理市

---

① 陈曦，贺健梅，戴卫平，王郭清．女性吸毒人员中生殖道沙眼衣原体感染情况调查．中国性病艾滋病防治，1999（2）：56－57.

② 陈沙麦，朱萍．社会转型期福建省女性吸毒的调查报告．福州大学学报，2008（4）.

下关的一家酒店里面，当时吸的是海洛因，两个人一起吸的，吸得不多，吸了就想睡觉，就没别的感觉了。隔了两个月，几个人在一起玩，她们又拿出来，于是又吸了，就上瘾了，还是吸的海洛因。吸毒时也没有考虑到家庭的感受和朋友的看法，对海洛因等传统毒品和冰毒等新型毒品都不了解，也不知道是违法的。吸毒后对身体的影响好像不是很大，做事的时候可能会出现没力气的情况，心理上感觉很烦，心里有点难受，压力有点大。

我国女性吸毒者的文化程度普遍偏低，低于同时期、同地点的非吸毒女性。2000 年重庆市对强制戒毒所的女性吸毒者调查发现，女性吸毒者高中及以上文化程度只占了调查总数的 4%。[①] 本次调查，高中及以上文化程度占了总数的 18.5%，相比较而言文化程度高中及以上比例提高了，但总体来说，低文化程度所占比例还是很大。文化程度低的女性较早进入社会，在接触社会的时候表现出较低的防范心理，对已经吸毒的朋友或者心存不良的人不能以恰当的方式处理与他们之间的关系，没有及时制止这种关系的发展，致使她们受到诱惑而开始吸毒。除此之外，由于受教育少，眼界比较窄，这些女性选择继续沉迷于吸毒后的虚幻意境中，而没有想过通过其他方式来改变现状。因此，教育程度与吸毒原因有很重要的联系，需要重视教育在各个地区的辐射，提高教育在预防毒品工作中的重要性，帮助女性提高对毒品的认识。

### 三、职业

上一节对被调查者的职业进行了分析，486 名女性被调查者中，城乡无业、失业、半失业者有 227 人，占总数的 46.7%，说明无固定职业者在女性吸毒人群中占很大的比例。在对被调查者职业和吸毒前经常出入的场所进行交叉分析后发现，在无固定职业的 227 名女性中，有 173 名经常出入娱乐场所（迪厅、舞厅、网吧等），27 名经常出入棋牌馆，8 名经常出入美容、美发室，2 名经常出入浴室、浴足房。

由此可见，无固定职业者有较多的时间出入休闲娱乐场所，而在休闲娱乐场所有更大的可能接触到毒品。被访者杨女士，22 岁，初中毕业后没有找工作就一直在家待着，她的表述如下：

家里有六口人：爸爸、妈妈、爷爷、奶奶、妹妹和自己，自己跟家人关系很好，父母从事绿化工作，妹妹比自己小 19 岁。自己初中毕业一直待在家里，觉得自己是个不喜欢说话、也不喜欢跟朋友一起玩的人，每天都在家闲着，样样也不做，自己平时喜欢听歌，听流行歌，非主流的东西自己也喜欢，家里的经济状况在当地处于中层。2006 年初中毕业后就开始吸毒，在朋友家里玩，朋友不吸，她伯

① 全国妇联．女性吸毒群体值得关注——关于女性吸毒状况的调查与思考．妇女工作情况交流，2000(11)．

伯吸，自己觉得好奇，就吸了一点，当时认得是海洛因，吸了以后晕晕的，难走路，吃东西想吐，身上觉得痒。那次之后，经常去朋友家，毒品都是他们买的，吸了十多次就上瘾了。上瘾以后不吃就会浑身难受，吸毒半年多，尝试在家里戒断了，断了半年多又开始吃了。到朋友家玩，跟朋友一起，她们吃，看着她们吃，一开始自己不想吃，后来又想了，然后也吃了，是朋友给的海洛因。直至去年再吃，去朋友家和朋友一起，她们吃，自己跟着吃了，之后就再次上瘾了，有时在朋友家吃，有时在宾馆、自己家吃，偶尔吃过小马（麻古），自己没有工作，钱都是家里人给的。

工作的意义是实现个人的社会价值，满足自身的需要。在工作中我们可以建立与他人的联系，形成人际关系，但工作的性质也决定了工作的场所，以及工作中会认识什么样的朋友。在访谈的吸毒女性中，何女士因为看见一起打工的姐妹吸毒，出于好奇和她一起吸食了毒品，毒品的来源也是来自她一起打工的姐妹。何女士的工作让她认识了一起吸毒的姐妹，让她走上了吸毒的不归路。

何女士，家里有1个哥哥，3个姐姐，妹妹也有3个。父母都还健在。没有读过书，其余的都有读过书。哥哥在家帮父母干活，姐姐妹妹都嫁人了。今年30岁了，没有结婚，在丽江帮人打工，不做事的时候一般在家看电视或打麻将，感觉自己是一个好人。在丽江打工的姐妹，看见她吸，觉得很好奇，就在小吃店里面吸，于是和她一起吸了。是在2010年的时候，具体几月份记不清楚了，当时吸的是海洛因，吸得不多，感觉自己没上瘾，吸了大概有半年左右，也就是打工的姐妹去买毒品，觉得自己的收入能够购买毒品，不会觉得支持不起。

国外很多社会学家认为人们吸毒是因为社会目标不能实现，许多实证研究也证明大多数吸毒者来源于社会下层。由于女性的社会性别因素，工作优势低于男性，社会流动性较小，较容易流入亚文化群体，容易受群体影响。本次调查无职业女性约占调查总数的一半，这些女性在闲暇时间经常出入娱乐场所，而不是选择找工作、看书、运动等来解决现状，生活比较颓废，没有目标，精神空虚又对生活没有了积极性，这种状态在接触到毒品的情境下容易选择沉沦堕落。青年女性本是弱势群体，因此，国家应该完善就业制度，通过措施加强引导，指导和帮助女性就业，杜绝女性青年因为就业困难而自暴自弃，沉迷于享乐和堕落中。

### 四、生理因素

在被访问的49名女性吸毒者中，有2名表示当时因为身体不适，受到朋友的诱导才导致吸毒行为的发生。被访者余女士，35岁，她的表述如下：

我家里是种水果的，年收入三四万，初吸时30岁，在宾馆吸的，两个朋友在一起吸，吸的是海洛因。当时是因为头痛，听朋友说吸了就不疼了，才吸的。初吸时感觉恶心想吐，但头不疼了。知道新型毒品，见也见过但没吃过，知道麻古是新型毒品。吸毒以后跟家人经常吵架，家庭关系恶化；不想干活，好吃懒做，引起家庭矛盾；对经济有很大影响，一年的收入都用在买毒品上了，生活水平急剧下降；感觉对不起家人，自己拖累了家人。感觉戒毒在外面是戒不掉的，进来才能把毒戒掉，出去后想重新做人。不敢再相信任何人，说什么能治病，被害了，再也不碰毒品。

因为身体不适加上受到朋友的唆使，让原本对毒品不太了解的女性冲动地选择吸毒。她们因对毒品的危害和严重后果的无知而被诱导，最终导致吸食成瘾。被访者任女士，29 岁，她被诱导的故事如下：

我是开店的，个体户，家里有三个人：老公、自己和儿子。月收入 4000 到 5000。初吸时 20 岁，跟朋友在一起吸，有同学也有社会上认识的朋友，吸的是海洛因，在朋友家吸的。因为肚子疼被劝吸，朋友说吸了就不疼了。初吸时肚子不疼了，但感觉不舒服想吐，后来吸的时候没有想吐的感觉，肚子也不疼。知道新型毒品："摇头丸"、吗啡，但没接触过。吸毒后朋友没有以前多，很多以前跟自己玩得好的朋友都疏远自己了，感觉很难过；经济也紧张，吸毒很费钱，赚的钱不够买毒品；家庭关系也没有以前好，经常吵架，对不起老公；孩子也被自己拖累，别人在背后指指点点，很对不起孩子，很愧疚。现在每天都到诊所喝美沙酮，希望慢慢戒掉，好好对孩子对老公，过正常人的生活。

因为身体不适被朋友劝吸，主要还是与个人认知有关。民间很多人都说肚子疼吸毒就不疼了，一般对毒品有认识的人不会选择肚子疼去吸毒，只会有少量无知的人才会相信并尝试。这两个案例中，生理因素只是一个诱发因素，主要还是与个人的认知和对毒品的认识有关，所以必须要加强毒品的预防教育。

## 五、心理因素

人的心理因素，包括所有心理活动的运动、变化过程，如记忆、推理、信息加工、语言、问题解决、决策和创造性活动，它包括心理过程和认知两个方面。吸毒行为的产生是内因和外因共同起作用的结果，是自主选择的行为，心理因素则是影响个体吸毒行为产生的内因里最重要的因素。

### （一）社会认知能力

社会认知是个体行为的基础，个体的社会行为是社会认知过程中做出各种裁决的结果。社会认知的过程是根据自身过去的经验及对有关线索的分析而进行的，同时又必须通过自身的思维活动来进行。吸毒行为的产生与吸毒者之前对吸毒的认知有关，也与初次吸毒的心理状态有关。

在吸毒前对毒品的认识这一项中，486 名女性吸毒者中有 66 人表示从未听说过，占总数的 13.7%；有 168 人表示听过这方面的宣传教育，占总数的 34.9%；有 266 人表示从朋友处听过觉得很刺激，占总数的 55.2%；有 68 人表示从影视或网络上听到过，占总数的 14.1%；有 100 人表示知道使用它们是违法的，占总数的 20.7%（见表 2－5）。可见，有一半的被调查者听说过毒品很刺激，这种认识将会扭曲她们的价值观，影响她们在初次接触毒品时的态度和主观判断。吸毒是一种偏离和违反社会规范的越轨行为，在行为产生之前，吸毒者会有一段心理准备阶段，在这个准备的过程中，吸毒者对吸毒这个行为的认知对吸毒者选择吸毒行为有很大的影响作用。

**表 2-5　吸毒前对毒品的认识**

| | | 响应 | | 个案百分比 |
|---|---|---|---|---|
| | | N | 百分比 | |
| 吸毒前对毒品的认识 | 从未听说过 | 66 | 9.9% | 13.7% |
| | 听过这方面的宣传教育 | 168 | 25.1% | 34.9% |
| | 从朋友处听到过觉得很刺激 | 266 | 39.8% | 55.2% |
| | 从影视或网络上听到过 | 68 | 10.2% | 14.1% |
| | 知道使用它们是违法的 | 100 | 15.0% | 20.7% |
| 总计 | | 668 | 100.0% | 138.6% |

研究 486 名被调查者初次吸毒的心理发现，有 103 名表示有点担心但还是想试一试，占总数的 21.2%；有 160 名表示听说吸一次不会上瘾，占总数的 32.9%；只有 4 人表示担心别人看不起才会尝试，占总数的 0.8%；有 18 名抱着无所谓的心态，占总数的 3.7%；有 150 名表示心情不好想试一试，占总数的 30.9%；有 108 名认为自己能控制，占总数的 22.2%；有 94 名表示不知道毒品的危害性，占总数的 19.3%（见表 2-6）。由此可见，大部分女性吸毒者初次吸毒的心理状态是听说不会上瘾想尝试，并认为自己能够控制，抱有一定的侥幸心理。

**表 2-6　初次吸毒的心理**

| | | 响应 | | 个案百分比 |
|---|---|---|---|---|
| | | N | 百分比 | |
| 初次吸毒的心理 | 有点担心，但还是想试一试 | 103 | 16.2% | 21.2% |
| | 听说吸一次不会上瘾 | 160 | 25.1% | 32.9% |
| | 不想试，但担心旁边的人看不起自己 | 4 | 0.6% | 0.8% |
| | 无所谓 | 18 | 2.8% | 3.7% |
| | 心情不好，想试一试 | 150 | 23.5% | 30.9% |
| | 认为自己能控制 | 108 | 17.0% | 22.2% |
| | 不知道危害性 | 94 | 14.8% | 19.3% |
| 总计 | | 637 | 100.0% | 131.1% |

（二）自我控制能力

自我控制是个体对自身心理与行为的主动掌握，这是一个特殊的心理活动过程，往往要实现对很多感性的行为控制，自我控制能力体现在凡事先经大脑分析，做出明确判断之后再进行对现状处理。因为好奇、从众心理、寻求刺激而选择吸毒，这些都是自我控制能力较差的体现。

在对486名女性被调查者初次吸毒的原因进行分析后得出，因为好奇而吸毒的有295人，占总数的62.6%；因为过于相信自己，认为上瘾后可以戒掉的有107人，占总数的22.7%；因为寻求刺激而吸毒的有63人，占总数的13.4%；其余选择压力过大的有61人，选择被人引诱的有39人，选择从众心理的有26人（见表2－7）。由此可见，有很大部分的女性是因为好奇而选择吸毒。

表2－7　初次吸毒的原因

| | | 响应 | | 个案百分比 |
|---|---|---|---|---|
| | | N | 百分比 | |
| 初次吸毒的原因 | 好奇 | 295 | 49.9% | 62.6% |
| | 压力过大 | 61 | 10.3% | 13.0% |
| | 从众心理 | 26 | 4.4% | 5.5% |
| | 被人引诱\逼迫 | 39 | 6.6% | 8.3% |
| | 寻求刺激 | 63 | 10.7% | 13.4% |
| | 过于相信自己的自制力，认为即使上瘾也可以戒掉 | 107 | 18.1% | 22.7% |
| 总计 | | 591 | 100% | 125.5% |

因为好奇而吸毒的被调查者占很大比例，可见她们在遇到新奇事物的时候，经受不住诱惑，盲目地去尝试，没有考虑到后果。被访者陈女士，21岁，她的表述如下：

父母是做生意的，年收入两三万，姐姐是幼儿园教师，自己上到初三，但没毕业，在学校时学习不好，爱玩，不爱学习。因为爱玩，很少回家，学校有禁毒宣传活动，但那时觉得毒品离自己很远，也知道毒品的危害性，父母也跟自己说过毒品的危害性，但从来没想过自己有一天会吸毒，都当耳旁风了。初吸时15岁，因朋友吸毒，看着朋友吸毒很好玩，很好奇怎么那么专心地吸毒，自己也想试试，初吸在朋友家里，跟朋友一起吸麻黄素。第一次吸的时候知道是毒品，觉得吸一次不会上瘾，有点担心，但看朋友吸也就吸了，当时知道吸毒是违法的，但看朋友不害怕，自己也就不管了。

陈女士当时知道毒品的危害性，也知道吸毒是违法的行为，但因为看着朋友吸毒觉得很好玩，好奇朋友怎么能那么专心地吸毒而尝试了吸毒。

还有的被访者因为无聊，然后看到朋友吸毒让朋友帮自己买毒品，吸毒前没考虑到吸毒带来的后果。被访者忽女士，28 岁，她说：

嫁人之前是大理人，嫁人后，在家什么也不做，感觉很无聊，见到朋友吸毒，就让她帮自己买，初吸时 25 岁，在朋友家两个人一起吸，吸的是海洛因。初吸时感觉头晕晕的，很不舒服想吐。知道新型毒品，但没有吸过。吸毒对于自己的影响很大，代价太大不值得，婆婆对自己很不满，家庭关系不好了，老公对自己的态度也变了，很后悔吸毒，当时太不懂事了，出去后再也不吸毒了，做错事要会改，不会跟以前吸毒的朋友一起玩，远离她们，感觉很对不起家人，很内疚，要好好改造，把毒戒掉。

（三）吸毒前情绪

情绪是指伴随着认知和意识过程产生的对外界事物态度的体验，是人脑对客观外界事物与主体需求之间关系的反应，是以个体需要为中介的一种心理活动。情绪是短暂的心理活动，涉及意识体验和对外界的认知。女性在情感上向来比较敏感、脆弱，在面对情感的变异或者挫折的时候，往往因为自身的性格、文化程度、职业特征而对事物的认识有自己的态度和处理方法，在处理自己情绪的同时，一般比较冲动，很难理性地考虑到后果。被访者陈女士，19 岁，她表示选择吸毒是因为承受不了父母的离婚以及想用吸毒来惩罚自己的父母，她的表述如下：

自己性格很开朗，和朋友相处很好，读书读到初中，但没有参加中考。家中有四口人，自己是老大，妈妈带着妹妹、弟弟和我生活。爸妈已经离婚。但是现在家里的经济来源还是要靠着爸爸给。从法律上讲，弟弟是由爸爸抚养的。

2010 年时，爸爸因为外面有女人，所以就要求和妈妈离婚，我当时很伤心，自己是小孩，也没有去劝劝爸爸妈妈不要离婚，一方面自己想惩罚一下爸妈，他们离婚就不会想一想我们孩子的感受；另一方面自己承受不起爸妈的离婚，但自己又无可奈何，想逃避现实。选择两者之间最好的办法就是吸毒。因此，在 2010 年 7 月份自己就和一个朋友一起去外面买海洛因，买了以后，自己就在外面吸了，刚开始吸的时候就是头晕，想睡觉。吸了以后才发现没有自己想象的那么好。自己只吸了几个月就被抓进来了。对于吸毒以后对自己生活有什么影响，自己就没有多少感觉。只能说是有一点点吧。在戒毒所里更好，不用担心自己有没有吃的，不用为自己的生活发愁。

选择吸毒来惩罚自己的亲人，其实也是惩罚自己，这是一种很不理性的行为。还有的吸毒者因为失业而情绪低落，心情很郁闷，因为压力大才选择吸毒。被访者胡女士，19 岁，她说：

初中毕业就去缅甸了，初吸时 17 岁，两三个人在一起吸麻黄素，当时知道是毒品，但刚失业心情低落很郁闷，压力大就吸了，毒品是跟自己一起去缅甸的邻居给自己的，一起吸的三个人中另两个不熟悉。初吸时感觉精神特别好，很兴奋，不想睡觉，话很多，自己都觉得奇怪，后来吸的时候想睡觉，想去找毒品。知道新型毒品："摇头丸"、冰毒，吃过麻黄素、冰毒，吃了以后感觉都差不多。吸毒以后上班也没精神，不想认真工作，懒得动；跟家人关系也变得不好，父母的话也不听了；一个月需要4000～5000元买毒品，生活质量下降，时常觉得钱不够用，经济困难；对身体也有影响，吸毒以后瘦了好多，太不正常了，有点害怕。

根据以上数据和个案，可以看出，被调查者在吸毒前对毒品的认识主要是觉得吸毒很刺激，大于对毒品的正确认识；第一次吸毒心理主要是听说不会上瘾，想试一试；有超过一半的被调查者表示第一次吸毒的原因是好奇，说明了她们自我控制能力很差。总体来说，她们初次吸毒主要是好奇和追求刺激的心理，这种心理一般来自她们单调枯燥的生活，这种生活会让她们逐渐产生空虚的感觉。大多数人都想改变这种单调无趣的生活，渴望接触新的事物，体验新的生活方式，加上女性行为方式极易受到身边朋友的影响，一旦身边出现新鲜的事物极易去效仿。女性是天生的感情动物，较情绪化，在遇到恶劣的生活事件时往往不能处理好自己的情绪，倾向于消极地去面对，在能购买到毒品的情况下选择吸毒来麻痹自己，最后造成严重后果。

### 六、吸毒前不良行为

不良行为会给社会、他人或者自己本身造成不好的影响，严重的不良行为则会对社会造成危害。青少年的不良行为如果没有及时得到纠正，会产生侥幸心理，放纵自己的行为，扭曲自身的价值观，成为日后更严重越轨行为的隐患。在486名被调查吸毒女性中，有137名表示有过吸毒前不良行为，占调查总数的28%。在这137名女性中，有过"借朋友钱不还"的有11名，占总数的8%；有过"偷拿家里人钱"的有26名，占总数的19%；有过"靠谎话和假话骗钱"的有30名，占总数的21.9%；有过"有意破坏或损害公共财物"的有8人，占总数的5.8%；有过"破坏公共秩序的行为"的有7名，占总数的5.1%；有过"在超市拿了东西不付钱"的有6人，占总数的4.4%；有过"常常旷工或逃学"不良行为的有106名，占总数的77.4%（见表2－8）。从表中可以看出，在有过不良行为的被调查者中，大部分表示有过旷工或者逃学的行为，这种行为虽然不会对社会造成危害，但如果不及时纠正会对她们以后的越轨行为造成铺垫，她们会纵容自己继续不良行为的发生，如吸毒。

表 2-8　吸毒前不良行为

| | | 响应 | | 个案百分比 |
|---|---|---|---|---|
| | | N | 百分比 | |
| 吸毒前不良行为 | 借朋友的钱不还 | 11 | 5.7% | 8.0% |
| | 偷拿家里人的钱 | 26 | 13.4% | 19.0% |
| | 靠谎话和假话骗钱 | 30 | 15.5% | 21.9% |
| | 有意破坏或损害公共财物 | 8 | 4.1% | 5.8% |
| | 破坏公共秩序的行为 | 7 | 3.6% | 5.1% |
| | 在超市拿了东西不付钱 | 6 | 3.1% | 4.4% |
| | 常常旷工或逃学 | 106 | 54.6% | 77.4% |
| 总计 | | 194 | 100.0% | 141.6% |

从不良行为的数据可以看出，有近 1/3 的被调查者在吸毒前有不良行为，主要是常常旷工和逃学。旷工和逃学虽然不是很严重的危害行为，但体现了个人不遵守规定，较我行我素。吸毒虽然不是犯法行为，但属于违法行为，对个人和社会都会造成不好的影响。有过吸毒前不良行为的女性比较有胆量去尝试吸毒，之前的行为方式没有受到社会的严重惩罚，相对纵容了吸毒行为，导致在接触毒品的时候对待毒品的态度和以前一样，没有考虑吸毒带来的后果。

## 七、小结

一般来说，违法犯罪行为的产生主要与个人因素相关，从以上对被调查者吸毒的个人因素来看，云南青年女性初次吸毒的个人原因主要是年龄小、文化程度低、无固定职业、缺乏对毒品的正确认识、自控能力弱且易冲动、法律意识淡薄。云南青年女性初次吸毒主要在 16~20 岁，由于这类人群女性的身体及心理各方面还没发育健全，涉世未深，辨别能力差，缺乏对社会上不良交际环境的拒绝，最容易步入歧途；文化程度低，导致她们对毒品的认知能力差，法律意识淡薄，对毒品的危害性认识不清，还有人认为毒品是治病良药，从而走上了吸毒的不归路；调查显示，有过半的女性初次吸毒的原因是因为“好奇”，好奇或追求刺激的心理一般都源于对业已成型的生活方式的不满，会产生寻求解脱的追求本能，一旦身边出现新事物并且大家都在做，极易盲目地去效仿，不少女性就是这样步入了吸毒歧途。但有不少个案表示，有部分女性第一次吸毒后觉得身体不舒服，没什么感觉，一般来说，第一次吸毒应该满足了她们的好奇心，但她们还是再次吸毒，这说明她们好奇的不是毒品本身，而是追求毒品带来的快感和享受。

# 第四节　云南省青年女性吸毒的家庭因素

家庭是由具有婚姻、血缘和收养关系的人们长期居住的共同群体，是个体社会化的开端。家庭是一个社会最基础的群体，家庭成员在群体内的行为会互相影响，因此父母对子女的教育方式、父母与子女的关系以及夫妻之间的关系，都影响着子女的心理与行为。吸毒这个越轨行为与个体自身有重要的关系，还与家庭有着必要的联系，因此本节对吸毒成因的家庭方面进行分析。

## 一、家庭条件

在被调查的486名吸毒女性中，有51人认为自己的家庭条件在当地属于底层，占调查总数的10.5%；有74人认为自己的家庭条件在当地属于中下层，占调查总数的15.2%；有287人认为自己的家庭条件在当地属于中层，占调查总数的59.1%；有70人认为自己的家庭条件在当地属于中上层，占调查总数的14.4%；有4人认为自己的家庭条件在当地属于上层，占调查总数的0.8%。由此可见，大部分被调查者认为自己的家庭条件在当地属于中等及以下水平（见图2－21）。

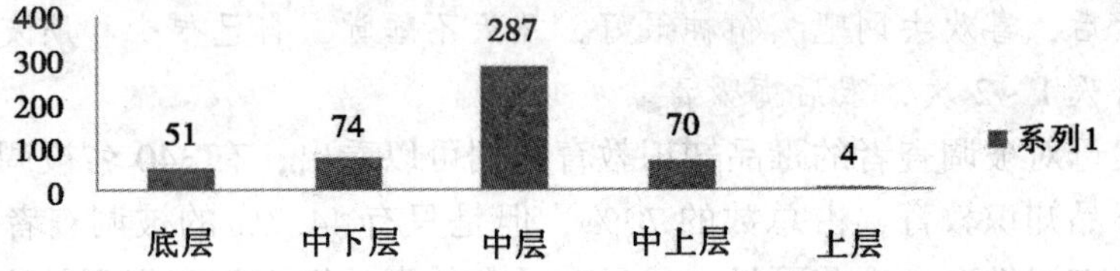


图2－21　您认为自己的条件在当地属于哪个阶层

根据数据分析，吸食毒品的女性大多数家庭条件在当地属于中等及以下水平，说明了吸食毒品需要一定的经济基础来维持毒品的供给。相对而言，中上层及上层家庭条件的女性，受教育程度较高，了解毒品的危害性，而中层及以下家庭条件的女性受教育程度较低，由于经济条件相对较差，一般辍学较早，在应该读书的年纪却过早地踏入社会，思维方式不成熟，容易受到引诱，坠入吸食毒品的深渊。

## 二、父母的毒品知识教育

家庭教育是由父母对子女实施的教育，它是学校教育和社会教育的基础，是对人一生影响最深的教育。在被调查的486名女性中，有217名表示父母进行过毒品知识教育，占总数的44.7%；有146名表示父母没有进行过毒品知识教育，占总数的30%；有123名表示父母进行毒品知识教育时听不进去，占总数的25.3%。可见，有一半的被调查者实际上没有接受到家庭的毒品知识教育（见图2－22）。

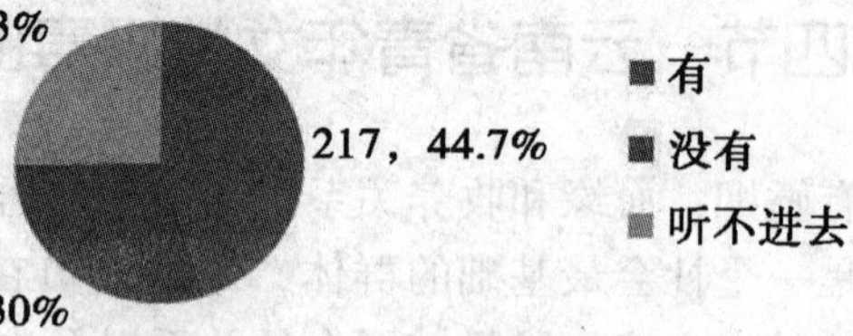


图 2-22　父母有没有进行过毒品知识教育

但在访谈的女性中，出现过一个特殊的案例：有一位女性是单亲家庭，父亲是吸毒人员，母亲进行过毒品方面的知识教育，但由于她缺乏对麻黄素的认识，加上自己的好奇心染上了毒品，海女士的吸毒经历如下：

我今年19岁，初中文凭。父母离异，单亲家庭，朋友很多。家里就自己跟妈妈两个人，妈妈是餐厅员工。妈妈心地善良，老实，对自己很好；爸爸是吸毒人员，十多年没有见面了。2012年1月份，和朋友一起在酒店玩，朋友大多是无业游民，吸毒的很多。看到朋友吸毒，觉得很好玩，于是染上麻黄素。3月被抓了。虽然妈妈经常教育自己不能吸毒，妈妈憎恶吸毒的，但自己对麻黄素的认识不多，只听朋友说，吸多了以后，脑神经会坏死，记忆力会下降，但自己没上瘾，只是在吃完麻黄素后，喜欢去网吧，精神很好，几天不睡觉，自己很少和朋友在一起，所以，一个月吸1~2次，很后悔吸毒。

根据父母对被调查者的毒品知识教育数据可以看出，有340名被调查者表示父母进行过毒品知识教育，占总数的70%，但是只有44.7%的被调查者表示接受了父母的毒品知识教育，由此可见，父母对子女的毒品知识教育率还是比较高的。由于被调查者平均年龄低，心智不成熟，处于叛逆期，导致父母未让子女成功接受毒品的危害知识。但个案体现出，虽成功接受了母亲的毒品知识教育，但由于朋友诱惑还是吸食了毒品，表明父母的毒品知识教育并不能完全让子女拒绝毒品。

### 三、家庭关系

家庭关系是指基于婚姻、血缘或法律拟制而形成的一定范围的亲属之间的权利和义务关系。家庭关系依据主体为标准可以分为夫妻关系、亲子关系和其他家庭成员之间的关系。吸毒这个越轨行为与个体有着重要的关系，与家庭成员间的关系也密切相关。

#### （一）夫妻关系

婚姻在已婚女性生活中占很重要的地位，婚姻的幸福美满对女性的影响很大。婚姻状况不良极易影响女性的情绪和身心健康。在访谈的女性中，有一名刘女士表示自己初次吸毒的原因是好奇，但复吸的原因是因为遭受家庭暴力：

从戒毒所出来后在昆明市的一家宾馆做服务员，因为自己已经结婚了，复吸的原因是遭受到家庭暴力，老公打我，头上已经缝了四针，全身到处都是烫伤，很想和他离婚，但他就是不离，最后选择逃了出来，心里特别烦，很想吸，所以又吸上了。我已经离婚八个月了，在这里主要是做植假发，按产量给工钱。出去后打算再上上学，多学点东西，增强自己的文化知识，自己理想的工作是做广告设计，如果说是多读读书，多找一些事情去做的话，生活就会充实，我就不会再去复吸了。

（二）自己与父母的关系

家庭是一个人的“避风港”，是能带来温暖的地方。一个人如果没有家庭的依靠，没有父母的关爱和引导，往往会成为不良群体吸收的对象。在个案访谈中，很多女性吸毒者表示和自己的父母感情很好，但也有个别表示自己是重组家庭。被访者陶女士，她的表述如下：

2岁时，母亲因病去世，后父亲再婚。家中有两个弟弟，一个是继母带来的，一个是继母与父亲生的。上学时，每当爸爸管教自己，继母就很不高兴。爸爸什么都听继母的，很怕继母。后来自己不想读书，爸爸也没说什么，从未阻止过自己的决定。初中未毕业就回家待着。觉得自己性格开朗，喜欢交朋友，出去玩时认识了在KTV上班的朋友。2008年，在朋友的出租屋里看见朋友吸海洛因，觉得很好奇，于是尝了一口，当时不知道是海洛因，只觉得很苦，很难吃，上瘾后才知道是海洛因。上瘾后会打哈欠，流眼泪。2012年2月27日，跟朋友在出租房吸毒时一起被抓。吸毒对自己的家庭影响最大，从进戒毒所后爸爸的电话只打通过一次，后来就变成了空号。现在不仅失去了自由，还失去了亲人。

陶女士的家庭属于重组家庭，母亲的去世对子女来说已经是一个磨难，父亲的再婚又使他们重新接受一个新的、复杂的家庭环境。陶女士表示当父亲管教自己时继母会不开心、父亲很怕继母，这种情况不仅让陶女士没有得到空缺的母爱，也减少了父亲对她的关爱，这样的情况弱化了陶女士对家庭的依赖感，也让她有了不安全感和喜欢交朋友的补偿心理，这对后来尝试毒品造成了一定的隐患。后来陶女士提到自己给父亲打电话，但只打通过一次，表示自己失去了亲人，可见陶女士的父亲对她的不重视程度，这种情况对陶女士的戒毒工作没有起到家庭的支持作用，反而更加打击了陶女士。

（三）父母之间的关系

幸福美满的家庭是个人身心健康发展的重要条件，有不良问题的家庭，往往会对子女的身心产生不良的影响，遭受心灵的创伤。在上一节提到的陈女士，由于承受不起父母的离婚，想逃避现实而选择了吸毒，可见家庭的变迁对陈女士的打击很大。在访谈的对象里，还有一位王女士，表示父亲有暴力倾向，会在她面前打母亲，后来父母离异，但她是属于坦然接受父母离异的事实的，她的故事如下：

今年33岁，独生女。父母还健在，离异。从我懂事时开始，父母关系不好，每天不是吵就是闹。爸爸是跑车的，常年在外，不经常回家。爸爸脾气暴躁，有暴力倾向，会在我面前打母亲。工作不顺，遇到一些事情在家向母亲发泄。母亲属于贤妻良母型。1994年左右，父母离异，自己懂事，也让父母离婚。4次进戒毒所，读书读到职高，平时喜欢运动、唱歌、跳舞，性格开朗。1997年，第一次吸毒，当时觉得好玩、好奇，是在单位职工宿舍吸食的，当时有3个朋友在，是异性朋友。当时不知道异性朋友吸毒，当时很流行，不吃不是朋友。是朋友提供的海洛因，用锡纸烧的。吸了大概3口，很难受，就开始吐，出现头晕、困乏的感觉。想睡觉睡不着，特难受。当时难受，过后特别好睡，特别放松。第二次是因为工作原因，跑北京，去3天，回3天，特困。工作压力大，所以吸了第二次。在自己宿舍里，也是让这两个朋友带过来，自己当时找不到，吸食后比较放松、比较有精神。知道新型毒品，在上海的时候吃过麻黄素和冰毒。"摇头丸""K粉"都有尝试，找不到海洛因，没路子找到，所以拿来代替海洛因。自己从客运段辞职了，给家庭带来危害，造成家庭破碎，家里有一个8岁的健康女儿，是自己现在唯一的牵挂。吸海洛因成瘾后对新型毒品反应不大，海洛因危害大。自己抵抗力小，自身感染病毒，面对常人时的自卑只有自己知道。如果没钱购买毒品就向家人要，感觉伤害最大的是父母。亲戚知道后，见到就躲，躲得很远。父母没有放弃自己，每个星期都来看自己。和老公2007年离婚，女儿判给了老公，不能让女儿知道自己有个吸毒的妈妈。生完孩子后戒了4年，离婚后，没有工作，压力大，所以才又开始吸毒、注射。自身就是HIV感染者，还有丙肝，只要是注射过的，90%都带有丙肝，身体上已经戒掉了，心理上开心不开心的时候都想吃两口。吸食新型毒品没有多大感觉。现在意识到危害大了，付出的代价也太大了，玩不起了，觉得不值。活着就是父母唯一的希望，就是这么一个人也值得他们不放弃。为了自己，老妈一直在撑着。自己也想看着小女儿一天天长大。

王女士的人生比较曲折，小时候父亲打母亲，又经历父母离异，这些都深深地影响了她的心理。后来因为在单位宿舍看见异性朋友吸毒，受到朋友的引诱而尝试了毒品，这让她的人生从此改变了。她自己感染了HIV，又经历了离婚，压力大又开始复吸。但王女士的父母一直不放弃她，这也使她的心灵得到了安慰，如今她的希望都放在自己的女儿身上，这也让她有了精神的寄托。从她的故事可以看出，家庭可以影响一个人的心理发展，同时又让个人得到心理上的慰藉。

从本节的三个个案可以总结出，家庭关系的好坏对女性的情绪影响很大。当女性缺乏关爱时，情绪会变得低落，易受到他人的怂恿而做出越轨行为。个案中三位女性都是因为在家庭关系中受到家庭暴力或被冷落，在最脆弱的时候受到朋友的引诱而开始吸食毒品。有的童年缺乏家庭温暖，有的结婚后生活不幸，都使女性产生较大的心理压力，于是尝试吸毒来缓解内心的痛苦和悲伤。所以这三种家庭关系的和谐与否，对女性吸食毒品有着至关重要的影响。因此，社区应该对这些弱势女性更加关心，多与她们沟通交流，做好心理疏导，让她们感受到社会的温暖，以防止她们用消极的方式来面对家庭不幸，从而走上吸毒这条不归路。

### 四、小结

家庭是社会的细胞，也是个人成长、生活的重要环境，家庭教育以及家庭关系都对个人有着重要的影响。从本节的分析可以看出，吸毒女性的家庭条件在当地一般属于中等水平，父母对子女的禁毒知识教育率较高，但作用不大，家庭关系融洽与否对女性的心理发展有着重要的影响，家庭关系紧张会增加女性吸毒的可能性。

有研究认为，家庭教育的失败和家庭成员之间的不良关系增加了子女走上吸毒之路的可能性，稳定的婚姻对吸毒具有一定的抑制作用。① 从本节家庭关系的分析可以看出，父母的品行对子女有很大的影响，父母离异、家庭暴力、父母对子女的不关心都会影响个体的心理发展，在这样的家庭环境中她们不能感受到家庭的温暖，从而对家庭没有依赖感和责任感。在她们遇到生活困难和挫折时，家庭成员不能起到心理疏导和精神支持的作用，因而会产生消极的生活态度，此时女性的情绪处于低落期，考虑事情不理性，如若遇到心存不良的人便很容易误入歧途。

## 第五节 云南省青年女性吸毒的社会因素

吸毒问题是一个很严重的社会问题，虽然与个体自身有很大的关系，但与社会因素也有很密切的关系，因为社会为吸毒行为提供了条件和场所。导致吸毒行为产生的社会因素纷繁复杂，笔者主要从社会交往、地区毒品教育及毒品的可获性来分析导致云南青年女性吸毒的社会因素。

### 一、社会交往

青少年的吸毒行为主要是从他人那儿学习得来的，但这种学习往往是在与其他人的交往过程中实现的，学习过程一般完成于群体中。朋辈群体是青少年成长过程中的重要群体，也是个体社会化的一个重要环境因素。在朋辈群体中，个体如果受违法行为的影响大于守法行为的影响，同时又认为违法行为可行，那么个体违法的可能性就大了。由于在朋辈群体中个体可以摆脱像家庭或学校环境中的那些社会权威的约束，因此他们可以自由地从事自己喜欢的活动，讨论大家共同感兴趣的话题，从而使个体某些朦胧的感受在群体成员之间的沟通中产生共鸣，而形成较为明晰的群体亚文化意识。② 女性相对于男性，比较感情化，依附性强，更容易受这种亚文化意识的影响。

在第一次吸食毒品的毒品来源上，486 名女性被调查者中有 359 名表示第一次吸食的毒品是朋友提供的，占调查总数的 73.7%；有 86 名的毒品是配偶、恋人提

① 何志雄. 对吸毒原因的调查与分析. 中国药物滥用防治杂志，2004（1）.

② 郑杭生. 社会学概论新修. 中国人民大学出版社，2005.

供的，占调查总数的17.7%。可见在女性吸毒的原因中，朋辈群体和亲密关系对吸毒行为起着很大的诱导作用。

(一) 人际交往状况

在社会学里，我们将人际关系定义为人们在生产或生活活动过程中所建立的一种社会关系，这种社会关系包括亲属关系、朋友关系、同学关系、师生关系、同事关系等。在人际交往活动中，人际交往可以促进深化自我认识，以及促进个人的社会化进程。因此，人际交往对个人的生活有很重要的影响，这种影响有正面的也有负面的。下面将对486名女性被调查者平时交往的朋友类型、朋友的工作情况、朋友吸毒的情况和聚会类型进行分析研究。

1. 交往朋友类型。在被调查者平时交往的朋友类型里，有131名表示这些朋友是自己的同事，占调查总数的26.9%；有201名表示这些朋友是自己的同学，占总数的41.4%；有134名表示这些朋友是自己的邻居，占27.6%；有171名表示这些朋友是自己的亲戚，占35.2%；有356名表示这些朋友是自己在社会上结交的，占调查总数的73.3%；还有80名表示这些朋友是自己通过网络结交的，占总数的16.5%（见图2-23）。由此可见，社会结交的朋友占大多数。

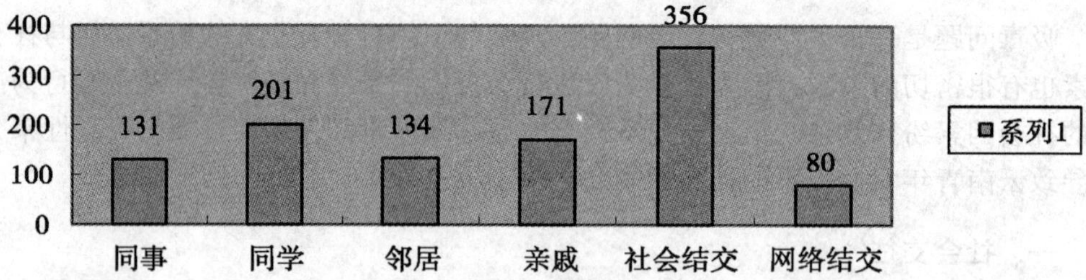


图2-23 平时交往朋友的类型

现代社会的人际交往很多时候是陌生人之间的交往，这种交往具有随意化、表面化的特点。女性被动依附的心理弱点，使她们不能看透一些与陌生人交往的本质，容易轻信道德品行不端的人，增加上当受骗的可能性。被访者周女士，20岁，她的表述如下：

我上到小学毕业，跟自己熟悉的人一起会很开朗，喜欢上网、溜冰、逛街、唱歌，十七八岁出去打工，在曲靖的餐厅当服务员，也做过超市的服务员，卖过衣服，月工资1000块左右。2011年3月份，自己不知道毒品的危害，自己想减肥，吃过很多种减肥药都没有效果。一个男性朋友，在溜冰场认识的，刚认识的时候他不会溜冰，自己教他，后来很聊得来，会一起玩，一起逛街，自己问他什么东西可以减肥，他说海洛因跟小马（麻古），他也吃，第一次是他拿给自己的，在宾馆，吃了海洛因跟小马，吃完以后想吐，睡不着，不想吃饭，不想睡觉，自己没有瘾，每次吃都是朋友给的，有就吃没有就不吃，心情不好的时候会想吃，都在朋友家、宾馆和租的房子里吃。

2. 朋友工作情况。在486名女性吸毒者中，对她们平时交往朋友的工作情况进行调查分析，只有7人表示自己交往的朋友中都有工作，占总数的1.4%；有79名表示自己的朋友中有75%~100%有正式工作，占调查总数的16.2%；有138名表示自己的朋友中有50%~75%有正式工作，占28.4%；有120名表示自己的朋友中有25%~50%有正式的工作，占24.7%；有94人表示自己的朋友中25%以下有正式工作，占19.3%；还有48人表示自己的朋友都没有正式工作，占10%（见图2-24）。

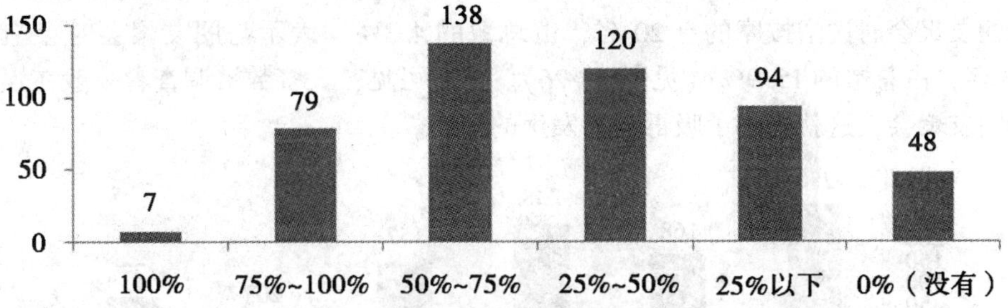


图2-24　交往朋友有正式工作的人所占比例

3. 吸毒前朋友吸毒情况。在"这些朋友中有多少人是在自己没有开始吸毒的时候已经在吸毒了"的问题上，67名表示朋友中没有人在吸毒，占调查总数的13.8%；有306名表示朋友中有1~5人在自己还没有吸毒的时候已经开始吸毒了，占63.3%；有61名表示自己的朋友中有6~10人在自己还没有吸毒的时候已经开始吸毒了，占12.6%；有36名表示自己的朋友中有11~20人在自己还没有吸毒的时候已经开始吸毒了，占7%；有16名表示自己的朋友中有20人以上在自己还没有吸毒的时候已经开始吸毒了，占3.3%（见图2-25）。

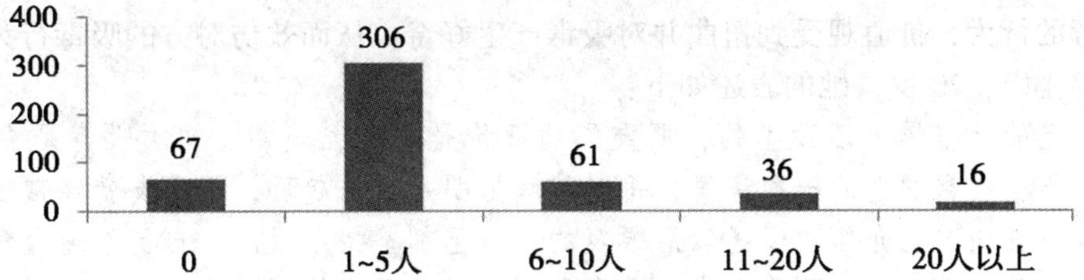


图2-25　吸毒前朋友中吸毒人数

由此可见，大部分女性调查者在吸毒前身边都有朋友在吸毒，这就增加了接触毒品的可能性，学习模仿机制很快会发生作用。被调查者李女士，因为看到同学吸毒很好奇就跟着一起吸，她的表述如下：

我自己性格开朗，朋友很多，家里有四口人，爸妈是个体户，平时喜欢上网、打麻将、游泳、逛街，中专毕业。第一次吸毒是2008年，吸的是海洛因，也吸过麻黄素。在学校时看着同学吸自己好奇，跟着朋友吸，是在朋友家吸的。当时人很多，有3个人吸毒，当时是学舞蹈，学完后全身酸痛，无法睡觉，看朋友吸了好睡觉，自己产生好奇。第一次吸了以后就睡着了。

4. 与朋友聚会形式。在聚会的形式上，486名女性受访者中有460名表示与朋友聚会过，其中表示与朋友聚会时吃饭的有280人，占总数的60.9%；表示与朋友聚会时打牌或打麻将的有168名，占总数的36.5%；表示与朋友聚会时唱KTV的有238名，占51.7%；表示与朋友聚会时会跳舞蹦迪的有152名，占总数的33%；表示与朋友聚会时洗浴按摩的有20名，占总数的4.3%；表示与朋友聚会时会泡吧的有73名，占总数的15.9%（见图2-26）。由此可见，大多数被调查者一般在娱乐场所与朋友聚会，这就增加了吸毒行为发生的概率。

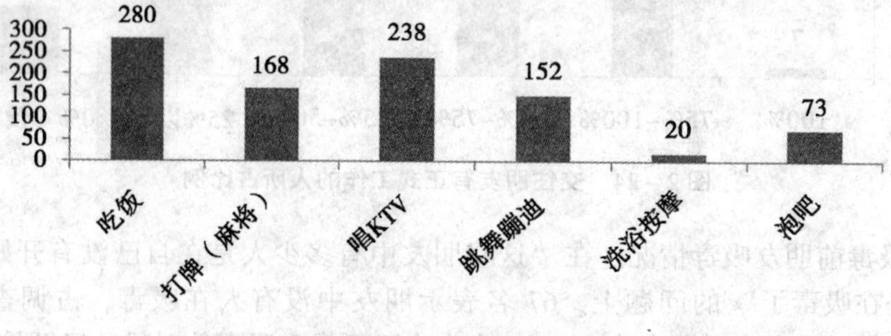


图2-26 与朋友聚会形式

（二）亲密关系

在第一次吸毒的毒品来源中，毒品来源于朋友的占很大比例，其次是来源于恋人。恋人关系属于亲密关系的一种，在这样的关系中，男性一般占主导地位，女性比较顺从对方的要求。在访谈中，发现有的女性受男朋友吸毒的影响，逐渐接受对方吸毒的行为，价值观受到扭曲并对吸毒产生好奇，从而效仿对方的吸毒行为。被访者林小姐，20岁，她的表述如下：

自己的性格属于活泼型的，朋友们的评价是乖巧、诚实。初次吸毒是在2009年6月份，在男朋友的出租房里，平时就和男朋友在一起玩，男朋友就经常吸海洛因，就一直向自己介绍说吸了以后很爽的，自己都坚持不吸的，自己知道吸毒的危害和吸毒是违法的，但到了后来还是在男朋友潜移默化的影响下，自己也对毒品产生了好奇。有一天，男朋友再次吸海洛因时，我就主动要了过来吸，当时吸了以后，就是感觉到头晕，想睡觉，也没有吐，过了一会儿，就感觉很放松、很舒服。男朋友当时就是以贩养吸。

被访者李女士，19岁，男朋友是无业游民，经常吸毒，李女士也因为吸毒问题经常和他吵架，但一直没和男朋友分手。因为一次吵架李女士吸食了海洛因，导致吸毒成瘾，后来还因为吸毒使自己陷入经济困境而“出台”，她的表述如下：

家有爸、妈、弟弟和我四口人。初中文凭。家人关系很好，爸爸性格内向，妈妈外向。弟弟很听话，学习成绩很好。觉得自己很外向，不喜欢背后议论别人，自负心理强。初中毕业后在一家超市打工，月工资1000元。男朋友是无业游民，经常吸毒，因此也经常吵架。2009年，其中一次吵得很凶，自己心情很不好，也吸食了海洛因。当时的想法是觉得自己能控制。但事实上是自己想断不能断，很后悔吸毒，这期间自己也买过阳光胶囊来替代海洛因，但没有太大作用。吸毒对自己的影响很大，不想跟任何人在一起，只想独自待着，很心烦。朋友也少了很多，爸妈不再信任自己，身体越来越不好，越来越瘦。社会上的人都很歧视像自己这一类的人。并且吸毒使自己经常陷入经济困境，为了找钱，2010年，开始“出台”。2011年4月，在禄丰，朋友给了自己一些麻黄素，吃完后不想睡觉，很兴奋。2011年6月，被当地公安局抓捕，送到社区戒毒2年，但没有履行。2012年3月5日再次被抓，进入强制隔离戒毒所。

在感情世界里，女性容易信任对方，缺少防备心理，被诱使吸毒虽然不是情感上的背叛但导致她们走上了错误的道路，后悔莫及。被访者王女士，因为被男朋友骗而吸食毒品，她说：

2008年，交了男朋友，男朋友30岁，是做电磁炉生意的。2009年，有一次男朋友跟自己回家，在自己家吸海洛因，我看到后，觉得很好奇，问男朋友那是什么，男朋友说，这个东西吃完会很好睡觉，什么都不会想。于是我就尝试了一下，吸了一些，觉得烦心，想吐，喜欢睡觉，并且睡着就不想动。当时不知道是海洛因，在认识男朋友之前也不知道什么是海洛因，上瘾后男朋友才说那是海洛因，当时反应很大，没想到男朋友会让我吃海洛因。毒瘾犯时，心里很烦躁，只想想办法去弄海洛因。2010年，在跟男朋友租的房子里与男朋友一起被抓。爸妈知道后很伤心、很难过，也很少关心自己，姐姐也不理自己。同村的人都看不起自己。很后悔吸毒，恨男朋友害了自己，再过3个月就能出去。出去后会好好生活，跟男朋友断绝来往。

根据以上对被调查者社会交往和亲密交往的研究，可以看出，女性青年的吸毒行为主要是从他人处习得。从数据分析得出，被调查者的朋友主要通过社会结交，由于自身文化程度较低，接触的人群往往杂乱，交往的朋友大部分没有正式工作，有工作的朋友工种也较为底层；并且大部分被调查者表示在自己还没有吸食毒品前身边已有1～5个朋友吸食毒品，这就增加了接触毒品的可能性，学习模仿机制很快发生作用。

受访女性中，有少部分表示毒品来源于恋人。爱情在女性生活中占了重要的地位，女性在交往过程中容易轻信对方，盲目和感情用事。三个个案中，被调查者受到男朋友吸毒影响，从不能接受到慢慢接受与习惯男友吸毒的行为，价值观、人生观产生扭曲，对吸毒产生好奇，从而顺其自然地效仿男朋友的吸毒行为，跌入依赖毒品的地狱。

## 二、禁毒教育

毒品的预防教育有助于人们认识毒品，了解毒品对个人、家庭及社会的危害，提高全民尤其是青少年认识和拒绝毒品的能力。禁毒教育主要是普及有关毒品的知识和价值观的教育，对于预防吸毒至关重要。

### （一）社区禁毒教育

在对被调查者进入戒毒所之前“所在社区是否举办过禁毒防艾知识宣传教育”这项的调查发现，在486名女性被调查者中，有178名表示社区举办过禁毒防艾知识宣传教育，占总数的37%；有102名表示社区没有举办过禁毒防艾知识宣传教育，占总数的21%；有206名表示不清楚有没有举办过，占总数的42%（见图2－27）。由此可见，大部分女性被调查者没有参与过社区举办的禁毒防艾知识宣传教育。

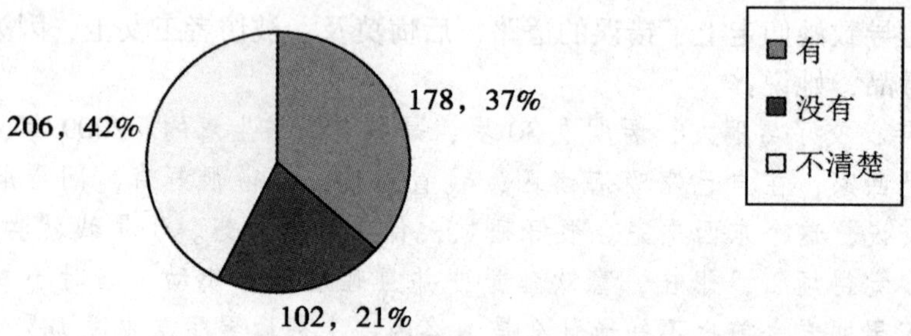


图2－27 所在社区有没有举办过禁毒防艾等知识宣传或讲座教育

### （二）学校禁毒教育

在对“学校是否举办过禁毒知识宣传教育”这项调查中发现，486名女性被调查者中有27名表示没有上过学，其余459人中，有176名表示学校举办过禁毒知识宣传教育，占总数的38%；有83名表示学校举办过但只是走形式，占总数的18%；还有200名表示学校没有举办过禁毒知识宣传教育，占总数的44%（见图2－28）。由此可见，进入戒毒所前，近一半的被调查者没有从学校获得禁毒方面的知识。

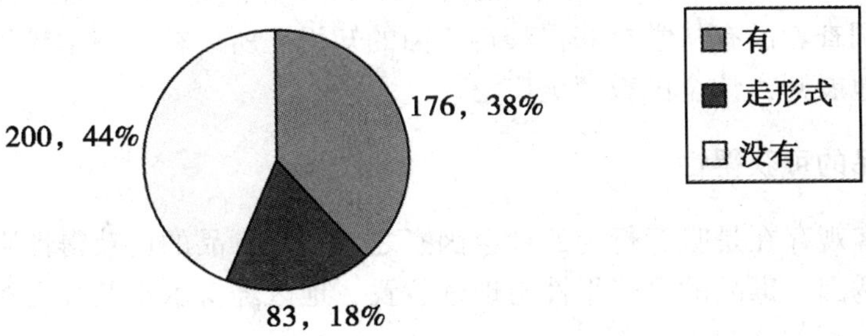


图 2-28 原来就读的学校有没有举办过禁毒知识宣传或讲座教育

根据以上数据发现，很多吸毒女性表示没有接受到禁毒知识教育，这就导致了在接触毒品时无法辨别，缺乏毒品危害的知识，以至于被诱导产生吸毒的行为。被访者赵女士，初中文凭，她的表述如下：

我和家人关系很好，觉得自己性格开朗、外向，朋友评价自己良心好、勤快，自己太容易相信别人。初中毕业后曾去广东打工两年，回来后，在下关的一家 KTV 做服务员，认识了一些朋友。有一次，在酒店跟朋友一起玩，看到朋友吃一种药丸，于是问朋友那是什么，朋友说，这是麻黄素，是美容的。自己觉得挺新鲜，于是尝试了一下，当时不知道麻黄素是毒品，也不知道它的危害。吃了以后，不想吃饭，不想睡觉，不想动，觉得没精神。吃了 2～3 次后，变得不喜欢说话，很少出门，缺乏交流，很后悔吸毒，如果当时知道是毒品，肯定不会吃。直到 2012 年 3 月 20 日被抓后，才知道麻黄素是毒品。现在说什么也没有用了。也不怨恨别人，恨自己。在戒毒所两年，会让自己失去很多。

赵女士由于缺乏对麻黄素的认识，被朋友欺骗导致吸毒，她表示要是当时知道是毒品肯定不会吃，可见缺乏对毒品的认识后果很严重。在访谈的个案中，被访者毕女士也因为缺乏对毒品的认识导致吸毒成瘾：

今年 25 岁，昆明嵩明人，初中毕业。家里还有一个哥哥，以前在啤酒厂工作，主要是验酒工作，月收入 2800～3200 元，到年底有提成。在 2004 年开始接触上的毒品，是在一起读书的同学，在一起玩的时候，当时吸食的是海洛因，吃了一次两次没有什么，没有接触过相关毒品方面的宣传，第一回吃完后，感觉昏昏的，好睡，常常吃，来这里已经是一年零两个月了。第一次去戒毒所是在 2004 年去的安宁。在吸毒的过程中每天都吃，不吃的话就感觉浑身都没有力气，当时在酒吧里七八个朋友在一起，被别人举报，被嵩明派出所抓到的，当时在戒毒所待了 6 个月，出来后一直在家待着，没去做任何事情。

当今社会力推禁毒教育，毒品的预防教育有助于人们认识毒品，了解毒品对个人、家庭及社会的危害，提高全民认识和拒绝毒品的能力，但是从数据上发现，当今禁毒教育的影响力还有待提高，社区禁毒教育宣传力度不够，只有 37% 的被调查者知道社区举办过禁毒防艾宣传教育；学校禁毒教育与社区禁毒教育面临着相同的尴尬处境，只有38%的被调查者知道学校曾经举办过禁毒知识宣传或教育讲座，近一半的被调查者没有从学校获得禁毒方面的知识。所以社区与学校的禁毒教育应该更加深入地展开，让全民教育更广泛。

## 三、毒品的可获得性

毒品的客观存在是吸毒行为的社会因素之一，而毒品的可获得性则是吸毒行为的重要外部诱因。毒品的可获得性与地理位置、地区经济水平及社会控制有着重要的关系。

### （一）独特的地理位置

由于地缘和历史因素，云南边疆地区成为境外“金三角”毒品流向国际市场的重要通道和境外毒品的集散地，这就导致了当地群众涉毒人数多，受毒品危害的区域比较广。在调查的8州市中，德宏和西双版纳与缅甸相邻，普洱与老挝相邻，这些地区是边境地区，也是深受毒品危害的严重地区。尤其是德宏州，地处缅甸毒品基地“金三角”的北侧，德宏州的南部、西部和西北部三面都与缅甸接壤，接壤地区很多是丛林便道、山间小路，一田两国、一寨两国等现象在这一地带成为独特的景观；边民与国境外的居民在历史传统、宗教信仰、语言文化、婚姻、风俗习惯等方面有着千丝万缕的联系，很多人跨境而居，相互通婚，来往亲密，这些为贩毒提供了便利的条件，同时也导致吸毒人员逐年增加。

被访者曼达村民，傣族妇女，她表示他们寨子以前很多人吸毒，她的表述如下：

以前我老公吸毒，吃麻黄素，“摇头丸”也吃，腰疼才吃。以前寨子里很多人吸，现在不多。老公现在腰不疼了，以前每天都说腰疼，现在（吸毒后）不说疼了。老公现在不吸了，以前吸，在家戒，三个月来一回，五个月来一回，派出所来看。让他找医生他不干，听别人说吃“药”能好，就吃“药”，怕打针不去医院。他喜欢喝酒，跟别人喝酒给麻黄素，现在好了（不吸了）去打工，每天都回来，懒得回来就两天才回来（割胶）。

我儿子也吸（1991年出生），现在玉溪戒毒所，一年半时间。我儿子很乖，跟朋友喝酒，朋友给买的，他也会要钱，二三十块说出去玩，自己不卖毒品。现在在所里，三五天经常打电话回来，进去之前，什么都不干，家里有活，叫他他就去。我没打过骂过他，一回都没有，吸毒前后都没有，他身体很好没有病，没有和别人打架。

不晓得海洛因也不晓得别人家吸不吸，他们都偷着吃，我不知道。

儿子吸毒让我很难过，他比我懂，很听话，他打电话说想回来，五个月就出来了。他们是六个一起去的，一起抓的，他们都是我儿子的朋友，儿子比他们年轻，他们都有老婆。有一个还有一年八个月就回来了，家里拿钱进去。

我老公吸完后，腰疼就睡一天，不睡干活厉害，睡不着一宿一宿地看电视。从来没有发过火，不吵架，关系很好。(他们吸毒) 对生活没有什么影响。

(二) 地区经济水平落后

居住在云南边境地区的边民58%是少数民族，大部分是跨境民族，同时也是直接从原始社会跨越到社会主义阶段的“直过”民族，社会发育程度低，以及封闭的地理环境构成双重障碍，使他们陷入贫困与落后的状态。有的地区虽然已经解决了温饱问题，但生活水平和再生产能力很弱。由于经济的弱势，边境地区的农民往往经受不住贩毒的高额利润诱惑，充当“马仔”，以解决温饱问题。

内地的毒贩牟利愿望很强烈，也深知吸毒的危害，所以很多本身不吸毒，只是为了金钱。但在边境地区，贩毒是吸毒的衍生物，因为吸毒而参与贩毒活动的人数比较多，因此边民既是毒品犯罪的实施者也是毒品最大的受害者。

(三) 社会控制的缺失

在社会学研究中，社会控制是指社会组织体系运用社会规范及与之相应的手段和方式，对社会成员的社会行为及价值观进行指导和约束，对各类社会关系进行调节和制约的过程。① 一个人发生吸毒行为，形成稳定的吸毒行为模式，那么他就需要与吸毒行为不正确和不道德的强大控制力做斗争。

1. 法律控制的缺失。社会控制对于个人行为的影响首先是通过权力的实施和法律法规的执行来实现的。新中国成立后，中央人民政府发布了一系列有关惩治毒品犯罪的法规，经过全国上上下下的禁毒斗争，到1952年年底，基本上铲除了烟毒祸患，全国基本上有200万吸毒人员戒毒成功，我国因此成为无毒国。后来随着80年代的对外开放，吸毒再次成为我国的社会问题。

我国在1979年颁布的第一部《刑法》中，并未将毒品犯罪作为犯罪予以打击。对吸毒的规定，始于1986年六届全国人大常委会通过的《中华人民共和国治安管理处罚条例》，其中规定：“违反禁令，吸食鸦片、注射吗啡等毒品的，处以15日以下拘留、200元以下罚款或者警告。”1990年七届人大常委会对吸毒的规定进行了完善，在《全国人民代表大会常务委员会关于禁毒的决定》中规定：“吸食、注射毒品的，由公安机关处15日以下拘留，可以单独或者并处2000元以下罚款，并没收毒品和吸食、注射器具；吸毒、注射毒品成瘾的，除依照前款规定处罚予以强制戒除，进行治疗、教育；强制戒除后又吸食、注射毒品的，可以实行劳动教养并在劳动教养中强制戒除。”随后又出台了2007年的《中华人民共和国禁毒法》。但这些法律以自愿为主、强制为辅，最后辅以劳动教养的手段来进行教育。我国青少年在吸毒成员中占很大比例，因为如果把吸毒规定为犯罪，牵涉面太广，所以，我国最终未把吸毒规定为犯罪。由于吸毒行为不是犯罪行为，吸毒者不会受到严厉的制裁，所以我国禁毒法律对于他们而言缺少行为规范上的约束力。

被访者张女士，28岁，怒江人。她表示当时知道吸毒是犯法的，并且告知了

---

① 郑杭生. 社会学概论新修. 中国人民大学出版社，2005：401.

购买毒品的过程，她的表述如下：

来到戒毒所已经半年了，是第一回来到戒毒所，家里边还有一个弟弟，学历是自考农大毕业的。第一次吸食毒品是在2006年，吸食的是麻古，当时的价格是25元一颗，2006—2010年期间，偶尔地吸没有上瘾。2006年和几个朋友在一起玩，一起吸食，当时家里那边比较落后，对毒品的认识不深刻，男女都吸毒。当时是和朋友在一起喝酒，说醒酒挺快的，就吃了，吃起来感觉挺香的，非常有精神，有精神去做事情。县里面对毒品的宣传力度不大，是从2008年和2009年开始宣传的。

在2010年时和以前的朋友碰到了，在一起吃的海洛因，吃完后会睡觉，想吐，头昏，还可以减肥，自那以后经常吃，不吃的话就会流鼻涕，流眼泪，所以天天吃。上不上瘾的话要看自己身体的抵抗力，当时是感冒了，身体不好，一个多月了，打哈欠，全身酸痛，吃了就感觉好多了，当时吃了一个多月，感觉无所谓，并没有上瘾，不像他们说得那么厉害，知道吸食毒品是犯法的，当时被抓是在交易过程中被贩毒的举报的。每回都是和朋友们一起吸，在朋友的家里或是宾馆，以前我是在移动通信工作，一个月收入是3000～4000元之间，主要是吸海洛因为主，跟贩毒的人购买，怒江卖800元一克，昆明卖400元一克，当时我的工作福利很好，男朋友是赌博的，生活上经济是够了。

我来昆明的原因是，弟弟在念书时和别人打架，手被打断了，我过来看他。在昆明主要卖毒品的地方是北站那里。在北站主要是一些老彝族，妇女背个小孩儿，你到她面前拿手指放在自己鼻子下面做出吸的动作，如果她要是贩毒的，就会跟着你，问你买什么毒品，然后两个人在小巷子里交易，当时海洛因是50元一克。当时我穿着比较随便，坐着一辆摩托车，在一二一大街上，还打哈欠，困，毒瘾犯了，被警察拦住，他出示了证件，到了所里，他说需要验一下尿，验完后我就被抓了。后来父母就知道了，一个星期过来看我一次。我要在这边好好改造，出去自己创业，慢慢来，但是出去后有可能还复吸海洛因。

张女士第一次吸毒是出于对毒品的不了解，听说醒酒快就吸了；吃了一个月后她表示不上瘾，也知道了吸毒是犯法的，但还是会继续吸食海洛因，这就体现了毒品犯罪法律上的薄弱性，对于吸毒者而言没有较强的约束力。后来张女士提到自己购买毒品的过程，也说明了毒品的流动性很大，并且容易购买，同时也说明了毒品犯罪法规在当地没有很强的指引和强制作用。

2. 道德控制的缺失。道德作为一种意识形态，对社会成员的价值观和行为方式进行控制。在个案访谈中发现很多女性吸毒是因为受了朋友的引诱，从而导致吸毒行为的发生，这就牵扯到了诱惑他人吸毒的个体的道德问题，也与提供吸毒场所的人的道德问题有关。

木女士，女，22岁，纳西族。家里有五口人：爸爸、妈妈、两个弟弟和自己，家里开了间酒吧，也会做农活，种苞谷和谷子，自己上学到小学毕业，弟弟一个19岁，一个20岁，都没有上学了，爸妈偶尔会骂自己，但是没有打过自己，父母关系很好，只是偶尔会吵几句，觉得自己是个喜欢说话，喜欢玩，喜欢上网的人，一直都在家里帮忙打理酒吧。2010 年出来打工，在丽江的茶室工作，帮亲戚打理茶室。2011 年 2 月份，认识了两个昭通的女性朋友，她们吃药，但不在自己面前吃，自己也不知道，自己什么也不懂，她们让自己吃的，当时自己不了解毒品的危害，在朋友租的房子里，自己和她们同租在一家房子，一层楼，住在隔壁，第一次吃了海洛因以后头晕，觉得房子都在转，想吐，持续了两三天。吃了两三个月，一开始朋友拿来，自己吃一点，后来自己觉得不舒服便自己去拿，用自己之前在家攒的钱去拿，一开始会头晕，想吐，之后就没有这些感觉了。

木女士表示第一次吸毒是朋友让自己吸的，在朋友家里，当时自己不懂也不知道毒品的危害，木女士的朋友是吸毒者，同时也是毒品提供者，她们已经认同自己的吸毒行为，沉迷于毒品带来的快感中。木女士看到她们吸食的场景，产生好奇的心理，出于对朋友的信任相信吃后没有危害，根本没有想到吸食带来的后果。还有一位被访者方女士，23 岁，她的父亲是禁毒人员，母亲是教师，从小她就知道毒品的危害，但后来因为和朋友在 KTV 聚会，朋友提供了麻古后没有过多地思考而开始吸毒。

方女士，女，23 岁，云南省瑞丽市人。家里有四口人：爸爸、妈妈、哥哥和自己。爸爸今年 48 岁，妈妈 42 岁。爸妈在自己读初中的时候闹过离婚，因为爸爸在外面赌博。爸爸是禁毒人员，在瑞丽工作；妈妈是教师。自己从小就知道毒品的危害，经常会看到吸毒人员进入戒毒所。和爸妈关系很好，爸妈很关心、关爱自己。自己读书到中专，之后都待在家里上网，一般与朋友晚上出去会喝酒之类的。2009 年下半年第一次吸毒，当时在 KTV 里面，有五六个人一起，都是自己的女性朋友，毒品是朋友提供的，吸的是麻古，两颗。吸了后不想睡觉，特别兴奋，第二天很难受，想睡睡不着。离第一次吸毒有两三天才吸，也是和朋友在 KTV 吸的，朋友提供的毒品，吸了五六颗，朋友说喝酒多了吃麻古可以解酒。爸爸发现我不对劲，2009 年 11 月份，用验尿的方法检测出来吸毒，送到当地的戒毒所，在戒毒所待了两个月出来。和以前没吸毒的朋友玩不来，就和吸毒的朋友一起玩，吸毒就成瘾了。爸爸知道后用棍子打我，妈妈跪下来哭着求我。当时不想吸，特别内疚。2011 年 3 月份第二次被抓进来，坐飞机前吸毒，下飞机后在昆明开房，被警察抓了。一直吸食的麻古，朋友说吃了以后会变瘦。朋友也有的变得特别疯，不对劲。吃了之后几天睡不着，身体受不了，吸的时候舒服，过后难受。吸过后有自伤自残，自己也有过这种行为。精神错乱，破坏人的大脑，反应也会迟钝，不想吃饭。刚开始没想这么多，和朋友一起玩，都是玩这些东西。朋友中没有吸海洛因的，有个表叔吸海洛因，之前吸，后来注射，注射找不到血管，往脖子上打，打死了，死的时候 31 岁。自己钱不够的时候都是问爸妈要，每天都会给一二百的生活费，爸妈每天都忙着工作。爸爸经常在外面工作，小时候也没怎么管过自己。每次购买 20 块钱左右，很多时候都是朋友给的。吸了麻古以后，白天当晚上，晚上当白天，不吃饭。第一次父母很伤心，出来以后不愿意去亲戚家，感觉没脸去，之后不吸毒的朋友也知道了，自己也不愿意去找他们玩，心里会觉得被瞧不起，被他们父母说；第二次进来，妈妈知道后，不敢告诉爸爸，后来两个月才告诉爸爸。进来一年多，只和爸爸通过一次电话，爸爸妈妈一个月或两个月来看自己一次，没有放弃自己。父母的压力比较大，何况母亲是教师，连自己的孩子都教育不好，爸爸会觉得丢脸，会脾气变得不太好，说没有这个孩子。出去后，不去找那些吸毒的朋友，好好找一份工作，多关心父母，孝敬父母。

云南作为全国毒品集散地，毒品的可获得性高成为吸毒泛滥的重要外部原因。独特的地理位置及气候条件，让云南边疆地区成为境外"金三角"毒品流向国际市场的重要通道，落后的经济水平，让很多人走上制毒贩毒的不归路。云南社会组成复杂，由多种民族组成，不同的民族文化也加大了社会控制的监管力度。根据以上个案可以发现，似乎这些女性接触毒品很容易，身边的朋友拿到毒品很快捷，这些都与云南的地理位置、地区经济水平及社会控制有着千丝万缕的关系。因此，要加大云南省毒品打击力度，加强对落后地区的经济支持，扩大就业机会，提高教育水平，从根本上解决云南毒品泛滥的严重问题。

**结论**

从本章被调查者吸毒原因的社会因素来看，她们初次吸毒行为主要从他人处习得，这些朋友大多是社会结交认识，而且很多已经染上毒瘾；由于社区和学校禁毒教育的宣传力度不够，她们没能对毒品有正确的认识，不能意识到毒品对个人、家庭及社会带来的危害，从而没有拒绝毒品的诱惑而染上毒品；云南边疆地区是境外"金三角"毒品流向国际市场的重要通道和境外毒品的集散地，边疆地区成为深受毒品危害的严重地区，因此边疆居民较容易接触毒品；云南落后的经济水平，让很多人走上制毒贩毒的不归路，加上社会组成复杂，加大了社会控制的监管力度。因此，社会要加强禁毒宣传，强化女性道德观和人生观的教育，告诫她们远离有吸毒行为的朋友，并警觉吸毒的男友或者丈夫，增强自我保护意识。另外，边疆地区要加大毒品的打击力度，借助社会舆论营造良好的社会氛围，形成道德规范的制约力量，同时要多为女性提供就业机会，社区多给予心理关怀，防止她们产生消极的生活心态而走上吸毒的道路。

通过对486名女性吸毒者问卷调查和49份个案访谈，得出以下结论：

第一，在被调查的486名女性吸毒者的现状中，被调查者大多是汉族，年龄在26~35岁之间，教育程度偏低；在婚姻状况上，大多是未婚；有近一半的被调查者属于无业游民或半失业状态，收入状况上大部分月收入低于2000元；感染疾病的情况上，有3%感染了性传播疾病，8%感染了感染性疾病，还有30.5%的被调查者不清楚有没有感染性传播疾病或感染性疾病。

第二，被调查者初次吸毒的年龄基本上偏小，低龄化现象很严重，以吸食海洛因为主；初次吸毒的地点大部分是在朋友家里，大多是社会上的朋友，毒品的来源也大部分来自朋友，从场所来看毒品使用已经超过了娱乐场所，逐渐向私人场所转变。吸食毒品后，大部分吸毒者生理和心理有瘾，觉得吸毒后很放松很舒服，有一小部分被调查者因为吸毒而发生生命危险，有很少的被调查者吸毒后发生破坏性行为；从发生性关系时使用安全套的情况来看，只有小部分的女性在发生性行为时每次都使用安全套，整体自我保护意识较弱。

第三，云南青年女性吸毒的主要原因是她们受教育程度低，过早地踏入社会，缺乏对毒品的正确认识，认知与自控能力较差，容易受到朋友的引诱，加上云南省独特的地理位置，形成了毒品经济，所以她们较容易接触毒品、获得毒品。因此，需要加大对云南省的基础教育支持，加强对落后地区的毒品预防教育，增强对毒品犯罪的打击力度，促进媒体对禁毒的宣传，以养成她们正确的人生观和价值观。

# 第三章 人口结构与毒品滥用[①]

本研究以亚文化理论和性别角色理论为支撑，通过对2014年云南省16州市的强制隔离戒毒所与社区康复场所10837名吸毒人员进行问卷调查，并运用描述统计、交叉分析的统计方法对所得数据进行统计分析，辅以访谈个案，主要探讨了吸毒人口性别结构、年龄结构、文化结构与吸毒行为的关联性。[②] 本研究得出的结论是吸毒人群性别差异、年龄差异和文化程度差异与吸毒严重程度、吸毒行为的原因和表现、吸毒行为的后果具有一定的关联性。

## 第一节 相关理论与研究综述

### 一、相关研究综述

（一）关于吸毒问题的研究

1. 国外的研究。生物学、医学、法学、心理学、社会学等许多学科领域对于吸毒问题均有较为丰富的研究成果。各领域对吸毒问题的研究内容，可以梳理为以下几方面：

生物学、医学领域：主要集中于研究吸毒成瘾的生理学原因和特征，吸毒人群携带和传播的艾滋病、丙型肝炎等流行病的病理和医学治疗手段、治疗效果的分析。[③] 应用最多的理论为遗传基因观与新陈代谢平衡学说。

心理学领域：主要集中于研究吸毒者及其吸毒行为的心理影响因素，吸毒者戒

---

① 注：本章所有案例及数据采集于2015年。

② 本研究将云南省内吸毒人口数据资料中的变量进行细分后，把吸毒人口结构划分为吸毒人口性别结构、吸毒人口年龄结构、吸毒人口文化结构三个板块的内容。值得说明的是，这样的划分在结构上并不能涵盖吸毒人口结构的全部内容，但结合调查数据，这样划分后进行分析是本章力所能及的。关于吸毒人口婚姻家庭结构、地域结构等方面的内容，由于相关变量太少，无法形成完整章节，故舍弃。

③ Agnes J. Jasinska，Billy T. Chen，Antonello Bonci，Elliot A. Stein . Dorsal medial prefrontal cortex（MPFC）circuitry in rodent models of cocaine use：implications for drug addiction therapies. Addiction Biology，2015（3）.

Eric J. Nestler . Epigenetic mechanisms of drug addiction. Neuropharmacology，2013（6）.

Miriam Melis；Saturnino Spiga；Marco Diana ，The Dopamine Hypothesis of Drug Addiction：Hypodopaminergic State. International Review of Neurobiology，2005（6）.

断毒品后心理状态的变化，负面情绪和压力对于戒毒行动、回归社会的影响等内容。[①] 应用最多的理论为强化理论（马太效应、破窗效应）与不完整个性理论。

法学领域：主要集中于研究毒品滥用相关法律政策的适用性，探讨符合当地毒情形势的法律变迁的可行性、体制和政策改观的必要性和具体条例。此外，从犯罪学角度阐释吸毒者及其吸毒行为也为毒品滥用问题的改观提供了可靠的分析角度。

社会学领域：主要集中于研究吸毒者群体吸毒行为的产生原因和影响。应用最多的理论为社会越轨理论、个人社会化理论、亚文化理论和标签理论。

针对吸毒问题，社会学领域的研究可以归纳为以下几个角度：

（1）社会结构的角度。自19世纪末以来，学者开始关注社会越轨行为的产生原因、影响和对策，作为一种特殊越轨行为，吸毒问题的早期研究贯穿于对社会越轨行为的研究过程中。迪尔凯姆在1897年出版的《自杀论》中，通过对法国和中欧社会中自杀者数据进行分析，总结出自杀的三种类型——利己主义的自杀、利他主义的自杀、反常的自杀。在讨论个人幸福感与阶层财富分配行为准则的关系中，迪尔凯姆得出这样的结论——反常的自杀（Anomic suicide）产生于阶层规范的失序。正常的社会秩序下，被认为公平的阶层秩序使人们限定着自身的活动范围和生活期望，惯习和压力是大部分人服从秩序的原因；当社会出现混乱或动荡时，社会失去制约个体行动的能力，一些中上层阶级地位的人不堪忍受“阶级地位下降、重新接受社会教育、更为严格的自我克制”而采取自杀行动，反之，如果社会动荡产生的结果是带来更多的财富和地位，结果依然存在。[②]

迪尔凯姆的这一观点对于默顿的研究产生了重大的启迪作用。从社会结构与个体追求成功的目标和方式之间的关系的角度，默顿考察社会结构产生的压力如何作用于个体不同的行为选择，他划分出五种“个体适应的方式”——遵从、创新、仪式主义、退却主义和反抗。退却主义是一种既排斥文化目标，又排斥制度化手段的行为主体。默顿认为，社会中的吸毒者属于退却主义者，并这样解释吸毒者的行为路径：“在文化目标和制度性行为完全为个体所接受，并赋予感情和高尚的价值，而可以采用的符合制度的渠道又不能带来多少成功时，这种适应方式最有可能产生。这样便产生了双重冲突：头脑中根深蒂固的、要求采取合乎制度的手段的道德义务与逼迫诉诸违法手段的压力发生了冲突，而个体无法找到既合法又有效的手

① Brajević - Gizdić Igna, Mulić Rosanda, Pletikosa Magda, Kljajić Zlatko, Self - perception of drug abusers and addicts and investigators' perception of etiological factors of psychoactive drug addiction. Collegium Antropologicum, 2009 (5).

Dragan Milivojevic, Srdjan D. Milovanovic, Minja Jovanovic, Dragan M. Svrakic, Nenad M. Svrakic, Slobodan M. Svrakic, C. Robert Cloninger . Temperament and Character Modify Risk of Drug Addiction and Influence Choice of Drugs. The American Journal on Addictions, 2012 (8).

② 埃米尔·迪尔凯姆. 自杀论. 冯韵文译. 商务印书馆，2001：261－272.

段。那些受到挫折和无能应对这种秩序的受挫者被淘汰。”① 由此，可以看到，默顿更多地将吸毒者看作社会中的“挫败者”，认为追求成功目标的能力缺陷使得吸毒者不能适应合法的行为模式，从而与社会隔离开来。

社会结构论更多地将吸毒行为看作社会结构产生的行动压力与行动者自身的行为路径共同作用的结果，认为社会失序、行动者的“逃避主义”“退却主义”是造成越轨行为的原因。但将吸毒者作为逃避主义者或退却主义者的观点并不符合多数吸毒事实（Lukoff 1972，Waldorf and Daily 1975）。

（2）亚文化的角度。一些学者补充和完善了默顿的失范理论，发展了亚文化理论，用以解释吸毒者所处环境与吸毒行为的关系。科恩（Albert Cohen，1955）在对中产阶级青少年越轨行为的分析中，提出青少年越轨行为是一种区别于中产阶级文化体系以外的集体行为选择，并提出了工人阶级青少年的三种违法亚文化群——“冲突亚文化群、吸毒亚文化群和半职业盗窃亚文化群”。② 科恩延续了默顿考察越轨行动者文化目标与方式的角度，提出“吸毒亚文化群是作为获得毒品的一种手段而发展起来的”。③ 可以看到，默顿认为社会中的越轨行为是个体对结构的反应方式，而科恩认为是一种群体性的行为准则的重新建立，社会中的越轨者根据他们建立的不同于主流中产阶级文化体系的规则而采取集体性的越轨行为。

Cloward 与 Ohlin（1960）从社会中的机会结构的角度发展了默顿的理论，他们认为低阶层青少年产生越轨行为，是运用非法方式达成成功目标的手段。“社会上有不同的机会结构，不管是合法的或是非法的，而其中不法方式达到成果的机会结构导致各种不同文化的产生。”（侯崇文，2001）进而 Cloward 与 Ohlin 划分出三种越轨亚文化——犯罪亚文化（Criminal Subculture）、退却亚文化（Rereantist Subculture）、暴力亚文化（Violent Subculture），并阐释了它们的形成过程。Cloward 和 Ohlin 认为，吸毒者和流浪汉既没有获得成功的合法手段，也没有非法手段，又受道德约束无法采取暴力行为和犯罪行为，他们发展出一种退却、退缩的亚文化。

可以看到，科恩、Cloward 与 Ohlin 的研究中，主要将底层吸毒者作为研究对象，提出吸毒亚文化形成的过程，但对于吸毒亚文化对于吸毒者行为的影响阐释得不够明确清楚。科恩、Cloward 和 Ohlin 依旧站在宏观结构的角度，解释不同于中产阶级文化目标的行动准则与吸毒行为的关系。

（3）社会交往的角度。一些学者对上述研究者越轨亚文化的视角提出了批判，他们更加关注个体所处的微观环境与吸毒者的关系，以下为一些代表性观点：

吸毒者所处社区环境的影响：Boardman 认为，在一些黑人社区中生活的人们接触毒品使用者、毒品代理商的机会更大，亲毒品规范、价值观在这些人群中存

---

① 罗伯特·默顿．社会理论和社会结构．唐少杰等译．译林出版社，2008：249.

② Albert Cohen. Delinquent Boys：the Culture of Gang. New York：New York Free Press，1955.

③ 林少真．话语建构视角下的新型毒品吸食行为研究．上海大学博士学位论文，2010.

在，缺乏合法性成功机会、社区组织对吸毒行为的选择产生影响。①

同辈群体的影响：Akers 的社会学习理论（Social - learning Theory）认为，个体的行为选择受到个体在成长环境中学习过程的影响（从个体社会化角度考察越轨行为）。他在对男孩村关于青少年毒品使用和滥用的调查研究得到青少年关于赞同酒精和大麻使用的重要成人、同辈群体、亲密朋友对青少年使用大麻的行为产生重要影响。② 此后，很多学者运用同辈群体影响力的视角研究吸毒问题（Kaplan，1986；Jessor，1991；Fisher 和 Bauman，1995）。

家庭因素的影响：仅仅关注同辈群体的影响力并不能全面地解释吸毒问题。Denish Kadel 指出对于吸毒者家庭因素（同辈群体的父母影响）的研究还颇为不足。③ 韩丹总结了美国社会中以家庭社会化视角阐释吸毒行为的文献，发现主要有两方面的研究焦点：其一，家庭成员的吸毒行为受到孩子模仿，这种模仿的持续性与吸毒行为的变化；其二，不同的家庭抚养方式和父母与子女关系的质量对青少年吸毒行为的影响。④

对于吸毒问题的国外研究还有很多。例如，社会控制论、标签理论、代际隔离理论，由于这部分内容与下文有交叉和重复，故这里不做过多赘述。

2. 国内的研究。我国对于毒品问题的研究沿用了以上理论视角，但并未形成系统性的本土化理论。国内对于吸毒问题的经验研究大致可以梳理为以下四个方面：

（1）吸毒人群现状的研究。我国的研究具有以下特点：其一，主要集中在对特定吸毒群体、区域吸毒人群现状的研究。例如，对云南省、广州市、上海市、深圳市吸毒人群的研究；⑤ 对女性、青少年、单亲家庭吸毒人群的研究。⑥ 其二，对吸毒人群人口结构特征的研究。即对吸毒者性别、年龄、收入、职业、受教育水平、家庭婚姻状况等特征的描述。⑦ 这类研究多在整篇学术成果中占据很少的部分，多属于简略的带过式描述。其三，对吸毒人群吸毒状况变迁的研究。例如，对于传统毒品、新型毒品吸食者的研究。

---

① Boardman，J. D，Finch，B. K，Filison，C. C，William，D. R，and Jackson，J. S.，2001，Neighborhood Disadvantage，Stress，and Drug Use among Adults. Journal of Health and social behavior，42：151 - 165.

② 林少真. 话语建构视角下的新型毒品吸食行为研究. 上海大学博士学位论文，2010.

③ Kadel，D. B and M. Davis. Prgression to regular Marijuana Invovement：Phenomenology and Risk Factors for Near - daily Use. in Vunerability to Drug Abuse，eds. M. Glantz and R. Pickens. Washington，D. C.：American Psychological Association，1992：211 - 253.

④ 韩丹. 国外吸毒问题的社会学理论视角述评——以美国相关研究成果为例. 唯实，2010（3）：87 - 88.

⑤ 范志海，李建英. 青少年吸食合成毒品问题的社会学分析——基于上海市的个案调查. 华东理工大学学报（社会科学版），2012 - 09 - 15.

⑥ 万志红. 云南青少年吸毒现状分析. 云南警官学院学报，2007（3）.

⑦ 田杰，傅思苑. 深圳市青少年吸毒现状及禁戒问题分析//青少年违法及药物滥用防治对策学术研讨会论文集，1999.

（2）吸毒问题成因的研究。对于吸毒问题成因的研究主要可以归纳为以下几个方面：其一，吸毒的生理成瘾机制研究。这类研究的主要逻辑脉络是毒品通过外界刺激使得吸毒者自身生理正常功能紊乱，吸毒者一旦脱离毒品就会产生“戒断症状”，毒品对吸毒者产生作用的路径多见于类吗啡物质、多巴胺回路等分析，上文中医学类的研究中有众多例证文献出现，这里不做过多赘述。其二，吸毒的心理成瘾机制研究。韩丹通过对南京吸毒者的个案访谈研究，得出正常人一旦沾染毒品，则一生都可能难以摆脱毒品的控制。[①] 众多研究者主要从吸毒者的人格特点、认知能力、心理发展、自我控制能力等方面对复吸率高的问题进行研究。

（3）吸毒危害、对策研究。纵观所收集的资料，发现这部分内容的研究成果较多，但内容和维度较为单一。归纳出探讨吸毒危害的角度：吸毒行为对个人的危害、吸毒行为对家庭的危害、吸毒行为对社会的危害。归纳出禁吸防毒政策的角度：其一，加强禁吸防毒法制建设；其二，加强禁毒队伍建设和禁毒人才培养；其三，加强禁毒宣传教育。

（4）禁毒史、禁毒法制和禁毒实践研究。国内对于禁毒史的研究成果较为丰富，总结众多相关著作和论文，可以归纳为以下几点：其一，各历史时期内重要禁毒事件研究。主要研究成果涵盖了从清朝雍正帝颁布第一道禁烟令到当代共产党领导的禁毒运动。其中，文献资料在清代禁烟运动、民国初期禁毒运动和中华人民共和国成立后的禁毒运动等内容上有所集中。[②] 其二，重要人物的思想研究。其中，清代禁烟运动中的代表人物，如林则徐、魏源等人的禁毒思想被研究较多。[③] 其三，不同时期内地域性禁毒措施研究。如对云南、四川等毒品泛滥较为严重地区的禁毒措施研究。[④] 对于禁毒法制的研究，依旧集中于研究毒品滥用相关法律政策的适用性，探讨符合当地毒情形势的法律变迁的可行性、体制和政策的必要性和对于禁毒工作某一板块内容相关法律的具体探讨。[⑤] 对于禁毒实践的研究，则主要集中在禁毒法律法规、毒品预防教育、毒品犯罪案件侦查、禁毒工作实践经验等方面。[⑥]

### （二）关于吸毒人群的人口学研究

1. 国外的研究。根据 CNKI 对于国外文献的搜索，几乎没有从人口学角度对于该问题的研究。根据其他检索渠道的检索，国外对于吸毒人群的人口学研究主要集

---

① 韩丹．吸毒人群调查．江苏人民出版社，2007：265.

② 马模贞，王玥，钱自强．中国百年禁毒历程．经济科学出版社，1997.

③ 王玥，赵留记．1997 年以来的中国禁毒史研究．河北学刊，2010（1）：74.

④ 秦和平．清末民初云南的禁毒运动．中国边疆史地研究，1997（4）；
粟时勇．民国时期四川省禁烟概述．文史杂志，1999（4）.

⑤ 莫关耀等．禁毒法学．中国人民公安大学出版社，2014；
莫关耀．《戒毒条例》释义．中国人民公安大学出版社，2011.

⑥ 于燕京，张义荣，莫关耀．禁毒学．群众出版社，2005：5.

中于数理统计方面，涵盖的统计学知识较多，主要集中于描述吸毒人群的人口学特征。此外，部分内容集中在上述社会学方面的研究。

2. 国内的研究。2010 年沈晖、耿柳娜《吸毒人群对艾滋病防治的接纳态度与影响因素》的研究标志着人口学在研究特殊人群方面的开始。相对于其他学科来说，人口学对吸毒人群及其吸毒行为的研究成果较少，主要集中在以下几个方面：

（1）吸毒人群的人口学特征和行为学特征研究：苏中华、郝伟等人对比不同年份我国部分地区吸毒人群的性别、婚姻状况、文化程度、职业状况的数据分析结果，并做出其结果的社会、经济、心理因素分析；① 莫关耀、杜敏菊针对云南省毒品滥用较为突出的 8 个地州进行实地调研，通过对 1200 名 35 周岁以下滥用合成类毒品的青少年进行问卷调查，统计得出省内滥用合成类毒品的青少年以男性居多、年龄普遍在 25～35 周岁区间、受教育程度普遍偏低、个人月收入较低、多有农业劳动者或城乡失业无业人员、社会地位较低、多数人员处于未婚或无稳定婚姻状态、民族仍以汉族居多，但聚居于边境地区的少数民族也较多的该类人群人口学特征。② 刘燕、张良的研究以实地调查数据为基础，排列了贵州省毕节地区吸毒人群的年龄、婚姻状况、文化程度、职业、户籍等特征，并分析了这些特征近年内的变化，计算出该地区女性吸毒者、低龄吸毒者逐年增长率。③ 褚天新、李桂英等人对比了北京地区 1998 年和 2000 年吸毒人群的人口学特征：性别、年龄、职业、民族、婚姻状况、文化程度，以及 1998 年和 2000 年吸毒行为的特征：吸毒种类、吸毒方法、吸毒时间、毒伴固定性、婚外性行为、避孕套的使用等方面的因素，得出该地区吸毒人群和吸毒行为的变化特点。④

（2）吸毒人口趋势研究：基础人口学中人口趋势研究是一个大方向，但在吸毒人口趋势方面的研究成果较少，其中具有代表性的为兰月新对于河北某市吸毒人口趋势的定量研究。⑤ 研究通过对某地区 2008 年 1—10 月份的吸毒人口规模进行 Logistic 和 Gompertz 曲线分析，预测未来几个月内的吸毒人口规模，并通过计算拐点日期，提出在恶劣情况发生前相关部门应采取措施的建议。

（3）人口流动性与吸毒人口分布的关系研究：具有代表性的研究成果为骆华松、董静对于云南省流动人口与毒品扩散的研究。⑥ 该研究将统计数据内常住地与

---

① 苏中华，郝伟，肖水源，范长河，谌红献，刘铁桥，杨德森．我国部分地区成瘾物质使用的纵向研究第三部分：吸毒人员的人口学特征．中国药物依赖性杂志，2005（2）．

② 莫关耀，杜敏菊．云南 35 岁以下青少年滥用合成毒品的现状及原因分析．中国药物滥用防治杂志，2016（1）：4．

③ 刘燕，张良．毕节地区吸毒人群人口学特征调查分析．贵州警官职业学院学报，2008（11）．

④ 褚天新，李桂英，刘海林，吴疆，唐耀武，孙伟东，边新玲．北京地区吸毒人群人口学和行为学特征改变研究．中华流行病学杂志，2003（4）．

⑤ 兰月新．吸毒人口趋势的定量研究．武警学院学报，2011（4）．

⑥ 骆华松，董静．云南省流动人口与毒品扩散的实证分析．云南师范大学学报（哲学社会科学版），2005（3）．

抓获地一致的吸毒人口定义为常住吸毒人口，将常住地与抓获地不一致的吸毒人口定义为流动人口，并通过皮尔逊模型做出流动人口与人口空间分布的相关性分析，得出二者之间具有较强的相关性。从而提出控制流动吸毒人口的建议和对策。

(4) 吸毒行为引起的流行病患者群体的研究：这方面的研究再次细化吸毒群体，主要针对染病的吸毒人群进行了人口学特征分析，且提出基于分析的对策和措施。如对江苏、四川、广西等地感染艾滋病的吸毒者的人口学特征、预防和治疗对策的研究。

此外，国内的其他人口学研究可以为本书提供有效参考。(1) 人口学分析社会问题的角度。田雪原[①]通过对非典患者调查数据做出统计，得出非典疾病患者的人口学特征，得出传播和防治的重点人群、一般人群和非重点人群、非典传播途径的相关结论，对于治愈和死亡做出分析，找出高死亡人群和低死亡人群，高治愈人群和低治愈人群。初步提出了使用人口学视角分析问题的方式。(2) 人口学特征与具体问题各变量关系及影响的分析，如刘强对于我国房地产细分的人口学分析、[②]朱明泉对于男男性接触者人口学因素与艾滋病高危行为关系的研究。[③]人口学基本变量（出生率、死亡率、人口迁移与流动）：李玥对于人口老龄化的人口学因素分析等。[④] (3) 人口学效应。即具体现象对于人口学及社会经济领域的相关影响。[⑤]可以大致归纳为：对人口自身发展的影响（人口数量、人口素质、人口迁移和流动）、对社会经济与人口学相关领域的影响。

（三）关于吸毒人口结构特征与吸毒行为的关联性研究

1. 国外的研究。近年来西方对毒品问题的研究不再仅关注脱离行动者的宏观环境及人际互动产生的群体原因，而是站在主体行动者的立场，考察行动者自身的行为解释，关注行为之于行动者的意义。[⑥]

基于上述国外对于吸毒问题的研究，我们可以看到，最早对吸毒行为的研究的出发点是分析社会中的犯罪问题。默顿发展了迪尔凯姆的社会失范理论，依照行动者个人目标与采取社会手段的关系，认为吸毒者行为的产生是因为个体失败的目标追寻过程，他们无法改变不利地位，并将自己的生活排除在社会正常生活之外，因此，吸毒者的行为是一种消极的、平静的、绝望的“逃避主义”行为。学者将这种分析框架沿用到对美国社会底层吸毒者的种族差异研究，认为黑人青少年在更难追求获得犯罪组织高层地位，所以更容易产生吸毒行为（Cloward 和 Ohlin，1960）。

---

① 田雪原．Sars 的人口学思考．人口研究，2003（8）．

② 刘强．我国房地产住宅市场细分的人口学分析．西南财经大学硕士学位论文，2007（4）．

③ 朱明泉．中国大陆男男性接触者人口学因素与艾滋病高危行为关系的研究．青岛大学硕士学位论文，2002（9）．

④ 李玥．吉林省人口老龄化现状及其人口学因素分析．吉林大学硕士学位论文，2011（5）．

⑤ 钱明亮．中国生育率转变的人口效应分析．浙江大学博士学位论文，2010．

⑥ 林少真．话语建构视角下的新型毒品吸食行为研究．上海大学博士学位论文，2010．

社会中的“挫败者”更容易产生越轨行为。因此，早期研究中大部分吸毒者普遍具有经济收入少、受教育水平低的特点。这说明社会阶层地位与吸毒行为具有很强的相关性。然而，这种相关性并不是绝对的。例如，白人中产阶级吸毒者的上升，这些中产阶级拥有较高的经济条件和较好的受教育水平，并且青少年吸毒者的比例非常高，说明社会底层群体和社会边缘人群并不必然是吸毒群体的主要特征。

社会学习理论和社会化理论肯定了家庭因素（包括吸毒者家庭结构）和朋辈因素（包括吸毒者的社交结构）对于青少年和中产阶级吸毒行为的影响。主要体现在：①抚育孩子的方式和父母与孩子间关系的质量（Brook，1977—1978）。抚育孩子的方式越严厉，孩子与父母间关系越和谐，吸毒概率越低。白人中产阶级家庭在家庭管教方面，不如其他种族严厉。②青少年对父母的看法越正面，吸毒比例越小（Gerstein，1976）。

此外，从间接的研究中，可以得到一些关于国外吸毒人口结构特征与吸毒行为关系的结论。韩丹对美国社会吸毒者的研究得到以下结论：①吸毒者种族结构：本地出生者占了海洛因吸食者更大的比例。②家庭结构：单亲家庭结构对于吸毒行为的影响减小。③性别因素在大麻吸食上逐渐模糊。④年龄结构：当年龄逐渐增长时，绝大多数成年吸食者放弃了海洛因。⑤阶层结构：白人中产阶级的吸毒者越来越多。[①]

2. 国内的研究。国内较早得到的研究结论依旧来源于吸毒人群人口学特征研究结论。例如，国内吸毒人群以男性为主、无业者中的青年是主体、受教育程度低、无业。又如，新型毒品使用者“低等”密度高、“高等”势迅猛的学历分布、非稳定就业占据半壁江山的职业状况、四成“分崩离析”的婚姻状况。[②]

依据对吸毒者人口学特征的研究结论，学者在对吸毒行为的原因和表现的研究中，体现了吸毒人群人口学特征与吸毒行为的关联性：

（1）性别差异与吸毒行为的关系。相关数据显示，吸毒人口中，男女性别比接近 2∶1，[③] 到目前为止，吸毒人群依旧呈现出男性多于女性的特征。在新型毒品的使用者的性别特征上，呈现男性吸毒者众多，女性吸毒者增长速度快的性别差异。[④] 因女性吸毒者比例逐年上升，而吸毒行为对女性造成的伤害程度更高，近年来更多的研究集中于女性吸毒行为，主要观点如下：

女性吸毒人员往往表现出更强的吸毒愿望，脱毒后有更高的复吸率。女性初次

---

① 韩丹．国外吸毒问题的社会学理论视角综述——以美国相关成果为例．唯实，2010（3）．

根据陈小波等人对云南、浙江、甘肃三省九城市强制隔离戒毒所的调查结果所得，在学者对云南、甘肃、湖北等省对海洛因吸食群体的调查中发现吸毒人群基本符合这些特点。即男性为主、年轻、文化程度低、无业等。

② 国内首次新型毒品大型调查报告．社会观察，2007（6）：10．

③ 数据来源于陈小波对云南、浙江、甘肃三省九城市强制戒毒所戒毒人员进行的1200份问卷调查。

④ 国内首次新型毒品大型调查报告．社会观察，2007（6）：10．

吸毒多由于好奇、同伴影响（赵子慧，2005）。特定的人格特质、不良的应对方式和薄弱的社会支持系统都是导致吸毒女性吸毒行为产生的重要因素（朴昕，2007）。吸毒行为表现出强烈的感性特征，群体性吸毒行为众多，并更多地受到男友或家庭亲属吸毒的影响。女性吸毒者受"性"因素的影响多为家庭不稳定者（王祎，2008，浙江省数据）。女性吸毒行为呈现被动特点，受到严厉的性罪错惩罚、女性吸毒者吸毒行为的产生之一是为"逃离"传统意义上女性所需扮演的角色（刘晖、刘霞，2011）。

（2）年龄差异与吸毒行为的关系。就前文提到的统计数据来看，产生吸毒行为的人群年龄上多集中于35周岁以下的青少年。由于青少年生理发育尚未成熟、分辨是非能力较弱、好奇心较强，以及其并未完成自我社会化的过程，吸毒行为对青少年产生的消极作用更为强烈，近年来国内的研究集中于青少年吸毒行为，主要观点如下：

青少年吸毒行为多为结伙吸食、吸毒贩毒交织（周振想，2000）。社会角色紧张度对青少年的吸毒行为产生重要影响（何向群，2000）。青少年的心理具有矛盾性、封闭性和不稳定性，极易被新型毒品所吸引（杨玲，2002）。青少年吸毒行为产生的原因之一为缓解生活中的各种压力（李冠军，2011；杨美芳，2011；李善共，2010）。家庭教育失败、家庭成员关系不良、身处问题家庭等因素是造成青少年吸毒的重要因素（何志雄，2004；蓝李焰，2003；韩丹，2007）。新型毒品具有迎合时尚群体、混淆观念、依托社交圈等特点，这些特点与青少年好奇心重、希望合群、追求流行等心理特点相符合，因此形成一种青少年吸毒的"亚文化"，从而影响青少年个体的吸毒行为（夏国美，2008；韩丹，2008）。

（3）文化、职业差异与吸毒行为的关系。这里既包括社会文化对于吸毒行为的影响、群亚文化对于吸毒行为的影响，也包括吸毒者自身的文化层次、职业稳定性对于吸毒行为的影响。前者上文中有相关描述，这里不做过多赘述，主要归纳吸毒者自身的文化层次对于吸毒行为的影响。

综合上述文献，可以看到，绝大部分研究结果显示，文化层次低、职业不稳定是吸毒人员的一个显著人口学特征。最新数据显示，吸毒人群出现了一个非常重要的新特点——吸毒人群多元化突出：在明确登记的吸毒人员中，无业人员占69.5%，农民占17.3%，工人占4.7%，个体经营者占3.4%，自由职业者占3.2%，职员占1%，学生占0.5%，专业技术人员、企业管理人员及公职人员、演艺界明星等占0.4%。[①] 可以看到，除了无业人员和农民所占比例高以外，其他职业的吸毒人员比例有所上升。以高学历吸毒人群作为研究对象的吸毒人群研究较少：在北京高学历吸毒者中，吸食大麻者占一定比例（张玉竹，2004）。此外，陈文生、张玉竹对北京地区2000—2003年的431例大专文化以上的吸毒者进行研究，

① 国家禁毒委员会. 2015年中国毒品形势报告，2016.

得出高学历戒毒人员四年内无显著变化、其性别比例无显著变化、无固定职业和个体经营者四年内具有显著变化（由个体经营者向无固定职业转化）的结论。①

对于吸毒行为原因的理论研究，马永清归纳了吸毒行为的五种解释角度，即社会病理、社会失控、价值冲突、越轨、标签。社会病理角度认为吸毒是产生于个人缺陷、社会缺陷所造成；社会失控角度认为社会问题产生是由于不合理的社会规则的存在和协调失败；价值冲突角度认为社会问题是社会群体在追求和实现自身价值和利益时产生的争端和相互对抗的结果；越轨角度提出了反常理论和微分交际理论，前者强调越轨是对社会机会不均等的修正或反动，而后者强调越轨行为是通过在交往中学习而获得的行为；标签角度认为，某种社会现象之所以成为社会问题，是由于被别人强加上了“责难”和“污名”，是人的主观定义问题。②

（四）关于人口结构特征与吸毒行为关联性的维度

综合实践研究和理论解释，可以归纳分析出人口结构特征与吸毒行为关联性的两种维度：

1.“社会越轨”维度。前面提及的默顿认为吸毒者行为的产生是因为个体失败的目标追寻过程，首先认定吸毒者的行为是一种消极的、平静的、绝望的“逃避主义”行为，其他学者将这种分析框架沿用到对美国社会底层吸毒者的种族差异研究，认为黑人青少年在更难追求获得犯罪组织高层地位，所以更容易产生吸毒行为（Cloward 和 Ohlin，1960）。此外，社会阶层地位与吸毒行为具有很强的相关性。相关性不是绝对存在是因为白人中产阶级吸毒者的上升，这些中产阶级拥有较高的经济条件和较好的受教育水平，并且青少年吸毒者的比例非常高，说明社会底层群体和社会边缘人群并不必然是吸毒群体的主要特征。显然，越轨理论的相关学说并无法全面地解释这样一种现象。

2.“社会化和社会文化”维度。社会化理论和社会亚文化理论也将吸毒行为放在个人结构之外进行分析。社会化理论认为家庭和朋辈群体的作用在青少年和中产阶级吸毒中的影响，上文已做出具体分析，这里不再过多赘述。

从社会文化解释不同特征吸毒者主要涉及：其一，群体价值和行为规范的传播。无论是家庭还是朋辈群体，对个体产生的影响都包含正面或者负面的群体价值观和行为规范的输入，吸毒朋辈产生不良的群体价值观和行为规范。这些价值观在长期的输入和作用中，将对个体的吸毒行为产生影响。家庭严格管教将有效避免青少年吸毒。其二，社会亚文化的形成与反作用。例如，1960 年美国社会“嬉皮文化”的产生，既是在群体代际隔离的文化中形成，又产生了巨大的影响力，让吸毒在年轻人中流行和泛滥。此外，对于具体的吸毒亚文化种类的研究和影响也值得深入。

---

① 陈文生，张玉竹．北京地区高学历吸毒者人口学特征分析．中国药物滥用防治杂志，2005（4）．

② 韩丹．国外吸毒问题的社会学理论视角综述——以美国相关成果为例．唯实，2010（3）．

## 二、研究方法

(一) 文献法

通过收集国内外关于吸毒行为问题、吸毒人群及人口学角度对社会问题的学术论文、论著，收集相关部门的相关文献和经验材料，为本问题提供研究基础。

(二) 调查访谈法

1. 问卷调查。通过抽样调查的方法，选取云南省内大理、保山、德宏、昆明、玉溪、普洱、西双版纳等16个州市的强制隔离戒毒所、禁毒办、司法所、社区康复（戒毒）场所等地，共收集10837份样本资料。

2. 深度访谈。选取具有代表性的调查样本，围绕研究问题进行深度访谈，深入揭示社会现象背后的主观意义，并通过统计分析进一步揭示吸毒人群人口学因素与其吸毒行为的关系。

(三) 统计法

运用SPSS软件包对所收集的资料进行统计分析。主要统计方式为基础统计和交叉分析。

# 第二节　性别角色与亚文化

## 一、性别角色理论

(一) 性别角色理论概述

“角色”一词来源于戏剧表演术语，20世纪30年代被引入社会学领域。关于性别角色，早期有两个重要的概念：其一，“Sex role”——生理性别角色；其二，“Gender role”——社会性别角色。“Sex role”强调生理因素和生物结构对男女性别差异和行为方式的影响。康斯坦丁诺普尔在定义“Sex role”时使用了一个概念——“性别特质”，这一概念对于后者的研究起到了关键作用。[①]“Gender”是指社会和文化身份。“Gender role”强调社会因素对男女特质和行为方式的影响。20世纪70年代后，人们开始使用“Gender role”描述性别角色，这种描述也代表了用社会文化角度解释性别差异的观念受到重视。生理因素、心理因素和社会因素成为解释男女性别特质和行为方式差异的三个重要维度。

赫尔本从生物社会论角度，提出“心理——生物——社会模型”，用以解释先天和后天因素如何交互影响性别特征的发展，认为遗传、激素、社会标签效应、文化对于男女性别差异具有重大影响。弗洛伊德从精神分析的角度，分析了男女性别

① 康斯坦丁诺普尔认为，性别角色（Sex role）特征多多少少是根植于解剖学、生物学和早期经历之中，并在外貌、态度及行为上将两性分别开来的那些相对稳定的特质。

认同的发展过程，认为男女在儿童时期以认同性别父母的方式形成自身的性别特征。班杜拉从社会学习的角度，总结了男性和女性通过教导和学习观察两种方式获得性别认同，形成性别角色偏好。赫尔伯格从认知发展的角度，提出性别认同稳定性的观点。马丁和哈肤森从性别图式的角度，形成了男性和女性性别特征的形成实际是一种对外界信息的加工过程的观点。①

20 世纪 80 年代随着女性主义思潮的出现，性别角色理论得到新的发展。社会性别理论认为，人的性别分为生理性别和社会性别。西蒙·波伏娃提出，女性的不利地位是父权制建构的产物。奥克利认为，生理性别和社会性别的差异产生的原因在于心理文化。② 这个理论虽然没有被西方学者用以具体分析吸毒人群人口学特征与性别差异的关系，但却是一个很好的理论视角。基于这个理论，国内对吸毒人群性别差异的解释主要集中在生理因素和心理因素的特征比较（性别的生理差异）上和社会结构对于男女性别产生的影响（性别的社会差异）上。

总结以上观点，可以看到，大多学者是从性别发展过程的角度阐释性别差异的原因，因此，性别角色理论中一个很大的部分是关于性别角色发展的理论研究。这部分内容多应用于教育学、心理学领域，用以阐释儿童教育、儿童发展等相关问题。

（二）性别角色理论的应用

人格特质是指在不同时间、情境中保持相对一致的行为方式的一种倾向，即在组成人格的因素中，能引发人们行为和主动引导人的行为，并且能够使个人面对不同种类的刺激都能做出相同反应的心理结构。人格特质具有整体性和稳定性。

笔者认为，男女性别特质是形成男女吸毒行为差异的重要原因。男女吸毒行为的差异主要产生于男女吸毒者的心理特质差异和人格差异。③ 男性和女性的气质、性格、情感、动机、态度、价值观、行为习惯的不同，在其吸毒行为的表现上也产生不同的影响。具体来讲，男性性格特质中的有雄心、有干劲、富于竞争力被认为是男性的基本人格品质，而女性多被赋予被动性、情绪化、乐于照顾他人的人格品质。男性更富于冒险精神，而女性相对来说在性格和行为上更趋于保守。男性更喜欢刺激、新奇，女性更倾向于寻找稳定、被主导。

这一观点支撑了后文中提到的部分男性吸毒者认为吸毒行为的产生是“勇敢者的游戏”，而女性则是陷入在自身负面情绪中而接触毒品，是一种被动的“沦陷”状态；男性吸毒者的“暴力性与攻击性”行为出现于筹集毒资的过程、吸毒后的反应；女性的“被动状态”体现于沾染毒品的原因、筹集毒资的过程和吸毒

① 夏小燕．性别角色发展的理论述评．黑龙江教育学院学报，2007（2）：71－73.

② 李银河．女性主义．山东人民出版社，2005：2－4.

③ 社会环境、同辈群体、家庭环境等因素对于女性吸毒的影响，主要产生于这些因素对女性的心理影响。

后的反应中等结论。

此外，在性别角色理论中人格特质理论的运用，还体现于本书第三章的部分内容。例如，青少年吸毒者在毒品种类的选择、吸毒聚众性、吸毒后的反应中均受青少年人格特质中好奇心强烈、冲动、感性、寻求合群性等因素影响。

## 二、亚文化理论

### （一）亚文化理论研究概述

从20世纪20年代开始，国内外学者对于亚文化的研究一直未停止。亚文化理论作为一种非宏观社会学理论，运用社会文化的视角解释和分析具体社会事实，是一个良好的理论视角。

戴维·波普诺在其《社会学》一书中这样解释亚文化："并不是每个社会都以一种由其所有成员平等共享和接受的单一文化为特征的。当一个社会的某一群体形成一种既包括主文化的某些特征，又包括其他群体不具备的文化要素的生活方式时，这种群体文化被称为亚文化。"① 澳大利亚学者盖尔德在《亚文化读本》中这样界定亚文化："亚文化群是指一群以他们特有的兴趣和习惯，以他们的身份、他们所做的事及他们做事的地点而在某些方面呈现为非常规状态或边缘状态的人。"② 郑杭生在《社会学概论》中这样定义亚文化："亚文化是只在一定社会中占次要地位，仅为一部分社会成员所接受的或为某一群体所特有的文化。"③ 这里的亚文化是与社会中的主流文化相对应而言的。比如，同性恋文化、女性主义就是两种特殊的亚文化。

从以上定义可以看出，亚文化具有以下两个重要特点：其一，亚文化是一部分人共同认同并遵循的价值观、行为方式。其二，对某一亚文化达到文化认同后的群体，形成"亚文化群"，群体成员拥有相似的价值观念和行为方式。

芝加哥学派和伯明翰学派对亚文化的研究，是运用亚文化理论分析社会事实的典型。这两个学派在运用既已形成的亚文化理论分析社会事实后，又形成和完善了关于亚文化的其他相关理论。

一些特殊社会边缘人群出现于英美社会，他们拥有自身的价值观和行为准则，并引起社会不稳定或社会犯罪（例如，贫困移民者、街头流浪者、吸毒者、叛逆青少年等）是促使学者对其进行研究的原因。芝加哥学派对于移民、犯罪青少年的研究，形成了"越轨亚文化"理论。此后，科恩结合芝加哥学派已有的研究成果，对美国社会中青少年帮伙文化形成原因进行研究，从"问题解决"的角度，阐释了亚文化对于特殊社会群体的影响。科恩认为，在当时的美国社会，中产阶级

① ［美］戴维·波普诺．社会学（第十版）．中国人民大学出版社，1999：78．

② 孟迎登．"亚文化"概念形成史浅析．外国文学，2008（6）：93．

③ 郑杭生．社会学概论新修．中国人民大学出版社，2005．

功利主义价值观成为社会的主流文化，而社会底层青少年由于各方面条件的限制，无法追寻传统意义上的成功（地位挫败），无法融入主流社会中。另辟蹊径的越轨亚文化向这些青少年提供他们可以完成的价值标准，从而吸引青少年对这种价值体系产生共鸣和认同，做出一系列越轨的行为。[①] 此外，芝加哥学派关于亚文化形成的一个重要理论是“标签理论”。

伯明翰学派继承了芝加哥学派的研究成果，对青年亚文化行为的符号意义进行了研究。[②] 总结伯明翰学派对于亚文化的研究，主要归纳为以下几个成果：其一，“文化”与“阶级”密切相关。其二，亚文化在这里主要用来指拥有偏离主流社会的、小众的价值观和行为方式的青年人群。并将这部分人的行为方式、生活方式、符号、服饰、价值观等系统归结于“风格”一词，如对于泰迪男孩、摩登派、朋克族的仪式研究。其三，亚文化是对主流文化的强烈仪式反抗。

到20世纪80年代，“亚文化资本”的概念被提出来。桑顿认为，当亚文化被越来越多的人群接受，就会形成一个相关产业链，衣食住行、展示方式、俱乐部都可能被有经济能力的人所消费，亚文化成为某一部分人的消费对象和表演内容。消费者可以找到一种共通的品位感和群体归属感。此后，“后亚文化研究”成为当代亚文化研究的研究方向。

### （二）吸毒亚文化

到目前为止，就吸毒亚文化的系统性研究较少。科恩、Cloward 和 Ohlin 对于吸毒亚文化的研究重在研究吸毒亚文化群形成的过程，缺乏具体的吸毒亚文化的研究。

一种非常有代表性的吸毒亚文化，产生于美国嬉皮士运动的中产阶级中。[③] 较为统一的观点是该亚文化形成于美国嬉皮士运动时期。“二战”以后，美国社会中大量青年对战争感到厌倦，他们自发聚集在一起，以爵士乐、诗歌为媒介，提倡新的生活方式，试图建立一个区别于世俗世界的乌托邦。这些青年发明了“Hip”一词，并自称自己为“Hippes”（嬉皮士）。“Make Love not war”是他们的口号。以当时的“莱顿公社”举例，群居村里崇尚返璞归真的生活，实行财产、子女乃至性爱的公有制。杰克·凯鲁亚克在其著作《在路上》里这样描述：“我徜徉在他们身后，就如一直以来跟随在那些吸引我的人身后那样，只有那些疯狂的人，才能引起我的兴趣，那些人疯狂地生活，疯狂地表达，同时对一切事物心怀渴望。他们毫无倦意，不屑于陈词滥调，同时对一切事物心怀渴望，他们毫无倦意，只是燃烧、燃烧、燃烧，如子夜烟花般绚烂。”[④] “爱”“自由”“精神世界”是嬉皮士永恒追

---

① 陶东风，等．亚文化读本．北京大学出版社，2011：4－8．

② 孟迎登．“亚文化”概念形成史浅析．外国文学，2008（6）：99－100．

③ 王恩铭．美国反正统文化运动：嬉皮士文化研究．北京大学出版社，2008：183．

④ ［美］杰克·凯鲁亚克．在路上．王永年译．上海译文出版社，2006：136．

求的价值。在这样的价值引领之下，他们不断寻求新的刺激和新的形式来解放被束缚的灵魂，寻求自我、寻求快乐。性解放、毒品、怪异服饰、诗歌、爵士乐成为他们不断寻找的途径。

很多人把摇滚乐的出现和毒品的泛滥联系起来。① 事实上，也的确有很多摇滚乐手沾染毒品。通过搜索可以发现，无论是歌词还是编曲风格，众多摇滚音乐作品与毒品相关，如 John Lennon *A Day in the life*、Suede *New Generation*、Pink Floyd *Comfortably Numb*、Velvet Underground *Heroin*、The Doors *The End*、The Eagles *Hotel California* 等。就摇滚乐所表现出的精神状态来说，愤怒、痛苦与无缘由的乐观是两种极端，也是建立在现实为难下和虚幻乌托邦中的两种代表情绪。这里以两个反差强烈的亚群体举例：朋克族大多是愤怒的、痛苦的，而嬉皮士则大多平和、少攻击性。在毒品种类上，朋克族使用冰毒、海洛因，嬉皮士主要使用 LSD、大麻。②使用毒品之后，朋克族多有自伤、伤人等破坏性行为，而嬉皮士的表现更为平和，或者说，对社会的危害性更小。

基于上文对于亚文化和吸毒亚文化的归纳和分析，可以总结出以下两点：其一，吸毒亚文化的形成与发展与 20 世纪 60 年代美国社会嬉皮士运动直接相关。这个运动也造成了后来美国社会的毒品泛滥和犯罪问题。其二，吸毒亚文化与摇滚音乐的出现有一定的关联性。但只能说吸毒亚群体与摇滚音乐所宣扬的精神价值具有一定的相关性，不能说具有因果关系。此外，经过翻阅文献和影音资料，还有一个观点在艺术圈存在，即“毒品有利于艺术创作”。一些艺术从业者认为“毒品”可以带来创作的“灵感”。

虽然嬉皮士的构成主体是美国社会的中产阶级，但他们的精神状态和行为方式也对其他社会群体造成一定影响。

（三）亚文化理论的运用

通过对社会亚文化理论的研究梳理和吸毒亚文化形成与发展的事实梳理，可以发现，用亚文化视角解释吸毒人群和吸毒行为是一个较为新颖的角度，也是“近年来我国吸毒问题研究的概念框架和理论视角”。

基于对亚文化理论和吸毒亚文化事实的梳理，笔者尝试思考并推论以下观点以支撑后文章节的相关研究：

1. 吸毒者具有一种沉溺、无法自拔的精神状态。无论是心理还是生理因素造成个体吸毒行为后，必然造成他们对于毒品强烈的沉溺感。无论出于对享乐主义的追求，还是对痛苦情绪的宣泄，这种沉溺感造成了吸毒者无法自拔和深陷毒品旋涡

① 王恩铭. 美国反正统文化运动：嬉皮士文化研究. 北京大学出版社，2008：194－203.
此外，法国药物研究中心基于较大样本对不同种类毒品成瘾性的研究显示，海洛因、可卡因的成瘾性较强，大麻的成瘾性比烟草低 40%，而 LSD 的成瘾性为 0。从研究结果可以看到，大麻和 LSD 为两种较为“温和”的毒品。

② ［美］戴维·波普诺. 社会学（第十版）. 中国人民大学出版社，1999：79.

的状态。如果自制力足够强大，这样的状态可以通过个人的努力而摆脱，但更多的吸毒者长期形成的生活方式和习惯，使得沉溺、无法自拔的状态对于个人的消极作用变得更加强烈。

2. 吸毒行为带有一种逃避现实苦难的原因倾向。上文中提到，芝加哥学派以“问题解决”理论研究吸毒行为，认为青少年吸毒是各方面条件限制，使他们无法融入当时占主流地位的中产阶级价值体系和行为系统，从而形成一套与其自身地位相符合的价值体系，并用这种价值体系来指导自己的行为。在2014年对云南省16州市的调查过程中我们发现，很多吸毒者在吸毒行为的原因上选择了“心烦”。在具体的访谈过程中，吸毒者心烦的原因多涉及家庭原因、情感原因和经济原因。而这些原因对于吸毒者自身来说是无法解决的。因此，虽然吸毒是一种越轨行为，但毒品带来的快感，是吸毒者逃避现实苦难的避难所。

3. 吸毒亚文化对于个体吸毒行为具有重要的影响。其一，在吸毒群体中，存在一种特有的符号系统。例如，吸食甲基苯丙胺及其片剂的吸毒者拥有一套特定的话语系统。“开马会”“溜冰”“嗨局”“发泄”这些语言对于他们来说并不陌生，新型毒品的吸食者会聚集起来一同吸毒。其二，吸毒者的复吸率高是一直以来存在的现象。从一些访谈对象口中我们得知，进所前和在戒毒所里认识的“毒友”，在他们出戒毒所之后很容易取得并保持联系。一旦陷入了这样一个“圈子”，不再沾染毒品就变得困难。其三，有“圈子”，就会有个体关于圈子内部价值体系和行为系统的认同与排斥。例如，在吸毒种类的选择上，后文章节中谈到“社会地位较高的吸毒者多选择卡苦”，就是这种认同与排斥的体现。此外，在本书第二章提到，在大于45周岁的吸毒者中，“吸毒为治病”的吸毒原因选择比例较高；在吸毒种类上，年轻吸毒者多吸食海洛因、麻古，而年长吸毒者多吸食海洛因、鸦片。甲基苯丙胺及其片剂类毒品在年轻吸毒者中盛行。这种现象也与特殊的吸毒亚文化相关。

## 第三节　云南省吸毒人口性别结构与吸毒行为

### 一、云南省吸毒人口性别结构概况

根据2014年调查结果统计显示，10837份个案中，有效样本量为10285份，有效百分比合计为94.9%，其中男性9104人、女性1181人。男性吸毒者人数远远大于女性吸毒者人数（见图3－1）。

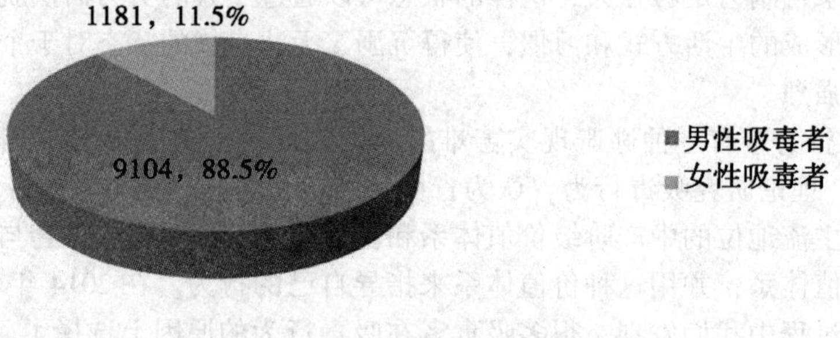


图 3－1　2014 年省内样本性别分布情况

## 二、云南省吸毒人口性别结构与吸毒行为的关联性

各方数据和国内学者对于吸毒者的研究显示：近年来男性毒品吸食者仍然占主体地位，然而女性吸毒者却呈逐年上升趋势。根据第六次人口普查数据显示，云南省男女性别比例为 107.84∶100。该数据说明云南省内男女人口规模基本相当，总体人口规模对于吸毒者规模的影响几乎十分微弱。

综合归纳问卷中相关的问题，将吸毒操作化为吸毒严重程度、吸毒基本情况和吸毒后果。吸毒严重程度包括吸毒频率、每月吸毒花销、戒毒方式三个变量。吸毒行为包括吸食毒品的原因、筹措毒资的方式、吸食毒品种类、吸毒场所、主要吸毒方式、吸食毒品同伴数六个变量。吸毒后果包括吸毒后感染疾病状况、吸毒后特殊行为、吸毒后对自己的评价三个变量，如表 3－1 所示。

表 3－1　吸毒行为指标

| | |
|---|---|
| 吸毒行为的严重程度 | 吸毒频率（平时吸毒次数） |
| | 每月吸毒花销 |
| | 戒毒方式 |
| 吸毒行为的原因和表现 | 吸毒行为的原因 |
| | 筹措毒资的途径 |
| | 首次吸毒种类 |
| | 吸毒场所 |
| | 吸毒方式 |
| | 吸毒同伴 |
| 吸毒行为的后果 | 吸毒后感染疾病状况 |
| | 吸毒后的特殊行为 |
| | 吸毒后对自己的评价 |

（一）性别结构与吸毒严重程度

1. 吸毒频率（平时吸毒次数）。

表 3－2　性别＊平时吸毒次数交叉表

| | | | 平时吸毒的次数 | | | | | 合计 |
|---|---|---|---|---|---|---|---|---|
| | | | 每天两次及以上 | 每天一次 | 两三天一次 | 一周一次 | 不固定 | |
| 性别 | 男 | 计数 | 3936 | 1417 | 842 | 224 | 2534 | 8953 |
| | | 性别中的 % | 44.0% | 15.8% | 9.4% | 2.5% | 28.3% | 100.0% |
| | 女 | 计数 | 575 | 85 | 97 | 31 | 385 | 1173 |
| | | 性别中的 % | 49.0% | 7.3% | 8.3% | 2.6% | 32.8% | 100.0% |
| 计数 | | | 4511 | 1502 | 939 | 255 | 2919 | 10126 |

表 3－2 显示，男性吸毒者中每天两次及以上的人数为 3936 人，占男性吸毒者比例的 44.0%；每天吸毒一次的人数为 1417 人，占男性吸毒者比例的 15.8%；两三天吸毒一次的人数为 842 人，占男性吸毒者比例的 9.4%；一周吸毒一次的人数为 224 人，占男性吸毒者比例的 2.5%；吸毒频率不固定的为 2534 人，占男性吸毒者比例的 28.3%。女性吸毒者中每天两次及以上的人数为 575 人，占女性吸毒者比例的 49.0%；每天吸毒一次的人数为 85 人，占女性吸毒者比例的 7.3%；两三天吸毒一次的人数为 97 人，占女性吸毒者比例的 8.3%；一周吸毒一次的人数为 31 人，占女性吸毒者比例的 2.6%；吸毒频率不固定的为 385 人，占女性吸毒者比例的 32.8%。

可以看到，在平时吸毒次数方面，在每天吸毒两次以上和吸毒次数不固定两个选项中，男性和女性均在各自性别的吸毒者中占有较高比例，分别为 72.3% 和 81.8%，女性每天吸毒两次以上和吸毒次数不固定的人数所占比例更大，男性在表中五个选项的分布更为均匀。

2. 每月吸毒花销。

表 3－3 性别＊每月吸毒花销交叉表

| | | | 每月吸毒花销 | | | | | 合计 |
|---|---|---|---|---|---|---|---|---|
| | | | 500 元以下 | 500～1000 元 | 1001～2000 元 | 2001～3000 元 | 3000 元以上 | |
| 性别 | 男 | 计数 | 1397 | 1438 | 1697 | 1448 | 3056 | 9036 |
| | | 性别中的% | 15.5% | 15.9% | 18.8% | 16.0% | 33.8% | 100.0% |
| | 女 | 计数 | 149 | 139 | 189 | 204 | 494 | 1175 |
| | | 性别中的% | 12.7% | 11.8% | 16.1% | 17.4% | 42.0% | 100.0% |
| 计数 | | | 1546 | 1577 | 1886 | 1652 | 3550 | 10211 |

表 3－3 显示，每月花销在 1000 元以下的男性吸毒者数量占男性吸毒者总数的 31.4%，在此区间的女性吸毒者数量占女性吸毒者总数的 24.5%；每月吸毒花销在 1001～3000 元的男性吸毒者占其总数的 34.8%，在此区间的女性吸毒者占其总数的 33.5%；每月吸毒花销在 3000 元以上的男性吸毒者占其总数的 33.8%，而同区间的女性吸毒者占其总数的 42.0%。由此可见，在低吸毒花销区间，女性吸毒者比例更小，而在高吸毒花销区间，女性吸毒者比例更大。在中等花销区间，男女吸毒者的比例相差不大。

3. 戒毒方式。

表 3－4 性别＊接受过强制隔离戒毒（含原来的劳教戒毒和强制戒毒）交叉表

| | | | 接受过强制隔离戒毒（含原来的劳教戒毒和强制戒毒） | | 合计 |
|---|---|---|---|---|---|
| | | | 是 | 否 | |
| 性别 | 男 | 计数 | 6511 | 2192 | 8703 |
| | | 性别中的% | 74.8% | 25.2% | 100.0% |
| | 女 | 计数 | 824 | 308 | 1132 |
| | | 性别中的% | 72.8% | 27.2% | 100.0% |
| 计数 | | | 7335 | 2500 | 9835 |

表 3－5　性别＊接受过自愿戒毒交叉表

| | | | 接受过自愿戒毒 | | 合计 |
|---|---|---|---|---|---|
| | | | 是 | 否 | |
| 性别 | 男 | 计数 | 2460 | 6244 | 8704 |
| | | 性别中的% | 28.3% | 71.7% | 100.0% |
| | 女 | 计数 | 401 | 731 | 1132 |
| | | 性别中的% | 35.4% | 64.6% | 100.0% |
| 计数 | | | 2861 | 6975 | 9836 |

表 3－6　性别＊接受过社区戒毒交叉表

| | | | 接受过社区戒毒 | | 合计 |
|---|---|---|---|---|---|
| | | | 是 | 否 | |
| 性别 | 男 | 计数 | 2443 | 6259 | 8702 |
| | | 性别中的% | 28.1% | 71.9% | 100.0% |
| | 女 | 计数 | 336 | 796 | 1132 |
| | | 性别中的% | 29.7% | 70.3% | 100.0% |
| 计数 | | | 2779 | 7055 | 9834 |

表 3－7　性别＊接受过社区康复交叉表

| | | | 接受过社区康复 | | 合计 |
|---|---|---|---|---|---|
| | | | 是 | 否 | |
| 性别 | 男 | 计数 | 730 | 7974 | 8704 |
| | | 性别中的% | 8.4% | 91.6% | 100.0% |
| | 女 | 计数 | 104 | 1028 | 1132 |
| | | 性别中的% | 9.2% | 90.8% | 100.0% |
| 计数 | | | 834 | 9002 | 9836 |

表3-4到表3-7显示，接受过强制隔离戒毒的男性在其总数中的比例大于女性在其总数中的比例2个百分点，而在接受过自愿戒毒、社区戒毒和社区康复的女性在其总数中的比例均高于男性在其总数中的比例。根据实地调查的情况来讲，不少禁毒专业人士认为，强制隔离戒毒是最为行之有效控制吸毒者吸毒行为恶化的途径，其他三种戒毒方式虽然对戒毒者具有一定的作用，但由于其缺乏强制性、吸毒人员的不可控性等原因，它们的戒毒效果往往不如强制隔离戒毒方式的效果。对云南省内调查数据进行分析后可以发现，男性吸毒者更多进行过强制隔离戒毒的方式，这是一种控制性极强、戒毒效果显著的戒毒方式；而女性吸毒者所选择的戒毒方式更需要体现自主的控制力，相对缺乏强制力，戒毒效果较为不显著。值得注意的是，在"是否进行过自愿戒毒"的问题中，回答"是"的女性吸毒者占其总体的比重比同样回答的男性吸毒者占其总体的比重高7.1个百分点。

（二）性别结构与吸毒行为的原因和表现

1. 吸毒行为的原因。

表3-8　性别 * 第一次吸食毒品因为心情不好交叉表

| | | | 第一次吸食毒品因为心情不好 | | 合计 |
|---|---|---|---|---|---|
| | | | 是 | 否 | |
| 性别 | 男 | 计数 | 1842 | 7203 | 9045 |
| | | 性别中的% | 20.4% | 79.6% | 100.0% |
| | 女 | 计数 | 316 | 862 | 1178 |
| | | 性别中的% | 26.8% | 73.2% | 100.0% |
| 计数 | | | 2158 | 8065 | 10223 |

表3-9　性别 * 第一次吸食毒品因为追求刺激交叉表

| | | | 第一次吸食毒品因为追求刺激 | | 合计 |
|---|---|---|---|---|---|
| | | | 是 | 否 | |
| 性别 | 男 | 计数 | 1592 | 7453 | 9045 |
| | | 性别中的% | 17.6% | 82.4% | 100.0% |
| | 女 | 计数 | 119 | 1059 | 1178 |
| | | 性别中的% | 10.1% | 89.9% | 100.0% |
| 计数 | | | 1711 | 8512 | 10223 |

**表 3－10　性别＊第一次吸食毒品因为好奇交叉表**

| | | | 第一次吸食毒品因为好奇 | | 合计 |
|---|---|---|---|---|---|
| | | | 是 | 否 | |
| 性别 | 男 | 计数 | 5626 | 3419 | 9045 |
| | | 性别中的% | 62.2% | 37.8% | 100.0% |
| | 女 | 计数 | 693 | 485 | 1178 |
| | | 性别中的% | 58.8% | 41.2% | 100.0% |
| 计数 | | | 6319 | 3904 | 10223 |

**表 3－11　性别＊第一次吸食毒品因为随大流交叉表**

| | | | 第一次吸食毒品因为随大流 | | 合计 |
|---|---|---|---|---|---|
| | | | 是 | 否 | |
| 性别 | 男 | 计数 | 529 | 8516 | 9045 |
| | | 性别中的% | 5.8% | 94.2% | 100.0% |
| | 女 | 计数 | 47 | 1131 | 1178 |
| | | 性别中的% | 4.0% | 96.0% | 100.0% |
| 合计 | | 计数 | 576 | 9647 | 10223 |

**表 3－12　性别＊第一次吸食毒品因为赌气交叉表**

| | | | 第一次吸食毒品因为赌气 | | 合计 |
|---|---|---|---|---|---|
| | | | 是 | 否 | |
| 性别 | 男 | 计数 | 408 | 8635 | 9043 |
| | | 性别中的% | 4.5% | 95.5% | 100.0% |
| | 女 | 计数 | 100 | 1076 | 1176 |
| | | 性别中的% | 8.5% | 91.5% | 100.0% |
| 合计 | | 计数 | 508 | 9711 | 10219 |

表 3-13 性别 * 第一次吸食毒品因为减肥交叉表

| | | | 第一次吸食毒品因为减肥 | | 合计 |
|---|---|---|---|---|---|
| | | | 是 | 否 | |
| 性别 | 男 | 计数 | 134 | 8911 | 9045 |
| | | 性别中的% | 1.5% | 98.5% | 100.0% |
| | 女 | 计数 | 64 | 1114 | 1178 |
| | | 性别中的% | 5.4% | 94.6% | 100.0% |
| 计数 | | | 198 | 10025 | 10223 |

表 3-8 到表 3-13 显示，性别差异造成的吸毒原因差异主要体现在心情不好、追求刺激、好奇、随大流、赌气、减肥六个方面。无论男性还是女性吸毒者在“吸毒因为好奇”的吸毒原因上选择比例均较高（62.2%的男性吸毒者和 58.8%的女性吸毒者都选择了这个原因）。除此之外，男性吸毒原因更偏向于追求刺激和随大流，分别比女性高 7.5 个百分点和 1.8 个百分点。而女性吸毒原因更偏向于心情不好、赌气和减肥，分别比男性吸毒者高出 6.4 个百分点、4 个百分点和 3.9 个百分点。这说明男性主动大胆追求感官享受需求或者因社交需求而沾染毒品，女性更易受到负性感性因素的影响或者其他方面的积极效果而选择毒品。

2. 筹措毒资的方式。

表 3-14 性别 * 吸毒的钱是自己的合法收入交叉表

| | | | 吸毒的钱是自己的合法收入 | | 合计 |
|---|---|---|---|---|---|
| | | | 是 | 否 | |
| 性别 | 男 | 计数 | 6991 | 2034 | 9025 |
| | | 性别中的% | 77.5% | 22.5% | 100.0% |
| | 女 | 计数 | 823 | 354 | 1177 |
| | | 性别中的% | 69.9% | 30.1% | 100.0% |
| 计数 | | | 7814 | 2388 | 10202 |

**表3-15 性别 * 吸毒的钱为偷盗、欺诈、贩毒等所得交叉表**

| | | | 吸毒的钱为偷盗、欺诈、贩毒等所得 | | 合计 |
|---|---|---|---|---|---|
| | | | 是 | 否 | |
| 性别 | 男 | 计数 | 773 | 8252 | 9025 |
| | | 性别中的% | 8.6% | 91.4% | 100.0% |
| | 女 | 计数 | 62 | 1115 | 1177 |
| | | 性别中的% | 5.3% | 94.7% | 100.0% |
| 计数 | | | 835 | 9367 | 10202 |

**表3-16 性别 * 吸毒的钱由家人朋友供给交叉表**

| | | | 吸毒的钱由家人、朋友供给 | | 合计 |
|---|---|---|---|---|---|
| | | | 是 | 否 | |
| 性别 | 男 | 计数 | 2624 | 6401 | 9025 |
| | | 性别中的% | 29.1% | 70.9% | 100.0% |
| | 女 | 计数 | 488 | 689 | 1177 |
| | | 性别中的% | 41.5% | 58.5% | 100.0% |
| 计数 | | | 3112 | 7090 | 10202 |

**表3-17 性别 * 吸毒的钱为提供性服务所得交叉表**

| | | | 吸毒的钱为提供性服务所得 | | 合计 |
|---|---|---|---|---|---|
| | | | 是 | 否 | |
| 性别 | 男 | 计数 | 128 | 8897 | 9025 |
| | | 性别中的% | 1.4% | 98.6% | 100.0% |
| | 女 | 计数 | 26 | 1151 | 1177 |
| | | 性别中的% | 2.2% | 97.8% | 100.0% |
| 计数 | | | 154 | 10048 | 10202 |

表3-14至表3-17显示，除去毒资由自己合法收入获得以外，在毒资由偷盗、欺诈、贩毒所得，由家人、朋友提供和由提供性服务所得三项原因比较值得关注。在毒资来源中，除去第一项和第三项合法以外，由偷盗、欺诈、贩毒所得的比例分别占男性吸毒者的8.6%和女性吸毒者的5.3%，这一部分的比例较低，是由于吸毒者刻意回避而未形成真实的回答。此外，初设问卷中吸毒的毒资由提供性服务所得这一选项，本旨针对的是女性吸毒者，然而调查结果显示，男性中有1.4%

选择此选项，该结果初步推断是在调查过程中吸毒者对于问卷的回答有偏差，但并不否定有部分男性通过此方式获得毒资。

3. 首次吸毒种类（见表3－18）。

表3－18　性别＊首次吸毒种类交叉表

| | | | 首次吸毒种类 | | | | | | | | | 合计 |
|---|---|---|---|---|---|---|---|---|---|---|---|---|
| | | | 鸦片 | 卡苦 | 海洛因 | 冰毒 | 麻古（小马） | “摇头丸” | 氯胺酮（“K粉”） | 大麻 | 其他 | |
| 性别 | 男 | 计数 | 458 | 321 | 6099 | 467 | 1259 | 32 | 57 | 35 | 6 | 8734 |
| | | 性别中的% | 5.2% | 3.7% | 69.8% | 5.3% | 14.4% | 0.4% | 0.7% | 0.4% | 0.1% | 100.0% |
| | | 总数的% | 4.6% | 3.3% | 61.9% | 4.7% | 12.8% | 0.3% | 0.6% | 0.4% | 0.1% | 88.6% |
| | 女 | 计数 | 29 | 10 | 773 | 35 | 259 | 5 | 11 | 1 | 1 | 1124 |
| | | 性别中的% | 2.6% | 0.9% | 68.8% | 3.1% | 23.0% | 0.4% | 1.0% | 0.1% | 0.1% | 100.0% |
| | | 第一次吸食毒品的种类中的% | 6.0% | 3.0% | 11.2% | 7.0% | 17.1% | 13.5% | 16.2% | 2.8% | 14.3% | 11.4% |
| | | 总数的% | 0.3% | 0.1% | 7.8% | 0.4% | 2.6% | 0.1% | 0.1% | 0.0% | 0.0% | 11.4% |
| 合计 | | 计数 | 487 | 331 | 6872 | 502 | 1518 | 37 | 68 | 36 | 7 | 9858 |
| | | 性别中的% | 4.9% | 3.4% | 69.7% | 5.1% | 15.4% | 0.4% | 0.7% | 0.3% | 0.1% | 100.0% |
| | | 第一次吸食毒品的种类中的% | 100.0% | 100.0% | 100.0% | 100.0% | 100.0% | 100.0% | 100.0% | 100.0% | 100.0% | 100.0% |
| | | 总数的% | 4.9% | 3.4% | 69.7% | 5.1% | 15.4% | 0.4% | 0.7% | 0.3% | 0.1% | 100.0% |

首次吸食毒品的种类，男女均在海洛因和冰毒上占较大比例，而女性在麻古的吸食率上多于男性（女性23.0%，男性14.4%）。①

① 吸食麻古的一个显著效果是短期内增强性欲。根据访谈内容和间接了解，我们发现，从事“卖淫”的吸毒女性在整体吸毒女性中所占的比例较高。

4. 吸毒方式（见表3－19、表3－20）。

**表3－19　性别＊通常采用静脉注射的吸毒方法交叉表**

| | | | 通常采用静脉注射的吸毒方法 | | 合计 |
|---|---|---|---|---|---|
| | | | 是 | 否 | |
| 性别 | 男 | 计数 | 2966 | 5033 | 7999 |
| | | 性别中的% | 37.1% | 62.9% | 100.0% |
| | | 通常采用静脉注射的吸毒方法中的% | 87.2% | 88.4% | 88.0% |
| | | 总数的% | 32.6% | 55.4% | 88.0% |
| | 女 | 计数 | 435 | 659 | 1094 |
| | | 性别中的% | 39.8% | 60.2% | 100.0% |
| | | 通常采用静脉注射的吸毒方法中的% | 12.8% | 11.6% | 12.0% |
| | | 总数的% | 4.8% | 7.2% | 12.0% |
| 合计 | | 计数 | 3401 | 5692 | 9093 |
| | | 性别中的% | 37.4% | 62.6% | 100.0% |
| | | 通常采用静脉注射的吸毒方法中的% | 100.0% | 100.0% | 100.0% |
| | | 总数的% | 37.4% | 62.6% | 100.0% |

**表3－20　性别＊通常采用烫吸的吸毒方法交叉表**

| | | | 通常采用烫吸的吸毒方法 | | 合计 |
|---|---|---|---|---|---|
| | | | 是 | 否 | |
| 性别 | 男 | 计数 | 4751 | 3248 | 7999 |
| | | 性别中的% | 59.4% | 40.6% | 100.0% |
| | | 通常采用烫吸的吸毒方法中的% | 87.8% | 88.2% | 88.0% |
| | | 总数的% | 52.3% | 35.7% | 88.0% |
| | 女 | 计数 | 661 | 433 | 1094 |
| | | 性别中的% | 60.4% | 39.6% | 100.0% |
| | | 通常采用烫吸的吸毒方法中的% | 12.2% | 11.8% | 12.0% |
| | | 总数的% | 7.3% | 4.7% | 12.0% |

（续表）

| | | 通常采用烫吸的吸毒方法 | | 合计 |
|---|---|---|---|---|
| | | 是 | 否 | |
| 合计 | 计数 | 5412 | 3681 | 9093 |
| | 性别中的% | 59.5% | 40.5% | 100.0% |
| | 通常采用烫吸的吸毒方法中的% | 100.0% | 100.0% | 100.0% |
| | 总数的% | 59.5% | 40.5% | 100.0% |

在对数据的统计分析中发现，通常通过静脉注射和烫吸方法吸毒的人数较多，分别占59.2%和37.4%（有效百分比）。而如果将男女的数据分开进行统计，发现男女的吸毒方式依然主要集中在静脉注射和烫吸，但女性的比重略大于男性（男性分别占37.1%和59.4%，而女性分别占39.8%和60.4%）。此外，在烟枪吸这种方式上，女性的比例也略大于男性（男性17.2%，女性21.2%）。其他问卷所列的方式（手指黏、溶入饮料中、舌下含服、香烟吸等），男女所占比例均较小。

通过对吸毒同伴数与吸毒性别的交叉分析，发现男女的吸毒同伴数多在2~5个，分别占男性52.9%和女性62.3%，可见，女性更趋向于聚集起来一同吸毒。

通过对吸毒场所与吸毒性别的交叉分析，发现男女的吸毒场所主要集中在宾馆、酒店，此外，男性在山林田地、公共厕所吸毒远远大于女性，女性在家居住宅吸毒大于男性。

（三）性别结构与吸毒行为的后果

1. 吸毒后染病情况（见表3-21、表3-22）。

**表3-21　性别＊吸毒后不清楚是否得过传染性疾病交叉表**

| | | | 吸毒后不清楚是否得过传染性疾病 | | 合计 |
|---|---|---|---|---|---|
| | | | 是 | 否 | |
| 性别 | 男 | 计数 | 1713 | 7300 | 9013 |
| | | 性别中的% | 19.0% | 81.0% | 100.0% |
| | | 吸毒后不清楚是否得过传染性疾病中的% | 88.8% | 88.4% | 88.5% |
| | | 总数的% | 16.8% | 71.7% | 88.5% |
| | 女 | 计数 | 216 | 955 | 1171 |
| | | 性别中的% | 18.4% | 81.6% | 100.0% |
| | | 吸毒后不清楚是否得过传染性疾病中的% | 11.2% | 11.6% | 11.5% |
| | | 总数的% | 2.1% | 9.4% | 11.5% |

（续表）

| | | 吸毒后不清楚是否得过传染性疾病 | | 合计 |
|---|---|---|---|---|
| | | 是 | 否 | |
| 合计 | 计数 | 1929 | 8255 | 10184 |
| | 性别中的% | 18.9% | 81.1% | 100.0% |
| | 吸毒后不清楚是否得过传染性疾病中的% | 100.0% | 100.0% | 100.0% |
| | 总数的% | 18.9% | 81.1% | 100.0% |

**表 3－22　性别＊吸毒后得过艾滋病交叉表**

| | | | 吸毒后得过艾滋病 | | 合计 |
|---|---|---|---|---|---|
| | | | 是 | 否 | |
| 性别 | 男 | 计数 | 750 | 8263 | 9013 |
| | | 性别中的% | 8.3% | 91.7% | 100.0% |
| | | 吸毒后得过艾滋病中的% | 82.9% | 89.1% | 88.5% |
| | | 总数的% | 7.4% | 81.1% | 88.5% |
| | 女 | 计数 | 155 | 1016 | 1171 |
| | | 性别中的% | 13.2% | 86.8% | 100.0% |
| | | 吸毒后得过艾滋病中的% | 17.1% | 10.9% | 11.5% |
| | | 总数的% | 1.5% | 10.0% | 11.5% |
| 合计 | | 计数 | 905 | 9279 | 10184 |
| | | 性别中的% | 8.9% | 91.1% | 100.0% |
| | | 吸毒后得过艾滋病中的% | 100.0% | 100.0% | 100.0% |
| | | 总数的% | 8.9% | 91.1% | 100.0% |

在吸毒后染病情况中，男女大部分人对于自己是否染病并不清楚，但男性中有35.1%、女性中有35.2%确认自己得过传染性疾病。8.3%的男性和13.2%的女性确认自己患过艾滋病。可见，女性吸毒者在吸毒后感染艾滋病的情况严重于男性吸毒者。此外，在得过其他性传播疾病和感染性疾病的比例中，女性又小于男性。

2. 吸毒后的特殊行为（见表3－23至表3－26）。

**表3－23　性别＊吸毒后有过自杀行为交叉表**

| | | | 吸毒后有过自杀行为 | | 合计 |
|---|---|---|---|---|---|
| | | | 是 | 否 | |
| 性别 | 男 | 计数 | 252 | 8751 | 9003 |
| | | 性别中的% | 2.8% | 97.2% | 100.0% |
| | | 吸毒后有过自杀行为中的% | 82.6% | 88.7% | 88.5% |
| | | 总数的% | 2.5% | 86.0% | 88.5% |
| | 女 | 计数 | 53 | 1119 | 1172 |
| | | 性别中的% | 4.5% | 95.5% | 100.0% |
| | | 吸毒后有过自杀行为中的% | 17.4% | 11.3% | 11.5% |
| | | 总数的% | 0.5% | 11.0% | 11.5% |
| 合计 | | 计数 | 305 | 9870 | 10175 |
| | | 性别中的% | 3.0% | 97.0% | 100.0% |
| | | 吸毒后有过自杀行为中的% | 100.0% | 100.0% | 100.0% |
| | | 总数的% | 3.0% | 97.0% | 100.0% |

**表3－24　性别＊吸毒后有过自伤（自残）行为交叉表**

| | | | 吸毒后有过自伤（自残）行为 | | 合计 |
|---|---|---|---|---|---|
| | | | 是 | 否 | |
| 性别 | 男 | 计数 | 570 | 8434 | 9004 |
| | | 性别中的% | 6.3% | 93.7% | 100.0% |
| | | 吸毒后有过自伤（自残）行为中的% | 78.3% | 89.3% | 88.5% |
| | | 总数的% | 5.6% | 82.9% | 88.5% |
| | 女 | 计数 | 158 | 1014 | 1172 |
| | | 性别中的% | 13.5% | 86.5% | 100.0% |
| | | 吸毒后有过自伤（自残）行为中的% | 21.7% | 10.7% | 11.5% |
| | | 总数的% | 1.6% | 10.0% | 11.6% |

（续表）

| | | 吸毒后有过自伤（自残）行为 | | 合计 |
|---|---|---|---|---|
| | | 是 | 否 | |
| 合计 | 计数 | 728 | 9448 | 10176 |
| | 性别中的% | 7.2% | 92.8% | 100.0% |
| | 吸毒后有过自伤（自残）行为中的% | 100.0% | 100.0% | 100.0% |
| | 总数的% | 7.2% | 92.8% | 100.0% |

**表 3-25 性别 * 吸毒后有过伤人行为交叉表**

| | | | 吸毒后有过伤人行为 | | 合计 |
|---|---|---|---|---|---|
| | | | 是 | 否 | |
| 性别 | 男 | 计数 | 565 | 8438 | 9003 |
| | | 性别中的% | 6.3% | 93.7% | 100.0% |
| | | 吸毒后有过伤人行为中的% | 95.9% | 88.0% | 88.5% |
| | | 总数的% | 5.6% | 82.9% | 88.5% |
| | 女 | 计数 | 24 | 1148 | 1172 |
| | | 性别中的% | 2.0% | 98.0% | 100.0% |
| | | 吸毒后有过伤人行为中的% | 4.1% | 12.0% | 11.5% |
| | | 总数的% | 0.2% | 11.3% | 11.5% |
| 合计 | | 计数 | 589 | 9586 | 10175 |
| | | 性别中的% | 5.8% | 94.2% | 100.0% |
| | | 吸毒后有过伤人行为中的% | 100.0% | 100.0% | 100.0% |
| | | 总数的% | 5.8% | 94.2% | 100.0% |

表 3－26 性别＊吸毒后有过破坏财物行为交叉表

| | | | 吸毒后有过破坏财物行为 | | 合计 |
|---|---|---|---|---|---|
| | | | 是 | 否 | |
| 性别 | 男 | 计数 | 912 | 8092 | 9004 |
| | | 性别中的% | 10.1% | 89.9% | 100.0% |
| | | 吸毒后有过破坏财物行为中的% | 90.0% | 88.3% | 88.5% |
| | | 总数的% | 9.0% | 79.5% | 88.5% |
| | 女 | 计数 | 101 | 1071 | 1172 |
| | | 性别中的% | 8.6% | 91.4% | 100.0% |
| | | 吸毒后有过破坏财物行为中的% | 10.0% | 11.7% | 11.5% |
| | | 总数的% | 1.0% | 10.5% | 11.5% |
| 合计 | | 计数 | 1013 | 9163 | 10176 |
| | | 性别中的% | 10.0% | 90.0% | 100.0% |
| | | 吸毒后有过破坏财物行为中的% | 100.0% | 100.0% | 100.0% |
| | | 总数的% | 10.0% | 90.0% | 100.0% |

在吸毒后的行为各个选项中，我们列出了“吸毒后无特殊行为”这一项，多于70%的男性和女性都选择了这一选项。在“吸毒后自杀、自残行为”中可以看到，女性的比例均高于男性（男性2.8%和6.3%，女性4.5%和13.5%），而在吸毒后伤人和破坏财物的行为中，男性比例均高于女性（男性6.3%和10.1%，女性2.0%和8.6%），由此可见，女性吸毒后往往采取向内（对自己）做出伤害性行为，而男性往往采取向外（对他人）做出伤害性行为。

3. 对自己吸毒行为的评价（见表3－27）。

**表3－27 性别＊如何评价自己的吸毒行为交叉表**

| | | | 如何评价自己的吸毒行为 | | | | 合计 |
|---|---|---|---|---|---|---|---|
| | | | 个人生活方式 | 不光彩、不体面的行为 | 违法行为 | 其他 | |
| 性别 | 男 | 计数 | 1534 | 2818 | 4157 | 92 | 8601 |
| | | 性别中的% | 17.8% | 32.8% | 48.3% | 1.1% | 100.0% |
| | | 如何评价自己的吸毒行为中的% | 90.2% | 91.2% | 86.6% | 93.9% | 88.8% |
| | | 总数的% | 15.8% | 29.1% | 42.9% | 0.9% | 88.8% |
| | 女 | 计数 | 166 | 271 | 645 | 6 | 1088 |
| | | 性别中的% | 15.3% | 24.9% | 59.3% | 0.6% | 100.0% |
| | | 如何评价自己的吸毒行为中的% | 9.8% | 8.8% | 13.4% | 6.1% | 11.2% |
| | | 总数的% | 1.7% | 2.8% | 6.7% | 0.1% | 11.2% |
| 合计 | | 计数 | 1700 | 3089 | 4802 | 98 | 9689 |
| | | 性别中的% | 17.5% | 31.9% | 49.6% | 1.0% | 100.0% |
| | | 如何评价自己的吸毒行为中的% | 100.0% | 100.0% | 100.0% | 100.0% | 100.0% |
| | | 总数的% | 17.5% | 31.9% | 49.6% | 1.0% | 100.0% |

从不同性别对吸毒行为的自我评价的分析上可以看到，男女认为吸毒行为是违法行为的比例均高，分别占48.3%和59.3%，女性比例明显高于男性比例。此外，在个人生活方式和不光彩、不体面的行为选项中，女性比例略低于男性。其实，我们所给的三个选项，是具有层次性的。显然，吸毒行为是违法行为的严重性最高，从统计结果来看，女性吸毒者更易于受到道德约束，更易于控制。

（四）小结

笔者认为，男女吸毒行为的差异主要产生于男女吸毒者的心理特质差异和人格差异。①

对于性别差异与吸毒行为，可以对以上统计结果进行如下总结：

① 社会环境、同辈群体、家庭环境等因素对于女性吸毒的影响，主要产生于这些因素对于女性吸毒者的心理影响。

1. 更多的男性为了寻求刺激、冒险而沾染毒品。女性则多为打发无聊而沾染毒品。

2. 男性吸毒者人数远远多于女性吸毒者人数，部分男性认为吸毒是“勇敢者的游戏”，而女性多为陷入自身负面情绪中而接触毒品，是一种被动的“沦陷”状态。

3. 男性吸毒者的“暴力性与攻击性”行为出现于筹集毒资的过程、吸毒后的反应；女性的“被动状态”体现于沾染毒品的原因、筹集毒资的过程和吸毒后的反应中。

4. 初次吸毒的年龄，女性小于男性。女性吸毒行为多产生于对毒品认识不足，或是受到关系密切的亲人、男友的影响。

5. 吸食毒品的种类上，女性吸毒群体吸食新型毒品、合成毒品（如冰毒、麻古）比例稍高。

## 第四节　云南省吸毒人口的年龄结构与吸毒行为

### 一、云南省吸毒人口年龄结构概况

我国传统意义上对年龄的划分：0～6 岁为童年阶段，18～40 岁为青年阶段，41～65 岁为中年阶段，66 岁以上为老年阶段；联合国对年龄阶段的划分为：15～24 岁为青年阶段，45～59 岁为中年阶段，60 岁以上为老年阶段；我国国家统计局对年龄的划分为：15～34 岁为青年阶段。根据上述三种年龄层次划分，以及“劳动力”这一标准，对云南省吸毒者年龄划分为上述六个阶段，得出结果，见表 3－28。

**表 3－28　云南省吸毒人口年龄结构①**

| | | 频率 | 百分比 | 有效百分比 | 累积百分比 |
|---|---|---|---|---|---|
| 有效 | 14 周岁以下 | 4 | 0.0 | 0.0 | 0.0 |
| | 15～24 周岁 | 2221 | 20.5 | 20.5 | 20.5 |
| | 25～34 周岁 | 4102 | 37.9 | 37.9 | 58.4 |
| | 35～44 周岁 | 3093 | 28.5 | 28.5 | 86.9 |
| | 45～60 周岁 | 1077 | 9.9 | 9.9 | 96.9 |
| | 60 周岁以上 | 340 | 3.1 | 3.1 | 100.0 |
| | 合计 | 10837 | 100.0 | 100.0 | |

① 下文中所涉及年龄段的划分均参见表 3－28。

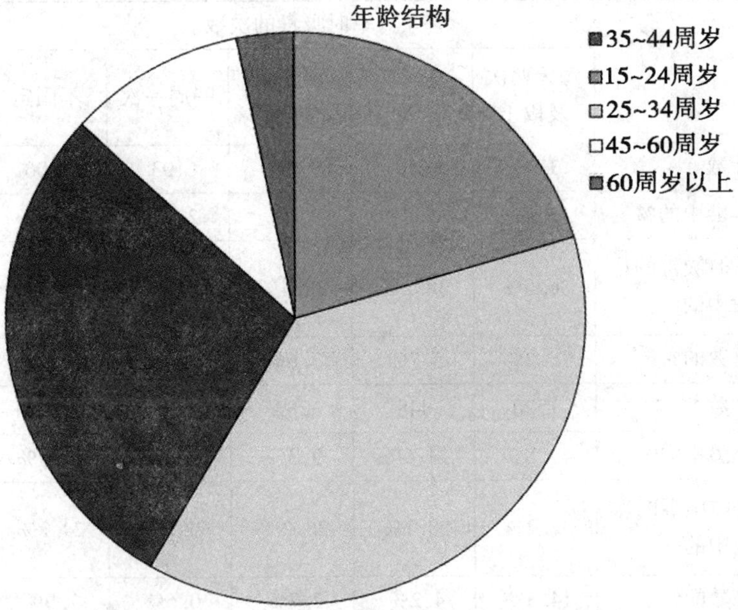


图 3－2　云南省吸毒人口年龄结构图

由图 3－2 可见，在云南省吸毒人口中，25～34 周岁和 35～44 周岁两个阶段吸毒者所占云南省吸毒人口总数的比例最大，分别为 37.9% 和 28.5%。此外，15～24 周岁年龄段所占比例也较大，为 20.5%。这三个部分总共占 86.9%。

## 二、云南省吸毒人口年龄结构与吸毒行为的关联性

### （一）年龄结构与吸毒行为的严重程度

1. 吸毒频率（平时吸毒次数）。

表 3－29　年龄＊平时吸毒的次数交叉表

| | | 平时吸毒的次数 | | | | | 合计 |
|---|---|---|---|---|---|---|---|
| | | 每天两次及以上 | 每天一次 | 两三天一次 | 一周一次 | 不固定 | |
| 15～24 周岁 | 计数 | 762 | 318 | 217 | 78 | 814 | 2189 |
| | 年龄中的% | 34.8% | 14.5% | 9.9% | 3.6% | 37.2% | 100.0% |
| | 平时吸毒的次数中的% | 16.2% | 19.9% | 21.6% | 28.7% | 26.5% | 20.5% |
| | 总数的% | 7.2% | 3.0% | 2.0% | 0.7% | 7.6% | 20.5% |

（续表）

| | | 平时吸毒的次数 | | | | | 合计 |
|---|---|---|---|---|---|---|---|
| | | 每天两次及以上 | 每天一次 | 两三天一次 | 一周一次 | 不固定 | |
| 25～34周岁 | 计数 | 1721 | 610 | 386 | 103 | 1206 | 4026 |
| | 年龄中的% | 42.7% | 15.2% | 9.6% | 2.5% | 30.0% | 100.0% |
| | 平时吸毒的次数中的% | 36.5% | 38.2% | 38.4% | 37.9% | 39.3% | 37.8% |
| | 总数的% | 16.2% | 5.7% | 3.6% | 1.0% | 11.3% | 37.8% |
| 35～44周岁 | 计数 | 1520 | 448 | 283 | 61 | 743 | 3055 |
| | 年龄中的% | 49.8% | 14.6% | 9.3% | 2.0% | 24.3% | 100.0% |
| | 平时吸毒的次数中的% | 32.2% | 28.1% | 28.2% | 22.4% | 24.2% | 28.7% |
| | 总数的% | 14.3% | 4.2% | 2.7% | 0.6% | 7.0% | 28.7% |

表3－29显示，34.8%的15～24周岁吸毒者，42.7%的25～34周岁吸毒者和49.8%的35～44周岁吸毒者每天吸毒两次及两次以上，其中后两者所占比例较大，37.2%的15～24周岁、30.0%的25～34周岁和24.3%的35～44周岁吸毒者每天吸食毒品的次数不固定。

2. 每月吸毒花销。

**表3－30　年龄＊每月吸毒花销交叉表**

| | | | 每月吸毒花销 | | | | | 合计 |
|---|---|---|---|---|---|---|---|---|
| | | | 500元以下 | 500～1000元 | 1001～2000元 | 2001～3000元 | 3000元以上 | |
| 年龄 | 14周岁以下 | 计数 | 2 | 0 | 0 | 1 | 1 | 4 |
| | | 年龄中的% | 50.0% | 0.0% | 0.0% | 25.0% | 25.0% | 100.0% |
| | | 每月吸毒花销中的% | 0.1% | 0.0% | 0.0% | 0.1% | 0.0% | 0.0% |
| | | 总数的% | 0.0% | 0.0% | 0.0% | 0.0% | 0.0% | 0.0% |
| | 15～24周岁 | 计数 | 394 | 358 | 369 | 346 | 732 | 2199 |
| | | 年龄中的% | 17.9% | 16.3% | 16.8% | 15.7% | 33.3% | 100.0% |
| | | 每月吸毒花销中的% | 24.1% | 21.3% | 18.6% | 19.9% | 19.7% | 20.4% |
| | | 总数的% | 3.7% | 3.3% | 3.4% | 3.2% | 6.8% | 20.4% |

（续表）

| | | | 每月吸毒花销 | | | | | 合计 |
|---|---|---|---|---|---|---|---|---|
| | | | 500元以下 | 500～1000元 | 1001～2000元 | 2001～3000元 | 3000元以上 | |
| 年龄 | 25～34周岁 | 计数 | 589 | 614 | 710 | 636 | 1526 | 4075 |
| | | 年龄中的% | 14.5% | 15.1% | 17.4% | 15.6% | 37.4% | 100.0% |
| | | 每月吸毒花销中的% | 36.0% | 36.6% | 35.8% | 36.7% | 41.0% | 37.9% |
| | | 总数的% | 5.5% | 5.7% | 6.6% | 5.9% | 14.2% | 37.9% |
| | 35～44周岁 | 计数 | 398 | 483 | 608 | 535 | 1046 | 3070 |
| | | 年龄中的% | 13.0% | 15.7% | 19.8% | 17.4% | 34.1% | 100.0% |
| | | 每月吸毒花销中的% | 24.3% | 28.8% | 30.7% | 30.8% | 28.1% | 28.5% |
| | | 总数的% | 3.7% | 4.5% | 5.7% | 5.0% | 9.7% | 28.5% |
| | 45～60周岁 | 计数 | 189 | 177 | 232 | 171 | 301 | 1070 |
| | | 年龄中的% | 17.7% | 16.5% | 21.7% | 16.0% | 28.1% | 100.0% |
| | | 每月吸毒花销中的% | 11.6% | 10.6% | 11.7% | 9.9% | 8.1% | 9.9% |
| | | 总数的% | 1.8% | 1.6% | 2.2% | 1.6% | 2.8% | 9.9% |
| | 大于60周岁 | 计数 | 64 | 45 | 64 | 46 | 117 | 336 |
| | | 年龄中的% | 19.0% | 13.4% | 19.1% | 13.7% | 34.8% | 100.0% |
| | | 每月吸毒花销中的% | 3.9% | 2.7% | 3.2% | 2.7% | 3.1% | 3.1% |
| | | 总数的% | 0.6% | 0.4% | 0.6% | 0.4% | 1.1% | 3.1% |
| 合计 | | 计数 | 1636 | 1677 | 1983 | 1735 | 3723 | 10754 |
| | | 年龄中的% | 15.2% | 15.6% | 18.5% | 16.1% | 34.6% | 100.0% |
| | | 每月吸毒花销中的% | 100.0% | 100.0% | 100.0% | 100.0% | 100.0% | 100.0% |
| | | 总数的% | 15.2% | 15.6% | 18.5% | 16.1% | 34.6% | 100.0% |

表3－30显示，每月吸毒花销在1000元以下的15～24周岁吸毒者数量共占其总数的34.2%，25～34周岁吸毒者数量共占其总数的29.6%，35～44周岁吸毒者数量共占其总数的28.7%；每月花销在3000元以上的15～24周岁吸毒者数量共占其总数的33.3%，25～34周岁吸毒者数量共占其总数的37.4%，35～44周岁吸毒者数量共占其总数的34.1%。由此，在低花销区间，15～24周岁年龄阶段的吸毒者数量所占比例更大，在高花销区间，25～34周岁年龄阶段的吸毒者数量所占比

例更大，中间区间三个年龄阶段的花销区别不大。①

3. 戒毒方式。

表3－31　年龄＊接受过强制隔离戒毒（含原来的劳教戒毒和强制戒毒）交叉表

| | | | 接受过强制隔离戒毒（含原来的劳教戒毒和强制戒毒） | | 合计 |
|---|---|---|---|---|---|
| | | | 是 | 否 | |
| 年龄 | 14周岁以下 | 计数 | 3 | 1 | 4 |
| | | 年龄中的% | 75.0% | 25.0% | 100.0% |
| | | 接受过强制隔离戒毒（含原来的劳教戒毒和强制戒毒）中的% | 0.0% | 0.0% | 0.0% |
| | | 总数的% | 0.0% | 0.0% | 0.0% |
| | 15～24周岁 | 计数 | 1375 | 768 | 2143 |
| | | 年龄中的% | 64.2% | 35.8% | 100.0% |
| | | 接受过强制隔离戒毒（含原来的劳教戒毒和强制戒毒）中的% | 17.9% | 28.8% | 20.7% |
| | | 总数的% | 13.3% | 7.4% | 20.7% |
| | 25～34周岁 | 计数 | 2864 | 1043 | 3907 |
| | | 年龄中的% | 73.3% | 26.7% | 100.0% |
| | | 接受过强制隔离戒毒（含原来的劳教戒毒和强制戒毒）中的% | 37.3% | 39.2% | 37.8% |
| | | 总数的% | 27.7% | 10.1% | 37.8% |
| | 35～44周岁 | 计数 | 2367 | 591 | 2958 |
| | | 年龄中的% | 80.0% | 20.0% | 100.0% |
| | | 接受过强制隔离戒毒（含原来的劳教戒毒和强制戒毒）中的% | 30.9% | 22.2% | 28.6% |
| | | 总数的% | 22.9% | 5.7% | 28.6% |
| | 45～60周岁 | 计数 | 819 | 197 | 1016 |
| | | 年龄中的% | 80.6% | 19.4% | 100.0% |
| | | 接受过强制隔离戒毒（含原来的劳教戒毒和强制戒毒）中的% | 10.7% | 7.4% | 9.8% |
| | | 总数的% | 7.9% | 1.9% | 9.8% |
| | 60周岁以上 | 计数 | 243 | 63 | 306 |
| | | 年龄中的% | 79.4% | 20.6% | 100.0% |
| | | 接受过强制隔离戒毒（含原来的劳教戒毒和强制戒毒）中的% | 3.2% | 2.4% | 3.0% |
| | | 总数的% | 2.4% | 0.6% | 3.0% |

① 此外，每月毒品花销在3000元以上的回答者所占比例较高，不排除回答问题时存在不真实的情况（吸毒者由于幻想、虚荣心等原因造成）。

（续表）

| | | 接受过强制隔离戒毒（含原来的劳教戒毒和强制戒毒） | | 合计 |
|---|---|---|---|---|
| | | 是 | 否 | |
| 合计 | 计数 | 7671 | 2663 | 10334 |
| | 年龄中的% | 74.2% | 25.8% | 100.0% |
| | 接受过强制隔离戒毒（含原来的劳教戒毒和强制戒毒）中的% | 100.0% | 100.0% | 100.0% |
| | 总数的% | 74.2% | 25.8% | 100.0% |

**表 3-32　年龄 * 接受过社区戒毒交叉表**

| | | | 接受过社区戒毒 | | 合计 |
|---|---|---|---|---|---|
| | | | 是 | 否 | |
| 年龄 | 14 周岁以下 | 计数 | 0 | 4 | 4 |
| | | 年龄中的% | 0.0% | 100.0% | 100.0% |
| | | 接受过社区戒毒中的% | 0.0% | 0.1% | 0.0% |
| | | 总数的% | 0.0% | 0.0% | 0.0% |
| | 15～24 周岁 | 计数 | 701 | 1442 | 2143 |
| | | 年龄中的% | 32.7% | 67.3% | 100.0% |
| | | 接受过社区戒毒中的% | 24.0% | 19.5% | 20.7% |
| | | 总数的% | 6.8% | 14.0% | 20.8% |
| | 25～34 周岁 | 计数 | 1134 | 2772 | 3906 |
| | | 年龄中的% | 29.0% | 71.0% | 100.0% |
| | | 接受过社区戒毒中的% | 38.8% | 37.4% | 37.8% |
| | | 总数的% | 11.0% | 26.8% | 37.8% |
| | 35～44 周岁 | 计数 | 769 | 2189 | 2958 |
| | | 年龄中的% | 26.0% | 74.0% | 100.0% |
| | | 接受过社区戒毒中的% | 26.3% | 29.6% | 28.6% |
| | | 总数的% | 7.4% | 21.2% | 28.6% |
| | 45～60 周岁 | 计数 | 247 | 769 | 1016 |
| | | 年龄中的% | 24.3% | 75.7% | 100.0% |
| | | 接受过社区戒毒中的% | 8.4% | 10.4% | 9.8% |
| | | 总数的% | 2.4% | 7.4% | 9.8% |
| | 大于 60 周岁 | 计数 | 75 | 231 | 306 |
| | | 年龄中的% | 24.5% | 75.5% | 100.0% |
| | | 接受过社区戒毒中的% | 2.6% | 3.1% | 3.0% |
| | | 总数的% | 0.7% | 2.3% | 3.0% |
| 合计 | | 计数 | 2926 | 7407 | 10333 |
| | | 年龄中的% | 28.3% | 71.7% | 100.0% |
| | | 接受过社区戒毒中的% | 100.0% | 100.0% | 100.0% |
| | | 总数的% | 28.3% | 71.7% | 100.0% |

在强制隔离戒毒、自愿戒毒、社区戒毒和社区康复四种戒毒方式上，强制隔离戒毒是不同年龄段戒毒的首要方式。社区戒毒适用于因吸毒被公安机关初次查获，本人有戒除毒瘾愿望，能主动配合治疗，且有固定住所，具备帮教条件的；有稳定工作、生活来源或为在校学生的；怀孕或者正在哺乳自己不满一周岁婴儿的；不满16周岁的；已满16周岁不满18周岁，初次查获吸毒的；60周岁以上的；患有严重疾病或生活不能自理的；其他不适宜强制隔离戒毒的吸毒成瘾人员。由此可得，社区戒毒方式主要适用于年龄较低或有稳定工作来源的戒毒者。

表3－31至表3－32显示，15～24周岁吸毒者、25～34周岁吸毒者、35～44周岁吸毒者中，接受过社区戒毒的比例分别占该年龄阶段吸毒者总体比例的32.7%、29.0%和26.0%。在调查的过程中，我们访谈过的当地禁毒警官这样说，“对于年龄较低的吸毒者，还有一些在读书的孩子，如果把他们关进强制隔离戒毒所，可能一辈子就毁了，所以一般情况下，我们要求家长严格管教，对他们进行自愿戒毒或者社区戒毒。”①

（二）年龄结构与吸毒行为的原因和表现

1. 吸毒行为的原因。② 在吸毒原因中，各个年龄阶段在第一次吸毒是因为好奇、第一次吸毒是因为心情不好、第一次吸毒是因为追求刺激这三个选项中所占比例较大。其中，有64.4%的15～24周岁吸毒者、60.1%的25～34周岁吸毒者和63.6%的35～44周岁吸毒者选择第一次吸毒是因为好奇；这三个年龄段中分别有25.7%、22.4%和17.6%的选择第一次吸毒是因为心情不好；分别有18.6%、18.5%和14.7%的选择第一次吸毒是因为追求刺激。此外，在第一次吸毒是因为治病这一选项中，有11.7%的35～44周岁吸毒者和10.4%的60周岁以上吸毒者选择，在前三个年龄阶段中，该选项的选择率都低于10%，在年长的吸毒者中，吸毒治病这一错误观念具有一定的普遍性。③

2. 筹措毒资的方式。④ 在筹措毒资的方式上，吸毒的钱是自己的合法收入，吸毒的钱由家人、朋友提供两种途径在各个年龄阶段的选择率都较高。分别有69.3%的15～24周岁吸毒者、79.5%的25～34周岁吸毒者和77.4%的35～44周岁吸毒者选择了吸毒的钱是自己的合法收入，分别有37.2%的15～24周岁吸毒者、28.5%的25～34周岁吸毒者和30.3%的35～44周岁吸毒者选择了吸毒的钱是由家人、朋友提供。此外，分别有8.2%的45～60周岁和10.4%的60周岁以上选择了吸毒的钱是由偷盗、欺诈、贩毒等方式获取。

① 内容截取于2015年访谈样本。

② 由于图表过长，篇幅限制，且分析方式与其他变量交叉表相似，故图表省略。

③ 在2015年调查和访谈的过程中，一些个案资料反映出该种情况，由于在边境少数民族聚居区这类情况更为普遍，因此相关内容将在第四章提到。

④ 由于图表过长，篇幅限制，且分析方式与其他变量交叉表相似，故图表省略。

3. 首次吸毒种类。

**表 3－33　年龄 * 首次吸毒种类交叉表**

| | | 首次吸毒种类 | | | | | | | | | 合计 |
|---|---|---|---|---|---|---|---|---|---|---|---|
| | | 鸦片 | 卡苦 | 海洛因 | 冰毒 | 麻古（小马） | “摇头丸” | 氯胺酮（“K 粉”） | 大麻 | 其他 | |
| 年龄 14 周岁以下 | 计数 | 0 | 0 | 2 | 1 | 1 | 0 | 0 | 0 | 0 | 4 |
| | 年龄中的% | 0.0% | 0.0% | 50.0% | 25.0% | 25.0% | 0.0% | 0.0% | 0.0% | 0.0% | 100.0% |
| | 第一次吸食毒品的种类中的% | 0.0% | 0.0% | 0.0% | 0.2% | 0.1% | 0.0% | 0.0% | 0.0% | 0.0% | 0.0% |
| | 总数的% | 0.0% | 0.0% | 0.0% | 0.0% | 0.0% | 0.0% | 0.0% | 0.0% | 0.0% | 0.0% |
| 15～24 周岁 | 计数 | 21 | 24 | 1165 | 206 | 653 | 8 | 20 | 11 | 3 | 2111 |
| | 年龄中的% | 1.1% | 1.1% | 55.2% | 9.8% | 30.9% | 0.4% | 0.9% | 0.5% | 0.1% | 100.0% |
| | 第一次吸食毒品的种类中的% | 4.1% | 7.0% | 16.1% | 39.3% | 41.5% | 21.6% | 28.2% | 28.9% | 30.0% | 20.4% |
| | 总数的% | 0.2% | 0.2% | 11.2% | 2.1% | 6.3% | 0.1% | 0.2% | 0.1% | 0.0% | 20.4% |
| 25～34 周岁 | 计数 | 170 | 126 | 2658 | 227 | 672 | 19 | 40 | 17 | 0 | 3929 |
| | 年龄中的% | 4.3% | 3.2% | 67.7% | 5.8% | 17.1% | 0.5% | 1.0% | 0.4% | 0.0% | 100.0% |
| | 第一次吸食毒品的种类中的% | 33.0% | 36.7% | 36.6% | 43.3% | 42.7% | 51.4% | 56.3% | 44.7% | 0.0% | 37.9% |
| | 总数的% | 1.6% | 1.2% | 25.6% | 2.2% | 6.5% | 0.2% | 0.4% | 0.2% | 0.0% | 37.9% |
| 35～44 周岁 | 计数 | 168 | 131 | 2423 | 56 | 170 | 9 | 8 | 10 | 4 | 2979 |
| | 年龄中的% | 5.6% | 4.4% | 81.3% | 1.9% | 5.8% | 0.3% | 0.3% | 0.3% | 0.1% | 100.0% |
| | 第一次吸食毒品的种类中的% | 32.6% | 38.2% | 33.4% | 10.7% | 10.8% | 24.3% | 11.3% | 26.3% | 40.0% | 28.7% |
| | 总数的% | 1.6% | 1.3% | 23.4% | 0.5% | 1.6% | 0.1% | 0.1% | 0.1% | 0.0% | 28.7% |
| 45～60 周岁 | 计数 | 132 | 53 | 778 | 19 | 42 | 1 | 1 | 0 | 0 | 1026 |
| | 年龄中的% | 12.9% | 5.2% | 75.8% | 1.9% | 4.0% | 0.1% | 0.1% | 0.0% | 0.0% | 100.0% |
| | 第一次吸食毒品的种类中的% | 25.6% | 15.5% | 10.7% | 3.6% | 2.7% | 2.7% | 1.4% | 0.0% | 0.0% | 9.9% |
| | 总数的% | 1.3% | 0.5% | 7.5% | 0.2% | 0.4% | 0.0% | 0.0% | 0.0% | 0.0% | 9.9% |
| 大于 60 周岁 | 计数 | 24 | 9 | 231 | 15 | 36 | 0 | 2 | 0 | 3 | 320 |
| | 年龄中的% | 7.6% | 2.8% | 72.2% | 4.7% | 11.2% | 0.0% | 0.6% | 0.0% | 0.9% | 100.0% |
| | 第一次吸食毒品的种类中的% | 4.7% | 2.6% | 3.2% | 2.9% | 2.3% | 0.0% | 2.8% | 0.0% | 30.0% | 3.1% |
| | 总数的% | 0.2% | 0.1% | 2.2% | 0.1% | 0.4% | 0.0% | 0.0% | 0.0% | 0.0% | 3.1% |
| 合计 | 计数 | 515 | 343 | 7257 | 524 | 1574 | 37 | 71 | 38 | 10 | 10369 |
| | 年龄中的% | 4.9% | 3.3% | 69.9% | 5.1% | 15.2% | 0.4% | 0.7% | 0.4% | 0.1% | 100.0% |
| | 第一次吸食毒品的种类中的% | 100.0% | 100.0% | 100.0% | 100.0% | 100.0% | 100.0% | 100.0% | 100.0% | 100.0% | 100.0% |
| | 总数的% | 4.9% | 3.3% | 69.9% | 5.1% | 15.2% | 0.4% | 0.7% | 0.4% | 0.1% | 100.0% |

表3－33显示，在第一次吸食毒品的种类上，各个年龄阶段主要集中于第一次吸食的毒品为海洛因，超过50%的比例。其中，35～44周岁年龄阶段第一次吸食海洛因的比例占该年龄段总吸毒人数的81.3%。此外，在第一次吸食毒品是冰毒的选项上，15～24周岁吸毒者、25～34周岁吸毒者、35～44周岁吸毒者分别占9.8%、5.8%和1.9%。在大于60岁的吸毒者中，4.7%选择了第一次吸食的是冰毒。30.9%的15～24周岁年龄阶段的吸毒者选择了第一次吸食的毒品为麻古，是该选项吸毒者的主要构成年龄阶段。此外，25～34周岁吸毒者和大于60周岁吸毒者在此选项上所占比例也稍高，分别为17.1%和11.2%。

4. 吸毒场所。

表3－34 年龄＊平时在私家车吸毒的情况交叉表

| | | | 平时在私家车吸毒的情况 | | | 合计 |
|---|---|---|---|---|---|---|
| | | | 经常 | 偶尔 | 从不 | |
| 年龄 | 14周岁以下 | 计数 | 0 | 1 | 3 | 4 |
| | | 年龄中的% | 0.0% | 25.0% | 75.0% | 100.0% |
| | | 平时在私家车吸毒的情况中的% | 0.0% | 0.1% | 0.0% | 0.0% |
| | | 总数的% | 0.0% | 0.0% | 0.0% | 0.0% |
| | 15～24周岁 | 计数 | 258 | 466 | 1491 | 2215 |
| | | 年龄中的% | 11.7% | 21.0% | 67.3% | 100.0% |
| | | 平时在私家车吸毒的情况中的% | 22.8% | 25.0% | 19.1% | 20.5% |
| | | 总数的% | 2.4% | 4.3% | 13.8% | 20.5% |
| | 25～34周岁 | 计数 | 496 | 759 | 2830 | 4085 |
| | | 年龄中的% | 12.1% | 18.6% | 69.3% | 100.0% |
| | | 平时在私家车吸毒的情况中的% | 43.8% | 40.7% | 36.3% | 37.8% |
| | | 总数的% | 4.6% | 7.0% | 26.2% | 37.8% |
| | 35～44周岁 | 计数 | 285 | 486 | 2311 | 3082 |
| | | 年龄中的% | 9.2% | 15.8% | 75.0% | 100.0% |
| | | 平时在私家车吸毒的情况中的% | 25.2% | 26.1% | 29.6% | 28.6% |
| | | 总数的% | 2.6% | 4.5% | 21.4% | 28.5% |

（续表）

| | | | 平时在私家车吸毒的情况 | | | 合计 |
|---|---|---|---|---|---|---|
| | | | 经常 | 偶尔 | 从不 | |
| 年龄 | 45～60周岁 | 计数 | 61 | 109 | 901 | 1071 |
| | | 年龄中的% | 5.7% | 10.2% | 84.1% | 100.0% |
| | | 平时在私家车吸毒的情况中的% | 5.4% | 5.8% | 11.6% | 9.9% |
| | | 总数的% | 0.6% | 1.0% | 8.3% | 9.9% |
| | 大于60周岁 | 计数 | 33 | 44 | 259 | 336 |
| | | 年龄中的% | 9.8% | 13.1% | 77.1% | 100.0% |
| | | 平时在私家车吸毒的情况中的% | 2.9% | 2.4% | 3.3% | 3.1% |
| | | 总数的% | 0.3% | 0.4% | 2.4% | 3.1% |
| 合计 | | 计数 | 1133 | 1865 | 7795 | 10793 |
| | | 年龄中的% | 10.5% | 17.3% | 72.2% | 100.0% |
| | | 平时在私家车吸毒的情况中的% | 100.0% | 100.0% | 100.0% | 100.0% |
| | | 总数的% | 10.5% | 17.3% | 72.2% | 100.0% |

**表3－35　年龄＊平时在山林田地吸毒的情况交叉表**

| | | | 平时在山林田地吸毒的情况 | | | 合计 |
|---|---|---|---|---|---|---|
| | | | 经常 | 偶尔 | 从不 | |
| 年龄 | 14周岁以下 | 计数 | 1 | 1 | 2 | 4 |
| | | 年龄中的% | 25.0% | 25.0% | 50.0% | 100.0% |
| | | 平时在山林田地吸毒的情况中的% | 0.1% | 0.0% | 0.0% | 0.0% |
| | | 总数的% | 0.0% | 0.0% | 0.0% | 0.0% |
| | 15～24周岁 | 计数 | 339 | 515 | 1355 | 2209 |
| | | 年龄中的% | 15.3% | 23.3% | 61.4% | 100.0% |
| | | 平时在山林田地吸毒的情况中的% | 18.3% | 23.0% | 20.2% | 20.5% |
| | | 总数的% | 3.1% | 4.8% | 12.6% | 20.5% |
| | 25～34周岁 | 计数 | 753 | 912 | 2416 | 4081 |
| | | 年龄中的% | 18.5% | 22.3% | 59.2% | 100.0% |
| | | 平时在山林田地吸毒的情况中的% | 40.7% | 40.8% | 36.1% | 37.9% |
| | | 总数的% | 7.0% | 8.5% | 22.4% | 37.9% |

（续表）

| | | | 平时在山林田地吸毒的情况 | | | 合计 |
|---|---|---|---|---|---|---|
| | | | 经常 | 偶尔 | 从不 | |
| 年龄 | 35～44周岁 | 计数 | 517 | 615 | 1947 | 3079 |
| | | 年龄中的% | 16.8% | 20.0% | 63.2% | 100.0% |
| | | 平时在山林田地吸毒的情况中的% | 27.9% | 27.5% | 29.1% | 28.6% |
| | | 总数的% | 4.8% | 5.7% | 18.1% | 28.6% |
| | 45～60周岁 | 计数 | 179 | 141 | 750 | 1070 |
| | | 年龄中的% | 16.7% | 13.2% | 70.1% | 100.0% |
| | | 平时在山林田地吸毒的情况中的% | 9.7% | 6.3% | 11.2% | 9.9% |
| | | 总数的% | 1.7% | 1.2% | 7.0% | 9.9% |
| | 大于60周岁 | 计数 | 61 | 52 | 222 | 335 |
| | | 年龄中的% | 18.2% | 15.5% | 66.3% | 100.0% |
| | | 平时在山林田地吸毒的情况中的% | 3.3% | 2.3% | 3.3% | 3.1% |
| | | 总数的% | 0.5% | 0.5% | 2.1% | 3.1% |
| 合计 | | 计数 | 1850 | 2236 | 6692 | 10778 |
| | | 年龄中的% | 17.2% | 20.7% | 62.1% | 100.0% |
| | | 平时在山林田地吸毒的情况中的% | 100.0% | 100.0% | 100.0% | 100.0% |
| | | 总数的% | 17.2% | 20.7% | 62.1% | 100.0% |

**表3－36　年龄＊平时在卡拉OK厅、KTV吸毒的情况交叉表**

| | | | 平时在卡拉OK厅、KTV吸毒的情况 | | | 合计 |
|---|---|---|---|---|---|---|
| | | | 经常 | 偶尔 | 从不 | |
| 年龄 | 14周岁以下 | 计数 | 0 | 1 | 3 | 4 |
| | | 年龄中的% | 0.0% | 25.0% | 75.0% | 100.0% |
| | | 平时在卡拉OK厅、KTV吸毒的情况中的% | 0.0% | 0.1% | 0.0% | 0.0% |
| | | 总数的% | 0.0% | 0.0% | 0.0% | 0.0% |
| | 15～24周岁 | 计数 | 222 | 562 | 1426 | 2210 |
| | | 年龄中的% | 10.1% | 25.4% | 64.5% | 100.0% |
| | | 平时在卡拉OK厅、KTV吸毒的情况中的% | 36.5% | 31.9% | 16.9% | 20.5% |
| | | 总数的% | 2.1% | 5.2% | 13.2% | 20.5% |

（续表）

| | | | 平时在卡拉 OK 厅、KTV 吸毒的情况 | | | 合计 |
|---|---|---|---|---|---|---|
| | | | 经常 | 偶尔 | 从不 | |
| 年龄 | 25～34 周岁 | 计数 | 260 | 766 | 3062 | 4088 |
| | | 年龄中的% | 6.4% | 18.7% | 74.9% | 100.0% |
| | | 平时在卡拉 OK 厅、KTV 吸毒的情况中的% | 42.7% | 43.4% | 36.4% | 37.9% |
| | | 总数的% | 2.4% | 7.1% | 28.4% | 37.9% |
| | 35～44 周岁 | 计数 | 89 | 354 | 2641 | 3084 |
| | | 年龄中的% | 2.9% | 11.5% | 85.6% | 100.0% |
| | | 平时在卡拉 OK 厅、KTV 吸毒的情况中的% | 14.6% | 20.1% | 31.4% | 28.6% |
| | | 总数的% | 0.8% | 3.3% | 24.5% | 28.6% |
| | 45～60 周岁 | 计数 | 14 | 52 | 1005 | 1071 |
| | | 年龄中的% | 1.3% | 4.9% | 93.8% | 100.0% |
| | | 平时在卡拉 OK 厅、KTV 吸毒的情况中的% | 2.3% | 2.9% | 11.9% | 9.9% |
| | | 总数的% | 0.1% | 0.5% | 9.3% | 9.9% |
| | 大于 60 周岁 | 计数 | 24 | 28 | 282 | 334 |
| | | 年龄中的% | 7.2% | 8.4% | 84.4% | 100.0% |
| | | 平时在卡拉 OK 厅、KTV 吸毒的情况中的% | 3.9% | 1.6% | 3.3% | 3.1% |
| | | 总数的% | 0.2% | 0.3% | 2.6% | 3.1% |
| 合计 | | 计数 | 609 | 1763 | 8419 | 10791 |
| | | 年龄中的% | 5.6% | 16.4% | 78.0% | 100.0% |
| | | 平时在卡拉 OK 厅、KTV 吸毒的情况中的% | 100.0% | 100.0% | 100.0% | 100.0% |
| | | 总数的% | 5.6% | 16.4% | 78.0% | 100.0% |

在吸毒场所上，我们列出的几种吸毒场所分别为夜总会、歌舞厅、卡拉 OK 厅或 KTV、迪厅、宾馆酒店、酒吧、游艺厅、洗浴中心、美容美发室、家居住宅、山林田地、公共厕所、公园广场车站、私家车共 14 种，通过统计分析可以发现，在这 14 种吸毒场所中，各个年龄阶段在宾馆酒店、家居住宅吸毒的较多。

表 3－34 至表 3－36 显示，分别有 15.3% 的 15～24 周岁吸毒者、18.5% 的 25～34 周岁吸毒者和 16.8% 的 35～44 周岁吸毒者在山林田地吸毒；11.7%、12.1% 和 9.2% 的三者在私家车吸毒。在卡拉 OK 或 KTV、酒吧两种场所吸毒的人中，15～24 周岁年龄段的吸毒者都占所有年龄阶段中最高比例，分别为 10.0%、7.8%。此外，有 8.9% 的 60 周岁以上年龄阶段的吸毒者和 6.5% 的 15～24 周岁年龄阶段的吸毒者选择在夜总会吸毒；有 7.5% 的 60 周岁以上年龄阶段吸毒者和 6.1% 的 15～24 周岁年龄阶段吸毒者选择平时在歌舞厅吸毒；有 7.2% 的 60 周岁以

上年龄阶段的吸毒者和5.6%的15~24周岁的吸毒者平时在迪厅吸毒。由此，可以看到，15~24周岁年龄阶段的吸毒者除了在宾馆酒店和家居住宅吸毒以外，还偏向于在迪厅、KTV、酒吧等娱乐场所吸毒。此外，分别有25.0%的小于14周岁的吸毒者、15.3%的15~24周岁的吸毒者、18.5%的25~34周岁的吸毒者、16.8%的35~44周岁的吸毒者、16.7%的45~60周岁的吸毒者、18.2%的60周岁以上的吸毒者选择在山林田地吸毒，这个比例在所有的吸毒场所中占较高比例，这样的情况可能是农村吸毒者较多或者为了躲避警方的抓捕而选择此种方式。年长者多选择在美容美发室吸毒。在私家车吸毒的年轻吸毒者较多。

5. 吸毒同伴。① 在吸毒同伴的数量上，小于14周岁的吸毒者，吸毒同伴数集中在1个、3个和4个（由于小于14周岁的吸毒者较少，统计可能出现偏差，1个占0.2%，3个占0.1%，4个占0.1%）。15~24周岁年龄阶段的吸毒者的吸毒同伴主要集中在1~5个，1个占7.0%，2个占15.1%，3个占15.3%，4个占8.0%，5个占12.1%。25~34周岁的吸毒者的吸毒同伴数量集中在2个、3个和5个，2个占16.6%，3个占16.1%，5个占11.1%。35~44周岁的吸毒者吸毒同伴数主要集中在2个、3个和5个。2个占19.4%，3个占18.2%，5个占10.8%。45~60周岁年龄阶段的吸毒者吸毒同伴数集中在2个、3个和5个。大于60周岁的吸毒者吸毒同伴数集中在2个、3个和5个。综上，所有年龄阶段的吸毒者吸毒同伴都集中在2~5个。吸毒者喜欢形成小群体，聚集起来吸毒。

6. 吸毒方式。② 各个年龄阶段的吸毒者在吸毒方式上集中于烫吸和静脉注射两种方式，在静脉注射上，15~24周岁吸毒者、25~34周岁吸毒者、35~44周岁吸毒者分别占其自身比例的26.1%、36.1%和48.1%，此外，45~60周岁吸毒者和大于60周岁吸毒者在这种方式上分别占33.9%和32.1%。在烫吸的吸毒方式上，前三年龄段分别占其自身比例的62.8%、60.4%和54.8%。此外，45~60周岁吸毒者在这一选项上的比例也较高，占其年龄阶段吸毒者总数的62.3%。此外，在溶入饮料中这种吸毒方式上，2.0%的15~24周岁吸毒者选择，占所有年龄阶段中比例最高。可见，15~24周岁年龄阶段（年轻吸毒者）较多采用这类方式。鼻吸主要集中在前三个年龄段，烟枪吸主要集中在35~44周岁和大于60周岁的吸毒者，45~60周岁吸毒者较少。

---

① 由于图表过长，篇幅限制，且分析方式与其他变量交叉表相似，故图表省略。
② 由于图表过长，篇幅限制，且分析方式与其他变量交叉表相似，故图表省略。

（三）年龄结构与吸毒行为的后果

1. 吸毒后染病情况。

**表 3－37　年龄＊吸毒后没有得过传染性疾病交叉表**

| | | | 吸毒后没有得过传染性疾病 | | 合计 |
|---|---|---|---|---|---|
| | | | 是 | 否 | |
| 年龄 | 14 周岁以下 | 计数 | 3 | 1 | 4 |
| | | 年龄中的% | 75.0% | 25.0% | 100.0% |
| | | 吸毒后没有得过传染性疾病中的% | 0.0% | 0.0% | 0.0% |
| | | 总数的% | 0.0% | 0.0% | 0.0% |
| | 15～24 周岁 | 计数 | 1652 | 552 | 2204 |
| | | 年龄中的% | 75.0% | 25.0% | 100.0% |
| | | 吸毒后没有得过传染性疾病中的% | 23.9% | 14.5% | 20.6% |
| | | 总数的% | 15.4% | 5.2% | 20.6% |
| | 25～34 周岁 | 计数 | 2701 | 1366 | 4067 |
| | | 年龄中的% | 66.4% | 33.6% | 100.0% |
| | | 吸毒后没有得过传染性疾病中的% | 39.1% | 35.8% | 37.9% |
| | | 总数的% | 25.2% | 12.7% | 37.9% |
| | 35～44 周岁 | 计数 | 1754 | 1307 | 3061 |
| | | 年龄中的% | 57.3% | 42.7% | 100.0% |
| | | 吸毒后没有得过传染性疾病中的% | 25.4% | 34.3% | 28.6% |
| | | 总数的% | 16.4% | 12.2% | 28.6% |
| | 45～60 周岁 | 计数 | 605 | 446 | 1051 |
| | | 年龄中的% | 57.6% | 42.4% | 100.0% |
| | | 吸毒后没有得过传染性疾病中的% | 8.8% | 11.7% | 9.8% |
| | | 总数的% | 5.6% | 4.2% | 9.8% |
| | 大于 60 周岁 | 计数 | 192 | 142 | 334 |
| | | 年龄中的% | 57.5% | 42.5% | 100.0% |
| | | 吸毒后没有得过传染性疾病中的% | 2.8% | 3.7% | 3.1% |
| | | 总数的% | 1.8% | 1.3% | 3.1% |
| 合计 | | 计数 | 6907 | 3814 | 10721 |
| | | 年龄中的% | 64.4% | 35.6% | 100.0% |
| | | 吸毒后没有得过传染性疾病中的% | 100.0% | 100.0% | 100.0% |
| | | 总数的% | 64.4% | 35.6% | 100.0% |

表 3-38　年龄＊吸毒后不清楚是否得过传染性疾病交叉表

| | | | 吸毒后不清楚是否得过传染性疾病 | | 合计 |
|---|---|---|---|---|---|
| | | | 是 | 否 | |
| 年龄 | 14 周岁以下 | 计数 | 0 | 4 | 4 |
| | | 年龄中的% | 0.0% | 100.0% | 100.0% |
| | | 吸毒后不清楚是否得过传染性疾病中的% | 0.0% | 0.0% | 0.0% |
| | | 总数的% | 0.0% | 0.0% | 0.0% |
| | 15~24 周岁 | 计数 | 380 | 1825 | 2205 |
| | | 年龄中的% | 17.2% | 82.8% | 100.0% |
| | | 吸毒后不清楚是否得过传染性疾病中的% | 18.4% | 21.1% | 20.6% |
| | | 总数的% | 3.5% | 17.1% | 20.6% |
| | 25~34 周岁 | 计数 | 787 | 3280 | 4067 |
| | | 年龄中的% | 19.4% | 80.6% | 100.0% |
| | | 吸毒后不清楚是否得过传染性疾病中的% | 38.2% | 37.9% | 37.9% |
| | | 总数的% | 7.3% | 30.6% | 37.9% |
| | 35~44 周岁 | 计数 | 585 | 2476 | 3061 |
| | | 年龄中的% | 19.1% | 80.9% | 100.0% |
| | | 吸毒后不清楚是否得过传染性疾病中的% | 28.4% | 28.6% | 28.6% |
| | | 总数的% | 5.5% | 23.1% | 28.6% |
| | 45~60 周岁 | 计数 | 244 | 807 | 1051 |
| | | 年龄中的% | 23.2% | 76.8% | 100.0% |
| | | 吸毒后不清楚是否得过传染性疾病中的% | 11.8% | 9.3% | 9.8% |
| | | 总数的% | 2.3% | 7.5% | 9.8% |
| | 60 周岁以上 | 计数 | 66 | 268 | 334 |
| | | 年龄中的% | 19.8% | 80.2% | 100.0% |
| | | 吸毒后不清楚是否得过传染性疾病中的% | 3.2% | 3.1% | 3.1% |
| | | 总数的% | 0.6% | 2.5% | 3.1% |
| 合计 | | 计数 | 2062 | 8660 | 10722 |
| | | 年龄中的% | 19.2% | 80.8% | 100.0% |
| | | 吸毒后不清楚是否得过传染性疾病中的% | 100.0% | 100.0% | 100.0% |
| | | 总数的% | 19.2% | 80.8% | 100.0% |

表3－37、表3－38显示，在吸毒后感染疾病的状况上，各个年龄阶段的吸毒者多数选择吸毒后没得过传染性疾病和不清楚自己得过传染性疾病。“吸毒后没有得过传染性疾病”选项在各个年龄阶段选择的比例分别是：75.0%、75.0%、66.4%、57.3%、57.6%和57.5%。“吸毒后不清楚自己是否得过传染性疾病”的，各个年龄阶段选择的比例分别是：0.0%、17.2%、19.4%、19.1%、23.2%和19.8%。此外，吸毒后得过梅毒、淋病、尖锐湿疣等性传播疾病的吸毒者，各个年龄阶段选择的比例分别是0.0%、3.4%、4.5%、5.3%、5.4%和6.3%，年龄越大，选择的比例越高；吸毒后得过艾滋病的吸毒者，各个年龄阶段选择的比例分别是0.0%、3.0%、6.7%、15.1%、11.0%和11.1%，其中25～34周岁年龄阶段的吸毒者选择的比例占该年龄段比例最大，35～44周岁阶段的吸毒者选择的比例也较高；在吸毒后得过感染性疾病（甲肝、乙肝、肺炎等）的吸毒者中，各个年龄阶段的比例分别是25.0%、3.2%、5.9%、9.0%、8.7%和9.0%，由于14周岁以下的吸毒者较少，25.0%的比例所代表的人仍然较少，所以除去14周岁以下的吸毒者，35～44周岁年龄阶段和60周岁以上年龄阶段的吸毒者得过传染性疾病的比例较高。

2. 吸毒后特殊行为。① 在吸毒后的特殊行为中，吸毒后有过自杀行为的比例最少，各个年龄阶段分别是0.0%、1.9%、3.0%、3.7%、4.2%和2.4%，吸毒后有过自伤（自残）行为各个年龄阶段的比例为0.0%、5.7%、7.4%、8.2%、6.6%和7.6%，其中35～44周岁年龄阶段的吸毒者所占比例最高；吸毒后有过伤人行为各个年龄阶段的比例分别为33.3%、8.9%、6.5%、3.8%、2.8%和5.5%，其中，15～24周岁年龄阶段的吸毒者比例最高；吸毒后有过破坏财物行为的吸毒者各个年龄阶段的比例分别是0.0%、10.5%、11.3%、9.6%、5.9%和8.8%。其中15～24周岁、25～34周岁的吸毒者所占比例较高。吸毒后有过性乱行为的吸毒者各个年龄阶段的比例分别是33.3%、13.1%、12.4%、8.4%、7.2%和6.7%，15～24周岁和25～34周岁的吸毒者所占比例最高。由此，吸毒后有过破坏财物行为和性乱行为的吸毒者，年轻者所占比例较高。

① 由于图表过长，篇幅限制，且分析方式与其他变量交叉表相似，故图表省略。

3. 对自己吸毒行为的评价。

**表 3-39 年龄 * 如何评价自己的吸毒行为交叉表**

| | | | 如何评价自己的吸毒行为 | | | | 合计 |
|---|---|---|---|---|---|---|---|
| | | | 个人生活方式 | 不光彩、不体面的行为 | 违法行为 | 其他 | |
| 年龄 | 14周岁以下 | 计数 | 0 | 0 | 3 | 0 | 3 |
| | | 年龄中的% | 0.0% | 0.0% | 100.0% | 0.0% | 100.0% |
| | | 如何评价自己的吸毒行为中的% | 0.0% | 0.0% | 0.1% | 0.0% | 0.0% |
| | | 总数的% | 0.0% | 0.0% | 0.0% | 0.0% | 0.0% |
| | 15~24周岁 | 计数 | 413 | 685 | 990 | 31 | 2119 |
| | | 年龄中的% | 19.5% | 32.3% | 46.7% | 1.5% | 100.0% |
| | | 如何评价自己的吸毒行为中的% | 23.2% | 21.0% | 19.7% | 29.2% | 20.8% |
| | | 总数的% | 4.1% | 6.7% | 9.7% | 0.3% | 20.8% |
| | 25~34周岁 | 计数 | 678 | 1213 | 1921 | 36 | 3848 |
| | | 年龄中的% | 17.6% | 31.5% | 49.9% | 0.9% | 100.0% |
| | | 如何评价自己的吸毒行为中的% | 38.0% | 37.1% | 38.2% | 34.0% | 37.8% |
| | | 总数的% | 6.7% | 11.9% | 18.9% | 0.4% | 37.9% |
| | 35~44周岁 | 计数 | 480 | 927 | 1464 | 16 | 2887 |
| | | 年龄中的% | 16.6% | 32.1% | 50.7% | 0.6% | 100.0% |
| | | 如何评价自己的吸毒行为中的% | 26.9% | 28.4% | 29.1% | 15.1% | 28.4% |
| | | 总数的% | 4.7% | 9.1% | 14.4% | 0.2% | 28.4% |
| | 45~60周岁 | 计数 | 157 | 341 | 497 | 15 | 1010 |
| | | 年龄中的% | 15.5% | 33.8% | 49.2% | 1.5% | 100.0% |
| | | 如何评价自己的吸毒行为中的% | 8.8% | 10.4% | 9.9% | 14.2% | 9.9% |
| | | 总数的% | 1.5% | 3.3% | 4.9% | 0.1% | 9.8% |
| | 大于60周岁 | 计数 | 55 | 103 | 149 | 8 | 315 |
| | | 年龄中的% | 17.5% | 32.7% | 47.3% | 2.5% | 100.0% |
| | | 如何评价自己的吸毒行为中的% | 3.1% | 3.2% | 3.0% | 7.5% | 3.1% |
| | | 总数的% | 0.5% | 1.0% | 1.5% | 0.1% | 3.1% |
| 合计 | | 计数 | 1783 | 3269 | 5024 | 106 | 10182 |
| | | 年龄中的% | 17.5% | 32.1% | 49.3% | 1.0% | 100.0% |
| | | 如何评价自己的吸毒行为中的% | 100.0% | 100.0% | 100.0% | 100.0% | 100.0% |
| | | 总数的% | 17.5% | 32.1% | 49.3% | 1.0% | 100.0% |

在“如何评价自己的吸毒行为”上，表3－39显示，全部小于14周岁的吸毒者都认为吸毒行为是违法行为；15～24周岁的吸毒者中，有19.5%认为吸毒行为是个人生活方式，32.3%认为吸毒是不光彩、不体面的行为，46.7%认为吸毒是违法行为，1.5%对吸毒行为有其他评价；25～34周岁的吸毒者中，有17.6%认为吸毒是个人生活方式，31.5%认为吸毒是不光彩、不体面的行为，49.9%认为吸毒是违法行为，0.9%对吸毒有其他评价；35～44周岁的吸毒者中，16.6%认为吸毒是个人生活方式，32.1%认为吸毒是不光彩、不体面的行为，50.7%认为吸毒是违法行为，0.6%对吸毒有其他评价；45～60周岁的吸毒者中，15.5%认为吸毒是个人生活方式，33.8%认为吸毒是不光彩、不体面的行为，49.2%认为吸毒是违法行为，1.5%对吸毒有其他看法；在大于60周岁的吸毒者中，17.5%认为吸毒是个人生活方式，32.7%认为吸毒是不光彩、不体面的行为，47.3%认为吸毒是违法行为，2.5%对吸毒有其他看法。虽然各个年龄阶段在对吸毒的四种看法上选择的比例不同，但认为吸毒是违法行为的，在各个年龄阶段所占比例都最高。此外，认为吸毒是不光彩、不体面的行为在各个年龄阶段所占比例稍高，许多吸毒者是从自身吸毒之后受到家人、朋友的冷落中感受到自己的吸毒行为对自尊心造成了负面影响。每个年龄阶段中都有大于10%的吸毒者认为吸毒行为是个人生活方式，别人无权干涉，只是自己的一种生活选择。

（四）小结

对于云南省人口年龄结构与其吸毒行为的关系，可以对以上统计结果做出如下总结：

1. 在吸毒者的年龄分布中，35周岁以下的吸毒者构成了吸毒群体的绝大部分。

2. 在吸毒频率上，平时吸毒次数最多的年龄阶段为25～34周岁吸毒者。

3. 在吸毒花销上，15～24周岁吸毒者多集中在吸毒低花销区，25～34周岁吸毒者多集中在吸毒高花销区。

4. 学生或是年轻吸毒者，多采用自愿戒毒的方式摆脱毒品。

5. 在大于45周岁的吸毒者中，“吸毒为治病”的吸毒原因选择比例较高。

6. 在吸毒种类上，海洛因的吸食行为大量存在。此外，年轻吸毒者多偏好甲基苯丙胺及其片剂（如冰毒、麻古等），而年长吸毒者多偏好传统毒品（如鸦片）。

7. 在吸毒场所上，年轻吸毒者偏向在KTV、酒吧吸毒，其中15～24周岁吸毒者在此选项内选择比例较高。此外，在私家车中吸毒，年轻吸毒者还存在稍高比例。

8. 35～44周岁吸毒者在吸毒后存在自伤行为比例较大，15～24周岁吸毒者在吸毒后存在伤人行为比例较大，吸毒后有性乱行为的，15～34周岁吸毒者所占比例较大。

# 第五节　云南省吸毒人口的文化结构与吸毒行为

## 一、云南省吸毒人口的文化结构概况（图 3－3）

表 3－40　云南省吸毒人口文化结构 1①

| | | 频率 | 百分比% | 有效百分比% | 累积百分比% |
|---|---|---|---|---|---|
| 有效 | 文盲半文盲 | 1166 | 10.7 | 11.0 | 11.0 |
| | 小学 | 3063 | 28.3 | 28.8 | 39.8 |
| | 初中 | 4844 | 44.7 | 45.6 | 85.4 |
| | 高中或中专、技校 | 1401 | 12.9 | 13.2 | 98.6 |
| | 大学专科以上 | 148 | 1.4 | 1.4 | 100.0 |
| | 合计 | 10622 | 98.0 | 100.0 | |
| 缺失 | 缺失 | 215 | 2.0 | | |
| 合计 | | 10837 | 100.0 | | |

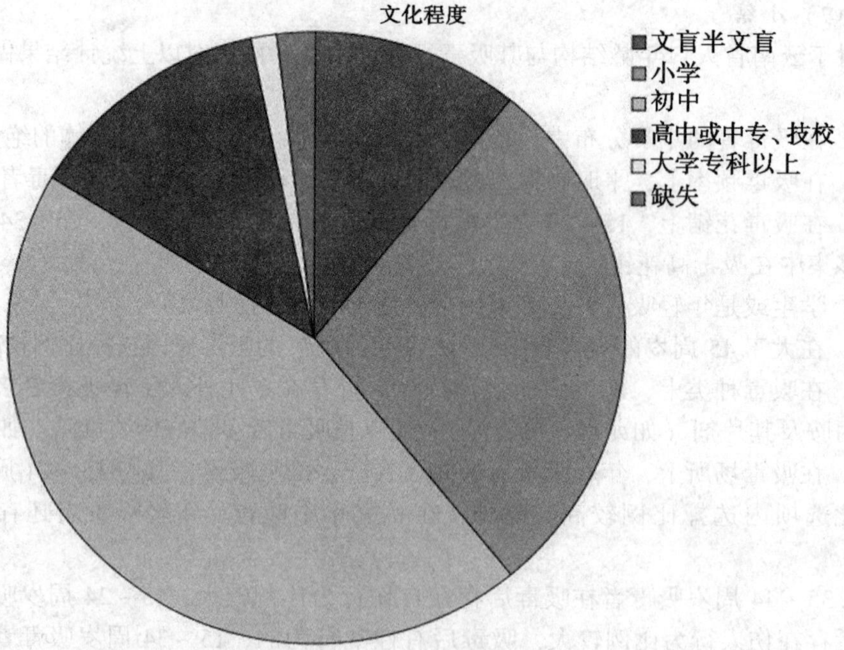


图 3－3　云南省吸毒人口文化结构

① 2014 年省内调查数据。

表 3－41　云南省吸毒人口文化结构 2①

| | | 频率 | 百分比% | 有效百分比% | 累积百分比% |
|---|---|---|---|---|---|
| 有效 | 文盲半文盲 | 198 | 8.4 | 8.5 | 8.5 |
| | 小学 | 506 | 21.3 | 21.7 | 30.2 |
| | 初中 | 1190 | 50.2 | 51.1 | 81.3 |
| | 高中或中专、技校 | 381 | 16.1 | 16.4 | 97.7 |
| | 大学专科 | 46 | 1.9 | 2.0 | 99.7 |
| | 本科及以上 | 8 | 0.3 | 0.3 | 100.0 |
| | 合计 | 2329 | 98.2 | 100.0 | |
| 缺失 | 不适用 | 3 | 0.1 | | |
| | 未回答 | 39 | 1.6 | | |
| | 合计 | 42 | 1.8 | | |
| 合计 | | 2371 | 100.0 | | |

表 3－42　云南省吸毒人口读书年限②

| | | 频率 | 百分比% | 有效百分比% | 累积百分比% |
|---|---|---|---|---|---|
| 有效 | 0—6 年 | 3375 | 31.2 | 31.2 | 31.2 |
| | 7—9 年 | 4028 | 37.2 | 37.2 | 68.4 |
| | 10—12 年 | 1609 | 14.8 | 14.8 | 83.2 |
| | 13 年及 13 年以上 | 1825 | 16.8 | 16.8 | 100.0 |
| 合计 | | 10837 | 100.0 | 100.0 | |

在文化程度上，表 3－40 显示，初中及初中文化以下的吸毒者共有 9073 人，占样本总量的85.4%；表3－41 显示，初中及初中文化以下的吸毒者共有1894 人，占样本总量的 81.3%。因此，省内吸毒者的文化程度较低，主要集中在初中及初中文化以下。表3－42 显示，在读书年限上，9 年及9 年以下的共有7403 人，占样本总量的68.3%。其中，6 年以下的占 31.1%，7—9 年的占 37.2%。超过六成的吸毒者读书年限在9 年以下。③

① 2015 年省内调查数据。
② 2014 年调查数据。
③ 即吸毒者多数在九年义务教育后，没有选择继续读书。

## 二、云南省吸毒人口的文化结构与其他相关变量的关系

表 3-43　文化程度＊进所前工作交叉表

| | | | 进所前工作 | | | | | 企事业员工 |
|---|---|---|---|---|---|---|---|---|
| | | | 农业劳动者 | 商业服务业员工 | 工厂工人 | 个体工商户 | 城乡无业、失业、半失业者 | |
| 文化程度 | 文盲半文盲 | 计数 | 725 | 36 | 60 | 45 | 84 | 8 |
| | | 文化程度中的% | 63.5% | 3.2% | 5.3% | 3.9% | 7.4% | 0.7% |
| | | 总数的% | 7.0% | 0.3% | 0.6% | 0.4% | 0.8% | 0.1% |
| | 小学 | 计数 | 1420 | 56 | 165 | 161 | 223 | 29 |
| | | 文化程度中的% | 47.8% | 1.9% | 5.6% | 5.4% | 7.5% | 1.0% |
| | | 总数的% | 13.6% | 0.5% | 1.6% | 1.5% | 2.1% | 0.3% |
| | 初中 | 计数 | 1189 | 161 | 268 | 463 | 406 | 67 |
| | | 文化程度中的% | 24.9% | 3.4% | 5.6% | 9.7% | 8.5% | 1.4% |
| | | 总数的% | 11.4% | 1.5% | 2.6% | 4.4% | 3.9% | 0.6% |
| | 高中或中专、技校 | 计数 | 125 | 70 | 86 | 212 | 130 | 102 |
| | | 文化程度中的% | 9.0% | 5.0% | 6.2% | 15.3% | 9.4% | 7.4% |
| | | 总数的% | 1.2% | 0.7% | 0.8% | 2.0% | 1.2% | 1.0% |
| | 大学专科以上 | 计数 | 3 | 22 | 7 | 20 | 6 | 31 |
| | | 文化程度中的% | 2.1% | 15.4% | 4.9% | 14.0% | 4.2% | 21.7% |
| | | 总数的% | 0.0% | 0.2% | 0.1% | 0.2% | 0.1% | 0.3% |
| 合计 | | 计数 | 3462 | 345 | 586 | 901 | 849 | 237 |
| | | 文化程度中的% | 33.2% | 3.3% | 5.6% | 8.6% | 8.1% | 2.3% |
| | | 总数的% | 33.2% | 3.3% | 5.6% | 8.6% | 8.1% | 2.3% |

**表3－44 文化程度＊个人月收入交叉表**

| | | | 个人月收入 | | | | |
|---|---|---|---|---|---|---|---|
| | | | 1500元以下 | 1501～2000元 | 2001～2500元 | 2501～3000元 | 3000元以上 |
| 文化程度 | 文盲半文盲 | 计数 | 504 | 219 | 92 | 80 | 208 |
| | | 文化程度中的% | 45.7% | 19.9% | 8.3% | 7.3% | 18.9% |
| | | 总数的% | 5.1% | 2.2% | 0.9% | 0.8% | 2.1% |
| | 小学 | 计数 | 1041 | 568 | 282 | 235 | 664 |
| | | 文化程度中的% | 37.3% | 20.4% | 10.1% | 8.4% | 23.8% |
| | | 总数的% | 10.4% | 5.7% | 2.8% | 2.4% | 6.7% |
| | 初中 | 计数 | 1086 | 898 | 588 | 545 | 1463 |
| | | 文化程度中的% | 23.7% | 19.6% | 12.8% | 11.9% | 31.9% |
| | | 总数的% | 10.9% | 9.0% | 5.9% | 5.5% | 14.7% |
| | 高中或中专、技校 | 计数 | 212 | 235 | 169 | 167 | 580 |
| | | 文化程度中的% | 15.6% | 17.2% | 12.4% | 12.3% | 42.6% |
| | | 总数的% | 2.1% | 2.4% | 1.7% | 1.7% | 5.8% |
| | 大学专科以上 | 计数 | 12 | 14 | 16 | 17 | 85 |
| | | 文化程度中的% | 8.3% | 9.7% | 11.1% | 11.8% | 59.0% |
| | | 总数的% | 0.1% | 0.1% | 0.2% | 0.2% | 0.9% |
| 合计 | | 计数 | 2855 | 1934 | 1147 | 1044 | 3000 |
| | | 文化程度中的% | 28.6% | 19.4% | 11.5% | 10.5% | 30.1% |
| | | 总数的% | 28.6% | 19.4% | 11.5% | 10.5% | 30.1% |

表3－43与表3－44显示，在吸毒者职业上，文化程度越高，从事农业的比例越小——有63.5%的文盲或半文盲吸毒者进戒毒所之前为农业从业者，而仅有2.1%的大学专科及以上的吸毒者进戒毒所之前为农业从业者，农业从业者的比例与文化层次呈反相关。吸毒者曾为企事业员工的比例与文化程度呈正相关，初中及初中以下文化程度的吸毒者的比例均在1.5%以下，高中、中专或技校占7.4%，而大学专科以上占21.7%。商业服务业员工、工厂工人、个体工商户职业与文化程度并无明显的相关性。在个人月收入上，纵向比较，月收入在1500元以下，文盲或半文盲的吸毒者所占比例较高；[①] 月收入在1501～2000元，小学文化的吸毒

① 此处的比例为文盲半文盲收入水平整体的比例。

者所占比例较高；月收入在2001~2500元，初中文化的吸毒者所占比例较高；月收入在2501~3000元，高中或中专、技校的吸毒者所占比例较高；月收入在3000元以上，大学专科以上的吸毒者所占比例较高。

## 三、云南省吸毒人口的文化结构与吸毒行为的关联性

### （一）文化结构与吸毒行为的表现①

1. 首次吸毒年龄、首次吸毒场所。

表3-45　文化程度＊首次吸毒年龄交叉表

| | | | 首次吸毒年龄 | | | | 合计 |
|---|---|---|---|---|---|---|---|
| | | | 小于14周岁 | 15~24周岁 | 25~34周岁 | 大于35周岁 | |
| 文化程度 | 文盲半文盲 | 计数 | 48 | 518 | 347 | 253 | 1166 |
| | | 文化程度中的% | 4.1% | 44.4% | 29.8% | 21.7% | 100.0% |
| | | 总数的% | 0.5% | 4.9% | 3.2% | 2.4% | 11.0% |
| | 小学 | 计数 | 140 | 1727 | 857 | 339 | 3063 |
| | | 文化程度中的% | 4.6% | 56.4% | 28.0% | 11.0% | 100.0% |
| | | 总数的% | 1.3% | 16.3% | 8.1% | 3.2% | 28.9% |
| | 初中 | 计数 | 231 | 3287 | 1025 | 301 | 4844 |
| | | 文化程度中的% | 4.8% | 67.8% | 21.2% | 6.2% | 100.0% |
| | | 总数的% | 2.2% | 30.9% | 9.6% | 2.8% | 45.5% |
| | 高中或中专、技校 | 计数 | 59 | 936 | 324 | 82 | 1401 |
| | | 文化程度中的% | 4.2% | 66.8% | 23.1% | 5.9% | 100.0% |
| | | 总数的% | 0.5% | 8.8% | 3.1% | 0.8% | 13.2% |
| | 大学专科以上 | 计数 | 7 | 89 | 40 | 12 | 148 |
| | | 文化程度中的% | 4.7% | 60.2% | 27.0% | 8.1% | 100.0% |
| | | 总数的% | 0.1% | 0.8% | 0.4% | 0.1% | 1.4% |
| 合计 | | 计数 | 485 | 6557 | 2593 | 987 | 10622 |
| | | 文化程度中的% | 4.6% | 61.7% | 24.4% | 9.3% | 100.0% |
| | | 总数的% | 4.6% | 61.7% | 24.4% | 9.3% | 100.0% |

① 由于吸毒的严重程度相关指标的分析结果与前文相似，故不赘述。

**表 3-46 文化程度 * 首次吸毒场所交叉表**

| | | | 第一次吸食毒品的地点 | | | | | 合计 |
|---|---|---|---|---|---|---|---|---|
| | | | 娱乐场所 | 家居住宅 | 临时性住所（宾馆酒店、租住房） | 山林田地 | 公园、广场、其他 | |
| 文化程度 | 文盲半文盲 | 计数 | 81 | 587 | 187 | 220 | 43 | 1118 |
| | | 文化程度中的% | 7.2% | 52.5% | 16.7% | 19.7% | 3.9% | 100.0% |
| | | 总数的% | 0.8% | 5.7% | 1.8% | 2.1% | 0.4% | 10.8% |
| | 小学 | 计数 | 365 | 1105 | 926 | 462 | 120 | 2978 |
| | | 文化程度中的% | 12.3% | 37.1% | 31.1% | 15.5% | 4.0% | 100.0% |
| | | 总数的% | 3.5% | 10.6% | 8.9% | 4.5% | 1.2% | 28.7% |
| | 初中 | 计数 | 699 | 1561 | 1932 | 413 | 150 | 4755 |
| | | 文化程度中的% | 14.7% | 32.8% | 40.6% | 8.7% | 3.2% | 100.0% |
| | | 总数的% | 6.7% | 15.0% | 18.6% | 4.0% | 1.5% | 45.8% |
| | 高中或中专、技校 | 计数 | 209 | 485 | 577 | 58 | 54 | 1383 |
| | | 文化程度中的% | 15.1% | 35.1% | 41.7% | 4.2% | 3.9% | 100.0% |
| | | 总数的% | 2.0% | 4.7% | 5.6% | 0.6% | 0.4% | 13.3% |
| | 大学专科以上 | 计数 | 22 | 50 | 52 | 9 | 11 | 144 |
| | | 文化程度中的% | 15.3% | 34.7% | 36.1% | 6.2% | 7.7% | 100.0% |
| | | 总数的% | 0.2% | 0.5% | 0.5% | 0.1% | 0.1% | 1.4% |
| 合计 | | 计数 | 1376 | 3788 | 3674 | 1162 | 378 | 10378 |
| | | 文化程度中的% | 13.2% | 36.5% | 35.4% | 11.3% | 3.6% | 100.0% |
| | | 总数的% | 13.2% | 36.5% | 35.4% | 11.3% | 3.6% | 100.0% |

表 3-45 和表 3-46 显示，在首次吸毒年龄和首次吸毒场所上，文化程度变量的影响并不大。

2. 首次吸毒种类。

表3－47 文化程度＊首次吸毒种类交叉表

| | | | 首次吸食毒品的种类 | | | | 合计 |
|---|---|---|---|---|---|---|---|
| | | | 鸦片（卡苦） | 海洛因 | 甲基苯丙胺及其片剂 | 氯胺酮（“K粉”） | |
| 文化程度 | 文盲半文盲 | 计数 | 139 | 768 | 192 | 2 | 1101 |
| | | 文化程度中的% | 12.6% | 69.8% | 17.4% | 0.2% | 100% |
| | | 总数的% | 1.4% | 7.6% | 1.9% | 0.0% | 10.9% |
| | 小学 | 计数 | 199 | 2164 | 524 | 13 | 2900 |
| | | 文化程度中的% | 6.9% | 74.6% | 18.1% | 0.4% | 100% |
| | | 总数的% | 2.0% | 21.4% | 5.2% | 0.1% | 28.6% |
| | 初中 | 计数 | 375 | 3211 | 1012 | 35 | 4633 |
| | | 文化程度中的% | 8.1% | 69.3% | 21.8% | 0.8% | 100% |
| | | 总数的% | 3.7% | 31.7% | 10.0% | 0.3% | 45.7% |
| | 高中或中专、技校 | 计数 | 110 | 892 | 336 | 14 | 1352 |
| | | 文化程度中的% | 8.1% | 66.0% | 24.9% | 1.0% | 100% |
| | | 总数的% | 1.1% | 8.8% | 3.3% | 0.1% | 13.3% |
| | 大学专科以上 | 计数 | 23 | 78 | 36 | 5 | 142 |
| | | 文化程度中的% | 16.2% | 54.9% | 25.4% | 3.5% | 100% |
| | | 总数的% | 0.2% | 0.8% | 0.4% | 0.0% | 1.4% |
| 合计 | | 计数 | 846 | 7113 | 2100 | 69 | 10128 |
| | | 文化程度中的% | 8.4% | 70.3% | 20.8% | 0.5% | 100% |
| | | 总数的% | 8.4% | 70.3% | 20.8% | 0.5% | 100% |

表3－47显示，在首次吸毒的种类上，海洛因和甲基苯丙胺及其片剂类毒品仍然在总体中占绝大部分。16.2%的大学专科及其以上学历吸毒者首次吸毒种类为鸦片（卡苦），是同类吸毒种类纵向比较的最高值。

3. 平时吸食毒品种类。

**表 3－48 文化程度＊平时吸食鸦片的情况交叉表**

| | | | 平时吸食鸦片的情况 | | | 合计 |
|---|---|---|---|---|---|---|
| | | | 经常 | 偶尔 | 从不 | |
| 文化程度 | 文盲半文盲 | 计数 | 120 | 133 | 910 | 1163 |
| | | 文化程度中的% | 10.3% | 11.4% | 78.3% | 100.0% |
| | | 总数的% | 1.1% | 1.3% | 8.6% | 11.0% |
| | 小学 | 计数 | 159 | 269 | 2631 | 3059 |
| | | 文化程度中的% | 5.2% | 8.8% | 86.0% | 100.0% |
| | | 总数的% | 1.5% | 2.5% | 24.8% | 28.8% |
| | 初中 | 计数 | 250 | 547 | 4041 | 4838 |
| | | 文化程度中的% | 5.2% | 11.3% | 83.5% | 100.0% |
| | | 总数的% | 2.4% | 5.2% | 38.0% | 45.6% |
| | 高中或中专、技校 | 计数 | 65 | 179 | 1155 | 1399 |
| | | 文化程度中的% | 4.6% | 12.8% | 82.6% | 100.0% |
| | | 总数的% | 0.6% | 1.7% | 10.9% | 13.2% |
| | 大学专科以上 | 计数 | 19 | 23 | 106 | 148 |
| | | 文化程度中的% | 12.8% | 15.6% | 71.6% | 100.0% |
| | | 总数的% | 0.2% | 0.2% | 1.0% | 1.4% |
| 合计 | | 计数 | 613 | 1151 | 8843 | 10607 |
| | | 文化程度中的% | 5.8% | 10.9% | 83.3% | 100.0% |
| | | 总数的% | 5.8% | 10.9% | 83.3% | 100.0% |

**表 3－49　文化程度＊平时吸食卡苦的情况交叉表**

| | | | 平时吸食卡苦的情况 | | | 合计 |
|---|---|---|---|---|---|---|
| | | | 经常 | 偶尔 | 从不 | |
| 文化程度 | 文盲半文盲 | 计数 | 69 | 106 | 984 | 1159 |
| | | 文化程度中的% | 6.0% | 9.1% | 84.9% | 100.0% |
| | | 总数的% | 0.7% | 1.0% | 9.3% | 11.0% |
| | 小学 | 计数 | 100 | 213 | 2741 | 3054 |
| | | 文化程度中的% | 3.3% | 7.0% | 89.7% | 100.0% |
| | | 总数的% | 0.9% | 2.0% | 25.9% | 28.8% |
| | 初中 | 计数 | 148 | 464 | 4220 | 4832 |
| | | 文化程度中的% | 3.1% | 9.6% | 87.3% | 100.0% |
| | | 总数的% | 1.4% | 4.4% | 39.9% | 45.7% |
| | 高中或中专、技校 | 计数 | 51 | 163 | 1183 | 1397 |
| | | 文化程度中的% | 3.6% | 11.7% | 84.7% | 100.0% |
| | | 总数的% | 0.5% | 1.5% | 11.2% | 13.2% |
| | 大学专科以上 | 计数 | 13 | 26 | 108 | 147 |
| | | 文化程度中的% | 8.8% | 17.7% | 73.5% | 100.0% |
| | | 总数的% | 0.1% | 0.2% | 1.0% | 1.3% |
| 合计 | | 计数 | 381 | 972 | 9236 | 10589 |
| | | 文化程度中的% | 3.6% | 9.1% | 87.3% | 100.0% |
| | | 总数的% | 3.6% | 9.1% | 87.3% | 100.0% |

表 3－48 和表 3－49 显示，分别有 12.8% 和 8.8% 的大学专科及以上文化程度的吸毒者平时经常吸食鸦片或卡苦，均占纵向比较的最高值。①

① 该类人群主要吸食种类为海洛因、甲基苯丙胺及其片剂，吸食鸦片（卡苦）的在总体中占较小比例。

4. 吸毒方式。

表 3－50 文化程度＊通常采用鼻吸的吸毒方法交叉表

| | | | 通常采用鼻吸的吸毒方法 | | 合计 |
|---|---|---|---|---|---|
| | | | 是 | 否 | |
| 文化程度 | 文盲半文盲 | 计数 | 26 | 919 | 945 |
| | | 文化程度中的% | 2.8% | 97.2% | 100.0% |
| | | 总数的% | 0.3% | 9.8% | 10.1% |
| | 小学 | 计数 | 71 | 2498 | 2569 |
| | | 文化程度中的% | 2.8% | 97.2% | 100.0% |
| | | 总数的% | 0.8% | 26.8% | 27.6% |
| | 初中 | 计数 | 108 | 4260 | 4368 |
| | | 文化程度中的% | 2.5% | 97.5% | 100.0% |
| | | 总数的% | 1.2% | 45.7% | 46.9% |
| | 高中或中专、技校 | 计数 | 53 | 1252 | 1305 |
| | | 文化程度中的% | 4.1% | 95.9% | 100.0% |
| | | 总数的% | 0.6% | 13.4% | 14.0% |
| | 大学专科以上 | 计数 | 9 | 117 | 126 |
| | | 文化程度中的% | 7.1% | 92.9% | 100.0% |
| | | 总数的% | 0.1% | 1.3% | 1.4% |
| 合计 | | 计数 | 267 | 9046 | 9313 |
| | | 文化程度中的% | 3.0% | 97.0% | 100.0% |
| | | 总数的% | 3.0% | 97.0% | 100.0% |

表 3-51　文化程度 * 通常采用烟枪吸的吸毒方法交叉表

| | | | 通常采用烟枪吸的吸毒方法 | | 合计 |
|---|---|---|---|---|---|
| | | | 是 | 否 | |
| 文化程度 | 文盲半文盲 | 计数 | 160 | 785 | 945 |
| | | 文化程度中的% | 16.9% | 83.1% | 100.0% |
| | | 总数的% | 1.7% | 8.4% | 10.1% |
| | 小学 | 计数 | 477 | 2092 | 2569 |
| | | 文化程度中的% | 18.6% | 81.4% | 100.0% |
| | | 总数的% | 5.1% | 22.5% | 27.6% |
| | 初中 | 计数 | 807 | 3561 | 4368 |
| | | 文化程度中的% | 18.5% | 81.5% | 100.0% |
| | | 总数的% | 8.7% | 38.2% | 46.9% |
| | 高中或中专、技校 | 计数 | 238 | 1067 | 1305 |
| | | 文化程度中的% | 18.2% | 81.8% | 100.0% |
| | | 总数的% | 2.5% | 11.5% | 14.0% |
| | 大学专科以上 | 计数 | 26 | 100 | 126 |
| | | 文化程度中的% | 20.6% | 79.4% | 100.0% |
| | | 总数的% | 0.3% | 1.1% | 1.4% |
| 合计 | | 计数 | 1708 | 7605 | 9313 |
| | | 文化程度中的% | 18.3% | 81.7% | 100.0% |
| | | 总数的% | 18.3% | 81.7% | 100.0% |

表 3-50 和表 3-51 显示，在吸毒方式上，7.1% 的大学专科及以上学历的吸毒者通常采用鼻吸的方式吸食毒品，20.6% 的大学专科及以上学历的吸毒者通常采用烟枪吸的方式吸食毒品，二者皆占同类吸毒方式纵向比较的最高值。

5. 获得毒品的方式。

**表 3－52　文化程度＊向毒友购买毒品交叉表**

| | | | 向毒友购买毒品 | | 合计 |
|---|---|---|---|---|---|
| | | | 是 | 否 | |
| 文化程度 | 文盲半文盲 | 计数 | 583 | 564 | 1147 |
| | | 文化程度中的% | 50.8% | 49.2% | 100.0% |
| | | 总数的% | 5.5% | 5.4% | 10.9% |
| | 小学 | 计数 | 1483 | 1533 | 3016 |
| | | 文化程度中的% | 49.2% | 50.8% | 100.0% |
| | | 总数的% | 14.1% | 14.5% | 28.6% |
| | 初中 | 计数 | 2229 | 2590 | 4819 |
| | | 文化程度中的% | 46.3% | 53.7% | 100.0% |
| | | 总数的% | 21.2% | 24.6% | 45.8% |
| | 高中或中专、技校 | 计数 | 569 | 828 | 1397 |
| | | 文化程度中的% | 40.7% | 59.3% | 100.0% |
| | | 总数的% | 5.4% | 7.9% | 13.3% |
| | 大学专科以上 | 计数 | 52 | 95 | 147 |
| | | 文化程度中的% | 35.4% | 64.6% | 100.0% |
| | | 总数的% | 0.5% | 0.9% | 1.4% |
| 合计 | | 计数 | 4916 | 5610 | 10526 |
| | | 文化程度中的% | 46.7% | 53.3% | 100.0% |
| | | 总数的% | 46.7% | 53.3% | 100.0% |

表 3-53 文化程度 * 向毒贩购买毒品交叉表

| | | | 向毒贩购买毒品 | | 合计 |
|---|---|---|---|---|---|
| | | | 是 | 否 | |
| 文化程度 | 文盲半文盲 | 计数 | 643 | 504 | 1147 |
| | | 文化程度中的% | 56.1% | 43.9% | 100.0% |
| | | 总数的% | 6.1% | 4.8% | 10.9% |
| | 小学 | 计数 | 1611 | 1405 | 3016 |
| | | 文化程度中的% | 53.4% | 46.6% | 100.0% |
| | | 总数的% | 15.3% | 13.3% | 28.6% |
| | 初中 | 计数 | 2919 | 1900 | 4819 |
| | | 文化程度中的% | 60.6% | 39.4% | 100.0% |
| | | 总数的% | 27.7% | 18.1% | 45.8% |
| | 高中或中专、技校 | 计数 | 962 | 435 | 1397 |
| | | 文化程度中的% | 68.9% | 31.1% | 100.0% |
| | | 总数的% | 9.1% | 4.2% | 13.3% |
| | 大学专科以上 | 计数 | 100 | 47 | 147 |
| | | 文化程度中的% | 68.0% | 32.0% | 100.0% |
| | | 总数的% | 1.0% | 0.4% | 1.4% |
| 合计 | | 计数 | 6235 | 4291 | 10526 |
| | | 文化程度中的% | 59.2% | 40.8% | 100.0% |
| | | 总数的% | 59.2% | 40.8% | 100.0% |

表3-52及表3-53显示，在获得毒品的方式上，35.4%的大学专科及以上学历吸毒者选择向毒友购买毒品，是同类变量纵向比较的最低值，而68.9%的高中或中专、技校学历的吸毒者选择向毒贩购买毒品，68.0%的大学专科及以上学历的吸毒者选择向毒贩购买毒品，是同类变量纵向比较的较高值。

6. 毒资来源。

**表 3－54　文化程度＊吸毒的钱是自己的合法收入交叉表**

| | | | 吸毒的钱是自己的合法收入 | | 合计 |
|---|---|---|---|---|---|
| | | | 是 | 否 | |
| 文化程度 | 文盲半文盲 | 计数 | 879 | 273 | 1152 |
| | | 文化程度中的% | 76.3% | 23.7% | 100.0% |
| | | 总数的% | 8.3% | 2.6% | 10.9% |
| | 小学 | 计数 | 2261 | 760 | 3021 |
| | | 文化程度中的% | 74.8% | 25.2% | 100.0% |
| | | 总数的% | 21.5% | 7.2% | 28.7% |
| | 初中 | 计数 | 3697 | 1117 | 4814 |
| | | 文化程度中的% | 76.8% | 23.2% | 100.0% |
| | | 总数的% | 35.1% | 10.6% | 45.7% |
| | 高中或中专、技校 | 计数 | 1116 | 280 | 1396 |
| | | 文化程度中的% | 79.9% | 20.1% | 100.0% |
| | | 总数的% | 10.6% | 2.7% | 13.3% |
| | 大学专科以上 | 计数 | 123 | 24 | 147 |
| | | 文化程度中的% | 83.7% | 16.3% | 100.0% |
| | | 总数的% | 1.2% | 0.2% | 1.4% |
| 合计 | | 计数 | 8076 | 2454 | 10530 |
| | | 文化程度中的% | 76.7% | 23.3% | 100.0% |
| | | 总数的% | 76.7% | 23.3% | 100.0% |

表 3－55　文化程度＊吸毒的钱为偷盗、欺诈、贩毒等所得交叉表

| | | | 吸毒的钱为偷盗、欺诈、贩毒等所得 | | 合计 |
|---|---|---|---|---|---|
| | | | 是 | 否 | |
| 文化程度 | 文盲半文盲 | 计数 | 121 | 1031 | 1152 |
| | | 文化程度中的% | 10.5% | 89.5% | 100.0% |
| | | 总数的% | 1.1% | 9.8% | 10.9% |
| | 小学 | 计数 | 268 | 2753 | 3021 |
| | | 文化程度中的% | 8.9% | 91.1% | 100.0% |
| | | 总数的% | 2.6% | 26.1% | 28.7% |
| | 初中 | 计数 | 383 | 4431 | 4814 |
| | | 文化程度中的% | 8.0% | 92.0% | 100.0% |
| | | 总数的% | 3.6% | 42.1% | 45.7% |
| | 高中或中专、技校 | 计数 | 92 | 1304 | 1396 |
| | | 文化程度中的% | 6.6% | 93.4% | 100.0% |
| | | 总数的% | 0.9% | 12.4% | 13.3% |
| | 大学专科以上 | 计数 | 11 | 136 | 147 |
| | | 文化程度中的% | 7.5% | 92.5% | 100.0% |
| | | 总数的% | 0.1% | 1.3% | 1.4% |
| 合计 | | 计数 | ,875 | 9655 | 10530 |
| | | 文化程度中的% | 8.3% | 91.7% | 100.0% |
| | | 总数的% | 8.3% | 91.7% | 100.0% |

表3-56　文化程度＊吸毒的钱由家人朋友供给交叉表

| | | | 吸毒的钱由家人朋友供给 | | 合计 |
|---|---|---|---|---|---|
| | | | 是 | 否 | |
| 文化程度 | 文盲半文盲 | 计数 | 337 | 815 | 1152 |
| | | 文化程度中的% | 29.3% | 70.7% | 100.0% |
| | | 总数的% | 3.2% | 7.7% | 10.9% |
| | 小学 | 计数 | 834 | 2187 | 3021 |
| | | 文化程度中的% | 27.6% | 72.4% | 100.0% |
| | | 总数的% | 7.9% | 20.8% | 28.7% |
| | 初中 | 计数 | 1516 | 3298 | 4814 |
| | | 文化程度中的% | 31.5% | 68.5% | 100.0% |
| | | 总数的% | 14.4% | 31.3% | 45.7% |
| | 高中或中专、技校 | 计数 | 490 | 906 | 1396 |
| | | 文化程度中的% | 35.1% | 64.9% | 100.0% |
| | | 总数的% | 4.7% | 8.6% | 13.3% |
| | 大学专科以上 | 计数 | 34 | 113 | 147 |
| | | 文化程度中的% | 23.1% | 76.9% | 100.0% |
| | | 总数的% | 0.3% | 1.1% | 1.4% |
| 合计 | | 计数 | 3211 | 7319 | 10530 |
| | | 文化程度中的% | 30.5% | 69.5% | 100.0% |
| | | 总数的% | 30.5% | 69.5% | 100.0% |

表3-54至表3-56显示，在毒资获得方式上，有76.3%的文盲或半文盲吸毒者、74.8%的小学文化程度吸毒者、76.8%的初中文化吸毒者、79.9%的高中或中专、技校文化吸毒者、83.7%的大学专科及以上学历吸毒者的吸毒毒资是自己的合法收入，29.3%的文盲半文盲吸毒者、27.6%的小学文化吸毒者、31.5%的初中文化吸毒者、35.1%的高中或中专、技校文化吸毒者和23.1%的大学专科及以上吸毒者的吸毒毒资由家人、朋友提供，10.5%的文盲半文盲吸毒者、8.9%的小学文化吸毒者、8.0%的初中文化吸毒者、6.6%的高中或中专、技校文化吸毒者和7.5%的大学专科以上吸毒者的毒资由偷盗、欺诈、贩毒等违法行为获得。由此，在合法获取毒资途径上，文化程度较高的吸毒者所占比例较大，在非法获取毒资途

径上，文化程度较低的吸毒者所占比例较大。①

（二）较高文化程度吸毒者的吸毒行为

在文化程度较高的吸毒人口中，选取了两个具有代表性的个案分析其吸毒行为。

李某，男，46岁，大理巍山人，本科文凭，入所前职业为中学教师，入所前月收入为3000元，2015年1月于大理白族自治州强制隔离戒毒所接受访谈。据李某口述，他第一次接触的毒品是海洛因，当时是在装修的新房中撞见装修师傅在吸食海洛因，后被装修师傅威胁便一同吸食海洛因。李某说，自己以前做老师的时候曾经去抓过学生吸毒。自己没有挡住诱惑，加上对毒品好奇，在装修师傅的威胁下，便坠入了毒品的深渊。在学校知道其吸毒行为后，李某被开除，但因为家里还做一些土特产的生意，所以还有足够的毒资供其吸食海洛因。为了躲避妻子的发现，李某通常买了毒品在私家车中吸食，直到一次向零星毒贩买海洛因时被警方抓住。李某说他不经常吸毒，除了心情烦躁的时候。“我大概吸了五六次，就觉得自己上瘾了，不抽的时候就想要去找这个东西。”“在知道我吸毒之后，妻子跟我离婚了，家人也觉得我吸毒是一种耻辱，我父亲很生气，跟我断绝了关系。”

张某，男，34岁，云南保山人，本科文凭，入所前职业为卫生所儿科医生，入所前月收入为3000元，2015年1月于保山市强制隔离戒毒所接受访谈。张某说，他第一次吸食的毒品是卡苦，初次吸食卡苦是跟朋友聚会，由朋友提供。张某说，在他和朋友的眼中，卡苦没有海洛因易上瘾、危害大。“吸海洛因的，脑子都烧坏了，吸到最后都会变成精神病。”“我由于体质原因，身体经常疼痛，之前也知道这类毒品可以镇痛，直到那次跟朋友聚会，他们拿出卡苦来，我才尝试了一点，当时是用水烟筒吸，我只吸了几口。吸完之后觉得很疲惫，于是就回家睡觉，睡到第二天中午才醒。”此后两个月中，张某一直没有吸食毒品，他觉得自己没有上瘾。后来朋友又拿来了鸦片，这样反复近十次，张某觉得自己有了毒品需求。张某说，在他们的观念里，一般社会地位较高的吸毒者比较偏爱卡苦，他们很不屑那些吸食海洛因、“摇头丸”、麻古的吸毒者，认为他们吸食这些毒品后容易“发疯”，产生幻想，做出危害社会、扰乱公共治安的行为。②

（三）小结

1. 吸毒者文化程度与吸毒者的收入水平、职业稳定性呈一定的相关性。

2. 在吸毒种类上，文化程度较高的吸毒者多吸食鸦片、卡苦等毒品，而文化程度较低的吸毒者多吸食海洛因、甲基苯丙胺及其片剂。在吸毒群体内部存在

① 文化程度不是唯一的影响因素，获取毒资的方式还与吸毒者的吸毒严重程度、同辈群体、家庭环境、警方的打击力度等因素相关。

② 在当地的缉毒民警口中，我们也了解到这一现象和情况。

"社会地位高的吸毒者吸食卡苦"的吸毒亚文化。[①]

3. 在吸食毒品的方式上，文化程度较高的吸毒者采用烟枪吸、鼻吸方式（包括使用水烟筒吸食）吸毒的比例比文化程度较低的吸毒者高。

4. 在获取毒资的方式上，文化程度较高的吸毒者更易采用合法的方式获取毒资，而文化程度较低的吸毒者采用非法方式获取毒资的比例比前者大。

## 结论

数据统计的结果不仅仅是单纯的数字或者百分比，也包含了存在于这些数字或百分比背后的意义。结合性别角色理论与亚文化理论，综合文中所得数据结论，可以归纳出以下重要内容：

其一，在吸毒人群性别结构与吸毒行为的关联性上，更多的男性为了寻求刺激、冒险而沾染毒品，而女性则多为打发无聊而沾染毒品；男性吸毒者多认为吸食毒品是"勇敢者的游戏"，而女性吸毒者则多是在陷入负面情绪中而接触毒品，是一种被动的"沦陷"状态；男性吸毒者的暴力性、攻击性行为出现于筹集毒资的过程、吸毒后的反应；女性的被动状态体现于沾染毒品的原因、筹集毒资的过程和吸毒后的反应中。男女吸毒者生理、心理、社会属性方面的差异使他们在吸毒行为的原因、表现和后果上产生不同，男性吸毒者的吸毒行为对比女性吸毒者更可体现"主动性"和"外放性"，对社会造成的危害更大。而女性吸毒者的吸毒行为对自身造成的危害更大。

其二，在吸毒人群年龄结构与吸毒行为的关联性上，年轻吸毒者多偏好甲基苯丙胺及其片剂（如冰毒、麻古等），而年长吸毒者多偏好传统毒品（如鸦片）；15～24周岁吸毒者偏向在KTV、酒吧吸毒，此外，在私家车中吸毒，年轻吸毒者存在稍高比例；35～44周岁吸毒者在吸毒后存在自伤行为比例较大，15～24周岁吸毒者在吸毒后存在伤人行为比例较大。吸毒后有性乱行为的，15～34周岁吸毒者所占比例较高。这些结论体现了不同年龄层次的吸毒人员在吸毒种类、吸毒场所、吸毒行为的后果上具有不同的特点。值得说明的是，这样的行为差异，更多受到亚文化因素的影响。

其三，本章中较多结论与亚文化因素有关。例如，女性吸毒者更偏向新型毒品（如冰毒、麻古）的使用，大于45周岁的吸毒者中，"吸毒为治病"的吸毒原因选择比例较高，文化程度较高的吸毒者多吸食鸦片、卡苦等毒品，而文化程度较低的吸毒者多吸食海洛因、甲基苯丙胺及其片剂等结论，与新型毒品使用者偏好聚众吸毒的吸毒亚文化、年长吸毒者受吸食毒品以减轻身体疾病症状的吸毒亚文化、社会地位高的吸毒者吸食卡苦的吸毒亚文化密切相关。

在性别结构与吸毒行为的关联性上，我们发现：（1）男性吸毒者多认为吸食

① 文化程度变量是测量社会地位的一个重要指标。

毒品是“勇敢者的游戏”，而女性吸毒者则多是在陷入自身负面情绪中而接触毒品，是一种被动的“沦陷”状态。（2）吸食毒品的种类上，女性吸毒者更偏向新型毒品（如冰毒、麻古）的使用。（3）初次吸毒的年龄，女性普遍小于男性。（4）男性吸毒者的暴力性、攻击性行为出现于筹集毒资的过程、吸毒后的反应；女性的被动状态体现于沾染毒品的原因、筹集毒资的过程和吸毒后的反应中。

在年龄结构与吸毒行为的关联性上，我们发现：（1）在吸毒种类上，海洛因的吸食行为大量存在。此外，年轻吸毒者多偏好甲基苯丙胺及其片剂（如冰毒、麻古等），而年长吸毒者多偏好传统毒品（如鸦片）。（2）在吸毒原因的选择上，年长吸毒者显示出更多的“吸毒为治病”倾向。（3）35周岁以下的青年吸毒者构成了云南省吸毒群体的绝大部分。在吸毒频率上，25～34周岁吸毒者平时吸毒次数较多。在吸毒花销上，15～24周岁吸毒者多集中于低花销区，25～34周岁吸毒者多集中于高花销区。在吸毒场所上，15～24周岁吸毒者偏向在KTV、酒吧吸毒，此外，在私家车中吸毒，年轻吸毒者存在稍高比例。（4）学生和年轻吸毒者，多采用自愿戒毒的方式摆脱毒品。（5）在吸毒后的行为上，35～44周岁吸毒者在吸毒后存在自伤行为比例较大，15～24周岁吸毒者在吸毒后存在伤人行为比例较大。吸毒后有性乱行为的，15～34周岁吸毒者所占比例较高。

在文化结构与吸毒行为的关联性上，我们发现：（1）吸毒者文化程度与吸毒者的收入水平、职业稳定性呈一定的相关性。（2）在吸毒种类上，文化程度较高的吸毒者多吸食鸦片、卡苦等毒品，而文化程度较低的吸毒者多吸食海洛因、甲基苯丙胺及其片剂。在吸毒群体内部存在“社会地位较高的人吸食卡苦”的吸毒亚文化。（3）在吸食毒品的方式上，文化程度较高的吸毒者采用烟枪吸、鼻吸方式（包括使用水烟筒吸食）吸毒的比例比文化程度较低的吸毒者大。（4）在获取毒资的方式上，文化程度较高的吸毒者更易采用合法的方式获取毒资，而文化程度较低的吸毒者采用非法方式获取毒资的比例比前者大。

# 第四章　农村人口与毒品滥用①

目前，云南农村地区②吸毒人员数量庞大，农村人口滥用毒品问题凸显，这会直接影响云南农村地区的社会主义新农村建设，关系到边疆农村的社会和谐和边疆农村的民生福祉。因此，如何治理边疆农村地区的毒品问题，切实做好新时期的农村禁毒工作已成为当前云南禁毒工作面临的新课题。

本研究从社会学的视野和角度入手，研究云南农村人口的毒品滥用问题。在调查访问的基础上，对云南农村人口毒品滥用的现状、发展趋势、社会危害，农村人口毒品滥用形成的内在机制与防治策略进行定量、定性研究。

## 第一节　相关理论与研究综述

### 一、相关研究综述

纵观毒品滥用问题的研究，国内外学术界对此给予了极大的关注，相关研究成果可谓是卷帙浩繁，硕果累累。本书主要从社会学的视角做以下综述。

（一）国外相关研究

西方国家在毒品滥用问题方面已有较长的研究历史，成果丰硕，主要有以下两个方面：一是关于滥用毒品行为原因的实证研究；二是关于毒品滥用的社会控制研究。

1. 西方社会学理论对毒品滥用行为的实证分析。

（1）社会失范理论与社会控制理论对毒品滥用行为的分析。默顿运用失范－压力理论分析毒品滥用行为，把吸毒归因于结构压力而产生的越轨行为，认为吸毒是一种“逃避主义”，毒品滥用者不能实现自己成功的道路，因而逃离文化认定的成功目标。③ 但是后来的研究者发现关于毒品滥用的事实与默顿的研究存在不容之处。社会控制理论的研究者对毒品滥用行为的调查发现，社会上的每个成员都存在

① 注：本章所有案例及数据采集于2015年。

② 本研究中所指的农村人口是按照农村、城镇户籍性质来划分的，特指农村户籍人口。

③ 韩丹. 国外吸毒问题的社会学理论视角述评——以美国相关研究成果为例. 唯实，2010（3）.

滥用毒品的可能性，但是绝大多数社会成员能拒绝毒品诱惑，是因为滥用毒品行为被社会认定为越轨行为，与社会认同的准则背道而驰。社会成员的吸毒行为可能会造成个体在亲缘关系、业缘关系、地缘关系及朋辈群体中的正常社会关系的破裂，会危害自身的社会地位和社会声誉。社会控制论的实证研究，注重探究亲缘、业缘、地缘、朋辈等群体及组织在社会个体首次尝试吸食毒品中的作用。

（2）亚文化理论对毒品滥用行为的分析。亚文化理论又称文化传递理论，美国学者贝克教授曾首度采用这一理论来研究毒品滥用问题。他对大麻吸食者滥用大麻的形成过程进行了深入研究。经研究后发现，掌握吸食的正确技巧和方法、学习如何去体验和感受大麻带来的反应、学会将大麻带来的感受体验为快乐，这些是大麻滥用行为产生的必备条件。他借助亚文化群体成员的定义来解释滥用者如何最终获取快感。群体成员相互认同、表明自我身份，形成和接受亚文化，加上主文化往往会拒斥亚文化，因此亚文化也会故意反抗主文化。社会学家科恩在《亚文化群体》一书中，从亚文化群体所具有的维护本群体内部的价值观及行为倾向的角度，解释分析了毒品滥用及其他失范行为产生的文化根源。经后来研究者对该理论的发展，亚文化理论成为对吸毒成因、戒毒复杂性及社会对于吸毒人员的排斥都具有很强的解释力的理论。

（3）社会网络理论对毒品滥用行为的分析。近年来，随着网络社会学理论的兴起，国外学者开始用社会网络的研究方法来研究毒品滥用问题。社会学家通过对社会生活中人们的关系、互动进行解析，并与其他相关理论融会贯通形成了当代的社会网络理论。外国学者采用社会网络分析方法研究毒品滥用问题，主要表现在三个方面：①研究网络群体对社会个体毒品滥用行为产生的影响；②从网络特征和网络结构入手研究其对毒品滥用行为产生的影响；③研究网络群体中特殊人物的作用。[①]

（4）社会学习理论与社会化理论对毒品滥用行为的分析。一些国外研究者采纳社会学习理论研究毒品滥用问题，他们把包括毒品滥用行为在内的所有失范行为归结为在社会化过程中，经过模仿学习而产生的不良行为。家庭、朋友、伙伴等与个体互动密切的初级社会群体的行为规范对个体失范行为的产生起着至关重要的作用，对个体毒品滥用行为的形成具有很大影响。此后一些研究者引进社会心理学的行为强化理论和符号互动论完善了社会化理论对毒品滥用等失范行为的分析，这些实证研究得出了家庭长辈的管教与青少年毒品滥用行为之间的关系，管教越严，其子女毒品滥用的倾向越小；家庭成员对青少年持积极态度并予以肯定式的教育方式也会减少青少年滥用毒品的可能性。[②]

---

① 范辰辉．吸毒人群的社会支持研究综述．中国药物滥用防治杂志，2013（4）．

② 韩丹．国外吸毒问题的社会学理论视角述评——以美国相关研究成果为例．唯实，2010（3）．

2. 毒品滥用的社会防治研究。

（1）运用社会控制手段治理毒品滥用的研究。各国研究者从社区视角出发，研究了社区戒毒方法。对20世纪五六十年代美国“戴托普戒毒模式”（Therapeutic Community的缩写，即治疗社区）的研究，可以作为这一方面研究之代表。它研究如何打造“封闭式社区”：将戒毒者安置在居住性的治疗环境中，注重发挥社区与集体的功能，让吸毒者集体居住，滥用者之间积极互动，相互鼓励和帮助，以集体治疗为基础，同时营造高度结构化、等级化的氛围，逐渐促成滥用者行为和自身内在态度的转变，最后摆脱吸毒群体的亚文化。① 由于这一戒毒模式取得了较好的效果，后被其他国家和组织采纳。此外，相关控制毒品滥用的治疗管理模式的研究中，日本的社区治疗模式也被广为推崇。它研究所谓的整合式策略，即研究如何整合政府、社区和民间志愿者等各方资源参与禁毒，让滥用者重新回归社会。②

（2）民间自治组织参与禁毒的社会学研究。研究者探讨戒毒社会组织如何参与形成自治性的戒毒模式。学者通过对戒毒社会组织的运营模式及社会功能的研究，并将其模式进行推广，为社会化禁毒提供了借鉴。这一方面的代表性研究成果就是对成立于1935年的美国“匿名戒毒会”（缩写为NA）的戒毒康复模式的研究，研究其组织思想、组织结构、核心程序、运行机制，以及与其他民间戒毒社会组织成效进行对比研究，得出了“十二步戒毒法”和“十二传统”的戒毒康复策略，并进一步加以试点实践进行推广，于1982年发表了《匿名戒毒会》这一研究成果。③

（二）国内相关研究

国内对毒品滥用问题的研究始于20世纪90年代中后期，从社会学角度对毒品滥用问题的研究，则是近十年才开始的。通过检索、阅读、分析文献发现，目前，我国学者对毒品滥用问题的社会学研究表现在以下几个方面：

1. 毒品滥用人员群体特征的调查研究。国内学者对毒品滥用人员群体特征的研究多采用定量研究和质性研究相结合的方法，主要有对青少年吸毒人群和女性吸毒人群等的调查研究。唐斌通过分析青少年吸毒群体特征发现，毒品亚文化的传递是青少年吸毒群体的主要特征，同时他调查研究了毒品亚文化是如何在群体中得以习得与传承及群体成员的相互认同。④ 随着女性毒品滥用者的增加，学者们对女性吸毒群体的特征进行了研究。刘晖等从女性社会学视角出发研究了女性毒品滥用的特征，并认为相对男性而言，女性吸毒更有“被动吸食”和带有男性吸毒助“性”的受害者特点。⑤ 万志红通过云南青少年吸毒群体的调查发现，边疆地区青少年吸

① 高朝霞. 对国外戒毒模式的借鉴与探索. 中国司法，2009（3）.
② 徐媛媛，庄华，张鹏. 中外社区戒毒与社区康复研究比较. 云南警官学院学报，2010（1）.
③ 房红. 国外禁吸戒毒模式述评. 云南警官学院学报，2010（1）.
④ 唐斌. 浅析青少年吸毒的群体性特征及防治. 禁毒研究，2005（1）.
⑤ 刘晖，刘霞. 女性吸毒特质诱因的社会学述评——以新型毒品为解释视角. 学术界，2011（6）.

毒群体存在与内地毒品滥用者不同的特征，其中包括更加低龄化、受教育程度更低、民族多样化等特点。[①] 随着新型毒品滥用加剧，一些学者研究了新型毒品滥用人员的群体特征：沈康荣首次对我国吸食新型毒品的滥用者的群体特征进行调查和分析，得出了以下结论：滥用人群凸显“三多”——男性众多，低学历人员多，无业人员多；滥用种类相同——主要是冰毒、“K 粉”和“摇头丸”；滥用人数增长迅速。[②]

2. 滥用毒品人员染毒成因及复吸归因的调查研究。段伟、祝小慧从社会心理动机理论研究青少年的染毒原因，认为青少年不良的个体心理如不加以正当引导，则可能会成为导致青少年染毒的重要内在心理因素。[③] 廖龙辉在对青少年吸毒现状分析的基础上，对青少年滥用毒品行为的成因进行了“社会－心理”因素的综合。[④] 夏国美在调查的基础上从更深的文化和制度层次分析了青少年吸毒问题背后的原因。[⑤] 莫关耀等通过云南毒品滥用严重的 8 个州市的调查和访问，分析了云南省新型毒品滥用的朋辈群体因素，指出交友不慎成为 35 岁以下青少年滥用新型毒品的主要外因。[⑥] 杨玲等通过对吸毒者回归社会后的认同感、归属感及复吸情况进行调查发现，戒毒人员回归社会后普遍缺乏亲密的人际交往和情感互动。不利的社会处境、社会支持的缺乏、归属感的缺乏等是导致复吸的重要原因。[⑦]

3. 毒品滥用社会危害的调查研究。国内研究者对毒品滥用社会危害的研究主要从个人、家庭及社会等层面展开论述。秦和平的《西南民族地区的毒品危害及其对策》一书是目前国内系统地认识西南民族地区的毒品危害及禁毒对策的专门著作，从时间和空间两方面，系统分析了西南民族地区的毒害，并针对边疆民族地区的实际，提出了积极的建议。[⑧] 夏国美、杨秀石等人所著的《社会学视野下的新型毒品》一书，对新时期出现的新型毒品滥用问题进行了研究，通过对新型毒品吸食者与传统毒品吸食者的人口学特征、滥用特征及风险性行为的对比研究后，发现新型毒品存在传播快、心理成瘾性高、治理难度大等社会危害性。[⑨]

4. 毒品滥用的防治措施及禁毒政策实证研究。这类研究有的从总体上探索吸毒行为的防治对策，而有的注重研究地方特色的毒品防治策略。冯丽平经调查分析认为，戒毒人员复吸问题和后续生存教育问题是亟待解决的新课题。她对如何降低

---

① 万志红．云南青少年吸毒现状分析．云南警官学院学报，2007（1）．

② 沈康荣．新型毒品使用者的群体特征．社会观察，2007（6）．

③ 段伟，祝小慧．当前青少年吸毒危险因素及治理对策．中国药物依赖性杂志，2008（17）．

④ 廖龙辉．当前青少年吸毒行为现状及其成因的社会学分析．青年探索，2001（4）．

⑤ 夏国美．社会学视野下的禁毒研究．社会科学，2003（10）．

⑥ 莫关耀，杜敏菊．云南 35 岁以下青少年吸食新型毒品的朋辈原因分析及预防策略．中国药物滥用防治杂志，2014（6）．

⑦ 杨玲，李明军．毒品吸戒问题研究：来自心理学的探索．科学出版社，2010．

⑧ 秦和平．西南民族地区的毒品危害及其对策．四川民族出版社，2005．

⑨ 夏国美，杨秀石，等．社会学视野下的新型毒品．上海社会科学院出版社，2009：88－95．

复吸率，如何营造一个“洁净”的社会环境和完善社区戒毒管理模式来巩固戒毒成效等进行了研究。[①] 钱宁借鉴了社会支持网络的概念，调查访问了昆明在戒毒帮教、创建无毒社区活动中所采取的一些举措，从社会工作层面研究社区戒毒方法——即“金碧模式”。[②] 韩丹在已有研究的基础上，对江苏吸毒人群进行调查，提出“生理——心理——社会”为一体的社区戒毒综合模式，[③] 从生理、心理、社会三重维度构建了吸毒人群的社会支持体系，以此有效干预和治疗海洛因人群的成瘾问题。陈曦、何咏梅研究了我国边疆民族地区禁毒教育工作存在的问题并提出了探索具有民族化、本土化特色的禁毒教育的一些对策。[④] 钟莹、梁国勋研究了如何运用个案管理方法在社区戒毒人员中开展工作，如何整合社区资源，提升社区禁毒的专业化服务水平。[⑤] 昆明强制戒毒所提出了包括脱毒治疗、教育管理等九个第一的“昆明戒毒模式”，探索出了一条戒毒工作的特色之路。

## 二、研究设计

### （一）研究思路与结构

遵照研究背景→现状、特点与趋势分析→影响因素分析→社会影响→对策分析与结论这一基本研究路径。在导论部分，简要对国内外毒品滥用情况进行了分析，并对以往研究成果进行概括性综述，从而指出了研究背景和研究架构；在正文部分，首先是对云南农村人口的毒品滥用行为进行实证分析，阐释其滥用毒品行为的主要表现、基本特点和发展趋势；其次，在现状描述的基础上探讨了引起云南农村人口毒品滥用的外部因素与内在因素；接下来在理论分析与实证分析的基础上揭示云南农村毒品问题的产生过程与形成机制；再次，对边疆农村人口的毒品滥用行为的社会风险进行了阐述；最后，得出了研究结论并提出了防治农村人口滥用毒品的行为策略。

### （二）研究说明

本研究的论题来源于云南省禁毒教育培训科研基地的课题——《云南省毒情评估研究》项目，所研究的内容是其中的一个子课题，所有的调查数据和访谈资料都来源于这一课题的调查所获资料，涉及调查研究中的问卷调查和个别访谈两种方法。

在云南的129个县市中，有28个无毒县。在毒品中度及高度流行地区，以吸

---

① 冯丽平．对吸毒人员后续教育模式和生活方式的思考．云南警官学院学报，2006（1）．

② 钱宁．社区戒毒的控制与支持网络——昆明市创建无毒社区活动研究．华东理工大学学报（社会科学版），2002（1）．

③ 韩丹．吸毒与艾滋病问题的社会学研究——以江苏吸毒人群为例．中国社会科学出版社，2011（11）：13．

④ 陈曦，何咏梅．云南边疆民族地区禁毒教育的思考．云南警官学院学报，2008（1）．

⑤ 钟莹，梁国勋．个案管理：社区戒毒工作的新模式．华东理工大学学报（社会科学版），2008（2）．

毒人员在1000人以上为标准，低度流行地区则选取1～3个县市，最后确定47个县区作为调查重点，以此确保样本的代表性。

《云南省毒情评估研究》项目课题组组建了6个调查小组，于2014年7月5日、6日开展了毒品知识和社会调查基本理论及调查访问注意事项的集中培训，确保调查任务保质保量地完成。此次调查共有50人参加，其中包括带队老师11人，参与的学生39人。调研团队针对吸毒人群于2014年7月7日赴云南16个州市47个县区的强制隔离戒毒所、社区戒毒（康复）所、美沙酮门诊等地开展了为期15天的实地调查。问卷的发放则按照当地戒毒所关押的吸毒人员的多少来分配。此次针对吸毒人员共发放问卷12000余份，实填问卷11831份，其中有效问卷10837份，废卷994份，问卷有效回收率达90%以上。此次被访吸毒人员中，云南省农村户口的吸毒人员有6187例，云南省城镇户口的吸毒人员有2956例；其余调查对象为云南省外及国外的吸毒人员。

个案访谈。《云南省毒情评估研究》项目课题组还针对吸毒人员设计了深度访谈问卷。关于吸毒人员的访谈，采用深度访谈方法，对部分有代表性的比较健谈的吸毒人员进行了访谈。访谈中结合调查问卷，就一些重要问题进行深入挖掘，如对个人家庭情况、个人吸毒史、吸毒原因、自己所了解的周围人吸毒情况问题等进行深入访问，获得了较为丰富的定性访谈资料。同时，为更加全面、深入地了解吸毒人员的情况，还对部分负责禁毒管理工作的工作人员（包括公安民警、强戒所司法干警和美沙酮维持治疗的工作人员）和普通民众（吸毒人员家属、村委会工作人员、普通村民）进行了访问，收集到一些相关的资料。

问卷录入分析。研究中运用统计分析软件SPSS. 19. 0对所收集的问卷进行数据录入和统计分析。

## 第二节　云南省农村人口毒品滥用的现状

描述云南省农村人口毒品滥用的全景图，有助于深化我们对边疆农村人口毒品滥用现状的全面了解。本节主要从云南省农村人口毒品滥用总体状况、农村人口毒品滥用表现、特征与毒情发展趋势、毒品使用模式等几个方面对当前云南省农村人口毒品滥用的现状进行描述性研究和解释性研究。

### 一、云南省农村人口毒品滥用的总体状况

#### （一）云南省农村经济社会简介

云南地处我国西南边陲，总面积39. 41万平方千米，民族自治地方土地面积27. 67万平方千米，面积占全省面积的70. 2%。东部毗邻广西和贵州，北部与四川隔江相望，西面毗邻缅甸，南面和东南面分别接壤老挝、越南。全省陆地边境线长达4060千米。云南是一个边疆山区省。全省山区、半山区面积占94%，坝区占

6%。全省共有自然村135790个，其中有71996个位于山区，占53%，处于半山区的有40890个，占30%，位于坝区的自然村只有22904个，仅占17%，生活在山区和半山区的农业人口达到2540万人，占总人口的72%。

目前，云南省共有地级行政区16个，包括8个地级市和8个自治州。云南16个地州（市）共有人口4596.6万人，其中少数民族1533.7万人，占全省总人口的比例为33.37%，其中人口达到5000以上的少数民族有25个，有16个民族跨境而居，是全国民族种类和少数民族人口最多的省份。目前，云南行政村共计12308个，农村户数达969万户，农村户籍占72.76%；农村人口数达3725万人，占全省总人口的64.8%。云南农村地区农村从业人员达2187万人，其中农业从业人员1619万人。[①] 据云南第六次人口普查数据显示，云南农村人口性别比约为111.3∶100，农村性别比失调严重。

改革开放尤其是实施西部大开发以来，云南农村经济社会发展取得了显著成绩。首先是农业经济发展较快。2012年年底，全省农、林、牧、渔业总产值2680.22亿元。其次农村基础设施建设得到了发展。农村交通条件大为改观，乡镇通班车率99.85%，行政村通班车率82.89%。2012年年底，全省自来水受益村数12228个，通汽车村数12759个，通电话村数12651个，农村用电量73.78亿千瓦时。[②] 同时农村地区医疗卫生事业得到了改善。2012年年底，云南农村基层医疗卫生机构达21887个。自实施新农合政策以来，农民看病难、看病贵的问题得到一定程度的缓解。云南农村社会保障事业也得到了一定程度的发展，2011年年末，共有403.37万农村贫困人口可以享受到农村低保。但是，云南农村发展仍然面临着基础设施落后、生态环境脆弱、产业层次不高、贫困面较大、边疆社会问题凸显等不利境遇，“边疆、民族、山区、贫困、高原”，仍是云南农村最大的省情，也是云南农村最大的实情。

### （二）云南毒品问题概况

云南是全国禁毒委确定的6个毒品重灾区省份之一。随着云南省三轮禁毒人民战争的开展，境外毒品流入内地的势头得到一定程度的遏制，毒品危害快速蔓延的势头得到一定缓解，但国际、国内毒情继续恶化，毒品生产和消费不减，云南的毒情依然十分严峻，毒情形势未得到根本好转，还出现了一些前所未有的新情况。

云南省公安厅数据统计显示，2011—2013年，云南收戒吸毒人员11.54万名，云南年均缴毒16吨，其中缴获的海洛因占全国缴获总量的80%左右，缴获的冰毒片剂占全国缴获总量的70%（见表4－1）。

① 数据来源：云南省统计局《云南统计年鉴2013》。

② 数据来源：云南省统计局《云南统计年鉴2013》。

表4-1　2011—2013年云南省禁毒情况一览表①

| 年份 | 破获毒品案件（万起） | 抓获毒贩（万名） | 缴获的海洛因 | | 缴获的冰毒片剂 | | 各类毒品总量（吨） |
|---|---|---|---|---|---|---|---|
| | | | 数量（吨） | 占全国缴获总数的百分比 | 数量（吨） | 占全国缴获总数的百分比 | |
| 2011 | 1.68 | 1.77 | 4.9 | 70.4% | 7.6 | 60.3% | 13.54 |
| 2012 | 1.69 | 1.78 | 5.6 | 76% | 9.45 | 60% | 15.8 |
| 2013 | 1.93 | 2.05 | 6.4 | 80% | 9.7 | 70% | 20.66 |

“截至2013年10月，云南累计登记吸毒人数达155968人。2013年1—10月新增吸毒人员1.38万人，与2012年同比上升4.61%。”② 截至2014年6月，全省正在执行社区戒毒和社区康复的分别达1.62万和1.69万人。“截至2014年6月，云南登记在册吸毒人员已突破16万人，其中登记在册吸食冰毒人数超过2万人，18~35岁的吸毒人员已成为吸食冰毒的主要群体，并向低龄化蔓延，年龄最小的仅14岁。”③ 当前，在供需两旺之下，云南禁毒的形势更加严峻。一方面，境外缅北、老北罂粟种植连续5年增加。据国家毒品实验室样品分析，2013年我国缴获的海洛因和冰毒片剂中分别有92.2%和95.2%来自缅北，同比均有小幅上升；④ 另一方面，缅北制贩合成毒品加剧，尤其冰毒生产规模扩大，对云南渗透加剧。禁毒还面临着一些新情况：贩毒手法翻新，物流、寄递业成为贩毒活动的重要渠道；利用大型集装箱货车夹带贩毒活动增多；雇佣特殊人群贩毒有增无减；武装贩毒日益突出。⑤ 此外，吸毒人员继续增多，海洛因需求未减，冰毒滥用蔓延速度加快；吸食场所大大扩散。上述数据无疑说明云南省毒情形势十分严峻。

（三）云南农村人口毒品滥用的表现

云南农村人口滥用毒品，死灰复燃于20世纪80年代，其发展速度之快，波及面之广，让人始料未及。

1. 农村吸毒人口蔓延迅速，毒品消费需求不断扩大，毒品流入渠道广泛。云南农村地区毒品滥用人数激增，数据显示，受访的吸毒人员中，农村户口的有6187例，占67.7%；城镇户口的有2956例，占32.3%；约有2/3的滥用人员来自农村。虽然目前云南省吸毒人员的户籍性质没有具体数据，但是按照这个比例估

① 本表数据是根据《云南省推进第三轮禁毒人民战争工作新闻通报稿》中的数据整理而得。

② 刘百军. 堵源截流亟待完善立法　标本兼治更须加强预防. 法制日报，2014-6-12.

③ 被伪装的“致命诱惑”. 云南政协报，2014-6-30.

④ 数据来源于《2014年中国禁毒报告》。

⑤ 云南省推进第三轮禁毒人民战争工作新闻通报稿［2013-6-18］. http://www.ga.yn.gov.cn/jwxw/xinwenfabu/201306/t20130618_215987.html.

算，目前云南省登记在册农村籍的吸毒人员应该在11.5万人左右。如此庞大的数据，反映了云南省农村毒情严重。同时吸毒人员有增无减。2013年云南省登记在册的吸毒人员比2000年增长了21.7%。同时根据受访者反映，云南省农村人口中的隐性吸毒人员较多。某受访者（保山陇川人，男，30岁）说："本村有好多人吸毒，除了村干部家没有人吸以外，其他每家都会有一个是吸毒的，吸毒的人相当多，一半都被抓了。"某受访者（德宏盈江人，男，36岁）说："寨子几乎每家都有吸毒的，见得多了，也没什么了。"某受访者（版纳勐海人，男，1981年生）说："初中学历，再婚家庭，共七口人，主要从事边贸和农活。和朋友在一起，去宾馆KTV等娱乐场所喝酒，喝开心就吸了，主要吸食冰毒，毒品朋友买的。初吸一年。朋友中一半人吸毒，年轻人吸得比较多。村里有25%的人吸毒，七成被抓。"

云南农村地区如此庞大的毒品滥用人员数量，一方面促使吸毒蔓延范围迅速，毒品滥用的分布地域不断增多，突破了以往"区域化"特征的限制，由过去的几个毒品泛滥区（德宏、昆明、临沧、大理、保山、普洱、西双版纳）辐射到全省各地，广泛分布在全省120个县（市、区），覆盖率达90%以上。旧的吸毒分子没有戒断，新的吸毒人员又在产生，由此造成恶性循环。另一方面，由于云南省吸毒人群基数庞大，导致毒品消费市场也不断扩大，极大地刺激了各类贩毒人员的滋生。同时从毒品滥用的形势上看，全省毒品的重灾区为边境一线，大理、昆明成为集散中心，被波及的有红河、文山、玉溪、曲靖、昭通等地区。可见，云南农村毒品蔓延迅速，涉及区域广泛。

2. 已有涉毒的农村人口社会流散面较广。当前，云南农村地区毒品滥用人数增长迅速，然而云南农村地区的戒毒所却普遍缺乏，许多县区没有戒毒所，以致多数地区是看守所、拘留所、戒毒所等几所合一，同时已有戒毒所的戒毒床位也非常有限，这导致众多吸毒人员难以收戒，农村吸毒人员流散在社会面上的较多。目前，云南强制戒毒所关押了戒毒人员约3万多名，再加上社区康复场所和美沙酮维持治疗的戒毒人员数万名，全省纳入社区戒毒康复人数占在册吸毒人数的78%，那么其余的吸毒人员基本是流散在社会面上，达数万之众，这导致农村地区强制戒毒工作难以有效开展，对当地社会治安造成严重影响。某受访者（村主任，孟连人，男，48岁）说："寨子里面，吃这个的好多。是因为家里面的教育问题，疑似吸毒的有300多人，只有十来个是吸海洛因的，其余的基本上都是吸麻黄素的。目前大多数也没有被抓去戒毒，他们也没把吃这个当成违法的行为。"在访谈中，一些禁毒工作人员表示，由于一些制度原因及禁毒警力严重不足、禁毒经费受限，存在着涉毒人员流散在社会面上的情况较多。

## 二、云南省农村吸毒人员的毒品滥用特征与趋势

经过深入研究后发现，云南农村人口毒品滥用现象有其自身特点。本章主要从

农村吸毒人员的群体特征、滥用方式特征两个角度进行分析，并在特征分析的过程中简要分析了云南农村人口毒品滥用的基本走向。

（一）云南农村吸毒人员的群体特征

1. 云南农村吸毒人员的社会人口学特征。吸毒人群的社会人口学特征反映了毒品滥用人群的特点，同时也是影响毒品滥用行为发生的客观因素。对农村吸毒人员的社会人口学相关指标描述性分析有利于了解农村吸毒人员的分布规律和特点。

（1）性别结构：男性占主体，女性比例上升。从性别结构上看，数据显示，在6187例农村吸毒人员中，除去266名未填写性别的吸毒者，有5480名是男性吸食者，有效百分比为92.6%，其中女性吸食者为441名，有效百分比为7.4%。云南农村吸毒人员中，男性滥用者人数远大于女性滥用者，呈现出男性占主体，男多女少的特点。从心理学角度分析，男性吸毒比例高于女性是由于男女在个性方面存在差异，如男性喜欢追求刺激。从社会学角度解释，男性的经济自主权相对来说高于女性，男性的日常应酬和交际的机会多于女性，这些可能成为毒品滥用性别差异的重要因素。但随着农村女性参加社会活动的机会增多，经济开始独立的增多，同时，加之人口流动加快，许多女性青年外出打工染毒的现象增多，她们一般在餐饮、娱乐场所等地从事服务性行业（调查发现，441例农村女性吸毒者中，58.5%的女性表示曾经在歌舞厅、酒吧、美容美发厅、洗浴中心等地有过打工的经历），因此，近年来农村女性吸毒人员比例呈上升趋势。

（2）年龄结构：年龄呈直线型伸张，青少年占绝大多数，中年比例偏大。从年龄结构上看，数据显示（见图4－1），受访的6187例农村吸毒人员中，未成年人（18周岁以下）有104人，占总数的1.7%；18～25周岁的有1718人，占总数的27.8%；26～35周岁的有2445人，占总数的39.5%；36～55周岁的有1748人，占总数的28.3%；56周岁以上的有172人，占总数的2.8%。吸毒人员的平均年龄为31.34±9.05周岁。滥用群体中年龄最小的只有13周岁，年龄最大的88周岁，滥用群体的年龄跨度非常大。由此可见，云南农村吸毒人员中仍然以35岁以下的青少年为主，且呈现低龄化趋势，整体年龄结构呈年轻化，这部分群体本应该成为新农村建设的主力军，但因遭受毒品侵蚀，他们反而成为农村经济社会发展的不利因素。同时值得注意的是，云南农村人口吸毒人群中，中年滥用者的比例不容小觑（36～55周岁的吸毒者占近1/3），这是云南农村毒品滥用问题在年龄分布上的另一个显著特点。这也意味着在农村中毒品滥用问题正在由青壮年向其他年龄群体扩散。

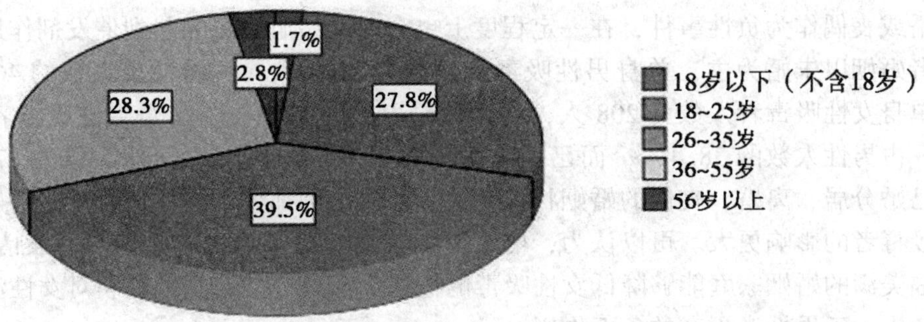


**图 4-1　云南农村吸毒人员的年龄分布状况**

就不同性别的年龄状况而言，18 周岁以下的男性滥用者比例为 1.5%，女性滥用者比例为 4.3%；18~25 周岁的男性滥用者比例为 27.8%，女性滥用者比例为 31.7%；26~35 周岁的男性滥用者比例为 39.9%，女性滥用者比例为 35.4%；36~55 周岁的男性滥用者比例为 28.3%，女性滥用者比例为 23.1%。从表 4-2 数据可以看出，性别与年龄分布状况的卡方检验 $p$ 值小于 0.05，由此推断不同性别的滥用人群在年龄分布状况上存在差异。表中数据反映了女性滥用者的年龄相对更小，且集中分布在 18~35 周岁这一年龄层，而男性滥用者的年龄分布相对较长，一直延续到 36 周岁以后，且在 36~55 周岁这一年龄段还出现了另一高峰。

**表 4-2　云南农村吸毒人员不同性别之间的年龄分布状况**

| 农村吸毒人员的性别与年龄分布交叉表（$n$=6187） | | | 年龄分组 | | | | | 合计 |
|---|---|---|---|---|---|---|---|---|
| | | | 18 岁以下 | 18~25 岁 | 26~35 岁 | 36~55 岁 | 56 岁以上 | |
| 性别 | 男 | 计数 | 81 | 1522 | 2186 | 1552 | 139 | 5480 |
| | | 性别中的% | 1.5% | 27.8% | 39.9% | 28.3% | 2.5% | 100.0% |
| | 女 | 计数 | 19 | 140 | 156 | 102 | 24 | 441 |
| | | 性别中的% | 4.3% | 31.7% | 35.4% | 23.1% | 5.5% | 100.0% |
| Pearson 卡方 = 40.214[a]，　df = 4，　渐进 Sig. = 0.00 | | | | | | | | |

（3）婚姻及家庭状况：未婚人口多，婚姻状况差。从婚姻状况特征上看，数据显示（见图 4-2），受访的 6187 例农村吸毒人员中，有 2814 名被访者处于未婚状态，占总数的 46.1%；已婚的有 2312 人，占总数的 37.9%；其中 145 名被访者处于已婚分居状态，占总数的 2.4%；有 753 名被访者为离婚，占总数的 12.3%；丧偶的有 74 人，占总数的 1.2%。由此可见，在不同的婚姻状态中，云南农村吸毒人员中未婚、已婚和离婚构成了滥用人群的主体，但以未婚人员和婚姻状态不稳定的被调查者的滥用率最高。已有相当多的实证研究成果证明，毒品滥用行为与婚

姻状况之间存在恶性循环关系，毒品滥用行为本身能对婚姻状况造成负面影响，而离婚或丧偶作为负性事件，在一定程度上也会对毒品滥用行为起到催发剂作用。吸毒者婚姻以未婚为主，单身男性吸毒者人数为2504人，占男性总人数的46.3%，而单身女性吸毒者人数为208人，占女性总人数的47.8%。已婚男性吸毒者2077人，占男性人数的38.4%，而已婚女性吸毒者有120人，占女性人数的27.6%。在已婚分居、离婚、丧偶的婚姻状况中，女性的比例都大于男性。可见，婚姻对女性吸毒者的影响更大。可以认为，情感因素对女性的影响大于男性。一般情况下，幸福美满的婚姻家庭能够降低女性吸毒的概率，反之亦然，婚姻破裂对女性滥用者会产生大于男性滥用者的负面作用。

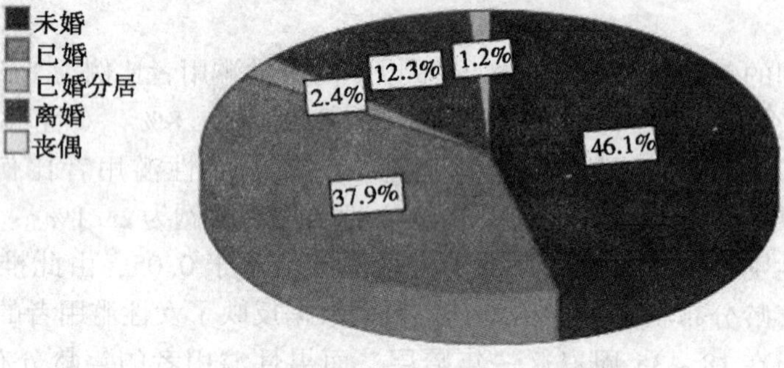


图4－2　云南农村吸毒人员的婚姻状况

在问及是否为独生子女这一问题时，结果显示，被调查的6187例农村吸毒者中，其中有209人未填写，有803人是独生子女，占总数的13.4%；而非独生子女有5175人，占总数的86.6%。在问及您现在有几个孩子这一问题时，结果显示，其中有270人未填写，2944人未生育小孩，占总数的49.8%；生育了一个小孩的吸毒者有1550人，占26.2%；生育两个小孩的有1148人，占总数的19.4%；生育三个或三个以上小孩的有275人，占总数的4.7%。由此可见，云南农村吸毒人员中非独生子女占绝大多数，且半数吸毒者没有生育下一代。数据显示了农村吸毒人员中大多数为未婚且未生育下一代的青少年，他们未确定他们的家庭角色，未承担起家庭角色的任务。

（4）受教育程度：文化水平普遍偏低，女性低于男性，少数民族低于汉族。吸毒人员的教育状况是分析和探讨毒品滥用人员特点的一个重要指标。本研究针对被调查者设计了两个测量变量——读书年限和文化程度。受访的6187例农村吸毒人员中（见图4－3），结果显示，从读书年限上看，被调查者的平均读书年限只有6.9年。共有5832名被调查者填写了相关的教育经历，其中有869人是文盲半文盲，占总数的14.3%；2021人是小学文凭，占总数的33.2%；2706名被调查者是初中文凭，占总数的44.5%；458名被调查者具有高中或中专、技校文凭，占总数的7.5%；具有大学专科以上文凭的有32人，仅占0.5%。把受访者的文化程度按低等（初中及以下）、中等（技、职校学历、中专和高中）和高等（大专及以上学历）三级划分，可以发现低学历占到了九成，这说明了云南农村吸毒人员的受教育程度普遍偏低，同时农村吸毒人员文化程度还存在着一定的性别差异，其中男性吸毒者的总体受教育程度比女性高（见表4－3）。访谈中也发现，在云南民族农村地区，很多都存在早婚习俗，并且对女性存在一些歧视和偏见，使得女童入学率很低、辍学率高。此次调查中，笔者发现农村吸毒人员中文盲半文盲居多，很多吸毒人员甚至都不识字，整个被调查的农村毒品滥用人员的文化程度指数①很低，因“无知”而染毒的特点十分明显。同时调查也发现毒品滥用现象有向受较高教育层次人群蔓延的趋势，这一现象值得我们警惕。

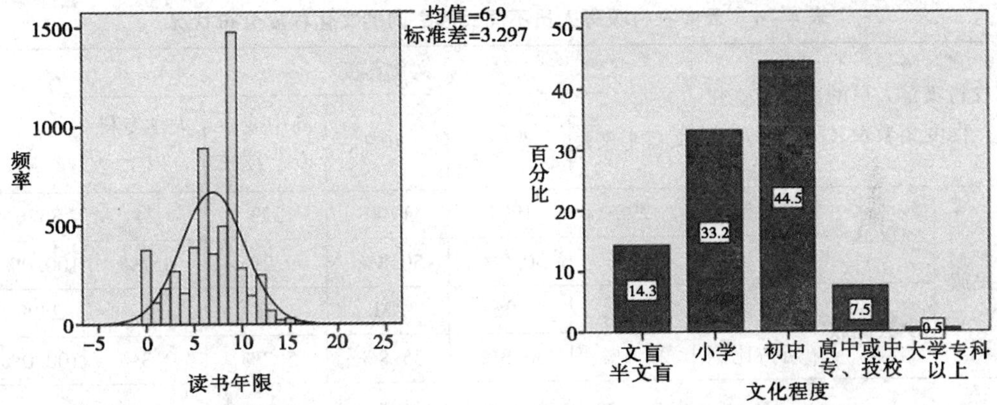


图4－3　云南农村吸毒人员的读书年限及文化程度

表4－3　云南农村吸毒人员不同性别之间的文化程度分布状况

<table>
<tr><td colspan="3" rowspan="2">农村吸毒人员的性别与文化程度交叉表（n＝6187）</td><td colspan="5">文化程度</td><td rowspan="2">合计</td></tr>
<tr><td>文盲半文盲</td><td>小学</td><td>初中</td><td>高中或中专、技校</td><td>大学专科以上</td></tr>
<tr><td rowspan="4">性别</td><td rowspan="2">男</td><td>计数</td><td>752</td><td>1810</td><td>2389</td><td>418</td><td>27</td><td>5396</td></tr>
<tr><td>性别中的%</td><td>13.9%</td><td>33.5%</td><td>44.3%</td><td>7.7%</td><td>0.5%</td><td>100.0%</td></tr>
<tr><td rowspan="2">女</td><td>计数</td><td>72</td><td>112</td><td>221</td><td>29</td><td>2</td><td>436</td></tr>
<tr><td>性别中的%</td><td>16.5%</td><td>25.7%</td><td>50.7%</td><td>6.7%</td><td>0.5%</td><td>100.0%</td></tr>
<tr><td colspan="9">Pearson 卡方＝13.804[a]，df＝4，渐进 Sig.＝0.008；<br>Gramer V 相关性＝－0.049，渐进 Sig.＝0.008</td></tr>
</table>

① 文化程度指数是指人口的总体平均受教育程度，即“平均的受教育年限”，它是集中反映某一群体受教育水平高低的一个重要指标。

农村吸毒人员文化程度还存在着民族差异（见表4-4），一方面，在文盲和仅受过小学教育的吸毒人员中，少数民族的比例均高于汉族。汉族文盲的比例为8.5%，而少数民族的文盲比例则达到了22.4%，汉族接受过小学教育的比例为30.9%，而少数民族的比例为36.3%；另一方面在受过初中及以上教育的吸毒人员中，汉族的比例则高于少数民族。初中程度的汉族为50.8%，而少数民族的初中比例只有35.8%，更高阶段的教育，汉族的比例亦高于少数民族。云南农村吸毒人员文化程度的民族差异，一定程度上反映出云南各民族的教育水平都比较低，同时少数民族的教育水平更低，发展教育将是解决云南农村地区少数民族毒品滥用现象蔓延的根本途径。

**表4-4　云南农村吸毒人员不同民族之间的文化程度分布状况**

| 农村吸毒人员的民族与文化程度交叉表（$n=6187$） | | | 文化程度 | | | | | 合计 |
|---|---|---|---|---|---|---|---|---|
| | | | 文盲半文盲 | 小学 | 初中 | 高中或中专、技校 | 大学专科以上 | |
| 民族 | 汉族 | 计数 | 298 | 1091 | 1790 | 323 | 24 | 3526 |
| | | 所占比例 | 8.5% | 30.9% | 50.8% | 9.2% | 0.7% | 100.0% |
| | 少数民族 | 计数 | 559 | 906 | 221 | 29 | 8 | 2499 |
| | | 所占比例 | 22.4% | 36.3% | 35.8% | 5.2% | 0.3% | 100.0% |
| Pearson 卡方 = 381.349[a]，df = 4，渐进 Sig. = 0.008；Spearman 相关性 = −0.217，渐进 Sig. = 0.000 | | | | | | | | |

2. 云南农村吸毒人员的社会经济状况特征。

（1）职业分布特征：农业劳动者是主体，自由职业及无业人员众多。从职业分布特征上看，如图4-4所示，受访的6187例农村吸毒人员中，农业劳动者有2797人，占总数的45.8%；商业服务业员工有137人，占总数的2.2%；工厂工人有273人，占总数的4.5%；个体工商户有341人，占总数的5.6%；自由职业者有1999人，占总数的32.8%；农村无业、失业、半失业者有311人，占总数的5.1%；企事业员工有72人，占总数的1.2%；学生有37人，占总数的0.6%；其他人员有135人，占总数的2.2%。可见，云南农村吸毒人员中，农业劳动者和自由职业者居绝大多数。同时，农村吸毒人员波及面十分广泛，涉及多层次、多领域的劳动者，毒品的滥用已经开始渗入农村主流社会各个领域的人群中。

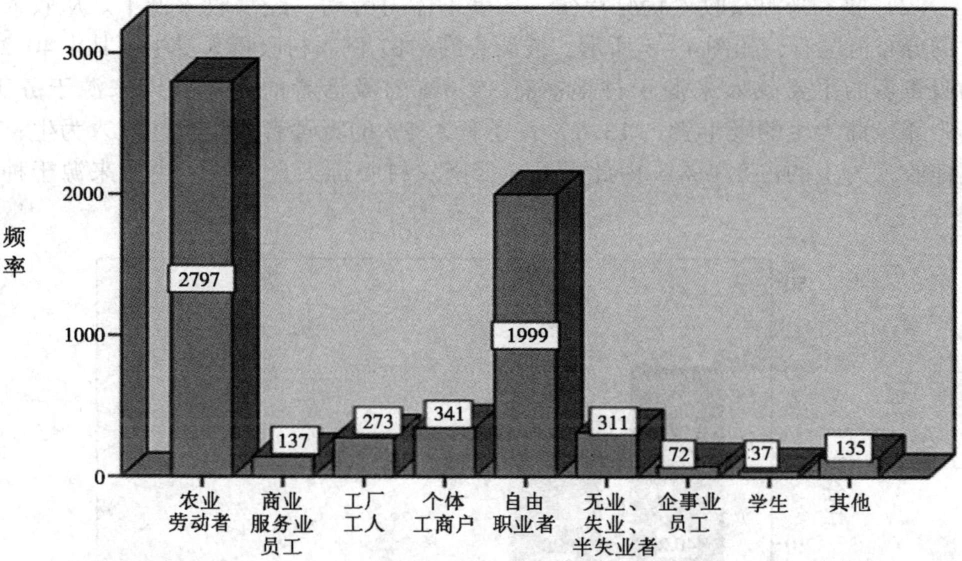


图 4-4　云南农村吸毒人员进所前的职业状况

当然，云南农村吸毒人员在不同职业中的性别差异在以下几个方面表现得非常明显（见表 4-5）。第一，在男性吸毒者中，农村务农的人数高达 2545 人，占男性吸毒人数的 47.1%，高于其他任何一个行业的男性吸毒者，即云南集中在农村地区的吸毒者主要是男性。第二，在女性吸毒者中，在农村务农的仅 102 人，占女性吸毒人数的 23.2%，较男性吸毒者比例低 24 个百分点。与其他职业差距不大，呈现出平均的趋势。第三，在自由职业、商业服务业，女性吸毒者所占比例均高于男性所占的比例。

表 4-5　云南农村吸毒人员不同性别之间的职业分布状况

| 农村吸毒人员的性别与收入来源交叉表（$n$ = 6187）缺失 344 | | | 职业 | | | | | | | | | |
|---|---|---|---|---|---|---|---|---|---|---|---|---|
| | | | 农业劳动者 | 商业服务业员工 | 工厂工人 | 个体工商户 | 自由职业者 | 无业、失业、半失业者 | 企事业员工 | 学生 | 其他 | 合计 |
| 性别 | 男 | 计数 | 2545 | 113 | 254 | 300 | 1708 | 266 | 62 | 30 | 126 | 5404 |
| | | 性别中的% | 47.1% | 2.1% | 4.7% | 5.6% | 31.6% | 4.9% | 1.1% | 0.6% | 2.3% | 100.0% |
| | 女 | 计数 | 102 | 19 | 5 | 31 | 224 | 37 | 7 | 5 | 9 | 439 |
| | | 性别中的% | 23.2% | 4.3% | 1.1% | 7.1% | 51.0% | 8.4% | 1.6% | 1.1% | 2.1% | 100.0% |
| Pearson 卡方 = 132.333[a]，df = 8，渐进 Sig. = 0.000；Gramer V 相关性 = −0.150，渐进 Sig. = 0.000 | | | | | | | | | | | | |

（2）收入来源及收入状况特征：从事重体力劳动，经济收入低下。从收入来源的分布情况看，如图4－5所示，被调查的6187例农村吸毒人员中，其中40.2%的吸毒者的主要收入来源于种地；有35.0%的吸毒者的主要收入来源于务工；其中靠经商为生的吸毒者占13.8%；还有2.4%的吸毒者靠租赁性收入为生；靠其他收入为生的占8.6%。由此可见，云南农村吸毒人员的收入主要来源于种地和务工。

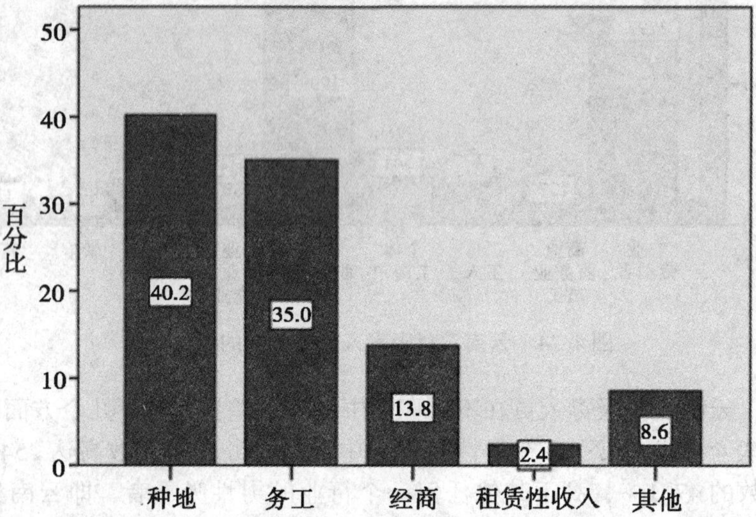


图4－5　云南省农村吸毒人员的主要收入来源

从收入分布状况上看（见表4－6），被调查的6187名农村吸毒人员中，除去未填写的336人，其中，有1827名被调查者的月收入在1500元以下，占总数的31.2%；月收入在1501～2000元之间的达1139人，占总数的19.5%；月收入在2001～2500元之间的有613人，占总数的10.5%；还有616人的月收入在2501～3000元之间，占总数的10.5%；其中月收入高于3000元的有1656人，占总数的28.3%。收入与文化程度相关，总体上看，云南农村吸毒人员的收入水平较低，以中低收入为主。他们的择业门路窄，收入来源单一，以一、二产业为主。这些人长期从事重体力劳动，经济收入微薄，一旦产生失衡心理或悲观失望、厌弃人世的情绪，极易在毒品滥用外力的诱发下，心理、道德和法律的防线崩溃，从而导致吸毒行为的发生。

表 4-6　云南省农村吸毒人员进所前的个人月收入

| 进所前的个人月收入（$n=6187$） | | 频率 | 百分比% | 有效百分比% | 累积百分比% |
|---|---|---|---|---|---|
| 有效 | 1500 元以下 | 1827 | 29.5 | 31.2 | 31.2 |
| | 1501~2000 元 | 1139 | 18.4 | 19.5 | 50.7 |
| | 2001~2500 元 | 613 | 9.9 | 10.5 | 61.2 |
| | 2501~3000 元 | 616 | 10.0 | 10.5 | 71.7 |
| | 3000 元以上 | 1656 | 26.8 | 28.3 | 100.0 |
| | 合计 | 5851 | 94.6 | 100.0 | |
| 缺失 | | 336 | 5.4 | | |

（二）云南农村吸毒人员的毒品滥用过程分析

1. 云南农村吸毒人员的初次滥用状况特征。

（1）首次使用毒品的年龄。从首次吸食毒品的年龄状况上看，如图 4-6 所示，受访的 6187 例农村吸毒人员中，表示第一次吸毒时的年龄在 18 周岁以下（含 18 周岁）的有 1897 人，占总数的 30.7%，其中初吸年龄最小只有 10 周岁；有 2562 人的年龄在 19~25 周岁这一阶段，占总数的 41.4%；在 26~35 周岁之间的有 1250 人，占总数的 20.2%；而 36 周岁以上的有 478 人，占总数的 7.7%。云南农村吸毒人员初吸的平均年龄为 22.8 周岁，将近 1/3 的滥用者在未成年时开始吸食毒品，92.3% 的滥用者首次滥用的年龄在 35 周岁以下。值得一提的是，有 12.3% 的滥用者首次吸毒年龄是 20 周岁，“20 岁”现象突出。由此可见，滥用人群的初吸年龄呈现低龄化的特点。农村吸毒人员首次使用毒品的年龄还存在着一定的民族差异（见表 4-7），一方面，在 18 周岁以下和 19~25 周岁阶段首次使用毒品的吸毒人员中，少数民族的比例均低于汉族，而在 26~35 周岁及 36 周岁以上阶段首次使用毒品的吸毒人员中，少数民族的比例均高于汉族。

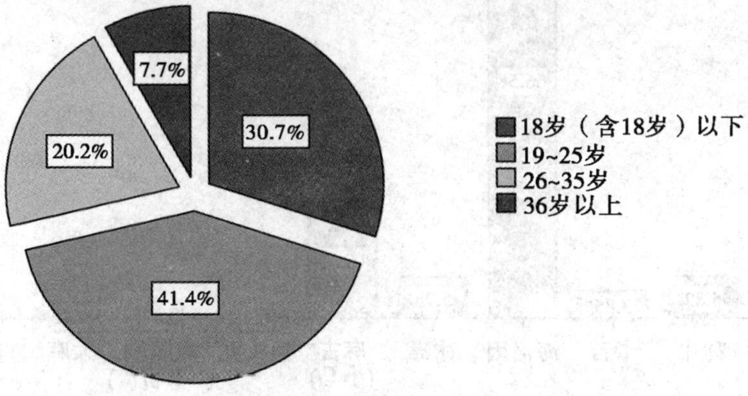


图 4-6　云南农村吸毒人员首次吸食毒品的年龄分布状况

表4-7　云南农村吸毒人员不同民族之间首次使用毒品的年龄分布状况

| 农村吸毒人员的民族与首次使用毒品的年龄交叉表（$n=6187$，缺失64） | | | 首次使用毒品的年龄分组 | | | | |
|---|---|---|---|---|---|---|---|
| | | | 18岁以下 | 19~25岁 | 26~35岁 | 36岁以上 | 合计 |
| 民族 | 汉族 | 计数 | 1208 | 1498 | 648 | 219 | 3573 |
| | | 所占比例 | 33.8% | 41.9% | 18.1% | 6.1% | 100.0% |
| | 少数民族 | 计数 | 678 | 1035 | 585 | 252 | 2550 |
| | | 所占比例 | 26.6% | 40.6% | 22.9% | 9.9% | 100.0% |
| Pearson 卡方=70.141[a]，df=3，渐进 Sig.=0.000；<br>Pearson R 相关性=0.107，渐进 Sig.=0.000 | | | | | | | |

（2）首次使用毒品的类型。从初次吸食毒品的种类上看，如图4-7所示，被调查的6187例农村吸毒人员中，除去缺失238人，其中3961名受访吸毒人员表示初次吸食的毒品是海洛因，占总数的66.58%；有987名首次吸食的毒品是麻古（小马），占总数的16.59%；有346名首次吸食的毒品是鸦片，占总数的5.82%；有344名首次吸食的毒品是冰毒，占总数的5.78%；有229名首次吸食的毒品是卡苦，占总数的3.85%；有18名首次吸食的毒品是"摇头丸"，占调查总数的0.30%；此外首次吸食"K粉"的有34名，吸食大麻的有27名，分别占总数的0.57%和0.45%。由此可见，云南农村吸毒人员中，初次吸食的毒品最多的是海洛因，其次是麻古，紧随其后的是鸦片和冰毒。这反映了在云南省农村人口初吸毒品中，占比最多的还是传统阿片类毒品，同时新型合成毒品的滥用也在不断增多。

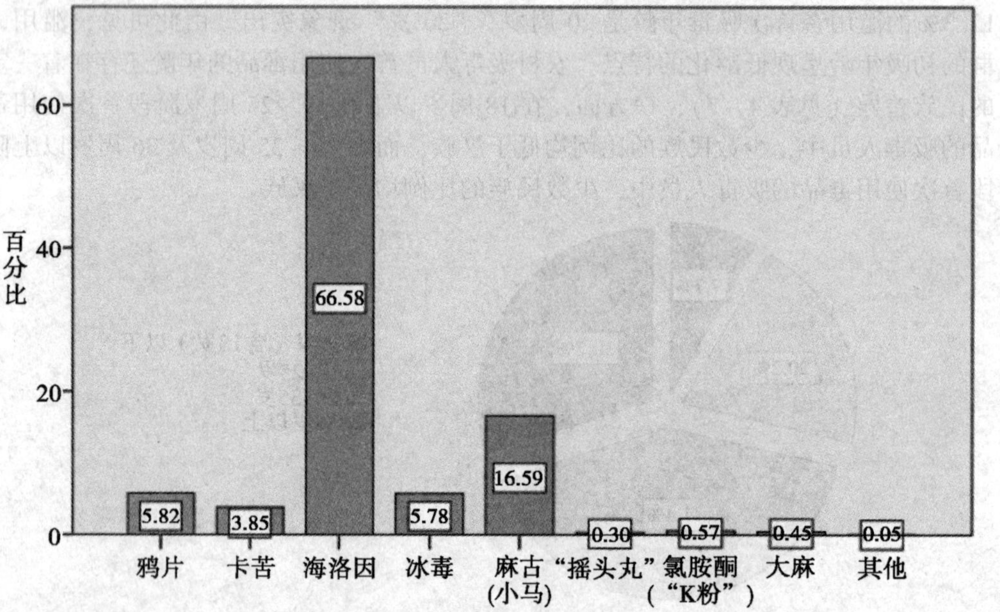


图4-7　云南农村吸毒人员首次吸食毒品的类型

（3）首次吸食毒品的地点。从初次吸食毒品的地点上看，图4-8显示，被调查的6187例农村吸毒人员中，除去缺失131人，其中2069名受访吸毒者表示首次吸毒是在家居住宅，占总数的34.16%；首次吸食地点在宾馆酒店、租住房等临时性住所的达2153人，占总数的35.55%；有883名是在山林田地，占调查总数的14.58%；首次吸毒地点在娱乐场所的有752人，占调查总数的12.42%；首次是在公园、广场等公共场所吸食的有96人，占总数的1.59%；其他吸食地点占1.70%。由此可见，有48.80%的农村毒品滥用者第一次吸食毒品的地点是家居住宅和山林田地，这说明半数的毒品滥用者是在当地第一次接触毒品。

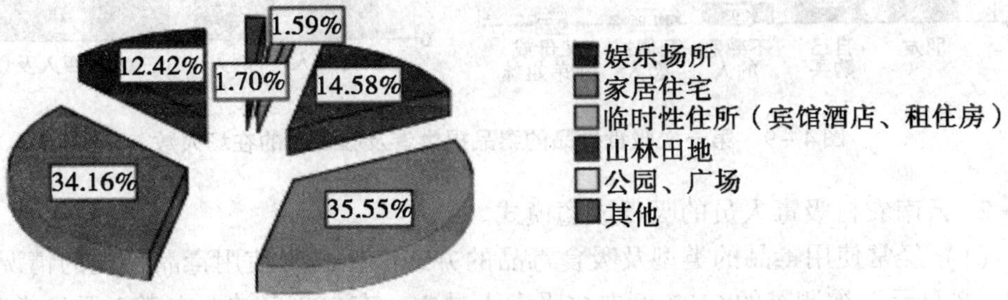


**图4-8　云南农村吸毒人员首次吸食毒品的地点**

（4）首次吸食的毒品来源与首次吸毒的在场人数。从首次吸食毒品的来源上看，图4-9显示，被调查的6187例农村吸毒人员中，表示自己首次吸食的毒品是由朋友提供的达4797人，占总数的79.04%；表示首次吸食的毒品是自己购买的有810名，占总数的13.35%；还有299名吸毒者表示首次吸食的毒品是由不熟悉的人提供的，占总数的4.93%；表示首次吸食的毒品是由配偶、恋人提供的有119名，占总数的1.96%；有44名吸毒者表示首次吸食的毒品是父母或兄弟姐妹提供的，占总数的0.72%。因此，云南农村吸毒人员首次使用的毒品大多由朋友和熟人提供。访谈中我们发现，这些所谓的“朋友”和“熟人”一般是以赠送的方式提供毒品，究其原因，这类“朋友”和“熟人”本身为吸毒人员或是贩毒人员的可能性较大。他们以赠送方式向他人提供毒品主要是为了获得更多的经济利益，或者获得更多的“毒友”。

在首次吸毒时有多少人在场的问题上，图4-9显示，被调查的6187例农村吸毒人员中，除去51人未填答，其中表示第一次吸毒时是独自一人的有752名，占总数的12.26%；其中2202名吸毒者表示有另外一个人在场，占总数的35.89%；其中表示有3个人在场的有1725名，占总数的28.11%；其中表示有4人以上在场的达1457名，占总数的23.75%。这些数据说明云南农村吸毒人员初次吸食毒品时的群体吸毒现象明显。在首次使用毒品时的群吸情境十分重要，一般是在有朋友聚会、多个人在场时使用，在有熟人在场的情境中，群体吸毒行为很容易打消初次涉毒者的顾虑，降低了初吸者的风险意识，因此绝大多数滥用者首次吸毒行为的发生一般是在吸毒同伴的互相拉拢、邀请下才开始的。

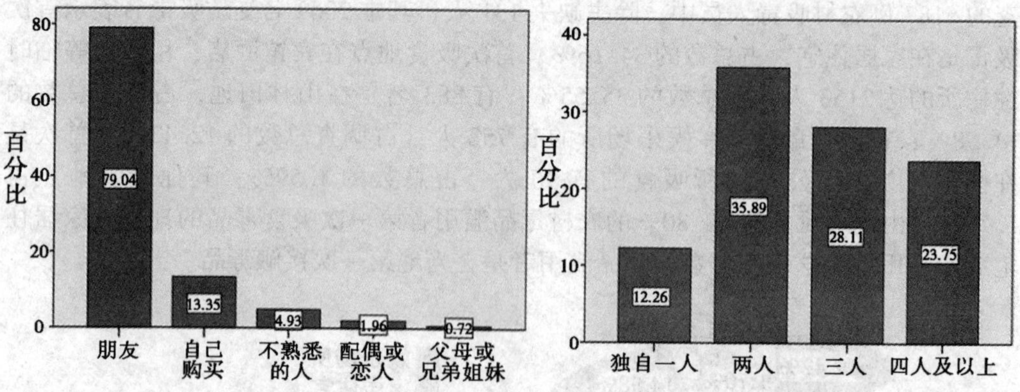


图4－9　第一次吸食毒品的毒品提供者及吸毒时的在场人数

2. 云南农村吸毒人员的吸毒成瘾模式。

（1）经常使用毒品的类型及吸食毒品的方式。在经常使用毒品种类的情况上，表4－8显示，被调查的6187例农村吸毒人员中，有392名被调查者表示经常吸食鸦片，占总数的6.3%；有254名被调查者表示经常吸食卡苦，占总数的4.1%；有4027名被调查者表示经常吸食海洛因，占总数的65.1%；有599名被调查者表示经常吸食冰毒，占总数的9.7%；有902名被调查者表示经常吸食麻古，占总数的14.6%；表示经常吸食“摇头丸”、氯胺酮、大麻的分别占1.6%、1.2%和1.9%。同时数据反映了超过三成的滥用者吸食不止一种毒品，滥用者中吸食多种毒品现象较多。从调查情况看，云南农村人口中滥用毒品的类型主要是传统鸦片类毒品，尤其是海洛因“4号”为农村吸毒人员所独钟。这可能与传统阿片类毒品药物特性有关，生理成瘾明显，戒断困难，因此毒品种类变动少。同时苯丙胺类的新型毒品（主要是冰毒、麻古）也有渗透之势，且女性滥用人群中，滥用新型毒品的比例较大（441例女性吸毒者中，有32.6%的人吸食麻古①，有3.1%的人吸食冰毒）。关于吸食毒品的方式上（见表4－9），有31.7%的人采用过静脉注射的方式吸食毒品；有61.5%的人采用过烫吸的吸食方式，还有18.6%的人采用过烟枪的吸食方式。吸食方法很大程度上取决于吸食毒品的类型，烫吸方法在传统毒品和新型毒品中都被广泛使用，但海洛因吸食者更多地使用静脉注射的方式。云南农村吸毒人员多以烫吸和静脉注射的方式吸食毒品，其中1/3以上的吸毒人员毒瘾较大，靠单纯的吸、吞方法已经难以止瘾，只有依赖血液携带毒品循环周身。

① 麻古是泰语的音译，实际是缅甸产的“冰毒片”，其主要成分是冰毒，是一种加工后的冰毒片剂，外观与“摇头丸”相似，属苯丙胺类兴奋剂，经化验含有甲基安非他明和咖啡因，具有很强的成瘾性。

表4-8　云南农村吸毒人员滥用毒品的类型

| 平时滥用毒品的类型（$n$=6187） | | 鸦片 | 卡苦 | 海洛因 | 冰毒 | 麻古 | "摇头丸" | 氯胺酮 | 大麻 |
|---|---|---|---|---|---|---|---|---|---|
| 有效 | 经常 | 392（6.3%） | 254（4.1%） | 4027（65.1%） | 599（9.7%） | 902（14.6%） | 99（1.6%） | 74（1.2%） | 116（1.9%） |
| | 偶尔 | 670（10.8%） | 586（9.5%） | 850（13.7%） | 1062（17.2%） | 1103（17.8%） | 309（5.0%） | 164（2.7%） | 271（4.4%） |
| | 从不 | 5120（82.8%） | 5335（86.2%） | 1308（21.1%） | 4509（72.9%） | 4179（67.5%） | 5771（93.3%） | 5944（96.2%） | 5796（93.7%） |
| 缺失 | | 5 | 12 | 4 | 17 | 3 | 8 | 5 | 6 |

表4-9　云南农村吸毒人员吸食毒品的方式（多选）

| 平时吸食毒品的方法（$n$=6187） | 静脉注射 | 烫吸 | 烟枪吸食 | 卷抽 | 鼻吸 | 口服 | 溶入饮料吸食 |
|---|---|---|---|---|---|---|---|
| 是 | 31.7% | 61.5% | 18.6% | 6.9% | 2.6% | 1.9% | 1.5% |
| 否 | 68.3% | 38.5% | 81.4% | 93.1% | 97.4% | 98.1% | 98.5% |

（2）平时获得毒品的途径及吸食毒品场所。在平时获得毒品的途径这一问题上，表4-10显示，被调查的6187例农村吸毒人员中，有49.9%的滥用者表示自己的毒品通常是毒友提供的；表示自己从毒贩那里购买过毒品的滥用者占56.2%；还有3.7%的滥用者表示在娱乐场所获得过毒品；自己在个体诊所或零售药店购买所需毒品的滥用者占0.9%。可见，从毒友和毒贩那获得所需毒品，是农村籍吸毒人群获得毒品的主要途径。关于平时吸食毒品的场所（见表4-11），被调查农村吸毒人员中，吸食毒品的地点排在前几位的分别是家居住宅、山林田地、宾馆酒店、私家车等地。这些数据反映了一个特点，即农村吸毒人群使用毒品的地点多样化、隐秘化，同时私人场所化倾向明显，私人家居住宅的使用超过其他公共场所的使用。

表4-10　云南农村吸毒人员获得毒品的途径（多选）

| 平时获得毒品的途径（$n$=6187） | 向毒友购买 | 向毒贩购买 | 娱乐场所提供 | 从个体诊所或零售药店购买 | 其他途径 |
|---|---|---|---|---|---|
| 是 | 49.9% | 56.2% | 3.7% | 0.9% | 1.4% |
| 否 | 50.1% | 43.8% | 96.3% | 99.1% | 98.6% |

**表4－11　云南农村吸毒人员吸食毒品的场所**

| 平时吸食毒品的场所 | | 家居住宅 | 山林田地 | 宾馆、酒店 | 私家车 | 公共厕所 | 卡拉OK、KTV | 夜总会 | 酒吧 | 公园、广场、车站 |
|---|---|---|---|---|---|---|---|---|---|---|
| 有效 | 经常 | 2880 (46.7%) | 1279 (20.8%) | 1537 (24.9%) | 598 (9.7%) | 427 (6.9%) | 340 (5.5%) | 302 (4.9%) | 277 (4.5%) | 258 (4.2%) |
| | 偶尔 | 1214 (19.7%) | 1388 (22.5%) | 1661 (26.9%) | 986 (15.9%) | 1144 (18.5%) | 1016 (16.4%) | 706 (11.4%) | 689 (11.2%) | 706 (11.4%) |
| | 从不 | 2079 (33.7%) | 3496 (56.7%) | 2972 (48.2%) | 4590 (74.2%) | 4598 (74.5%) | 4815 (77.8%) | 5165 (83.7%) | 5205 (84.3%) | 5196 (84.0%) |
| 缺失 | | 14 | 24 | 23 | 13 | 18 | 16 | 14 | 16 | 27 |

（3）毒资来源及花费。在平时获取毒资的途径这一问题上，表4－12显示，被调查的6187例农村吸毒人员中，有79.2%的滥用者表示自己通过合法劳动所得的收入获取毒资；有7.7%的滥用者表示自己通过偷盗、欺诈、贩毒等违法途径获取过毒资；有28.0%的滥用者表示自己从家人和朋友处获得过毒资；有1.2%的滥用者表示自己通过从事性服务获取过毒资。由此可见，农村吸毒人员的毒资主要来源于自己的合法收入和家人的收入。在平时每月的吸毒花费这一问题上，如图4－10所示，500元以下的占17.82%；500～1000元的占16.81%；1001～2000元的占18.48%；2001～3000元的占14.89%；3000元以上的占32%。可见，云南农村吸毒人员的吸毒花费有将近一半在2000元以上，月吸食毒品花费较高。

**表4－12　云南农村吸毒人员的毒资来源**

| 毒资来源（$n=6187$） | 自己的合法劳动所得 | 偷盗、欺诈、贩毒方式获得 | 从家人朋友处获得 | 从事性服务获得 | 其他方式获得 |
|---|---|---|---|---|---|
| 是 | 79.2% | 7.7% | 28.0% | 1.2% | 1.4% |
| 否 | 20.8% | 92.3% | 72.0% | 98.8% | 98.6% |

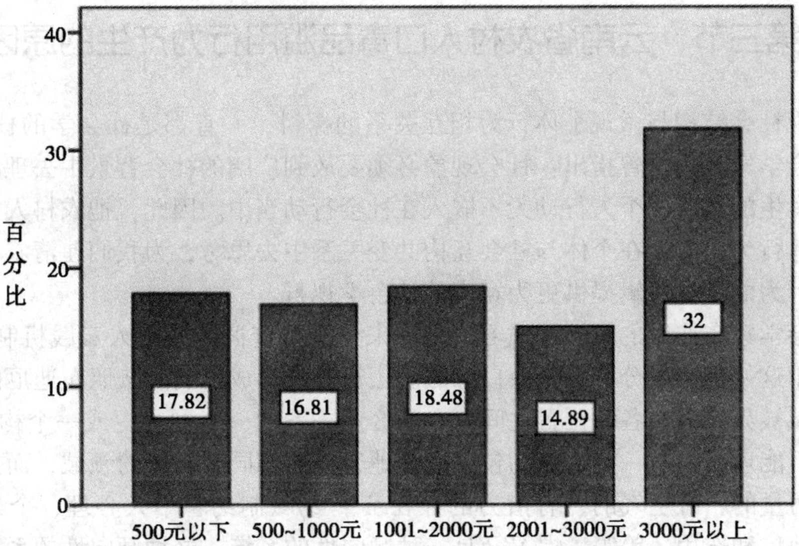


图4－10 云南农村吸毒人员每月的吸毒花销

（4）滥用毒品的频率。吸食毒品的数量及吸食毒品的频次反映了滥用者毒瘾的深浅程度。表4－13显示，受访的6187例农村吸毒人员中，有42%的滥用者表示自己每天吸食毒品两次及以上；有15.7%的滥用者表示自己一天吸食一次毒品；有9.8%的滥用者表示自己两三天吸食一次毒品；有2.9%的滥用者表示自己一周吸食一次毒品；还有29.7%的滥用者表示自己吸食毒品的次数不固定。可见，多数吸食者在每天两次及以上，吸食者滥用毒品的频次高，成瘾深。

表4－13 云南农村吸毒人员吸食毒品的频次

| 平时吸食的频次（$n=6187$） | | 频率 | 百分比% | 有效百分比% | 累积百分比% |
|---|---|---|---|---|---|
| 有效 | 每天两次及以上 | 2554 | 41.3 | 42.0 | 42.0 |
| | 每天一次 | 954 | 15.4 | 15.7 | 57.6 |
| | 两三天一次 | 599 | 9.7 | 9.8 | 67.5 |
| | 一周一次 | 174 | 2.8 | 2.9 | 70.3 |
| | 不固定 | 1806 | 29.2 | 29.7 | 100.0 |
| | 合计 | 6087 | 98.4 | 100.0 | |
| 缺失 | | 100 | 1.6 | | |

综上所述，云南省农村吸毒人员比例高，且在社会人口学特征及滥用模式上呈现出自身特点，农村毒品滥用有蔓延之势，这为边疆农村的禁毒工作提出了挑战。

## 第三节　云南省农村人口毒品滥用行为产生的原因

宏观社会结构与微观个体行为相互关系的探讨，一直都是社会学的核心话题。美国社会学家米尔斯曾指出：社会现象必须要放到广阔的社会背景中去理解才能看清世事发生的全貌，个人行动无不嵌入在社会行动当中。因此，把农村人口毒品滥用的个体行为，放置在个体与社会互构共变关系中去思考，为我们厘清农村人口毒品滥用行为的产生逻辑提供更为宽广的社会学视野。

社会学家布迪厄的场域、惯习论是用来分析特定群体或个人实践机制的理论。笔者借用这一理论来分析农村人口毒品滥用行为的形成机制。按照布迪厄的场域理论，场域被界定为在各种位置之间存在的客观关系的一个网络，或一个构型。“场域概念不能理解为被一定边界物包围的领地，也不等同于一般的领域，而是在其中有内含力量的、有生气的、有潜力的存在。”① 场域制约着个人心理、个人行为及个人的地位和作用，等等。惯习乃是一种倾向性的系统，这种倾向性的系统来源于通过个人的社会化而实现的社会结构的内化。

社会心理学家考夫卡的场域理论认为，人的个体行为是在特定的时空条件下，社会成员与一定的环境交互作用的产物和表现，社会成员行为的实施和个性的形成都相当程度受到周围环境的影响。个体所处“生活空间”② 是农村人口社会行为形成的特定场域，这其中包括两个互相作用和互相影响的场域，即客观的“社会环境场”与主观的“个体心理场”。“个体心理场”对个体行为的形成起着决定作用。

吸毒群体的毒品滥用行为的形成与其所处的社会机制紧密关联。要全面透彻地分析云南农村人口吸毒行为形成过程，必须从宏观的、客观的“社会环境场”和微观的、主观的“个体心理场”两者的相互作用机制探讨影响农村人口毒品滥用的因素。

### 一、影响云南农村人口毒品滥用发展蔓延的客观因素

本节在探讨云南农村人口滥用毒品的行为时，对其居住的地理环境、人文社会环境、人口管理模式等进行具体分析，以揭示出云南农村人口毒品滥用的外在社会根源。

#### （一）特殊的地理区位环境与农村人口的毒品滥用

毒品的大量涌入和黑市的存在是云南毒品问题得以产生的重要外部客观条件，而高的毒品可及性则是云南边疆农村人口毒品滥用行为的重要外部诱因。众所周

---

① 李全生．布迪厄场域理论简析．烟台大学学报（哲学社会科学版），2002（2）．

② “生活空间”是在特定时空条件下的决定个体行为的全部事实的总和，包括人和与之相关联的周围环境。

知，云南濒临世界第二大毒品生产基地——“金三角”。在地缘区位上，云南地处我国西南边疆，与东南亚多国接壤，滇西地区接壤缅甸，而滇南地区接壤老挝和越南。其中，中缅边界 1997 千米，中老边界 710 千米，中越边界 1353 千米。云南有 8 个民族自治州、29 个民族自治县、37 个民族自治地方和 152 个民族乡（镇）。全省的 25 个边境县（市）[①]，与越南、老挝、缅甸三邻国的 6 个邦、32 个县市、镇接壤，其中的 11 个边境县市可以与邻国城镇隔江隔界相望。在云南漫长的国境线上，无天然屏障阻隔，村寨相依、山水相连、民俗相近，边民往来十分密切，边境之间便道交错（如中缅边境澜沧县的糯福乡就有通往境外的 8 条便道，怒江州边境 3 县内，共有 30 多条民间便道，类似于德宏州瑞丽市银井村那样的“一寨两国”的村寨也不少），这无数的民间便道、小道，客观上增加了边境管理的难度。特殊的边境环境和宽松的管理使得毒品入境有机可乘。贩毒集团不断对云南边境区域进行侵扰，在一些跨界民族聚居区的边境沿线的市、县、镇、村，充分利用这些跨界民族地区的独特地域条件及跨界民族特殊身份条件进行毒品走私贩运。

2010 年年底，云南 25 个边境县（市）中有 22 个是民族自治县，边境县（市）总人口达 664.13 万人，占全省总人口的比例为 14.49%，其中少数民族人口为 388.52 万人，占边境县（市）总人口的比例为 58.5%，占全省少数民族人口数的比例为 25.33%。[②] 云南边疆很多少数民族与边境邻国同宗同源，它们有着相近的风俗习惯和语言传统。随着全球化、区域经济一体化进一步扩展与边境全方位的开放，边境地区人口流动更加频繁，境内境外的社会交往更加密切。目前，云南开通了 100 多个边民互市点和 30 多条边境通道，有数据显示，中缅边境每年有近千万人次的出入境记录。边疆民族地区成为一个不断受到时空压缩的区域，逐渐成为“境外——边境——内地”三个场域空间互动的交接点。[③] 随着对外开放力度的不断加大，云南边疆的毒品问题不断受到境内和境外双重影响，而呈现出愈发严峻之势。可以说，边境毒品的渗透直接导致了边疆农村地区毒品消费市场的形成。一些零星毒贩采取诱吸等手段，把毒品渗透到当地村寨的普通人群中。边境双方往来频繁，交往较多，毒品可以轻易弄到，价格又便宜，这是造成当地吸毒人群比较多的重要因素之一。来自德宏的一位受访者（畹町人，男，32 岁，汉族）叙述如下：“从小在河边长大，边境线上，隔着一条河，紧邻缅甸棒赛。小时候，一眼望去，山上都是烟花，赶集的时候上集市赶着卖，吹大烟的很正常。毒品最多的就是云南德宏。每年清明前后，收烟的人很多，老百姓都去，我们也去。收得差不多，拿到加工厂，制成海洛因。畹町、瑞丽的大街小巷都是卖毒的，盖 100 个戒毒所都不够

---

① 25 个边境市即文山壮族苗族自治州马关、麻栗坡和富宁 3 县，红河州绿春、金平、河口 3 县，西双版纳州勐海、景洪、勐腊 3 县市，普洱市澜沧、西盟、孟连、江城 4 县，临沧市镇康、耿马、沧源 3 县，德宏州盈江、陇川、瑞丽、芒市 4 县市，保山市腾冲、龙陵 2 县，怒江州贡山、福贡、泸水 3 县。

② 数据来源：云南省 2010 年第六次全国人口普查主要数据公报。

③ 陈为智．论边疆社会问题的民族特性及其启示．重庆工商大学学报（社会科学版），2011（11）．

抓的。毒品少则几块，多则成百上千，要多少有多少。复吸是海洛因，大烟这边都有吸。我的好几个哥们都是吸毒的，一般都是在家吸，全部人都被抓进来。”

云南农村所处的毗邻毒源地的空间场域使得毒品获得十分便利，这成为云南边疆农村地区吸毒泛滥的“始作俑者”。

（二）转型期农村的社会生活环境与农村人口的毒品滥用

改革开放特别是西部大开发战略实施以来，云南农村环境发生了巨大的变化，云南农村由以前那个完全闭塞的“捆在土地上”的乡土型社会，进入了一个转型时期的新型农村。当前的社会文化转型，一方面促进了农村经济社会的发展，另一方面，也产生了一些始料不及的严重消极后果，即个人的主体性的失落。基于对受访对象的访谈及相关资料的分析，转型期云南农村的经济、文化、教育、人口流动与就业、社会管理等宏观环境因素对云南农村人口的吸毒行为的形成产生了重要的影响。

1. 云南农村人口的经济生活。毒品问题与地区经济发展存在着密切关系，贫困与毒品是一个互为因果的链条，并形成了恶性循环。国家禁毒委员会确定的6个毒品重灾省区中，西部有5个；公安部确定的13个毒品重点整治地区中，西部有8个。[①] 云南作为一个典型的农业省份，农业收入是云南农村人口最重要的收入来源。云南农村耕地面积9365.84万亩，人均占有耕地1亩左右，从耕地质量看，全省耕地中有旱地7108.57万亩，占耕地比例高达75.90%，有1361.37万亩耕地（含梯田）位于25度以上陡坡。多数村庄人均耕地面积都比较少，耕地总体质量不高，且多数耕地水利条件差，此外农业科技含量十分低下，这些使得云南农业发展仍处于“小、散、弱、差”的状况，造成云南广大农民的生产成本高，经济效益差，增产不增收广泛存在。加之地处边疆民族地区，交通不便，信息闭塞，经济更为落后。这些不利因素使得云南成为全国贫困人口最多的省份之一。2011年年末，云南省贫困人口为1014万人，少数民族自治地方的贫困人口达340.7万人，贫困人口总数居全国第二，仅次于贵州。近年来，云南农村居民的生活水平得到了较大幅度的提高，但是仍远低于国家同期平均水平。2012年年底，云南农民人均纯收入5416.54元，农村居民家庭人均经营纯收入3328.10元，农民人均工资性纯收入1435.87元，最低为怒江州福贡县人均约为1400元，云南省农村人均纯收入水平低，同全国平均水平相比，存在较大差距。[②] 2012年，云南农民人均生活消费支出4561元，农民人均食品消费支出2080.61元，农村居民家庭人均医疗保健消费支出仅为362.63元。农村居民家庭恩格尔系数45.6%，农村人口的消费支出仍然以居住和食品为主，生存型消费比重过大，而文教娱乐支出明显不足，严重阻碍了当地农民消费结构的有序升级。总体来看，目前云南农村所面临的贫困问题依然

① 张琴，刘水玉，熊聪茹．贫困县何以滋生40余个“毒品村”，半月谈（内部版），2007（3）．

② 数据来源：国家统计局云南调查总队《2013年云南省国民经济和社会发展统计公报》。

非常突出，农村人口的收入水平和消费水平偏低，医疗卫生条件、公共基础设施条件较差，农村社会保障体系不健全。

在整个人类社会发展中，经济因素都深刻影响着社会生活，毒品问题无疑是在经济因素的影响下逐渐恶化的。在经济的弱势及生活条件的限制下，云南一些农村地区，由于交通不便，缺乏必要的医疗卫生条件，村民缺医少药现象突出，多年以来，在云南边疆民族地区，医药匮乏，鸦片一直以来被人们当作祛除百病的良方，很多村民以吸食鸦片治病，久而久之，上瘾成癖，成为烟民。来自保山的一位受访者（保山人，男，32岁，汉族）叙述如下："家有3个孩子，爸爸妈妈还在。以前到山上伐木赚钱，当时不适应山上的气候，自己就开始吸食上了鸦片来改善身体，后面慢慢地就上瘾了，后面开始吸食和注射海洛因，每次吸毒大概要200元钱，自己挣的钱还不够买毒品，所以家里值钱的东西都被自己卖完，家里人也跟着自己吃苦受累。"

社会排斥的普遍存在，有些农村青年因贫穷颓废而走上吸食毒品的现象也大有存在。来自怒江的一位受访者（怒江人，男，23岁，傈僳族）叙述如下："家里有父母、爷爷奶奶，当时家里很穷，妈妈和奶奶卖冰棍供自己读书，自己不愿意让妈妈和奶奶那么劳累就不愿去读书，后面自己在外面打工每个月有1200元的收入，生活基本能自保。2012年5月份开始吸毒的，当时是和朋友在一起喝酒解除郁闷，喝醉了以后，朋友告诉自己说，酒醉以后，可以用麻黄素解酒。自己信以为真就吃了两颗，吃了以后，感觉很兴奋，睡不着觉，当时自己确实感觉到麻黄素有解酒效果，可是后来才发现那不是真的。"

2. 云南农村的社会管理与社会控制环境。社会管理与社会控制①的缺陷是导致毒品滥用行为延续的另一个重要方面。云南边疆农村地区，村庄分散、地广人稀且多民族居住，这无疑增加了边疆农村社会管理的难度。在社会大转型时期，随着农村经济转型和社会结构变迁，党在基层，特别是农村的执政环境发生了深刻变化，边疆农村社会呈现出高分化低整合的特点。社会转型期，人口流动日趋加快，人际互动日益复杂，生活方式、价值观念日益多元化，这些大大增加了基层党组织的社会管理难度，农村基层组织的社会控制已不堪重负，日益失去了对农村社会成员的制约能力。同时村级行政组织工作存在制度缺失，村委班子成员老龄化严重，知识文化水平偏低，思想观念跟不上，工作方法单一，不依法行政较为常见；部分村委班子能力不足，不能带领群众致富，在群众当中缺乏威信；加上青年干部后备力量贮备不足等诸多问题使得云南边疆基层政权的社会管理效能没有得到良好发挥，基层政权组织凝聚力薄弱，在社会发展中处于被边缘化的地位。社会控制的缺陷使得人们失范行为所要支付的社会成本大大降低，这成为引发人们行为失范的诱因。社会控制弱化，促使有些农民因急于摆脱贫困去充当"马仔"，从事贩卖及运送毒品

① 本书所指的社会控制是从狭义上说的，指对社会偏差行为和越轨行为的控制。

解决生计，以高频率的少量贩毒获得经济利益，取得成功后又刺激其继续运毒贩毒，同时他们还会进一步引诱其亲朋好友参与其中，由此发展成以家族、民族、乡亲为纽带的区域性的以贩养吸。

通过对禁毒专业人士访谈发现，他们普遍反映的是在禁毒斗争的实践中，农村禁毒需要一定的人力、物力、财力支持，但边疆农村地区警力不足，经费不足，装备落后，技术不足，远远不能适应广大农村禁毒斗争的需要。这些都在客观上为毒品滥用提供了一个宽松的环境。

3. 云南农村人口的教育环境。由于云南农村经济发展滞后，农民人均收入偏低，云南农村人口教育投资的经济能力不够，2011 年年底，农村居民家庭人均教育服务消费支出为 130.63 元，2012 年年底农村居民家庭人均文化教育娱乐消费支出只有 289.22 元。这在全国都处于较低水平。经济发展滞后在一定程度上导致了云南农村地区受教育水平普遍偏低，义务教育阶段的入学率低于全国平均水平，高中以及高等教育更是远远落后于全省及全国平均水平。云南农村地区办学条件差。云南一些贫困地区的学校由于分布在山区和半山区，自然环境恶劣，交通闭塞，教育设施落后，教学资源十分紧缺。同时农村地区因贫困不愿送子女读书的现象普遍，“云南少数民族地区的农村家庭的总体普及率还不到 80%，云南农村地区的教育覆盖率要远低于西部地区的平均水平。”① 学生的学习生活条件一直比较差。贫困户生活困难，无力支持子女上学，适龄儿童失学率、辍学率较高。其中女童平均辍学率 12.5%。加上这几年合并村级小学，很多偏僻的贫困村的学校被撤，造成很多地方存在上学远、上学难的问题，由此农村儿童失学、辍学率又有上升的趋势。受文化教育水平的影响，边疆农村地区人的社会化程度较之于内地低，法律观念和法制意识淡薄，许多群众对毒品危害全然不知或知之甚少。

青少年是毒品滥用的高危人群，提高青少年拒毒防毒的能力是减少毒品滥用的最有效途径。云南农村地区基础教育薄弱，一方面造成青少年正常教育中断，而大量未完成义务教育阶段学习的青少年就流入社会，他们没有接受过毒品预防教育，而且就业技能缺乏，闲散于社会，一旦受到社会不良群体的影响，极易加入吸毒、贩毒的行列。另一方面，由于基础教育薄弱，边疆广大农村家庭的父母文化程度普遍偏低，从而家庭教育出现诸多问题。同时家庭中父母对子女的教育管控也是一个重要的方面，很多滥用者表示，他们与父母的关系并不好，父母对他们的管教较少。调查显示，在问及吸毒前是否接受过毒品预防教育时，有 63.9% 的滥用者表示没有接受过正式的毒品预防教育，只有 25% 的滥用者表示在吸毒前接受过毒品预防教育，还有 11.1% 的滥用者未填答。从表 4－14 中可以看出，有 61.8% 的受访者表示通过电视接触过毒品知识，而通过其他途径了解毒品知识的比例较低，电

① 李桐，盛永红. 云南省少数民族地区农村家庭受教育水平现状及对策——对云南省少数民族地区教育负担率的抽样调查分析报告. 经济研究导刊，2008（11）.

视是农村人口接受毒品知识的主要途径。同时由于农村环境的限制，加上农村人口文化水平普遍不高，他们缺乏了解毒品知识的途径。

**表 4-14　云南农村吸毒人员了解毒品知识的途径（多选）**

| 了解毒品知识的方式（$n=6187$） | | 网络 | 电视 | 报纸杂志 | 广播 | 宣传栏和宣传册 | 微信、微博 | 其他途径 |
|---|---|---|---|---|---|---|---|---|
| 有效 | 是 | 1633（26.4%） | 3824（61.8%） | 1232（19.9%） | 689（11.3%） | 1685（27.2%） | 689（11.1%） | 337（5.4%） |
| | 否 | 4444（71.8%） | 2254（36.4%） | 4846（78.3%） | 5380（87.0%） | 4393（71.0%） | 5389（87.1%） | 5741（92.8%） |
| 缺失 | | 110（1.8%） | 109（1.8%） | 109（1.8%） | 109（1.8%） | 109（1.8%） | 109（1.8%） | 109（1.8%） |

4. 云南村庄的生活环境与社会交往。芝加哥学派的人类生态学理论认为，社区环境是影响社会成员个体行为的主要因素。不良社区环境是造成个体行为失范的根源。社会个体通常生活在家庭、邻里、学校等社会群体之中，以血缘、地缘、趣缘等关系组成非正规社会关系，对个体行为的约束作用非常大。边疆农村的不良社区环境和社区交往是导致毒品滥用扩散的一个重要方面。

边疆农村社区大多数农村人口的生活方式①单调，社区文化生活环境差，表现在以下两方面：一是农村社区居民的文化生活十分单调，制约农民素质的提高。除重要节日开展一些简单的文娱活动外，基本上没有其他文化生活，也没有农业科学技术传播和法律法规普及等较高的文化活动。劳作之余农民的娱乐休闲活动单调，主要是收看电视、会亲会友、打牌赌博、聚众喝酒。观看电视是边疆民族地区广大农民群众文化消遣的主要方式。与城市相比，边疆农村的文化服务活动贫乏、农村文化基础设施建设也严重滞后，这大大制约了农民素质的提高。二是随着社会转型中的文化变迁，“文化垃圾”开始涌向社会管理和文化基础相对薄弱的广大农村地区。改革开放以来，各种不良文化对文化素质低的农民产生了较大的腐蚀和影响，使农民的传统道德观念、价值取向发生蜕变，有些人唯利是图，贪图享受又好逸恶劳，道德感、社会良知等开始丧失。农村生活的枯燥，流散在社会面上的青年人成帮结队沉溺于酗酒玩乐、聚众赌博，无所事事，催生无聊，寻求刺激，加之身处毒品渗透的前沿，毒品易得而毒品危害的宣传教育不到位，村民对毒品的危害了解不够，致使一部分农村青年染毒。已有滥用者还会对潜在的吸毒者构成压力，以及业已形成的毒品泛滥环境对吸毒人员的新生增加无疑起到推波助澜的作用。农村社区

① 生活方式是指支配生活时间的内容和方式。闲暇时间的支配方式是体现生活方式的重要维度。

环境对潜在的吸毒者产生不良影响，滥用者容易向周围人群扩大和传播吸毒行为。年轻人一起玩乐，相互影响，意志力稍微脆弱就难免染毒。农村业余生活枯燥、落后，居住环境散乱，周围几家人比邻而居，形成一家吸毒带动四邻的状况。访谈中发现，家庭式吸毒、邻居式吸毒较为常见。

5. 云南农村的人口流动。农村社会转型带来了农村人口流动加快，这也在一定程度上对云南农村毒品蔓延起到了推波助澜的作用。由于云南农村人地矛盾突出，造成农村富余劳动力相应较多，许多村民外出进城务工。还有些年轻农民为追求经济、改变生活环境而外出务工，宁愿田地抛荒而选择外出。云南在 2011 年新增转移农村劳动力 132 万人。云南农村外出打工现象普遍，调查中发现，很多农村基层社区只剩下孤寡老人、妇女和留守儿童。农村人口进城务工对青少年的不利影响是多方面的：一是随着农村父母外出务工，其子女发展教育问题随之而来。父母进城务工就在地域上与他们的子女产生分离，很多孩子留守于农村，因而疏离了与子女的情感交流，弱化了关键时期对子女的教育和引导，由此造成留守青少年的教育发展问题，甚至导致部分留守儿童的学习发展之路中断。另外，父母外出务工对留守青少年的心理也会造成一定程度的伤害，大部分留守青少年产生孤独、自卑、无助感，他们有可能由此走上吸毒之路。二是农村青少年价值观受新生代农民工返乡时流行话语的错误引导。许多农村青少年错误地认为：外出打工比读书更容易获得收益。在此情境下，许多农村青少年选择脱离“学习苦海”，走上外出打工之路。在城乡二元结构体制下，进城农民群体由于文化素质偏低、技术水平不高，多处于社会阶层结构中的底端，他们也可能因不满社会接触不良群体而染毒。在此次调查中发现，有 7.7% 的农村吸毒人员因进城务工而染毒。

靠近毒源地，经济发展落后，科教文卫事业发展滞后，加上少数民族独特的民俗文化和生活习性，这些为云南毒品泛滥提供了天然条件。与此同时，毒品的肆虐，更加严重摧残了当地薄弱的经济支撑。

## 二、影响云南农村人口毒品滥用的内在主观因素

社会学习理论认为：个体复杂的社会行为都是通过后天的学习模仿习得的。在社会生活情境中，每个社会成员都具有观察、学习、模仿本能，均可能在心态、立场及行动上以周围同伴的行为作为参照来选择事物。“在存在毒品亚文化的社会环境中，社会个体学习模仿机制迅速启动，通过模仿学会毒品吸食的技能和方法，导致吸食毒品行为会很快蔓延。”①

云南农村地区的吸毒蔓延，影响因素众多。其中个体主观因素起着重要作用。本节从个体对毒品的认知、拒绝毒品的自我效能、个体心理三个角度对云南省农村吸毒人员毒品滥用的主观因素进行分析。

① 张胜康. 论亚文化群体对青少年毒品使用行为的影响. 青年探索，2002（4）.

（一）个体毒品认知的严重不足与毒品滥用

1. 对毒品危害缺乏正确认知。学校是人类行为社会化一个至关重要的场所，文化程度的高低会直接影响个体认识能力和辨别能力，同时还会影响个体接受社会规范教育的多寡。已有研究证明：接受学校教育的程度与个体吸毒行为呈明显的反向关系，不能充分认识非法滥用成瘾物质对个人和社会的危害，是形成毒品滥用行为的重要因素之一。如前所述，云南农村吸毒人员的文化程度普遍偏低（文盲半文盲占总数的 14.3%；小学文化占总数的 33.2%；初中文化占总数的 44.5%），有些人由于缺乏毒品认知，错误地认为毒品能包治百病、能减肥、能提高性欲等，从而去滥用毒品，最终吸食成瘾。有 23% 的吸毒人员是因为无知而染毒，有 6.1% 的吸毒人员表示是因为治病而染毒，有 1.9% 的吸毒人员首次吸毒原因是减肥，由此可见，对毒品的认知程度是影响社会成员毒品滥用的最主要因素。因此，增强毒品识别能力和毒品滥用的危害性认识是预防毒品滥用最重要的手段。

在与戒毒人员的访谈中发现，一些滥用者对毒品危害的认识非常肤浅，缺乏对毒品严重危害性以及戒除毒瘾艰巨性的深刻认识。表 4－15 数据显示，云南农村吸毒人员中，61.7% 的被调查者表示，初次吸毒时并不知晓毒品的危害，只想知道“吸毒是什么感觉”是他们初吸时的普遍心理。对毒品的成瘾性认识不足，由于缺乏毒品知识，也没有搞清楚吸毒产生的药物依赖的顽固性，有些滥用者开始吸食毒品时都认为吸毒后完全可以戒掉。调查表明，有不少受访者表示是在由于缺乏毒品知识，经人诱骗后开始吸食毒品的，占 4.6%。存在以贩养吸的“瘾君子”，为获取毒资往往会设下陷阱拉人下水。来自保山的受访者（男性，25 岁，汉族）说：“平时喜欢和朋友喝喝酒，家里面有个姐姐，爸爸还在，妈妈过世了。以前都是跑货车，收入大概 3000 多元，和家人关系很好，读书到初中。以前跑车的时候，他们说麻黄素醒瞌睡，能熬夜，当时就是在车里吸，两三个人一起吸的。当时感觉能戒掉，没瘾。当时去瑞丽跑车，找熟人在那边买的，买的麻黄素，大概花了三四百。后来大概吸了四五次后有点上瘾。第一次进戒毒所是 2012 年 3 月 10 日，被抓进来的。以前没进来不知道麻黄素属于什么毒品，进来后知道属于冰毒，是毒品。”

表 4－15　云南农村吸毒人员首次使用毒品的原因

| 首次吸食毒品的原因（$n$＝6187） | 好奇 | 无知 | 心情不好 | 受骗 | 被人强迫 | 赌气 | 追求刺激 | 随大流 | 治病 | 减肥 |
|---|---|---|---|---|---|---|---|---|---|---|
| 是 | 3815（61.7%） | 1420（23.0%） | 1352（21.9%） | 283（4.6%） | 45（0.7%） | 309（5.0%） | 990（16.0%） | 279（4.5%） | 377（6.1%） | 115（1.9%） |
| 否 | 2345（37.9%） | 4740（76.6%） | 2808（77.7%） | 5877（95.0%） | 6115（98.8%） | 5850（94.6%） | 5170（83.6%） | 5881（95.1%） | 5170（93.5%） | 6045（97.7%） |
| 缺失 | 27 | 27 | 27 | 27 | 27 | 27 | 27 | 27 | 27 | 27 |

拒毒防毒的深层意识的缺失，对毒品危害性、成瘾性和泛滥性的认识不足，成为毒品在边疆农村地区泛滥的主要原因。此次调查发现，云南农村青少年接受毒品教育的渠道不畅，且教育效果并不明显。表 4－16 数据显示，农村吸毒人员中，有 65.8% 的人员表示未曾接受过毒品危害相关知识的教育。一方面是农村家长和学校教师对毒品危害和泛滥程度的认识不够，主观认为学生距离毒品很远，因此，家长缺乏对小孩毒品预防的相关教育，农村吸毒人员中，有 47.4% 的人未从家庭教育中获取毒品危害相关知识。另一方面，相当多的学校老师也没认识到禁毒教育所具有的深远的社会意义，他们认为毒品与自己的教学任务无关，因此少有开展毒品预防方面的教育，有些学校即便开展了毒品知识相关教育，也存在着走过场的做法。农村吸毒人员中，有 65.8% 的人未从学校教育中获取毒品危害相关知识。此外，农村社区的禁毒工作人员对毒品危害性也缺乏正确的认识，未能担当起本社区毒品预防教育的重任。半数滥用者表示未从社区教育中获得毒品相关知识。毒品预防教育上的缺陷，导致人们对毒品的识别能力、抵抗能力普遍不高，无法做到自觉抵制毒品的侵害。

表 4－16　云南农村吸毒人员了解毒品危害的途径

| 了解毒品危害的途径（$n$＝6187） | | 学校教育 | 家庭教育 | 社区教育 | 其他 |
|---|---|---|---|---|---|
| 有效 | 是 | 1953（31.6%） | 3091（50%） | 2888（46.7%） | 406（6.6%） |
| | 否 | 4072（65.8%） | 2934（47.4%） | 3136（50.7%） | 5619（90.8%） |
| 缺失 | | 162（2.6%） | 162（2.6%） | 163（2.6%） | 162（2.6%） |

2. 对毒品滥用行为缺乏正确认知。有些人认为吸毒是吸毒者的个人行为，是吸毒者的私事，是吸毒者自由选择权利的体现，表 4－17 显示，16.4% 的被调查者认为吸毒是个人的生活方式，他们认为吸毒跟抽烟喝酒一样，是人们生活中的不良

习惯，因此，不应干涉吸毒者的吸毒行为。走访普通民众发现，大多数农村群众对吸毒者表现出麻木、放纵和躲避，他们认为吸毒者与他们无关。由此，许多农村群众在禁毒中持旁观的态度，正是这种思想，使得很多群众对社区禁毒工作持消极态度，导致农村地区的禁毒工作开展困难。

**表 4－17　云南农村吸毒人员对自己吸毒行为的评价**

| 如何评价自己的吸毒行为（$n=6187$） | | 频率 | 百分比% | 有效百分比% | 累积百分比% |
|---|---|---|---|---|---|
| 有效 | 个人生活方式 | 958 | 15.5 | 16.4 | 16.4 |
| | 不光彩、不体面的行为 | 1921 | 31.0 | 32.8 | 49.2 |
| | 违法行为 | 2929 | 47.3 | 50.0 | 99.2 |
| | 其他 | 48 | 0.8 | 0.8 | 100.0 |
| | 合计 | 5856 | 94.7 | 100.0 | |
| 缺失 | | 331 | 5.3 | | |
| 合计 | | 6187 | 100.0 | | |

（二）自我拒绝效能缺失与毒品滥用

自我拒绝效能是个体对自身心理与行为的主动掌握，这是一个特殊的心理活动过程，往往要实现对很多感性的行为控制，自我拒绝效能体现在凡事先经大脑分析，做出明确判断之后，自觉抵抗不良事物的能力。因为从众、随大流、追求刺激、享乐而选择吸毒，这是自我拒绝效能差的体现。

1. 寻求刺激、追求享乐。在对外开放和社会转型的背景下，一些消极、腐朽的思想和生活方式也随之而来，这对农村青少年的冲击很大。有些农村青少年由于思想认识低下，意志薄弱，他们在寻求刺激、追求不良时尚和享受中染上吸毒恶习而坠入深渊。访谈中发现，部分吸毒人员在开始吸毒时，都是免费的，由于他们认为自己不会上瘾，受贪小便宜思想的影响，最后导致染上毒瘾。来自红河个旧的受访者（男，28 岁，汉族）说："今年 5 月份以来经常与几个吸毒的朋友在一起，当时朋友免费提供海洛因，觉得只是玩玩，于是就吸了，后来慢慢就上瘾了。"根据此次调查，16.0% 的受访者首次吸毒的原因是追求刺激。来自孟连的受访者（男，拉祜族，20 岁）说："2012 年 4 月份后开始接触毒品，吃麻黄素，朋友叫自己去宾馆里面玩，他们男女都有，他们说吸完后要什么有什么，看见他们吃，自己看着他们很享受的样子，也学着吃，他们说吃完不会有瘾，自己没有考虑就吃了，现在意识到了危害，自己进来了，其他朋友也都进来了，现在跟他们不联系了。"

2. 从众心理与哥们儿义气。吸毒行为是一种具有较强社会网络结构的群体行为，以紧密的群体结构构建的社会网络对吸毒者产生持续的影响，社会网络对群体内的成员具有互相拉拢的作用，并对拒绝群体内行为的成员产生压力。结交吸毒朋友、认识接触毒品，逐渐了解吸毒群体内的行为与文化，与吸毒圈子建立起亲密关系，这成为吸毒人员逐渐踏上吸毒道路的前奏。首次吸毒行为主要是吸毒者在其以朋友和熟人为主的交际圈中发生的。“不吸就不是出来混的”成为吸毒人群的圈内文化。数据显示，云南农村吸毒人员中，4.5%的被调查者因为随大流而染毒。来自盈江的受访者（男，25岁）说：“2006年初次接触毒品，朋友几个在一起，他们吃，自己也吃，不吃不好意思。通常在甘蔗地和租的私人小房间里吃麻黄素和白粉。2010年第一次进戒毒所，2013年三四月出来，酒喝多了又吃，有时候朋友提供，一天吃三次，像吃饭一样，有时自己买，每天都吃。今年第二次进戒毒所，没什么理由，养成了习惯。”来自陇川的受访者（男，25岁，汉族）说：“朋友圈里面有好几个吸毒，平时和他们在一起，看到人家吸，你不吸，会让他们认为不够朋友，所以也就跟着吸。”来自景洪的受访者（男，26岁，哈尼族）说：“2012年，开始吸白粉——朋友一起出去相处，讲义气，邀约吸白粉。吸完头昏，想吐，想睡，吸到后期比较舒服（并不好吃，但控制不了）。”正是在哥儿们义气的交互影响下，很多农村青年和朋友圈中的人一起吸上了毒品。

（三）个体负性的心理状况与毒品滥用

1. 赌气、逆反心理。家庭和学校教育方式不当（如采用否定性教育或管制式教育）及家庭长辈和学校对青少年的歧视和粗暴对待等极易造成青少年出现逆反心理。家长及老师的偏见易产生社会心理学上的“罗森塔尔效应”，即青少年在自尊心受到挫伤后，消极的期望可能会变成个体自我实现的预言，从而产生自暴自弃、自我堕落，最后发展成赌气、逆反等负性心理。这如果不及时疏导和控制，任其流浪社会，一旦结交不良的社会群体，就会成为其步入吸毒歧途的导火索。此次调查显示，有5%的吸毒者首次吸毒是因为赌气。来自澜沧的受访者（男，汉族，25岁）说：“父亲在家，母亲和姐姐在临沧，全家收入靠农业，每年一万多两万块左右。初中没读完就辍学了。2011年开始接触毒品，当时和爸妈吵架，心情不好，跟朋友一起喝酒，酒醉了朋友叫吃，说吃麻黄素不是吸毒，不会上瘾。后面自己心情不好就会吃，只吃麻黄素，以前就听过，但因好奇，酒醉了也没想什么就吃了。”

2. 逃避现实的心理。负性生活事件会给情感脆弱、意志薄弱的人造成不良后果。数据显示，有21.9%的受访者是由于心情不好而吸毒，他们为了逃避现实，诸如学习受挫、父母离异、家庭缺乏温暖、夫妻感情不和、失恋、事业受挫、经营破产、失业待业等不顺心的事会引起他们对生活悲观失望、苦闷、情绪低落，最后借毒解愁来麻醉自己，解除烦恼。这也是导致个体吸毒的重要心理原因。（普洱人，女，哈尼族，23岁）：“家中有父母和一个姐姐。平时和家人相处的时间很少，很少交流，爸爸的脾气很暴躁，喜欢喝酒，喝酒回家会发酒疯，经常打骂母亲和自己，母亲和自己跟父亲的关系都不好，后来爸妈离婚了，我初中没读完就辍学了。

辍学后外出打工。打工时认识了一些吸毒的朋友。2011 年，有一次跟朋友在旅社里，看朋友在吸食海洛因，自己感到很好奇，经朋友诱惑后开始吸毒。”

综上所述，场域制约着个人心理、行为、价值观，并通过个人的社会化而实现社会结构的内化，形成个体行动的惯习。云南农村毒品亚文化的客观场域与个体伴有不良习性的主观心理场相互影响，导致农村人口吸毒行为的产生。

## 第四节　云南省农村人口毒品滥用蔓延的社会风险

全球化带来了文明的扩散和不同文化之间的交织碰撞，同时也把毒品带到了世界各个角落。云南农村地区毒品滥用问题从某种程度上说是全球化、现代性的扩张相互作用的结果。在当前错综复杂的国际形势和全球化、区域经济一体化、东西部差距不断扩大、边境全方位开放、社会快速转型的背景下，云南农村地区毒品滥用问题愈发严重，这无疑会对西南边疆社会引发一系列的社会风险。

“风险”作为一个关键概念，为我们理解和解释当今世界提供了一种独特的视角。“风险社会”是由德国社会学家贝克首次系统提出的，作为核心概念来诠释后现代社会。贝克指出，世界已进入风险社会时期。在贝克看来，“风险社会带来了潜在的未来危险的可能性，促使人们不安全感的增加。”① 危害结果的潜伏性是风险社会危险性行为的重要特征，危险行为的现实危害结果不是很快显现出来的，而是潜藏在危害行为之中。② 吉登斯认为，风险指的是在与将来可能性关系中被评价的危险程度。“潜在的风险在未转化为危害结果之前，并无现实的表征，潜在的风险是伴随着危险行为的不断实施而逐步加深并最终爆发的，从而产生严重的危害后果。”③ 毒品滥用危害具有风险潜在性的特点。

毒品滥用人群是一个被边缘化的特殊群体，对社会的消极适应使他们极易产生一种“弱势心理”，即当多数吸毒者在身心受到毒品伤害后，造成无法挽救局面时会产生极度自卑、失望、无助、愤懑，甚至绝望的心理状态，这会激发个体的偏激行为。吸毒人群的这些负性心理，如果不能及时采取相应的措施加以缓解和控制，潜在的社会危害性就会急剧增加，从而引发社会风险。在现代社会，任何领域、任何级别的风险都可能成为引发社会安全问题的源头，从而产生“蝴蝶效应”。农村人口的毒品滥用问题的发展蔓延加剧了边疆社会的不稳定状态，形成恶性循环，妨碍社会正常运行，使得边疆安全问题由隐患状态向危机状态演变。云南农村人口的毒品滥用的风险扩大效应使得毒品的个体危害转变为边疆公共安全危机，从而引发各种社会风险。

---

① 师索．犯罪与风险——风险社会视野下的犯罪治理．犯罪研究，2010（10）．

② 李林．风险社会背景下我国危险犯立法趋势研究．东北大学学报（社会科学版），2012（3）．

③ 安东尼·吉登斯．失控的世界．周红云，译．江西人民出版社，2001：18．

本书借用“社会风险”这一概念，将毒品滥用引发的社会危害级别分为个体性风险、激发性风险与扩展性风险三种表现形式，来分析农村人口毒品滥用对西南边疆农村社会的影响。

## 一、农村人口毒品滥用蔓延导致的个体性风险

所谓毒品滥用的个体性风险，是指毒品滥用所带来的对吸毒人员个体身心危害的不确定性。在个体风险阶段，毒品滥用导致的安全威胁主要作用于滥用者自身。

### （一）损害滥用者的生理健康

农村人口的滥用毒品导致的最直接后果就是对边疆农村人口身体健康的损害，严重者甚至会威胁生命。据世界卫生组织统计数据，“全球每年因滥用毒品造成死亡的人数约有10万人，因滥用毒品而丧失的劳动力人数达1000万。”① 已有的医学研究表明，无论以何种方式吸毒，都会对人体的肌体造成极大损害。毒品滥用会损害人体的重要组织器官，滥用者个体的神经系统、呼吸系统、心血管系统、免疫系统、消化系统、生殖系统等都会产生不同程度的损害，会破坏个体正常的新陈代谢，从而损害滥用者个体的身体健康，此外滥用者因吸毒感染其他传染性疾病的概率会倍增。

由于社会调查不可能对被调查者进行身体健康检查，所以在调查中采用了健康自评的方式。自评健康与实际健康之间没有必然一一对应的关系，但个体对自己健康感觉越好，其身体健康的实际状态也会相对较好。毒品对身体的损害程度，跟滥用者的成瘾程度及吸毒历史有很大的关系。在问及吸毒后您平时的身体状况如何时，结果显示，被调查的6187例农村吸毒人员中，其中有173人未填写，其中2007人认为自己能干重体力活，占总数的33.4%；其中认为自己能干轻体力活的有3172人，占总数的52.7%；而认为自己完全不能干活的有835人，占总数的13.9%。同时由于男女生理方面的差异，滥用毒品后，男性吸毒者的身体损害程度稍低于女性吸毒者的身体损害程度。调查结果显示，绝大多数农村吸毒者的肌体都遭受了毒品的侵害，大大降低了他们从事体力劳动的能力。

在个体访谈中，我们发现，绝大多数吸毒者身体都不同程度地受到一定的损害。来自保山的受访者（男，40岁）说：“本人家有4口人，老婆和两个小孩，在瑞丽工作三年，8年前，我帮人开车时和朋友们一起玩时，吸上了‘4号’。后面又开始吸食麻黄素，因大量吸食麻黄素（冰毒），用针注射部位的皮肤出现了脓肿、色素沉着、疤痕硬结，脸上遍布毒疮烂孔，在朋友圈中被称为毒王。”来自陇川人的受访者（男，30岁）说：“本人家有5口人，爸妈、妻子和一个孩子，自己吸毒时间是在2010年10月份，当时也就吸了五六口海洛因，吸了以后，就吐了三天三夜，什么都吃不下去，之后再吸，就没有这种感觉了。刚开始自己吸了以后，

---

① 程巍. 毒品对青少年的危害及干预. 滨州教育学院学报，2001（7）.

感觉做什么都有劲，都很想去做，但到了后面感觉自己做什么都慢了别人半拍，做什么都没劲。自己家里的一个叔叔也是因为吸毒而死的，叔叔也是一直没有把毒瘾戒了，最后落此下场。自己也不相信怎么毒瘾那么难戒，自己对毒品也有点好奇，自己想试一试毒品的诱惑，想不到陷进去就出不来了。”由此我们可以看出，无论是吸食传统毒品还是吸食新型毒品，都会对个体身体健康产生损伤的风险。

（二）扭曲滥用者的个体心理

毒品滥用一个致命的问题在于其对精神的摧残。依据美国心理学家马斯洛提出的需求层次理论，人类需求像金字塔一样分为五层，从基本的生理需求到高层的精神需求。由于滥用者长期吸毒成瘾，一方面使得吸毒者产生耐药性，有的产生严重的心理依赖，思想精神和情绪受到严重影响。长期吸毒令不少人变得十分自私自利，丧失羞耻感和责任感，不讲礼仪，而且滥用者会出现行动失常，出现认知障碍、抑郁、颓废、丧失自我、道德沦丧。另一方面，毒品滥用者同时追求安全、爱和归属及自尊的需要，他们也希望戒除毒瘾，过正常人的生活，但是社会的歧视使他们这些心理需要长期得不到满足，从而使他们的心理长期处于失衡状态，表现为神经衰弱，如幻觉或妄想。人格改变更是多见，吸毒者极易产生偏激行为，甚至导致精神的崩溃。为了摆脱这种状态，滥用者又会用毒品去寻找快感，来麻醉自己，这便导致了复吸。访谈中发现，“想什么就有什么，想要怎样就能怎样”，就是一部分滥用者扭曲的心理写照。毒品滥用导致的个体心理扭曲的风险极大。

## 二、农村人口毒品滥用蔓延导致的激发性风险

所谓毒品滥用的激发性风险是指社会成员个体的毒品滥用可能造成对个体所在周围人或事物危害的不确定性。在激发性风险阶段，毒品滥用的危害表现在两个方面：一是对个体家庭造成的风险；二是对公共安全造成的影响。

（一）威胁农村家庭安全

毒品滥用行为导致的另一直接后果就是大大增加了家庭的经济负担，因吸毒花费过重而导致的边疆农村家庭解体的风险凸显，由此带来的家庭危机不仅使得夫妻关系破裂，也会对孩子的正常成长产生不利影响。长期地使用毒品，会造成吸毒者丧失了家庭责任感，对家人采取冷落的态度，甚至会诱发家庭暴力，使得夫妻关系恶化、离婚的比例很高，最终妻离子散、酿成家庭悲剧。在调查中我们发现，在边疆一些农村地区，由于毒品的侵袭，原本和谐宁静的农村村寨出现了许多家庭变故。在当地村庄有因吸毒造成家庭关系破裂的（夫妻离异、父子反目、兄弟成仇）；有因吸毒致残致死的；有因吸毒而变卖家产，甚至卖儿卖女的；有的吸毒者因吸毒出现了火烧房屋等恶劣行为。在个体访谈中，我们发现了部分滥用者因吸毒而导致家庭结构体系被摧毁。来自盈江的受访者（男，汉族，36岁）说：“读书到初中，一般在家干农活。2005年结婚，小孩9岁，收入主要靠农用车，第一次开始吸鸦片，图好玩。朋友约我一起吃的，后来吸海洛因，自己想断，但是边疆毒

品多，才出去四五个月，又吸上了。以前在社区戒毒，第三次进来了，心理戒毒难，一到外面就会想吸。新型毒品没试过，不清楚，感觉和海洛因差不多。吸毒后没钱买毒品问老爹老妈要，把结婚戒指、链子都卖了，毒瘾发了，什么都不顾了。吸毒使家庭不和谐，没得吸，心情不好，脾气暴躁，就会对父母、妻子态度不好。两年前老婆带着孩子离开了家，我希望好好把毒彻底戒掉，出去好好做人，把以前丢失的东西全部找回来。”

（二）破坏农村社区安全

毒品一方面会产生耐药性，另一方面还会刺激人的中枢神经，产生心瘾。这使得吸毒成瘾者往往有强烈的用药渴求，驱使吸毒者为了吸食毒品而奋不顾身，不择手段，由此导致滥用者可能因自我控制失常而刺激和诱发一些偏差超常、反常行为，具体表现为自伤自残、侵害公私财物、寻衅滋事、伤害他人、偷盗抢劫等行为。调查结果显示，被调查的云南农村吸毒人员中，有2.4%的滥用者曾经实施过自杀行为，有5.9%的滥用者实施过自伤自残行为，有6.0%的滥用者产生过伤人的行为，有10.6%的滥用者实施过破坏财物的行为，还有11.3%的滥用者发生过性乱行为（见表4－18）。因此，因吸毒人员的超常、反常行为导致的农村社区安全被破坏的风险凸显。

表4－18　云南农村吸毒人员吸毒后的激发性风险行为

| 吸毒后的激发性风险行为（$n=6187$） | | 自杀 | 自伤（自残） | 伤人 | 破坏财物 | 性乱 |
|---|---|---|---|---|---|---|
| 有效 | 是 | 146（2.4%） | 363（5.9%） | 370（6.0%） | 651（10.6%） | 699（11.3%） |
| | 否 | 5986（97.6%） | 5770（94.1%） | 5762（94.0%） | 5482（89.4%） | 5434（88.6%） |
| 缺失 | | 55 | 55 | 55 | 55 | 55 |

## 三、农村人口毒品滥用蔓延导致的扩展性风险

当毒品滥用人群达到一定规模、危害作用深入显现出来时，便会引发各类公共卫生安全问题，此时毒品滥用的危害已达到扩展性风险级别。本地人群的毒品滥用所导致的后果不只涉及本人及家庭，对整个吸毒群体而言，毒品滥用易产生群体效应，广泛影响农村的经济生活、政治生活、文化生活，这将导致边疆农村社会的广泛领域陷入相对危机之中。

（一）威胁边疆农村公共卫生安全

毒品滥用人群是传染性疾病的高发人群，这与这一人群的生活态度和对传染性疾病的认知情况有关。部分吸毒人员共用针具注射毒品而感染肝炎、艾滋病等多种

疾病，并迅速传播和蔓延，吸毒者与艾滋病感染者交叉互动，极易引发公共卫生危机。此次调查发现（见表4－19），受访的6187名农村吸毒人员中，32.4%表示自己吸毒后感染过传染性疾病，其中有4.3%的毒品滥用者感染过梅毒、淋病、尖锐湿疣等性传播疾病；6.4%的毒品滥用者感染过艾滋病；5.4%的毒品滥用者感染过甲肝、乙肝、肺炎等传染性疾病；其他感染者表示不清楚感染什么疾病。边疆农村父母因吸毒染上疾病后，会危及其子女的健康成长，一方面会对未染病儿童的抚养、教育产生诸多问题，很多儿童因此而流落社会；另一方面大大增加了儿童感染传染性疾病的危险，很多儿童因染疾且得不到及时有效的医治而死亡。由于农村人口对吸食毒品及其严重后果的认知不足，自我保护意识缺乏，这大大增加了传染性疾病的传播途径及传染概率。由于一些传染性疾病如艾滋病等有较长的潜伏期，加上边疆农村地区医疗条件差，所以很多滥用者在感染疾病后仍不知晓，这使得交叉感染疾病的概率呈几何倍数增长。来自孟连的受访者（男，26岁，汉族）：“总共进了三次戒毒所，进来之前家人就知道自己吸毒。自己控制不住，没有伤害物品，吸冰毒，在橡胶地吸，来源有小勐腊缅甸，很容易买。跟着朋友一起吸。每次出去玩前清楚会吸毒，几乎每次都会吸，吸后不会破坏公物，有过出去开房，都是和认识的吸毒的女性，人多的时候会开两三间，人多的时候也一起随便玩。”农村地区的毒品滥用极易引发公共卫生危机，对边疆各民族人民的身心健康及生活生存带来极大隐患，这给边疆农村的可持续发展带来巨大风险。

**表4－19　云南农村吸毒人群感染疾病状况**

| 吸毒后是否得过以下感染性疾病（$n=6187$） | | 梅毒、淋病、尖锐湿疣 | | 艾滋病 | | 甲肝、乙肝、肺炎 | | 不清楚 | |
|---|---|---|---|---|---|---|---|---|---|
| | | 频率 | 百分比% | 频率 | 百分比% | 频率 | 百分比% | 频率 | 百分比% |
| 有效 | 是 | 265 | 4.3 | 395 | 6.4 | 332 | 5.4 | 1183 | 19.1 |
| | 否 | 5862 | 94.7 | 5732 | 92.6 | 5795 | 93.7 | 5795 | 93.7 |
| 缺失 | | 60 | 1.0 | 60 | 1.0 | 60 | 1.0 | 60 | 1.0 |

### （二）影响边疆农村的经济安全

农村人口的毒品滥用首先导致了农村社会财富的巨大浪费、农村社会生产力的极大破坏和部分农村吸毒人口的生存状况恶化的风险。如前所述，云南农村的毒品滥用者绝大部分是青壮年，这部分人群滥用毒品成瘾，大大摧残了他们的身心健康，这使得许多家庭的主要劳动力丧失或减弱，有的甚至死亡，从而引发边疆农村地方的村寨劳动力大量损失，继而导致土地无人耕种，大面积荒芜、生产萎缩。据报道，在云南德宏“原全州有吸毒人员1.4万人，仅陇川县就有5571人，占全县总人口的3.3%，全县645个村寨涉毒村达542个，自然村吸毒覆盖率高达

82.9%。由于吸毒，德宏有近万名青壮年完全丧失或基本丧失劳动能力"[①]。这严重破坏了当地农村的生活环境和农村地区的社会生产力，危及了农村人口的生存问题，阻碍了边疆农村的社会发展与边疆民族地区的新农村建设。

农村人口的毒品滥用对边疆经济的影响还表现在治理毒品问题的经济损失，为了控制毒品的蔓延，有效地打击非法种毒、制毒、贩毒和吸毒等问题，政府部门需要投入大量的人力、物力、财力。云南省在"十二五"期间，增加了禁毒经费8.72亿元，省财政禁毒经费由以前每年的8000万元增至1亿元。[②] 这些禁毒经费用于购买禁毒装备、新建稽查站所和情报网点、新建康复场所、帮助吸毒人群戒断治疗的医疗支出。这些本可用于发展边疆经济的资金被白白浪费，加剧了边疆发展的资金紧缺状况。同时贩毒集团利用从中攫取的巨额毒资进一步破坏边疆社会正常运行，边疆各级政府和禁毒部门必须花大量的财力、人力、时间用于开展禁毒工作，由此形成恶性循环。因而，毒品滥用而导致的间接经济损失更是无法估算。这些使得边疆农村地区经济社会的协调持续发展雪上加霜。

（三）破坏社会风气，削弱基层政权

在毒品的侵蚀下，边疆农村地区的基层政权开始受到冲击，存在被削弱的风险。有的基层干部也染上了毒瘾。作为干部，身不正则力不强。这就会起到不良的示范作用，基层政权的行政执行力会大大减弱。有的基层干部甚至对身边群众和亲属的吸贩毒行为充耳不闻，有的甚至暗中庇护、通风报信，参与吸毒和零星贩毒。2014年12月9日，云南纪委、监察厅网站发布消息称："云南德宏州41名吸毒党员被开除党籍，其中9名国家公职人员被开除党籍和公职。其中包括30名农村党员被开除党籍。41名吸毒党员已由当地公安机关带到云南省第六强制隔离戒毒所戒毒。"[③] 边疆农村的基层党员干部把持着农村的基层政权，一旦染上毒瘾，或者参与到吸贩毒行列，进而造成了基层政权异化的风险，基层社会管理将处于边缘化，在当地形成一股恶势力，这严重败坏了社会风气。

（四）引发边疆农村的社会安全

毒品滥用发展蔓延致使与毒品相关的越轨犯罪行为的风险突出。由于吸毒需要大量资金，吸食者在钱财耗尽时往往以骗、偷、抢、卖淫等手段来维持吸毒，多数滥用者以以贩养吸的方式获取毒资，不断发展新毒友，这导致毒品滥用的恶性循环。从被调查的云南农村吸毒人员筹集毒资的方式我们可以看出吸毒对边疆社会公共安全的危害。数据显示（见表4-20），有44.0%的滥用者选择向家人筹集毒资；有28.5%的滥用者向亲戚朋友邻居借钱吸毒；有7.8%的滥用者选择变卖家产筹集毒资；以偷窃抢劫的方式获取毒资的滥用者达310人，占5.1%；用以贩养吸

① 傅是杰. 破解禁毒工作难点的思考. 福建公安高等专科学校学报，2007（3）.

② 数据来源于云南禁毒网。

③ 谢莹. 云南德宏41名党员因吸毒被开除党籍. 云南信息报，2012-12-10.

的方式获取毒资的滥用者达446人，占7.3%；而以提供性服务的方式来赚取毒资的达118人，占1.9%。吸毒者失常行为的发生严重影响了当地社会治安，大大增加了农村公共安全风险的级别，严重影响了边疆农村经济社会的发展和人们的生活环境。

表4－20　云南农村吸毒人员筹集毒资的方式

| 没钱吸毒时的行为选择($n=6187$) | | 自己打工挣钱 | 向家人要钱 | 向亲戚朋友邻居借钱 | 变卖家产 | 偷窃抢劫 | 以贩养吸 | 提供性服务 |
|---|---|---|---|---|---|---|---|---|
| 有效 | 是 | 2606<br>(42.7%) | 2689<br>(44.0%) | 1739<br>(28.5%) | 479<br>(7.8%) | 310<br>(5.1%) | 446<br>(7.3%) | 118<br>(1.9%) |
| | 否 | 3502<br>(57.3%) | 3419<br>(56.0%) | 4369<br>(71.5%) | 5629<br>(92.2%) | 5798<br>(94.9%) | 5662<br>(92.7%) | 5990<br>(98.1%) |
| 缺失 | | 79 | 79 | 79 | 79 | 79 | 79 | 79 |

吸毒蔓延成为西南边疆地区治安、刑事案件频发的巨大风险因素。“从云南德宏州刑事、治安案件发生的情况分析，有60%以上是毒品贩卖和因吸毒人员为了筹集毒资而发生的。”① 毒品滥用蔓延及毒品消费量的增加，势必刺激农村地区贩毒活动的猖狂，吸贩毒集团等形成的地方黑恶势力，会对边疆农村的社会治安构成严重威胁。毒品滥用蔓延势必危害西南边疆地区的社会安全。

## 第五节　云南省农村人口毒品滥用问题的防治策略

“社会整合，是指社会不同的因素、部分结合为一个统一、协调整体的过程及结果。”② 制度整合、规范整合、文化整合等是社会整合的重要组成部分。较高程度的社会整合可以在一定程度上减少社会成员失范行为的发生。从社会整合的视角思考云南农村人口毒品滥用的防治策略，就是要综合考虑农村社会正常运行的自然、社会、文化条件，把农村禁毒和农村地方发展相结合，多措并行，发挥乡土资源的社会凝合作用，动员社会力量参与，建立起边疆农村地区强有力的、全方位的毒品防御体系。从预防、防治上着力，在充分考虑边疆和民族特色的基础上开展禁毒人民战争，协调各方机制，从而清除农村的毒品危害，更好地构建切实有效的边疆农村的毒品防治机制，重建边疆和谐村寨。

① 罗圣荣. 21世纪初西南境外毒品问题及其影响与对策研究. 思想战线，2018（9）.
② 转型社会的整合：问题与组织化路径. 中国社会科学网. http：//www. cssn. cn/n.

## 一、云南农村人口毒品滥用的预防路径

预防云南农村人口的毒品滥用应从引发毒品滥用的外部环境介入，整合农村社会资源，发挥广大农村居民的主体作用，提高村民禁毒意识和抵制毒品能力，使毒品滥用控制步入注重限制和消除滥用的诱发性因素的良性轨道上来。

### （一）预防农村人口毒品滥用的宏观政策措施

1. 预防农村人口毒品滥用的制度建设。作为规范体系的制度具有社会整合功能，农村毒品问题的解决需要通过建立各种制度以保证农村禁毒工作的顺利开展。首要的是建立禁毒工作责任制度，切实提高各级领导特别是县、乡镇领导对农村毒品滥用问题的认识。遏制农村毒品问题必须列入各级行政部门的重要议程，并落实禁毒工作的责任追究制度。一方面对禁毒工作人员履行工作职责的情况进行督察，严格落实奖惩，严格执行责任追究制度，因渎职、失职而导致该地区毒品问题反弹的要追究其领导责任；另一方面要制定和完善基层禁吸戒毒工作考核奖励办法，对有功人员给予重奖，完善禁毒目标责任奖励机制，确保禁毒各项工作落到实处。其次，要建立健全政府负责、多元参与、群众支持的边疆农村禁毒工作格局。充分发挥多元主体协同参与毒品预防，是农村禁毒工作的关键所在。因此，必须理顺农村禁毒领导体制，基层党团组织在禁毒预防中要起到先锋领导作用，党团员在村庄禁毒宣传预防事业中要起到积极的带头作用。同时也要积极支持其他社会组织参与禁毒，积极引导广大农村群众参与防毒、拒毒。再次，要建立分级承担和多方保障的农村社区禁毒经费保障机制。各级政府要把农村禁毒经费列入政府预算，同时拓宽禁毒资金来源，为农村禁毒工作提供财力保障。最后，应该改革和完善教育制度、就业制度和社会保障制度等相关制度，建立农村社会支持网络体系，预防农村青少年因为升学、就业或生计上的困难而孤立无助、自暴自弃而错误地借助毒品来麻痹自己，走上吸毒的道路。从宏观制度上为预防农村人口毒品滥用提供保障。

2. 预防农村人口毒品滥用的经济手段。“社区禁毒应与社区脱贫相结合，这是现阶段治理中国毒品问题的一个不能回避的命题。”① 边疆农村的毒品问题是在经济因素的影响下逐步恶化的。从云南农村毒品滥用人员的社会经济状况来看，绝大多数属于贫困群体。经济贫困成为影响人们行为的重要因素。在社会排斥、贫困亚文化影响下，边疆农村青年往往会产生高强度的压抑、悲愤，缺乏个体满足感，极易导致抑郁症状和反社会行为，有的卷入吸毒贩毒活动中。政府应该加快边疆农村地区经济社会发展的步伐，加大对边疆民族地区建设的支持力度，大力发展农村经济，推进农村地区的科教文卫事业的发展。加快改善农村居民民生，提高农村地区居民的社会保障和社会福利水平，提高边疆农村居民的经济收入，增强农村人口合法谋生的能力。完善农村地区的基础设施建设，努力实现农村社会整体的发展，让

---

① 王强．禁毒治理的社区资源整合．政治与法律，2005（6）．

边疆农村地区群众尽快摆脱贫困，逐渐减少因贫困而导致的吸毒贩毒现象。

3. 预防农村人口毒品滥用的法律保障。韦伯认为，现代社会普遍的治理形式是法理型统治。法律是维护现代社会基本秩序的主要工具，也是防控毒品滥用的有力武器。为了保证禁毒斗争持续不懈，必须制定严密而有效的禁毒法律体系，这主要包括综合性的禁毒法典、禁毒有关的其他法律法规、禁毒斗争的地方性立法等，在深入总结我国禁毒实践中所取得的各种规律性认识和禁毒立法过程中所积累的经验基础上，可以吸收借鉴国际社会关于禁毒工作的立法，不断推进我国的禁毒立法进程，完善我国禁毒法律体系。同时，要加强禁毒地方性法规的立法工作，地方禁毒法规条例对指导各地因时因地地开展禁毒工作具有深远意义，也是我国禁毒法律体系的重要组成部分之一。《云南省禁毒条例》已由云南省十届人大常务委员会第十五次会议审议通过，自 2005 年 5 月 1 日起施行。云南省应该在禁毒实践的基础上不断完善《云南省禁毒条例》，探索农村地区禁毒工作的相关立法。同时云南省毒品问题与边境管理存在着千丝万缕的联系，边境法的缺失及周边国家在边境管理方面的漏洞客观上对云南的毒品滥用问题起到了推波助澜的作用，因此必须从我国边境管理的实际出发加快制定我国的边境法。禁毒立法要不断适应毒情发展变化及开展禁毒实践工作的需要，从而为禁毒工作提供法律后盾。

4. 预防农村人口毒品滥用的文化支持。农村毒品预防需要文化防控的积极支持，应发挥伦理道德、风俗习惯、信仰观念和社会舆论等人类共同遵从的行为准则和价值规范对农村人口行为的导向作用。必须大力倡导主文化，政府部门应加快边疆农村地区的文化基础设施建设，让健康有益、丰富多彩的文化占领边疆农村文化主阵地。云南是一个民族众多的省份，各民族都有一些优秀传统文化，对此要加以弘扬，不断丰富边疆民族的精神文化生活，以积极、健康的文化引导民众、扎根基层。适时开展禁毒文艺宣传活动。新闻媒体、出版社等积极开展禁毒宣传。同时对极端享乐主义、拜金主义、渲染暴力、色情等反文化，则采取坚决扫除，对毒品亚文化等不良社会文化应坚决遏制，防止其对主文化形成冲击。同时也要建立健全社会舆论监督体系，加强社会舆论监督，注意引导合理舆论导向。借助社会舆论加强对社会个体行为进行监督，建立起道德规范的制约力量，形成农村大众对吸毒等社会丑恶现象的自觉抵制。同时要加强娱乐场所的监管工作，建立大众的健康的娱乐场所，从而为广大民众自觉自省地抵御毒品侵袭提供文化支持。

教育对于提升国民素质的意义深远。目前，边疆农村基础教育与职业技术教育条件落后，已经成为制约边疆农村人口思想文化素质与人力资本积累提高的瓶颈。为此，各级政府要加大对边疆农村基础教育和职业技术教育投入力度，尤其是要提高中央和省级政府财政支出中农村教育经费的比重，大力改善边疆农村教育环境，提高教育质量，保障教育水平。要在普及九年制义务教育的基础上，大力发展农村职业技术教育，使教育与就业密切结合，努力提高农村人口人力资本水平。要坚持多渠道、多形式开展农村人口就业和职业技能培训，提高其就业与生活能力。只有从根本上提高边疆农村地区人口思想文化素质，才能自觉、有效地预防与约束各种失范行为。同时政府要改善留守儿童和留守青年的教育问题。

（二）预防农村人口毒品滥用的微观具体措施

1. 发挥基层政权在毒品预防中的主导作用，强化农村社会控制。乡镇一级领导和村委会工作人员对禁毒工作重视不够，禁毒工作责任制流于形式是农村地区毒品蔓延的一个重要原因。芒市某禁毒支队支队长（男，40岁）说："乡镇领导主要的精力放在抓经济发展上，乡镇每年都逐级签订禁毒责任状，但是由于村干部事务多，而且担心报复，很多没能按照责任状的要求去做工作，对吸毒人员的监控及帮教等工作也是走形式。"因此必须强化边疆农村地区乡镇政府和村委在毒品预防管理中的作用，切实将毒品预防工作做到实处。

乡镇一级政府要肩负起禁毒工作的领导责任，全面提高禁吸戒毒，组织实施边疆基础设施建设，加强辖区内民众精神文明建设，扩大毒品预防宣传力度；加强毒品犯罪侦查打击工作，抓好辖区内的堵源截流工作，维护农村社会稳定；动员民众参与禁毒；加强易制毒化学品的管制工作；同时要落实辖区内的社区戒毒（康复）工作和戒断人员的帮教安置工作，杜绝新增吸毒人员；为边疆农村禁毒工作营造良好的氛围。村委要充分履行法定禁毒职责，广泛开展面向村民的禁毒预防教育，毒品知识宣传工作要做到家喻户晓，重点加强对外来人口、社会闲散人员等易染毒群体的预防教育，把涉毒人员的管理落实到社区，落实到最基层。努力把无毒社区建设纳入文明村寨的创建活动中，切实抓好农村禁毒工作，形成村庄完善禁毒防控网络体系。

2. 依托农村社区和家庭网络开展毒品预防。农村社区环境深刻影响着居住人口的行为，因此要净化农村社会风气。为此，必须依托农村社区和家庭网络开展无毒村庄的创建工作，提高社区禁毒宣传教育服务能力，不断完善家庭自我教育、自我防范功能，将毒品滥用预防转变为政府领导下的社会行为。云南边疆农村地区，由于经济发展滞后，各种信息闭塞，农村人口文化素养低下，受到法制的"熏陶"影响较小，因此要开展毒品预防教育，让村民切实领会禁毒法制宣传，就必须派出宣传人员进村入户面对面宣传，以此达到禁毒教育深入人心、落到实处，起到真正的作用。

由于农村社区环境与城市社区存在差异性，农村社区的特点是地域分布广，山区、林区多，人口分散，宣传效果较差。因此禁毒宣传一方面要靠行政推动，另一方面要考虑点、面结合，突出成效，发挥群众性。农村社区的禁毒教育要充分动员广大农村社区成员，妥善利用当地资源，结合农村的文化建设，调动农村群众的积极性。农村社区毒品预防教育要结合农村社区的特点，有针对性地开展禁毒宣传，如可以在群众较为密集的地点开展宣传教育活动，农村一般有赶集的习俗，这些人多的场所可以加以利用，吸引民众的眼球。农村禁毒宣传还需要注意时段分明，利用农村群众农闲时间多时，开展毒品预防宣传。同时农村禁毒宣传要采取农民易接受的工作方法，利用农民喜闻乐见、通俗易懂的方式进行宣传，可以集专栏、图片、影视、展览、表演于一体，如禁毒电影进村子，以此来提高村民自身识别毒品的能力。农村禁毒需要有文化青年的参与，可以积极利用外出求学人员返乡探亲、过节时机，在车站等人员较多的地方通过印发禁毒宣传赠品等形式开展宣传教育活动。建立健全以禁毒为主要内容的村规民约，在家庭和社区村委之间搭建桥梁，村委派人到每家每户签订毒品预防责任状，定期考核、检查，开展评选无毒文明户等活动，通过落实村规民约制度来切实抓好禁毒教育工作。总之，依托村庄和家庭网络开展禁毒工作一定要结合当地村寨的实际，充分利用村寨资源，做到切实可行。

3. 依托农村学校加强对青少年的毒品预防教育。云南农村吸毒人员中，青少年是主体，且出现低龄化趋向，因此必须要切实强化对高危人群——农村青少年的毒品预防教育。毒品预防教育要树立起从娃娃抓起的理念。根据教育部颁布的《关于进一步加强中小学生毒品预防教育工作的通知》，规定中小学校必须从小学五年级开始对学生开展毒品预防教育，必须持续到高中二年级，要实现农村中小学的毒品预防教育100%全覆盖。因此农村学校必须认真贯彻这一方针，全面开展形式多样的禁毒教育。农村学校的禁毒教育可以结合对青少年进行人生观、道德观的教育同时展开，通过强化他们的理想、信念和道德教育，使他们在接受教育的过程中，形成正确的人生观、世界观和道德观，增强抵御能力。同时加强青少年法律法规与政策知识宣传，提高其法律意识。这会在一定程度上抑制青少年各种失范行为的发生。

在农村中小学校广泛开展预防教育，也要注意毒品预防教育的方法和策略。如前所述，很多农村青年走上吸毒道路，很大部分原因是教育出了问题，一方面是农村家长教育能力的缺失，另一方面是学校教育把差生推向社会。因此农村学校教育要特别关注学习成绩不好的这类学生群体，他们往往因家庭教育和学校教育失败而吸毒。因此必须要加强对所谓差生的教育和引导，防止其自我堕落。同时学校的毒品教育关键在于如何宣传的问题，首要的是提高中小学生的防毒、拒毒意识，让其真正感知毒品危害，而不是起到相反的误导作用。通过对学生的毒品预防教育还可以起到学生在家庭、乡邻间“小手拉大手”的宣传教育示范效应。这对农村人口毒品预防会产生推动作用。

4. 发挥农村群众自治组织和禁毒社会组织在毒品预防中的作用。支持农村村民自发形成抗毒力量。利用当地居民对当地吸毒的地点、人员较熟悉的特点，及时给公安、禁毒部门提供消息，及时打击。充分发挥群众组织在改善、稳定和消除边疆地区的毒品渗透、堵截毒源等方面的积极作用。

各地共青团、妇联等组织可以在农村开展一些有意义的文艺活动，传播农业科技，活跃农村社会氛围，为禁毒创造良好的文化环境。同时可以利用农村医疗卫生资源开展禁毒宣传，组建基层医疗队伍，深入农村社区、村民户开展毒品预防等卫生服务。在农村建立村庄禁毒志愿者组织，可以由禁毒社工和社区服务工作者参加，在村庄内展开专业禁毒指导和宣传、禁毒帮教。

5. 利用爱国宗教团体开展毒品滥用预防。云南农村很多是少数民族群众聚居地，边疆少数民族地区群众多信奉宗教，如西双版纳的傣族与布朗族民众均信仰南传佛教，德宏瑞丽也是佛教的主要传播信仰区，还有的回族地区多信奉伊斯兰教。禁毒教育工作应鼓励和引导农村地区的爱国宗教组织——诸如佛教协会、伊斯兰教协会组织，以宗教活动场所作为禁毒宣传阵地，开展具有民族特色的禁毒教育工作，利用专职宗教人员在当地信教群众中的威望和公信力向信教群众进行禁毒宣传教育，到各村镇开展禁毒宣讲，动员信教群众积极参与禁毒斗争。

## 二、云南农村人口毒品滥用的治理路径

云南农村人口毒品滥用的治理工作主要是从毒品滥用人群的管控和毒品滥用人群如何正常回归社会这两方面着手。

### (一) 农村毒品滥用人群的管控

1. 对以贩养吸实施高压严打。调查发现，云南省农村吸毒人员中有相当一部分人以贩养吸，千方百计地发展新的毒友，由此造成了吸毒的恶性循环。因此必须对农村地区零售毒品的现象进行严厉打击。在云南一些农村地区的民族村寨内零包贩毒现象比较突出，因此，县公安机关要加大警力、集中时间开展农村地区的扫毒行动，切实摧毁农村地区零包贩毒网络，以最大限度地减少毒品的供应来源，减少毒品需求。对各种形式的种毒、制毒、卖毒坚持高压严打态势，对村庄内的吸贩毒人员要做到早发现、早通报、早打击，以此不断减少新增吸毒人员的数量。同时对毒品问题严重的乡镇开展重点整治，尤其是吸毒人员超 100 人的乡镇应由县一级人民政府挂牌开展重点整治，让吸贩毒人群无藏身之处。

2. 摸清社区人口底数，夯实禁毒工作基础。摸清底数，与吸毒贩毒力量展开角力，消除各种涉毒隐患。云南各个乡镇，应以村级组织为单位，建立村庄禁毒基本信息库。村委及村级禁毒组织应准确摸清村庄涉毒人员数量及状况，不间断更新，半年或不定期地向乡镇政府进行总结汇报。发动群众，对村庄内的吸毒窝点、零售毒品交易地点等进行密切监控，及时发现本地人口中新增涉毒人员，同时及时关注外流涉毒人员的身份及行动信息。建立农业闲置劳动力、外出务工人员信息跟踪机制，最大限度地了解村内人员在村外、城市吸毒的情况。

3. 加强农村吸毒人员的收戒工作，完善动态管控机制。有 49. 9% 的滥用者表示自己的毒品通常是毒友提供的，这启示我们在日常的禁毒工作中，应该重视对吸毒人员的收戒工作，在最大程度上将吸毒人员进行隔离戒毒，以减少散落在社会上的吸毒人员通过向朋友、熟人贩卖毒品的方式扩大社会上的吸毒人数。全省应加快吸毒人员 500 人以上县市的强制戒毒所建设的步伐，针对吸毒人员 500 人的县（市、区）无戒毒所或戒毒所床位缺乏的地区要加快新建和扩建强戒所。各地要针对目前云南农村庞大吸毒人群及农村吸毒人员流散在社会面上较多的情况，充分利

用已有的强戒所，最大限度地实行满员收戒。要进一步加大强制隔离戒毒工作的力度，尽可能减少社会面上的吸毒人员，确保强制隔离戒毒工作的大力推进。与此同时，公安机关对农村吸毒人员要逐个建立起项目齐全的档案，完善公安机关与村级行政组织的联络机制，加强农村吸毒人员的动态管控。

（二）农村吸毒人群重复吸毒的矫治

毒品滥用群体是社会学意义上的弱势群体，保障他们的权利将有利于达到禁毒效果。针对吸毒者回归社会后遭遇的严重社会歧视及不公正待遇应予以重视。为帮助吸毒人员彻底戒毒并重新走上社会，积极动员辖区内社会各界力量，真正落实成立由公安派出所、村委会、家庭、单位组成的“四位一体”帮教措施。

动员村庄内有利资源参与对戒毒康复人员的帮教管理，建立戒治救助吸毒人员的工作体系，实行“一对一”的戒毒帮教模式。建立农村禁毒小组和乡镇、村委会工作领导小组包干联系帮扶涉毒家庭制度。乡镇干部、职工和村委会成员成立帮教小组，每人挂钩联系一户涉毒家庭，与吸毒人员及涉毒家庭签订《帮教协议书》，明确双方的职责、权利和义务。做好禁毒政策宣传、开展帮教、帮助发展等工作。工作队队员和当地干部定期进村入户，对帮教对象进行监督检查和谈话教育，并听取帮教对象有关思想、工作、生活和戒断后巩固情况。同时建立定期尿检制度，由乡镇禁毒办和公安派出所对戒毒人员定期进行毒品尿样检测，一旦发现复吸，立即依法对其进行强制隔离戒毒。

农村地区可以因地制宜地推广“雨露社区”模式①，切实做好监督、安置、帮扶、帮教等系统后续矫治工作，并提供搭建戒毒人员回归社会的人性化环境，减少涉毒产生的社会危害。要积极帮助吸毒人员解决生活及就业困难，帮教小组要提供心理或职业辅导培训及其他方面的支持和帮助，使村庄内染毒人员尽快融入正常的社会生活之中，从而有效巩固戒毒成果。切实有效地解决农村吸毒人口复吸问题。

**结论**

基于对云南农村人口毒品滥用状况的调查分析，得出以下主要结论：

1. 云南特殊的区位环境及经济社会发展状况使得毒品滥用的发展是从边境地区逐步向内地渗透的，目前已经波及全省各个州市，调查结果显示，被强制隔离戒毒的吸毒人员中，有2/3的吸毒人员来自农村。当前云南农村地区的毒情形势不容乐观，农村毒品蔓延快，毒品市场供需两旺，农村毒品流入渠道广，农村隐性吸毒人员较多，且大多流散在社会面上，农村禁毒工作力度相对较弱，云南农村人口滥用毒品仍有增长之势。

2. 云南农村人口毒品滥用的特征及趋势：①农村涉毒人员文化程度偏低，农

① “雨露社区”模式：集戒毒、康复、医疗、培训、生活、就业、社区等功能于一体的戒毒康复工作新经验。

业劳动者、自由职业及无业人员占大多数。根据此次毒情调查的数据表明，初中文化及以下的占90%以上，这些人一般没有固定职业和稳定收入。同时多数吸毒人员没有稳定的婚姻关系。②农村地区吸毒人员年龄向低龄化方向发展，中壮年吸食人数密集。农村吸毒人员的年龄在35岁以下者（68.9%）居多，首次用药平均年龄是22.8±7.12周岁，92.3%的首次用药年龄小于35周岁。吸毒者年龄跨度大，滥用群体中年龄最小的只有13周岁，年龄最大的88周岁。③农村毒品滥用人群以吸食传统阿片类毒品为主，同时新型合成毒品的滥用人数增长明显；烫吸、静脉注射是最多的吸食方式。在吸食毒品种类和吸食方式上，65%的阿片类滥用者吸食海洛因；其次是麻古，16.6%的滥用者吸食麻古，有少量滥用者用冰毒。烫吸是首选的滥用方式（51.5%），注射吸毒（31.7%）居第二位。④云南农村吸毒人群使用毒品的地点多样化、隐秘化，私人场所化倾向明显；农村吸毒人群的月吸毒花费较高，吸毒花费有将近一半在2000元以上；同时滥用频率高。

3. 云南农村人口毒品滥用行为的形成过程：身处社会转型期的云南边疆农村，地区经济环境较差、农村社区管理弱化、外在的社会控制失调、社会规范缺失，加上边疆场域的毒品亚文化环境、农村人口落后的文化教育，毒品知识的宣传不够，农村人口的加快流动，这些成为云南农村人口极易遭受毒品危害的外在诱因。伴有不良习性与不良心理状况的个体，在农村场域内不良文化环境及不良社会群体的影响下，最终踏上吸毒歧途。同时由于农村场域内吸毒圈子的存在，反复滥用毒品成为他们定型化日常行为模式，致使他们完全解除毒瘾颇为困难。

4. 云南农村人口毒品滥用危害甚大，必然会威胁边疆农村居民的身心健康，影响边疆农村的社会安定和社会发展。为此，广大农村地区的各级党委、政府必须以全省开展第三次禁毒人民战争为契机，在农村地区建立健全政府主导、多元参与、群众支持的边疆农村禁毒工作格局，全面、深入开展农村禁毒工作，利用乡土力量资源，构筑农村毒品防控网络，形成禁毒工作的合力。为了切实做到从根源上减少边疆农村人口的毒品滥用，必须全面提升预防措施在治理农村毒品问题对策体系中的基础和核心作用，同时必须做好农村吸毒人群的管控和矫治工作，从而有效解决云南农村人口毒品滥用问题，实现云南农村禁毒工作的“群防群治”，进而推进云南社会主义新农村和社会主义和谐农村建设！

# 第五章　毒品滥用的预防策略

随着禁毒斗争的不断深入和毒品形势的发展变化，禁毒宣传教育工作面临的外部环境和内在要求发生了深刻变化，特别是《禁毒法》的颁布实施，《中共中央、国务院关于加强禁毒工作的意见》的印发，对进一步深化全民禁毒宣传教育工作，从根本上防范毒品问题发生、减少吸毒人员的增加，提出了新的更高要求。与面临的形势和挑战相比，禁毒宣传教育工作还存在一些不适应的问题，一些地方、部门重打击、轻防范，对禁毒宣传教育工作重视不够、投入不足；禁毒宣传教育领导体系、工作机制、工作队伍有待进一步增强，效果评估和竞争激励机制还不健全；禁毒宣传教育工作理念、方式、手段还不能完全适应快速变化的毒品形势，针对青少年、流动人口及合成毒品危害的宣传教育仍是薄弱环节，针对性、系统性、科学性、实效性有待进一步提高，这些问题需要采取有效措施尽快加以解决。[①]

预防青少年吸毒，必须进一步贯彻《中华人民共和国禁毒法》，实施“预防为主”的禁毒方针，落实国家禁毒委员会办公室等18个部门联合制定的《关于印发〈关于深化全民禁毒宣传教育工作的指导意见〉的通知》，中宣部、公安部、教育部等11个部门联合印发的《全民禁毒教育实施意见》，中宣部、教育部、公安部、国家禁毒办等14部委发布的《全国青少年毒品预防教育规划（2016—2018）》，教育部办公厅《中小学生毒品预防专题教育大纲》等文件精神，结合当前禁毒宣传教育工作存在的重点和难点问题，探索禁毒宣传教育规律、特点和有效形式，破除制约禁毒宣传教育的一些桎梏，全面推进禁毒宣传教育工作。但是现阶段，我国对于青少年吸毒问题的关注力度仍然不够，对于青少年的毒品预防教育仍存在很多的不足。青少年是国家的未来，加强对青少年毒品预防教育对于国家以后的发展至关重要。

---

① 关于印发《关于深化全民禁毒宣传教育工作的指导意见》的通知．［2016-3-1］．http://society.people.com.cn/GB/8217/12541232.html.

# 第一节　相关理论与研究综述

## 一、相关理论

### （一）教育学理论

1. 教育的功能。捷克教育家夸美纽斯在他的《大教学论》中提及："假如要形成一个人，就必须由教育去形成。"① "凡是生而为人的人都有受教育的必要，因为他们既然是人，他们就不应该成为无理性的兽类，不应当变成死板的木头。并且由此可见，一个人愈是多受教导，他便愈能按照准确的比例胜过别人。"② 这些话既体现了教育的重要性和教育的育人功能，又体现了人是可教育的、需要教育的生物，因为自然把尚未完成的人放在世界之中，在一定程度上给人留下了未确定性，这种未确定性使人具有可塑性和可教育性，并且人的行为是受思想而非本能的指导，而他的思想是在后天的学习和受教育过程中形成的。教育成为形成一个人的必要条件，一个人接受教育的过程也就是其自身发展和完善的过程，一个接受较多教育的人，愈会成为一个按照社会行为规范行事的人，反之，其会成为无理性的兽类，而不能称之为"人"。这说明开展禁毒教育是必要的，人是可以被教育不去沾染毒品的，也是需要教育不去沾染毒品的。

教育作为一种有目的、有计划、有组织地培养人的社会实践活动，从作用对象来看，它可以通过教育活动和系统对个体发展和社会发展产生各种影响和作用，尤其是加速个体的身心发展和思想意识、行为的社会化进程。禁毒教育作为一种以使公民了解毒品的危害、增强远离毒品的意识和提高自身自觉抵制毒品的能力为目的的，从中央到地方有计划地、跨部门合作地、有组织地培养人的教育活动，对个体发展和社会发展具有不可替代的作用。

首先，禁毒教育作为一种有目的地培养人的活动，它能按照一定社会的要求引导着个体形成社会所倡导的对毒品的认知态度和行为方式；反之，禁毒教育的缺失会大大增强个体沾染毒品的可能性。其次，禁毒教育，特别是纳入学校正规教育的禁毒教育在广度和深度上强于其他任何形式的教育，会给人比较全面、系统、科学和深刻的影响，提高个体在校期间和步入社会后抵御毒品诱惑的能力。最后，教育具有传递和继承人类精神文明的作用，开展禁毒教育有利于传承我国历史上不同时期的禁烟文化，使禁毒意识深入老一辈和年青一代的脑海，促进社会健康向前发展。

2. 教育的形式。"形式"有"事物的组织结构和表现方式"之意，故而"教

---

① ［捷］夸美纽斯．大教学论．傅任敢译．教育科学出版社，1999：24.

② ［捷］夸美纽斯．大教学论．傅任敢译．教育科学出版社，1999：28.

育形式”即指教育的组织结构和表现方式。根据这一定义，教育形式包括教育的系统结构、教育的学历结构、教育的类别结构、教育的内容结构、教育的形式结构和教育的办学结构等。“从系统的角度来看，教育可以分为家庭教育、学校教育和社会教育三大类。”“按照教育与学历的关系，教育可以分为学历教育和非学历教育两类。”“以教育对象的不同，学校教育可以分为普通学校教育和成人教育两大类。”“根据其内容差异，教育可以分为义务教育、职业教育、专业教育、特殊教育和继续教育。”“根据受教育者学习的形式，教育可以分为全日制教育、半日制教育和业余教育。”“根据教育举办者的不同，我国的教育有民办教育、国家和集体办教育、其他主体办教育三大类。”① 由此可见，教育的形式是多种多样的，并且这些不同形式的教育既把全社会的教育资源充分利用起来，又将全社会各年龄阶段的人群皆纳入教育的范围，再加上形式各异的教育，其方式方法也是各有所长，有利于实现教育功能的最大化。当前我国的吸毒人群男女老少皆涉其中，开展禁毒教育正好可以把全社会的资源利用起来，把各年龄段的吸毒人群和未吸毒人群纳入教育的对象，根据受教育人群的特点进行有针对性的教育，使他们从思想上正确认识毒品及吸毒行为，进而使已吸毒者戒掉毒品、不再复吸，使未吸毒者不去沾染毒品，实现禁毒的目的。

（二）法学理论

1. 法的作用。根据法在社会生活中发挥作用的形式和内容，法的作用可分为规范作用与社会作用。法的规范作用具体包括指引、评价、教育、预测和强制五种。法的社会作用就其社会职能看，主要表现在“有条不紊地解决社会争端，预防矛盾和冲突的发生，组织社会成员执行社会公共事务，维持社会基本秩序与基本生活条件”。②

在我国，禁毒教育往往与法制教育相结合，将禁毒法律法规纳入法制教育的内容，有利于发挥禁毒法律法规的规范作用。一是可以通过宣传禁毒法律法规设置的法律义务，要求社会成员接受禁毒教育、远离毒品，发挥它的规范指引作用；二是可以教育社会成员依据禁毒法律法规判断或衡量他人的行为合法与否，发挥它的评价作用；三是可以通过讲解禁毒法律法规制裁毒品违法犯罪的行为使其对一般人的行为产生警示和示范的教育作用，提高公民的禁毒意识和法治意识。单从禁毒教育法律法规来讲，它还可以发挥法的社会作用，组织社会成员开展或接受禁毒教育，预防吸毒行为的发生，维持社会的基本秩序。

2. 法的价值。法的价值是法理学研究的一个重要命题，它是指“法这个客体（制度化的对象）对满足个人、群体、社会或者国家需要的积极意义”。③ 它体现了

---

① 冯文全．现代教育学新论．电子科技大学出版社，2007：94－100.

② 朱力宇．法理学．科学出版社，2013：21.

③ 朱力宇．法理学．科学出版社，2013：25.

主客体之间的一种关系。以《禁毒法》为例来讲，它有无价值、价值大小，既取决于它本身的性能，又取决于社会大众对它的需求，取决于它能否满足该主体的需要和满足的程度。就《禁毒法》中规定的禁毒教育来说，社会大众面对国内吸毒人员规模的不断扩大，并因此导致艾滋病等多种严重传染病扩散的形势，他们希望国家对此作出规定，教育人们有关毒品的知识和吸毒的危害使其远离毒品，还他们一个健康有序的社会；并且《禁毒法》中有关禁毒教育的条款规范了现实生活中开展的禁毒教育，在一定程度上可以满足社会大众在这方面的需要。

"法反映着人们的某种价值选择，而这种主观的价值选择背后总是存在着客观的现实依据。"① 例如，推动我国《禁毒法》对禁毒教育予以明文规定的一个重要社会现实就是，我国虽然对与毒品相关的违法犯罪问题作出了一系列的规定，但毒品问题仍然不断衍生发展，已经成为十分严峻的社会问题，如在海洛因问题依旧突出的情势下，新型毒品迅速蔓延，吸食群体急剧增多；毒品问题与其他一些偷、盗、抢劫等社会问题交织共生，形成恶性化趋势；人工化学合成毒品兴起，制贩吸渐成一体化，毒品管控任务更加繁重；等等。因此，为应对日益严重的毒品问题、适应禁毒工作发展的需要，立法者在总结多年的禁毒斗争实践经验、吸收国内外已有法律规定、广泛听取各方意见的基础上，在《禁毒法》中将禁毒教育单列一章，以指导和规范我国的禁毒教育工作。

(三) 社会学理论

1. 社会控制理论。社会控制理论是近代伴随着对青少年犯罪原因的研究而产生、发展和完善的一种主要研究青少年罪行的理论。它作为一种社会学理论，最初是由美国社会学家 E. A. 罗斯在他的《社会控制》(1901) 一书中提出的。"在他看来，社会控制是指社会对人的动物本性的控制，以限制人们发生不利于社会的行为。"② 随着社会的不断发展变化，社会控制理论得到不断的修正和充实，现今人们认为"社会控制是指各种社会主体利用社会力量，采用一定的手段对各种社会行为进行约束，以此建立良好社会秩序和促进社会协调发展的过程"。③ 它有广义和狭义之分，"广义是把社会控制理解为社会或群体为达到维持社会秩序而采取的手段。狭义是把社会控制理解为社会或其群体对偏离社会规范的离轨行为所采取的限制措施或限制过程。"④ 社会控制理论认为行为正常的人之所以不违反社会的规章制度和法律，主要是因为他们受到了社会的有效控制，这种有效控制需要通过道德宗教、法律纪律和舆论意识等方式和手段去预防、约束和制裁其成员可能发生或已经发生的越轨行为。这一理论用于与毒品相关的越轨行为，意即这些人没有得到

① 朱力宇. 法理学. 科学出版社，2013：16－17.
② 丁卫. 法律与社会控制. 云南大学学报（法学版），2007（6）.
③ 谷中原. 社会学理论基础. 中南大学出版社，2005：365.
④ 彭华民，杨心恒. 社会学概论. 高等教育出版社，2006：130.

社会的有效控制。

无论是广义还是狭义上的社会控制，与毒品有关的违法犯罪行为都属于社会组织要利用社会规范对其成员实施约束的范畴。要实现对这些成员的控制，亟须用它所主张的控制方式施行，这在一定程度上需要通过禁毒教育来完成。首先，禁毒教育往往与公民道德教育相结合，它有助于人们将道德、习俗内化于心，促使他们自觉遵守社会的行为规范；其次，禁毒教育与法制教育密不可分，开展禁毒教育有助于帮助人们了解与毒品相关的法律知识，提升人们的法制意识，自觉与毒品违法犯罪行为做斗争，维护正常的社会秩序；最后，禁毒教育往往是通过学校、家庭和社会教育展开的，它的受众面广，有利于引导大众对毒品形成一个正确的认识，进而使社会舆论朝着积极的方向发展，对少数人的言行产生一定的指导、约束作用。

2. 越轨理论。越轨理论把社会行为分为常规和越轨两种，“越轨”，顾名思义，就是不按照一般的路线和规则，即偏离了常规，评判标准则是当前社会被普遍认同的主流规范意识。与社会控制理论解释人们为什么不犯罪不同的是，越轨理论根据越轨者产生越轨行为的原因及通常会采取的方式，“主张对越轨者实施重新社会化，使其遵从主流社会所倡导的价值规范和行为标准，以便再次融入主流社会中来。”① 具体做法是：控制越轨者的初级群体，增加他们与常规者的接触，或根除越轨亚文化和越轨群体，使越轨者更有机会走向正轨。但是就目前的社会情况来看，要在一时间根除越轨亚文化或越轨群体是不可能的任务，只能通过教育使越轨者降低甚至消除对越轨亚文化和越轨群体的认同感和归属感。

吸毒问题就是典型的例子，沾染毒品的人往往容易受与主流文化相对的价值观和吸毒群体观念的影响，认为吸毒是一种时髦的生活方式，是为有钱人或者说上流社会所推崇的，对吸毒这一越轨亚文化和越轨群体产生认同感和归属感。为使吸毒群体重新社会化，遵从社会所普遍赞同的价值规范和行为准则，增加他们与常规角色的接触，需要向这一被改造群体和社会大众开展禁毒教育。一方面开展禁毒教育可以让他们正确认识自己的涉毒行为并改正自己的错误，另一方面可以为他们在重新步入正常社会后被大众接受铺一条路，不至于重蹈覆辙。

3. 个人社会化理论。个人社会化是指“在人与社会的相互作用中，生物意义上的人发展为社会意义上的人并不断适应社会、创造社会新文化的过程”。② 个人社会化理论认为，人要成其为人，就要经过社会化的过程，否则就会像狼孩那样获得兽性，缺乏人性，“任何一个人只有被社会化后才能有合乎社会运行目标的社会行为。”③ 并且人是社会的人，生活在一定的社会关系之中，社会会通过家庭、学校、社区、工作单位、同辈群体、大众传媒等促使个人成功地在不同的成长阶段社

---

① 韩丹．城市毒瘾——吸毒行为的社会学研究．东南大学出版社，2008：7.

② 谷中原．社会学理论基础．中南大学出版社，2005：94.

③ 谷中原．社会学理论基础．中南大学出版社，2005：93.

会化。但“社会化并不总是顺利和谐进行的。社会化过程充满着矛盾。所以，总有人没有达到社会化的全部目标，并且总有人在社会化过程中失败”。①

吸毒者就是社会化失败的典型表现。据国家禁毒委公布的《2015 中国禁毒报告》显示，我国全国累计登记吸毒人员 295.5 万名，与《2014 年中国禁毒报告》显示的 247.5 万名相比，增加了 48 万名。这种严峻的形势使得我们亟须通过家庭、学校、社区和同辈群体等社会化的施化因素开展禁毒教育，提高个人的禁毒意识和拒毒能力，促使个人在对待毒品问题方面成功社会化，减少吸毒行为。因为家庭、学校、社区和同辈群体等禁毒教育的缺失或缺陷会导致相应的部分受教群体拒毒意识和拒毒能力差，价值观念扭曲，认同毒品亚文化，致使一部分人在毒品问题方面社会化失败，走向吸毒。

（四）禁毒学“二位平衡理论”

“1998 年《联合国禁止非法贩运麻醉药品和精神药物公约》制定前后，国际上最为流行的禁毒学应用理论体现在‘二位平衡理论’的具体应用方面，即减少供应与减少需求并举理论的具体应用。按照这一理论，缉毒执法、制毒化学品管制及替代发展等属于减少供应范畴，预防教育、戒治医疗等则属减少需求范畴。”② 简单点讲，“二位平衡理论”就是减少毒品非法供应与减少毒品非法需求并举理论。减少毒品非法需求，一方面要求对吸毒人群通过早期诊断及有效的治疗、教育和身心康复等综合性干预措施，使之尽早离开毒品；另一方面对未吸毒人群特别是药物滥用的高危人群采取宣传教育的手段，预防和减少新的吸毒者产生，降低社会对毒品的需求。禁毒教育作为减少需求的一种积极手段及重要途径，是禁毒工作的治本之策、事半功倍之举，可以从根本上预防毒品问题的发生，因为对于毒品问题而言，预防性措施往往要比惩罚性措施更能争取主动。

此外，全球毒品之所以如此泛滥，虽然一方面是由于有众多不法分子从事毒品的非法生产和贩卖，但另一方面是因为有大量的瘾君子存在。因此，单方面的减少供应策略必然失败，受毒品高利润的驱使，许多贩毒者会更加愿意铤而走险，想方设法地开辟贩毒渠道。禁毒斗争要想取得成效，就必须“两减并行”，即减少非法供应与减少非法需求双管齐下，但在目前国家投入众多人力、物力、财力资源以减少毒品非法供应的状况下，尤其要重视加大对禁毒教育的投入力度，以实现社会对毒品非法需求的减少。

## 二、文献综述

于燕京、张义荣和莫关耀等学者在《禁毒学》（上册）中指出，禁毒不应被简单机械地解释为仅仅是“禁绝毒品”或“彻底禁绝毒品”的意思，“就联合国和世

---

① 谷中原．社会学理论基础．中南大学出版社，2005：108.

② 于燕京，张义荣，莫关耀，等．禁毒学（上册）．群众出版社，2005：6.

界各国所开展的各类禁毒尝试和努力看，主要的或者说更多的活动集中在控制毒品及涉毒行为方面。”① 可见，禁毒教育指的是与控制毒品及涉毒行为方面有关的教育。我国禁毒教育法律与政策问题，指的是贯穿我国禁毒教育全过程的与法律及政策制定、实施等方面有关的问题。由于禁毒教育与毒品预防教育在内容上存在交叉之处，禁毒教育不仅包含了毒品预防教育，而且以预防教育为主。因此，本书在梳理禁毒教育的研究现状时，也囊括了毒品预防教育。梳理国内外禁毒教育法律与政策的研究现状，并据此进行述评，是我国禁毒教育法律与政策问题研究得以发展的重要前提。

（一）国外禁毒教育研究综述

毒品问题由来已久，禁毒教育也早已进入国内外学者的研究领域。但从校图书馆和网络检索的结果来看，自禁毒教育进入学者们的研究视野以来，国内外仍没有一部专著从法律或政策的角度研究国外禁毒教育；从知网和万方等数据库检索的禁毒教育文献来看，涉及国外禁毒教育法律与政策问题的文献仅有李桂蓉的《英国中小学校药物滥用预防教育：政策、实践与研究》。李桂蓉在文中简要地介绍了英国施行的《团结起来对付毒品：英格兰的策略》等禁毒教育政策，并将这些政策归纳总结为三个方面：国家到地方均高度重视对年轻人进行禁毒教育；禁毒教育应尽早展开；多部门合作被看成是成功地施行所有战略的关键因素。② 其余文献则集中于从教育的角度来谈国外禁毒教育，且我国学者对国外禁毒教育的研究主要集中在美国，对其他国家的禁毒教育研究较少，因此，下文主要对美国的禁毒教育做简单的综述。

美国是国际反毒斗争的前沿阵地，它的禁毒教育也一直走在国际禁毒教育的前列，是我国学者的研究重点。目前我国学者对美国禁毒教育的研究集中在对其发展历程、模式及特点等的介绍。美国的禁毒教育主要是以规范教育为主的。屈书杰在《美国中小学的禁毒教育》一文中指出，“美国教育部认为，好的禁毒预防教育计划应该包括以下内容：1. 准确的适合不同年龄青少年特点的毒品知识；2. 基本的人际交流技能；3. 决策及解决问题的技能；4. 拒绝别人的技能；5. 维护自身权利的训练；6. 消费教育；7. 压力调适与疏解；8. 自信心的培养。”③ 这个禁毒预防教育计划贯穿了美国中小学的禁毒教育全过程。此外，韩建军④等许多学者都重点介绍了美国学校最流行的毒品滥用抵制教育（DARE）方案，这一方案由警官在五年级和六年级教室里传达，克服了一些导致非教师负责的课程障碍。

---

① 于燕京，张义荣，莫关耀，等．禁毒学（上册）．群众出版社，2005：3.

② 李桂蓉．英国中小学校药物滥用预防教育：政策、实践与研究．中国药物依赖性杂志，2001（1）.

③ 屈书杰．美国中小学的禁毒教育．外国中小学教育，2001（2）.

④ 韩建军，马桂花，卢涛．国外中小学反毒品教育．［2015－5－8］．http://www.jhak.com/yfjy/jyxc/2011－04/17/content_5584.html.

（二）国内禁毒教育研究综述

在中国知网的“中国期刊主题数据库”和万方数据知识服务平台的“学术论文数据库”中分别以“毒品预防教育”和“禁毒教育”为关键词，截至2015年12月17日共检索获得文献624篇、1071篇和720篇、725篇。从文献数量看，迄今为止学者们对禁毒教育的研究取得了丰硕的研究成果，但经过人工筛选，发现目前检索到的文献与我国禁毒教育法律与政策问题的直接相关研究仅有方梅的《学校反毒品教育——国际理论、实践与经验的研究》。方梅在该文的“中国反毒品教育的发展”一章中的“中国反毒品教育政策的演进”部分简要介绍了自20世纪90年代开始到2005年我国禁毒教育法律与政策的名称及其与禁毒教育相关的内容。① 其他文献则集中于对禁毒教育本身的研究。对国内禁毒教育研究现状的梳理是研究我国禁毒教育法律与政策问题的重要基础，因此，下文对我国禁毒教育做一个总的综述。

国内学者对禁毒教育的研究主要集中在以下五个方面：

一是从多视野的角度研究禁毒教育。此类研究视野有教育人类学视野、社会学视野、教育伦理视野、终身教育视野和课程教育视野等。多数学者从这些不同的视野研究禁毒教育的现状、禁毒教育从这些角度研究的原因或益处和禁毒教育如何有效开展等问题。以社会学视野为例，夏国美学者从社会学的视野对低学历标签和亚文化等造成青少年吸毒的原因和我国当前禁毒教育存在的问题进行了分析，接着从社会学的控制理论和冲突理论出发对禁毒教育的开展提出了开展家校同步的责任性、判断力和自控力教育及改变现行禁毒教育的形式和内容的建议。②

二是对开展和加强禁毒教育的必要性和重要性研究。此类研究，有学者从毒品预防教育缺失造成人们沾染毒品的可能性增强等后果的角度出发，对加强毒品预防教育的广度和深度的必要性和重要性进行论证，如王新华、刘永亮等学者；③ 有学者从分析人们沾染毒品前未接受过系统的毒品预防教育的角度出发进行论证；也有学者对禁毒教育的主体进行了划分，从学校、家庭和父母教育的重要性来论证在学校和家庭里开展毒品预防教育的重要性或必要性，如肖昆的《学校加强毒品预防教育的必要性及对策》、④ 郭莲的《在家庭中开展毒品预防教育的必要性及可行性》。⑤

三是对禁毒教育的比较研究。此类研究主要是通过我国与外国的毒品问题、禁毒教育模式、禁毒教育现状和禁毒教育政策体制等的比较来对我国禁毒教育的具体开展予以启示，如倪彤的《中美青少年禁毒教育模式浅探及比较思考》。倪彤在该

① 方梅．学校反毒品教育——国际理论、实践与经验的研究．华东师范大学硕士学位论文，2005．
② 夏国美．社会学视野下的禁毒研究——青少年吸毒问题调查．社会科学，2003（10）．
③ 王新华，刘永亮，贾东水．从禁毒法视野剖析学校毒品预防教育的缺失．法制与社会，2009（9）．
④ 肖昆．学校加强毒品预防教育的必要性及对策．山西科技，2008（4）．
⑤ 郭莲．在家庭中开展毒品预防教育的必要性及可行性．云南警官学院学报，2012（3）．

文中对中国青少年吸毒现状及禁毒教育模式、美国青少年吸毒现状及禁毒教育模式和中美两国青少年禁毒教育模式的比较思考进行了研究，其中具体介绍了美国的三种禁毒教育模式，即基于学校教育的预防项目、基于多种社会力量的防治模式和“危害最小化”项目，并通过五大方面的比较思考提出我国要采取高效而又兼顾社会利益、创新效益的青少年禁毒教育模式。①

四是对不同群体及地域禁毒教育的研究。群体之间和地域之间都具有差异性，禁毒教育需要因人施教、因地制宜。许多学者根据群体的独特性和地域的特殊性对禁毒教育如何有效展开进行了理论和实证分析研究。此类研究可以分为两类，一类是以群体为划分标准，有对青少年、中职生、工读生和大学生等群体的禁毒教育研究，有对高校进行分类，专门研究公安院校、艺术院校和医学院校的禁毒教育，还有对学校、家庭和社会的禁毒教育进行分类研究，如莫关耀和杜敏菊学者的《云南35岁以下青少年吸食新型毒品的朋辈原因分析及预防策略》。通过实地调研的方式对云南省8个毒品滥用较为严重州市的1200名35岁以下滥用合成类毒品的青少年和72名禁毒专业人士进行了调查研究，指出不良交友及过分依赖朋友是青少年吸食新型化学合成类毒品的主要外因，并针对青少年的毒品预防教育工作，提出需要充分考虑朋辈关系因素，提升青少年理智择友、交友的生活技能等建议；② 阮惠风学者的《论家庭在禁毒教育工作中的重要地位》通过对家庭环境的不良影响是诱发毒品滥用的一个重要因素、家庭的支持是戒毒成功的重要保证、家人关系不好是造成复吸的一个重要原因、家庭往往还是戒毒后第一次复吸的场所和构筑家庭防线是毒品预防的重要内容五个方面的分析论证了家庭在禁毒教育工作中的重要地位。③

另一类是以地域为划分标准，有学者对北京、广西、贵州、云南、福建、新疆、海南、香港和澳门等地的禁毒教育进行深入研究，如管彦杰和邵翀的《香港青少年禁毒教育简介及其启示》，从香港设有的禁毒教育机构和设施建设着手，通过对其职责或功能等的介绍对香港的禁毒教育做了较为详细的描述，此外，特别介绍了香港教育署将毒品教育的内容渗透到健康教育、社会教育、经济与公共事务、宗教、化学和通识教育等课程中，并将其列入学校的正式课程，并且高度重视禁毒教材的编写，同时通过巡视、访问和研习班等方式向学校和教师提供禁毒教育意见和建议；④ 许华宝的《澳门特区禁毒教育的情况及发展》就学校、社区及家庭三个层面介绍了澳门特区禁毒教育的推行情况，并根据澳门青少年药物滥用的情况提出了不仅要提高青少年对有关药物危害的认知及拒绝技巧，还必须加强在生活技能方

---

① 倪彤．中美青少年禁毒教育模式浅探及比较思考．观察与思考，2012（6）．

② 莫关耀，杜敏菊．云南35岁以下青少年吸食新型毒品的朋辈原因分析及预防策略．中国药物滥用防治杂志，2014（6）．

③ 阮惠风．论家庭在禁毒教育工作中的重要地位．云南警官学院学报，2013（1）．

④ 管彦杰，邵翀．香港青少年禁毒教育简介及其启示．青岛职业技术学院学报，2009（3）．

面的训练等建议，最后介绍了澳门特区禁毒教育所面临的四方面困难及挑战，即如何全面有效地推动社区的禁毒工作让更多的年轻人及民间团体加入禁毒行列，如何动员家长参与禁毒教育，如何有效地评估禁毒教育的成效，预防工作如何能深入不同阶层。①

五是对禁毒教育现象、问题及对策的研究。早在 1997 年，毒品预防教育就已经被纳入我国中小学德育教学大纲。到 2008 年实施了《中华人民共和国禁毒法》，其第 13 条明确规定："教育行政部门、学校应当将禁毒知识纳入教育、教学内容，对学生进行禁毒宣传教育。公安机关、司法行政部门和卫生行政部门应予以协助。"至此，全国各地不同程度地开展了禁毒教育。对此，学者们更多地展开了对我国禁毒教育的现象、问题及对策的研究。

对禁毒教育的现象，目前我国学者的研究集中于对我国禁毒教育的教育模式、内容、方法和开展情况等的介绍，如高飞和宋楠的《浅谈参与式中小学毒品预防教育模式》就是对禁毒教育模式的一个研究，作者对参与式中小学毒品预防教育模式的内容、效果及推广等进行了介绍。②

对禁毒教育存在的问题，学者们的研究较集中于"形式主义"明显、教育方式不当、教育内容脱离实际、教育受众相对片面、被动开展和缺乏禁毒教育的长远规划等方面。以教育内容脱离实际为例，虽然多数学者均提到这一点，但具体的观点不一，集中在三个方面：其一，我国许多教师在教学中没有客观说明毒品的危害和造成这些危害的科学道理；其二，目前我国许多学校主要是由班主任和德育老师负责毒品预防教育，他们对毒品缺乏感性认识，讲课缺乏说服力；其三，在禁毒教育中，教育内容往往只注重在生理、心理层面解释吸毒行为的成因，以及通过个案来阐述吸毒行为的危害，对于人们在哪些情况下会受到毒品的诱惑、哪些人会诱使人们吸毒、不慎吸食毒品后该怎么办等问题却涉及甚少，如姚慧和宋晓明在《我国学校毒品预防教育存在问题及其对策》中将我国学校毒品预防教育存在的主要问题总结为"形式主义"明显、教育方式不当、教育内容脱离实际、教育实效性不高和高校毒品预防教育十分薄弱五个方面。③ 包涵在《当前对青少年禁毒宣传教育的模式与缺陷——以北京市禁毒宣传教育为视角》中指出，青少年禁毒宣传教育的模式有三方面的缺陷："其一，机构和组织设置上的缺陷；其二，专业化禁毒宣传教育的缺失；其三，欠缺对受众的针对性。"④

对禁毒教育如何有效开展，学者们的研究集中于从禁毒教育的模式、内容、途径、师资、经费保障、责任机制和考核机制等方面进行研究，如姚慧和宋晓明在

① 许华宝．澳门特区禁毒教育的情况及发展．中国药物滥用防治杂志，2003（3）．

② 高飞，宋楠．浅谈参与式中小学毒品预防教育模式．中国药物滥用防治杂志，2015（1）．

③ 姚慧，宋晓明．我国学校毒品预防教育存在问题及其对策．政法学刊，2012（1）．

④ 包涵．当前对青少年禁毒宣传教育的模式与缺陷——以北京市禁毒宣传教育为视角．北京警察学院学报，2014（5）．

《我国学校毒品预防教育存在问题及其对策》中从认识和领导、师资、经费保障、教材、教学时间、监管和教育途径角度提出七个方面的对策。针对这七条对策，作者又从七个方面对其进行了具体论述，即将学校毒品预防教育与心理健康教育、生活技能教育、同伴教育、其他学科教学、网络技术、教育科研和家庭教育、社会教育相结合。[①] 赵双在《青少年禁毒宣传教育存在的问题反思——以学校教育为视角》一文中针对青少年禁毒宣传教育存在的问题提出了三方面的对策，即准确领悟禁毒法规，严格执行法律规定；丰富禁毒教育方式，更新禁毒教育内容；健全禁毒教育设施，培养禁毒师资力量。[②]

## 第二节　完善宏观层面的禁毒教育政策法规

1985 年，我国加入了联合国《经（修正 1961 年麻醉品单一公约议定书）修正的 1961 年麻醉品单一公约》和《1971 年精神药物公约》；1989 年，我国加入联合国《1988 年禁止非法贩运麻醉药品和精神药品公约》。我国与毒品有关的法律法规也依据这些条约的规定不断完善。1990 年全国人大颁布《关于禁毒的决定》（已废止），1997 年修订的《刑法》第 247～257 条完善了毒品犯罪刑罚，2005 年修订的《治安管理处罚法》第 71～73 条，完善了毒品违法行为的处罚，2008 年颁布实施《禁毒法》。国务院也先后发布《戒毒条例》《麻醉药品和精神药品管理条例》《易制毒化学品管理条例》等行政法规。但是，相关政策、法律还有待补充、调整和完善。

### 一、完善相关法律制度

从 20 世纪 90 年代起，毒品在我国死灰复燃，而且毒品形势越来越严峻。我国由一个毒品过境国变为毒品消费大国。面对如此严峻的毒情，我国加大对禁毒法制的建设，先后颁布了一系列的禁毒法律法规。截至现在，我国已经形成了一套以《禁毒法》为核心，刑事法律、行政法规和地方性法规相配套的禁毒法律体系，对惩治毒品违法犯罪，遏制毒品蔓延，发挥了积极的作用。但受世界毒潮泛滥的影响，我国当前禁毒斗争形势依然严峻，与毒品违法犯罪斗争之路较漫长，遏制毒品蔓延更是任重而道远。我国虽然已经制定并颁布实施了规范禁毒工作的基本法律《禁毒法》，但还有待于尽快完善《禁毒法》的配套法规建设。逐步完善《刑法》与《治安管理处罚法》等法律规范中与毒品相关的条文规定、司法解释，要特别加强对合成毒品和新精神活性物质的立法，如“合成毒品医学成瘾标准”“防范合

---

① 姚慧，宋晓明．我国学校毒品预防教育存在问题及其对策．政法学刊，2012（1）．

② 赵双．青少年禁毒宣传教育存在的问题反思——以学校教育为视角．长春教育学院学报，2013（3）．

成毒品危害办法”“新精神活性物质防治条例”等，这样才能实现对合成毒品和新精神活性物质蔓延的有效控制。云南地方应当尽速修订《云南省禁毒条例》，民族自治州县也应制定或修改地方禁毒条例。

## 二、加强相关政策指引

贯彻“预防为主”方针，大力加强禁毒宣传教育。从国际禁毒战略理论研究成果和实践，以及我国禁毒方针的演变，我们可以看出：在禁毒战略的预防、戒毒治疗和禁毒执法三大支柱中，预防工作应当处于首要的地位。对于全体公民的吸食前的预防，特别是青少年的预防显得更为重要。① 2006 年美国一家研究机构在其禁毒研究报告中指出：在控制毒品的三大领域（预防、戒断、执法）中投入产出比是在毒品预防教育投入 1 美元，将为以后的戒毒治疗节省 7 美元；在戒毒治疗中投入 1 美元，将为以后的执法活动节省 7 美元。

《禁毒法》第二章第 11～18 条专章规定了禁毒宣传教育。强调了各级政府、群众团体、企事业单位、社会组织和公民在禁毒教育上的责任，特别是教育行政部门和学校、家庭的责任。《全民禁毒教育实施意见》强调指出：广泛深入地开展禁毒教育，提高全民禁毒意识和抵制毒品能力，是禁毒工作的治本之策。教育的对象是全体国民，青少年是重中之重。《关于深化全民禁毒宣传教育工作的指导意见》进一步深化“社区青少年远离毒品”行动，全面推动禁毒教育进社区，提高社区禁毒宣传教育服务能力；进一步深化“不让毒品进校园”活动，全面推动禁毒教育进学校，帮助学生树立远离毒品、健康成长的观念；进一步深化“不让毒品进我家”活动，全面推动禁毒教育进家庭，完善家庭自我教育、自我防范功能。《关于进一步加强中小学生毒品预防教育工作的通知》要求从 2003 年春季开始，在小学五年级至高中二年级全面开展毒品预防主题教育，实现 100% 全覆盖。2015 年 8 月，国家禁毒办、中宣部、公安部、教育部等 14 个部门联合制定的《全国青少年毒品预防教育规划（2016—2018）》，要求以 10～25 周岁青少年为重点，力争通过 3 年努力，构建完善的青少年毒品预防教育工作体系，形成分工明确、协作有效、监督到位、评估科学的工作机制；青少年毒品预防教育方式更加新颖、方法更加多样，师资力量配置齐全，教育基地布局合理，宣传资料规范充实，禁毒社会氛围更加浓厚；青少年识毒、拒毒、防毒意识和能力明显增强，新滋生吸毒人数大幅减少，毒品问题综合治理取得阶段性成效。

## 三、健全相关社会制度

我国现在正处于社会转型的关键阶段，社会制度的健全和完善对社会的稳定至关重要，对于预防青少年吸毒行为同样发挥着重要的作用。教育对于国民素质的提

① 莫关耀．调整云南禁毒战略措施的思考．云南大学学报（法学版），2011（5）．

升有着很大的意义。我国应该加快教育体制改革的步伐，大力推行素质教育，从而减轻学生学业负担；加大力度构建职业教育体系，解决升学难题，有效地减轻学生的升学负担；进一步加大对教育的投入力度，提高教育质量，保障教育水平。应建立健全对青少年保护的法律制度。青少年本是弱势群体，如何给予他们特殊的法律保护，防止他们的权益被侵害是当前面临的重要任务。此外，我国还应该完善就业制度和社会保障制度，杜绝青少年因为就业或生计上的困难而孤立无助、自暴自弃，并错误地借助毒品麻痹自己，进而走上违法犯罪的道路。只有通过一系列的措施加强引导、指导和帮助，才能保障青少年健康成长。①

## 第三节 改进中观层面的系统教育

社区、学校与家庭是青少年生活不可缺少的重要环境，对毒品预防教育有着至关重要的作用。标签理论认为，许多人之所以成为“有问题的人”是与周围环境中的社会成员对他及其行为的定义过程或标定过程密切相关的。在吸毒的问题上，在社会大众将吸毒作为一种可耻的行为时，对于吸毒者的态度也就不言而喻了。很多人之所以会吸—戒—吸如此往复，与社会大众，甚至是家人、亲戚、朋友对于他们的看法有关。因此，在社区、学校、家庭进行毒品预防教育的同时，应该注重改变人们的观念，一次吸毒并不代表终生吸毒，人们不应该根据个体一次的行为就从此把这个人归于哪一类人，从此给他贴上一些已经不属于他的标签。

### 一、社区毒品预防教育

现阶段，随着市场经济的不断发展，社会结构也发生了巨大变革，我国正逐渐向市民二元社会结构转变。不断高呼的“小政府、大社会”说明政府已经没有更多的能力支配到社会生活的各个角落，国家与社会、政府与公民的有机合作已经为政府职能的发挥提供了越来越多的帮助。在加强社会管理的理念下，开展青少年吸毒预防教育工作应该以社区为平台，而这也是整合社会资源的必然选择。随着人们生活的多样化、价值的多元化，社区作为新的社会稳定平台，能够有效地整合资源，能够更积极地发动各种民间组织、社会团体、志愿者参与到毒品预防教育的工作中。

社区在个人成长中有以下功能：生产、分配和消费的功能；社会化的功能；社会控制的功能；社会参与的功能；相互支持的功能。其中，社会化和社会控制都与青少年的成长有密切关系。社会化是指社区盛行的规范、传统及人们与之互动的价值观进行社会化。社会化的成果指引态度和行为的呈现，这些态度会影响人们看待

---

① 康均心．青少年犯罪的高危因素及其防控措施——以青少年吸毒为视角．河南警察学院学报，2012（2）．

自己和他人及人际关系中的权利和责任。社会控制指的是通过法律、规则和规定，以及通过确保它们的实施而保证社区成员依从规范和价值观的过程。是社区代表各种部门机构对个体所履行的功能。因此社会化的成败和社会控制的有效性都对青少年良好行为和心理的养成有着重要影响。①

根据上文的分析，导致青少年吸毒的原因纷繁复杂，因此，有效的预防措施也是复杂的工程。结合社区所具有的优势及现阶段的时代特点，把社区作为青少年预防毒品教育的阵地，通过教育、宣传、帮教等措施，预防和减少青少年吸毒的越轨行为的发生，最大限度地调动一切可以运用的力量，消除导致吸毒的各方面因素。

社区在预防青少年吸毒教育中有着不可或缺的地位，这一点与社区固有的优势有关。社区居住着各行各业的居民，所以社区有充足的人力资源，如果将这些人力资源充分地运用到青少年毒品预防教育工作中，在社区的依托下，将青少年的毒品预防教育工作扩展到社会的各个地方。针对各行各业的居民，组织形式各异的宣传活动，使社区毒品预防教育深入每个居民心中，更深入社区乃至整个社会青少年的心中。社区具有其他社会组织无法与之相比的环境资源，社区是社区成员居住的场所，社区居民在社区里生活，相互沟通，通过组织多种形式的社区禁毒宣传教育使社区成员了解到毒品的危害，激发社区居民的主人翁意识，从而使社区居民积极地参与到毒品预防教育的工作中来，推动青少年毒品预防教育工作取得长足的发展。

要进一步深化“社区青少年远离毒品”行动，全面推动禁毒教育进社区，提高社区禁毒宣传教育服务能力。继续深化“社区青少年远离毒品行动”，结合预防青少年违法犯罪工作，有针对性地面向社区闲散青少年和进城务工青年开展禁毒宣传教育。依托青少年法律学校、青少年维权服务站、青少年维权服务岗、进城务工青年培训学校等阵地，组织重点青少年群体开展禁毒宣传教育及生活技能训练，为青少年健康成长创造良好的环境。

要结合“无毒社区”创建活动和社会治安重点地区排查整治工作，以社区为依托，针对毒品问题严重地区、城中村、城镇周边聚居常住人员、流动人员及下岗失业人员开展禁毒宣传教育，预防和减少涉毒违法犯罪行为的发生。

要指导基层组织将社区禁毒宣传教育纳入社区建设和管理，配合开展“无毒社区”创建和社区禁毒宣传教育工作。组织禁毒宣传教育辅导员、社区志愿者、禁毒社会工作者和社区居民等力量，积极参与禁毒教育进社区活动，逐步壮大活跃在社区、热心禁毒教育和戒毒帮教的禁毒志愿者队伍。

要加强社区禁毒宣传教育，落实禁毒防范措施，促进和谐社区建设。依托社区服务中心（站）、宣传文化站、居民会议、市民学校、阅报栏、法制宣传橱窗等社区公共服务设施和社区戒毒（康复）工作网络，发放禁毒宣传教育资料，建立禁毒宣传教育园地，开设禁毒讲座和居民论坛，结合群众性主题文化教育活动和

① 彭华民．人类行为与社会环境．高等教育出版社，2011：347－348.

“致社区居民一封信”等活动，深入开展禁毒公益宣传。①

要重点关注农村留守儿童和外出务工青年毒品预防教育。禁毒部门要把辍学、失学的留守儿童和外出务工青年毒品预防教育作为农村禁毒工作的重点，将毒品预防教育与打击外流贩毒、社会治安综合治理、发展地方经济等结合起来，提高农村青少年和外出务工人员的禁毒意识，彻底改变因贫涉毒、因毒致乱的局面，将毒品预防教育纳入农村社区建设试点任务。②

## 二、学校毒品预防教育

青少年主要的时间都在学校度过，受学校的影响至深。在青少年成长发展的过程中，学校发挥了重要功能。包括发展智力的功能、社会化的功能及筛选学生的功能。学校的主要任务是传授知识，教育学生学习分析问题和解决问题的能力。按照皮亚杰的观点，青少年时期是运算思维走向成熟的时期，抽象思维能力是在学校学习的过程中逐渐掌握的。学校作为青少年社会化的重要场所，通过有计划的阶段式学习，向个体灌输特定的社会价值规范，教育他们学会服从规范和制度，遵守那些强制性的行为规范，并按照行为规范的要求让他们扮演各种社会角色，在不同的社会场合进行各种形式的社会互动并形成良好的适应能力，达到引导其智力和道德发展的目的。③

学校是一个传播知识的殿堂。因此学校在青少年毒品预防教育中显得格外重要。青少年在学校里接触众多的朋辈群体，行为很容易受到这些朋辈群体的影响，不少的吸毒者第一次接触毒品的场所就是在学校，这就需要学校加大对毒品知识的教育，加大毒品预防教育的力度。在学校开展毒品预防教育工作有着得天独厚的条件，学校有着丰厚的师资资源，这一点优势比社区更有效力，学校的老师无不经过正规的考试和专门的训练才走上教师这一神圣的岗位。更加的专业化与正规化，使得学校成为青少年毒品预防教育的重要场所。

学校是所有适龄青少年学习的场所，可以将适龄青少年全都聚集起来，从而增大了青少年毒品预防教育的普及力度。此外，朋辈群体的存在，对于学校开展青少年毒品预防教育也大有帮助，通过同伴教育的方式，使青少年在同龄人中获取毒品预防教育的相关知识，学校可以设置相应的同伴教育活动中心，配备一些活动器材，青少年可以通过自由或者招募的方式形成同伴教育小组，用自己的方式来学习毒品的相关知识，以及拒绝毒品的有效技巧。

学校汇集着不同年龄的青少年学生，由于不同年龄学生的理解力不同，因此学

---

① 关于印发《关于深化全民禁毒宣传教育工作的指导意见》的通知.［2016－3－1］. http://society.people.com.cn/GB/8217/12541232.html.

② 全国青少年毒品预防教育规划（2016—2018）.［2017－12－13］. http://www.nncc626.com/2015－08/26/c_128167378_2.htm.

③ 彭华民. 人类行为与社会环境. 高等教育出版社，2011：345－346.

校应该根据青少年的年龄特点开展符合青少年年龄阶段特点的毒品预防教育活动。现阶段，云南省中小学校已经开始讲授毒品预防教育课程，而中学版、小学版的预防毒品教程也在编纂和试行阶段，这些教程就是结合了小学生和中学生不同的特点，有针对性地开展毒品预防教育。

要进一步深化“不让毒品进校园”活动，全面推动禁毒教育进学校，帮助学生树立远离毒品、健康成长的观念。充分发挥学校的主阵地作用，深入开展中小学生毒品预防专题教育，按照《中小学生毒品预防专题教育大纲》要求，分阶段开设禁毒课程，切实做到教学计划、教学材料、课时、师资“四到位”，巩固“学生不吸毒、校园无毒品”的成果；要积极推进在高等学校、中等职业学校和中小学的毒品预防教育工作，通过2—3年的努力，建立若干所毒品预防教育示范中等职业学校、中学和小学。大力加强学校禁毒师资队伍建设，并将毒品预防教育实施情况纳入国家督学范畴，确保禁毒教学质量不断提高，各项禁毒教育措施落到实处。

要建立毒品预防教育师资队伍。教育部门要把毒品预防教育列入教师培训内容，依托高等院校和科研机构建立毒品预防教育师资培养基地，师范院校要通过开设相关课程、邀请专家举办讲座等多种形式，提高师范生毒品预防教育意识和能力。要加强学校毒品预防教育兼职老师、法制副校长队伍建设，毒情严重地区每个学校至少配备一名校外禁毒辅导员。①

要以防范合成毒品危害为重点，把预防毒品和药物成瘾知识与法制教育、心理健康教育有机结合起来，将其作为高等学校、中等职业学校和中小学德育的重要内容，纳入教学计划，同时完善生理卫生、生物、历史等相关课程的禁毒渗透教育，逐步建立全面系统的禁毒教育教学体系。

要加强对不同阶段学生心理特点和毒品认知能力的研究，丰富教学内容，开发教学资源，创新教学手段，不断增强禁毒教育的吸引力、感染力。要结合学生入学、入队、入团、成人宣誓、毕业典礼等活动，组织开展禁毒主题课外活动和社会实践，开展制作手抄报、模拟法庭、自护教育、参观戒毒所等禁毒教育活动。

要在重点地区建立由禁毒办牵头，由教育行政、公安、司法行政、卫生行政、社会治安综合治理、共青团、少先队等部门、组织和学校负责人、学生家长参加的禁毒教育联席会议制度，并通过选聘校外法制辅导员、开展“小手拉大手、大手护小手”、学生禁毒志愿者等活动，积极推动学校禁毒教育与家庭、社会禁毒教育有效衔接。

学校可以通过一些参与式活动的方法，使学生和老师都参与进来，一起通过角色扮演、知识讲解、共同讨论、共同参与、游戏的方式来学习和掌握毒品的相关知识，通过角色扮演来实地演练毒品诱惑面前如何说“不”；通过知识讲解来了解毒

① 全国青少年毒品预防教育规划（2016—2018）．［2017－12－13］．http://www.nncc626.com/2015－08/26/c_128167378_2.htm.

品的基本常识；通过共同讨论来解决面对毒品诱惑时应该如何做。而这些丰富多彩的形式自然要比课堂单纯的讲解毒品知识的效果要好得多，更容易被青少年吸收利用。①

### 三、家庭毒品预防教育

家庭教育和家庭环境的影响是一个人社会化的开端，它为个人一生的社会化奠定了基础，家庭社会化的结果将对个人的一生产生影响。对于个体早期社会化来说，家庭环境因素对个人的观念、心理和行为习惯会发生潜移默化的深刻影响。例如，家庭在种族、阶层、宗教等方面的社会特征，父母的经济收入、生活方式和文化教养等，都通过日常的家庭生活和交往活动对儿童的行为规范、心理特征、价值观念、生活习惯等产生重大影响。② 家庭是青少年成长的重要环境。家庭是以血缘与婚姻为基础组成的社会单位。其成员之间的亲密度要超越其他任何社会单位。不良的家庭氛围、不当的家庭教育都会对青少年良好行为的养成起到阻碍作用，都有可能使青少年养成不良的行为习惯，甚至走上吸毒、贩毒、偷窃抢劫等违法道路。

家庭教育对于预防青少年吸毒有着至关重要的作用。然而现阶段，在家庭毒品预防教育中存在着一些不足。首先，表现在家长对于毒品知识的缺乏。尽管这些年，随着大众传播媒体的飞速发展，越来越多的毒品预防宣传教育通过网络、电视、报纸、杂志走进大众的生活，但是青少年们能接触到的机会却很少。而且普通大众仍停留在“谈毒色变”的阶段，认为毒品是不光彩的事情，认为任何与毒品有关的东西都是不好的，加之部分家长担心对青少年进行毒品预防教育反而会勾起青少年的好奇心，从而事与愿违，所以家长不愿对这方面的知识有过多的了解与掌握，更不会对自己的孩子进行这方面的教育。其次，我国现在仍然处于应试教育阶段，家长对于青少年成绩的关注严重地占据了家长对于青少年行为关注的空间，当家长把更多的精力投入青少年的学业上，用在其他方面的精力就会相应地减少，从而不能及时地发现青少年行为的异常，导致青少年吸毒行为的一发不可收拾。

对于上述所说的两点不足，在今后的家庭毒品预防教育中，家长应该通过不同渠道了解相关的毒品知识，对青少年进行正确的毒品知识教育；家长应该经常关注相关的毒品新闻，可以将自己看到的毒品新闻变成故事讲给青少年听，尽可能地避免恐吓式的教育方式，而是深入地与青少年分析故事主人公的行为对错及心理反应，可以与青少年共同讨论如何应对一些未知的情况，共同讨论如何对毒品说“不”；此外，家长应该将关注点从青少年的学习成绩转移到青少年的行为方式，通过对青少年的亲情，及时发现青少年的吸毒苗头，并坚决予以制止。家长一定要

---

① 关于印发《关于深化全民禁毒宣传教育工作的指导意见》的通知．［2016－3－1］．http://society.people.com.cn/GB/8217/12541232.html.

② 郑杭生．社会学概论新修．中国人民大学出版社，2005：88.

把反毒、防毒教育作为家庭教育的重要内容，增强青少年抵制毒品的意识和能力，提高警惕，防止青少年误入吸毒的歧途。

社会要进一步深化“不让毒品进我家”活动，全面推动禁毒教育进家庭，完善家庭自我教育、自我防范功能。以“平安家庭”创建为依托，继续做好“无毒家庭”创建工作，深化“不让毒品进我家”活动，广泛开展面向家庭的禁毒教育，使毒品预防知识家喻户晓、深入人心。要进一步扩大“无毒家庭”覆盖面，积极引导家庭成员开展防范涉毒的自我教育、自我管理，推动父母对未成年子女进行毒品预防教育。以单亲家庭、流动人口家庭、涉毒家庭和妇女为重点，深入居民家庭开展有针对性的禁毒教育和帮教活动。利用家长学校和家庭文明指导中心等阵地，组织禁毒志愿者、家长、戒毒专家和青少年参加禁毒讨论会和培训班，提高家庭防范毒品意识，帮助克服家人吸食毒品的危机和困难。①

## 第四节 加强微观层面的防范措施

在毒品预防教育的过程中，最关键的在于接受教育的人们，尤其是青少年个人。要达到青少年毒品预防教育的目的，就应从青少年自身入手。

### 一、加强青少年心理疏导

对于青少年的社会化初期在心理上的易感性和可塑性，以往的研究中谈得很多，但没有把这种心理特征当作他们接触毒品的消极心理品质来看待。而今天在禁毒教育的早期干预战略中，我们应当把这些特征看作是一种积极的心理品质，在他们易感性和可塑性最强的时期，自我意识正待建立但又没有完全建立的时期开展教育。这对于他们进入青春期之后或是自我意识形成之后，对毒品有一种科学的清醒的态度是有益的。

在青少年吸毒的原因里，占很大比例的是青少年的好奇心、寻求刺激、寻求逃避、从众心理及无知心理。要转变青少年的心理，就需要青少年树立正确的思想认识，接受正确的心理健康教育。通过与青少年思想上的交流、对青少年学习上的帮助、对青少年生活的关心，以及对青少年心理的辅导等，使那些有越轨倾向的青少年感受到社会的温暖，增强青少年拒绝毒品的决心。可以通过充实青少年的精神生活，使青少年自觉地远离毒品，如看一部好电影、打一场球赛、听一场精彩的演讲等。要通过对青少年心理和生理特点的了解，促使青少年养成良好的心理品质，从而铸就坚实的心理防线。可以开通心理咨询热线和心理咨询室，开设宣泄室，让青少年在存在心理问题的时候能够得到及时有效的疏导，不至于走进“死胡同”。可

① 关于印发《关于深化全民禁毒宣传教育工作的指导意见》的通知.［2016－3－1］. http://society.people.com.cn/GB/8217/12541232.html.

以开展专门针对青少年某个典型心理的讲座或者演讲，通过对讲座知识的学习，培养青少年的意志及对抗挫折的能力。通过有针对性地开展心理健康教育，使青少年的人格更加健全，从而遇到挫折困难时，不会走上歧途。

青少年期是生理和心理时刻发生巨大变化的时期。社会在不断地向前发展，文明在不断地进步，促使青少年必须要有坚强的自我意识、有足够的活力、有个性、有创新精神、有方方面面的知识，这些给青少年带来很大的心理压力；青少年处于紧张的学业、残酷的就业压力、优越的生存环境、相对封闭的学习氛围中，造成心理相对敏感、多疑，以自我为中心，缺乏团结协作的能力，缺乏应对挫折困难的勇气，这些所有的失落，终会产生一定程度的心理危机。所以需要对青少年的心理危机进行干预，进行及时有效的疏导，使青少年能够顺利地走出危机，为以后更好的发展继续奋斗。

## 二、加强青少年法制教育

青少年正处在生理和心理生长发育的关键阶段，也是思想道德品质形成的关键时期。为培养青少年高尚的思想道德品质，对其开展法制教育已成为重中之重。加强青少年法制教育，提高青少年法律素质、法制观念、法律意识的重要性包括以下方面：有利于其保护自身的合法权益；有利于其形成健全的人格；有利于其严格要求自己。

青少年正处于人生的关键阶段，相对于成年人来说，法制观念淡薄，这也成为不少青少年涉足毒品的重要原因。提高青少年的法律素养，使青少年树立正确的法制观念，对于增强青少年的社会责任感、端正青少年的人生目标、促进青少年树立远大崇高的理想有着非常重要的作用。增强青少年的法制意识，树立正确的法制观念，提高青少年辨别是非的能力，对于抵制社会上的各种不良行为和思想非常重要。青少年正处于学知识的阶段，对于知识的掌握速度非常之快，如果不加强青少年的法律素养，提升青少年的法制观念，青少年就很容易受到不良社会行为的影响。

根据不同年龄阶段青少年的特点，开展多种形式的法制宣传活动，从而增强青少年的法制观念。处于中小学阶段的青少年，处在思想观念形成的关键时期，很容易受到外部环境的影响，而这一成长阶段，又伴随着叛逆期的到来，因此，对于这一年龄阶段的青少年应该采取寓教于乐的形式来宣传法律知识；处于大学阶段的青少年，已经是成年人了，已经具备了明辨是非的能力，可以很好地运用所学知识来分析社会上发生的事情，对于这一阶段的青少年，应该引导他们积极地参与到实际案例的分析中，注重理论与实践的结合。对于那些已经踏入社会的青少年来说，在对他们进行法制教育的同时，让他们有机会学习一些基本的生活技能，教会他们如何在社会上生存，提升他们参加工作的机会，则可以减少他们涉足毒品的危险。

## 三、加强青少年行为引导

社会学习理论认为，行为是后天习得的，个人可以通过学习掌握一切行为方式，将青少年离轨与犯罪归因于其成长的社会环境。青少年在成长的过程中会通过社会化逐渐了解社会准则与规范。社会化本身是一个学习与领悟的过程，通过人与人之间的交流互动，青少年可以掌握社会主流价值观念和行为规范，顺利地完成初始社会化。但同时，心智发展的滞后又可能会使青少年辨不清真假善恶，容易习得非主流社会规范，在参与社会活动的过程中，做出离轨甚至犯罪行为。

青少年行为的发展对其人格的成长具有重要的作用。尤其是在较早阶段，行为的正常健康对于个体一生的发展都具有长远的影响。因此，我们首先要掌握个体行为发展的一般规律和特点，以此来培养青少年良好的行为习惯，消除或减少不良的行为问题。个体的行为活动是人格的外在表现。通过外在的行为表现，我们可以了解个体的人格发展状况和特点。如果青少年存在行为问题，往往表明个体人格发展的某些方面或周围环境存在着不利因素。行为问题不仅影响个体的学业学习和人格发展，而且给周围的环境造成一定的影响和干扰，严重的还会对社会造成危害。

有人曾形象地比喻说，青少年体质不合格是“残品”，能力不合格是“次品”，行为不合格是“废品”。在对青少年进行日常行为规范的教育与训练中，教师、家长应是“引路人”。其中很重要的是培养学生自我教育、自我训练、自我约束的能力。“促进自我教育的教育才是真正的教育。自我教育体现在知、情、行、意各个方面：知方面，有自我意识，自我批评；情方面，有自我体验，自我悔恨；行方面，有自我检查，自我训练；意方面，有自我鼓舞，自我誓言，自我制约等。”我们要培养青少年在生活上、学习上、思想上、工作上都具有自己管理和塑造自己的能力，要在毫无任何形式的外在监督的情况下，对自己进行自我督促，自觉地把“规范”中的基本要求内化成自己的行为习惯。

对于青少年行为问题，主要是行为障碍（behavior disorder）和问题行为（behavior problems）。行为障碍是指主要发生于儿童和少年期的行为异常，在程度上比问题行为稍重，更具有心理学和医学上的意义。一般包括：①不良习惯动作；②心理生理行为偏异；③退缩行为；④习惯性品行不端或违法行为。问题行为通常指与情绪和人格有关的、较高级的整体的行为活动问题。在范围和表现形态上，既包括多动、攻击、违纪等外向性行为问题，也包括抑郁、焦虑、社交退缩等内向性行为表现。该行为虽然是心理困扰的反应，但主要以实际的动作和行为来表现，且常为家庭和社会生活所不能接受。

由于青少年是一个特殊的群体，因此对他们的行为问题有不同于成人的处理方式，教育和辅导的重点在于积极预防。对青少年常见的行为问题的辅导，应在充分认识各类行为问题发生的原因和特点的基础上，把学校教育、家庭教育和社会教育结合起来。在学生表现出或引导其表现出某一正常行为后，加以奖励，强化所期望的行为，增加以后这种行为发生的可能性；当学生发生不良行为后，通过给予厌恶刺激来减少或终止行为；当学生表现出所期望的良好行为时，减少或消除他不喜欢的刺激或情境，以促进学生以后此种良好行为的继续出现；当青少年出现某些不良行为时，教师或家长可以采取漠视、不理睬的态度，使其自己觉得无趣，这样效果有时反而更好。随着青少年心理发展水平的逐步提高，认知活动，尤其是社会认知活动的行为中的作用越来越大，有时起着主导作用，所以，需要通过矫正患者的思想、信念、态度和认知风格等来改变个体的行为表现。

### 四、加强青少年禁毒教育

国家药物维持治疗培训基地副主任、云南省药物滥用依赖防治研究所副所长张锐敏介绍说，三级预防是疾病预防和治疗的基本策略和体系，而药物滥用的三级预防则是在此基础上建立和发展起来的药物滥用防治系统。药物滥用的一级预防，是对有药物滥用潜在危险的社区与人群，特别是青少年和其他易感人群，进行禁毒预防的普及宣传教育。目的是提高社会和公众对毒品和药物滥用的免疫力，特别是减少青少年对毒品的好奇心，教育和提醒人们不要去错用、误用和试用毒品。药物滥用的二级预防，是通过专门的部门，由专业人员对处于药物滥用高度影响下的社区和存在的药物滥用人群，进行禁毒预防的集中宣传教育，目的是对这部分人早期发现、早期干预和早期控制，以防止他们进一步滥用和依赖毒品。药物滥用三级预防，是由药物滥用防治机构和禁毒戒毒机构的专业人员，对已被诊断为药物依赖的人员进行系统治疗。目的是积极防止和消除由于药物滥用所带来的对身体和社会的危害。

首先，使青少年学习正确的毒品常识。“毒品”一词是现代社会用语，据说最早出现在欧洲，是人们在了解了鸦片等麻醉药物的危害之后才开始使用的。在一般人眼里，毒品是一种可使人身体受伤害、精神颓废、病痛死亡及依法犯罪的毒物。对于种植者来说，毒品是他们赖以生存的农作物，可用来换取金钱和实物。在贩毒者看来，毒品就是金钱和利润。在我国，鸦片、海洛因、冰毒、吗啡、大麻、可卡因是毒品；国家管制的其他使人成瘾的麻醉药品和精神药物亦是毒品。《中华人民共和国禁毒法》第 2 条规定：“毒品是指鸦片、海洛因、甲基苯丙胺（冰毒）、吗啡、大麻、可卡因以及国家规定管制的其他能够使人形成瘾癖的麻醉药品和精神药品。”麻醉药品及精神药品品种目录中列明了 121 种麻醉药品和 150 种精神药品，以及列管了 124 种非药用类麻醉药品和精神药品。

其次，使青少年认清毒品对个体的危害。毒品对中枢神经系统和周围神经系统都有很大的损害，可产生异常的兴奋、抑制等作用，出现一系列神经、精神症状。吸毒特别是静脉注射，毒品中的杂质及不洁注射器，会引起多种心血管系统疾病，如感染性心内膜炎、心律失常、血栓性静脉炎、血管栓塞、坏死性血管炎等。很多毒品可以对心血管系统产生直接毒性，对吸毒者的心肌收缩能力、心力储备和体力造成了严重损害。采用烤吸方式吸毒时，毒品与呼吸道黏膜发生接触；静脉注射毒品时，毒品通过肺部细血管床，极易发生呼吸系统疾病，如支气管炎、咽炎、肺感染、栓塞、肺水肿等。毒品的抑制食欲作用不仅可引起身体消瘦，还可引起人体某些必需的维生素和矿物质缺乏，从而引起一系列营养不良综合征。吸毒常引起胃肠蠕动减慢进而引起便秘和肠梗阻。长期吸毒，可造成性功能减退，甚至完全丧失性功能。男性会出现性低能或性无能；女性会出现月经失调，造成不孕、闭经。妊娠期间吸毒，毒品可由母血经胎盘进入胎儿体内，一般 1 小时后即可在胎儿体内测出毒品。艾滋病病毒存在于患者或感染者的血液、乳液、精液和阴道分泌物中，其主要的传播方式有血液传播、性接触传播、母婴垂直传播。吸毒者采用静脉注射的方式吸毒，使用不洁注射器或共用注射器，都会直接造成病毒的血液传播。注射毒品已被认为是丙型肝炎病毒感染和疾病发展的协同因素，它显著提高了 HCV 感染的发病率和死亡率，目前对于毒品滥用如何降低干扰素介导的抗 HCV 感染的天然免疫抵御作用尚不清楚。①

最后，青少年学会如何拒绝毒品。对于青少年来说，学会拒绝毒品至关重要。青少年应从以下方面入手：不要进入治安差的场所，即使进入，也要有警觉戒备意识，对诱惑提高警惕，采取坚决拒绝的态度，不轻信谎言，如不轻易和陌生人搭讪，不接收陌生人提供的香烟及饮料，出入娱乐场所，尽量少喝里面提供的饮料，不随便离开座位，不盲目攀比，不追求时尚等。不要滥用药品，如减肥药、兴奋药、镇静药等。遇到无法排解的事情时，要设法寻求正确的解决途径，不能沉溺其中自暴自弃，更不能借毒解愁。青少年要坚决做到：坚决不吸第一口；时刻告诫自己，一日吸毒，终身戒毒，吸毒必然毁一生；机智地与毒品违法犯罪做斗争。

### 五、加强青少年社交教育

青少年时期社交需求的发展，促使大多数青少年在与他人的互动中，倾向于寻求自己认可的同辈伙伴，通过与其发展同伴关系来获得心理支持，满足自己社交的需求。相对于其他时期，青少年时期与同龄人群体的关系呈现出新的特点：青少年与同龄人在一起相处的时间明显变长；与同龄人交往时，逐渐减少了成人的监督；与异性交往的频率逐渐增加；青少年同龄群体的成员人数增多。同辈群体对青少年的心理成长产生了重要影响，既有促进成长的正面功能，也有不利于青少年发展的负面功能。正负面功能的发挥与同辈群体的性质及青少年本身的心理调控能力相关。

同辈群体具有以下正面功能：①社交发展功能。青少年时期的社交需求有了很大发展，同龄群体成为青少年发展社交能力、寄托情感的首选对象。同辈群体促进了青少年社交能力的发展。青少年与同辈群体之间的交往为他们发展社交能力提供

---

① 马俊玲，郭海英，等．毒品的危害及戒毒方法．淮海医药，2010（28）．

了锻炼的平台。群体成员间的个体差异有助于青少年增加对不同类型个体的认识和了解，通过分析交往对象的个体特征，逐渐发展出应对各种社会人士、处理各种社会关系的能力。然而同辈群体也存在一定的负面影响，在一些不良社交能力的发展上，当青少年所处同辈群体的成员大多数倾向于反社会行为时，由此所发展出的社交能力也会与社会主流文化相背离。②行为习得功能。青少年走出家庭后，大部分时间与同龄人在一起，价值观念和行为规范上更多体现出其所在同辈群体的特点。青少年可以从同辈群体中学习到现代社会发展所要求的行为准则和规范。因为年龄相仿，且人物和环境相似，因而，青少年与同辈群体在行为特征上表现出很大的一致性，从同辈群体中习得行为的效率也要远远高于其他环境。然而，青少年也会从同辈群体中习得不良行为，青少年反社会行为的增加也凸显了同辈群体在青少年行为发展中的负面功能。③心理导向功能。伴随着身体的急剧变化，青少年的心理变化也紧随其后，以令人惊讶的方式呈现在家长和老师面前。在自我意识、智力、道德和情绪的发展上都明显受到同辈群体的影响。然而同辈群体也会在青少年心理发展的过程中起到负面功能。当青少年所属同辈群体认可的行为规范和价值观念与家长灌输的不相一致时，青少年在群体内所获得的自我评价不同于父母所给予的评价，且这两种不一致又得不到有效处理时，容易引起青少年的同一性混乱。①

要积极引导青少年建立正确的交友观念。青少年交友往往没有原则，没有一个辨别审视的过程，因而容易交上不三不四的朋友。针对这种情况，教师和家长一方面要让他们懂得什么是真正的友谊，要让他们知道在一起吃喝玩乐不是真正的友谊，讲哥儿们义气也不是真挚的友谊。朋友之交，贵在知心，真正的友谊要靠忠诚去播种，热情去浇灌，谅解去护理，原则去维护。另外要帮助青少年学会正确地择友，只有找到真正的挚友，才能使自己取长补短，不断进步，不断完善。青少年最宜交何友？古人云：“益者三友，损者三友。友直、友谅、友多、友闻，益矣；友便僻、友善柔、友便佞，损矣。”就是说，与正直、讲信用、有学问的人交朋友，会得益匪浅；与那种献媚奉承、心术不正、华而不实的人交朋友，会带来坏处。所以，要让青少年真正懂得在交友的过程中要交益友，不交损友。

在青少年的交友过程中，还要引导青少年树立正确的交友识友观念。俗话说：“近朱者赤，近墨者黑。”交友就是交命运。实际上，人性如水，交友重在识友。一定要切记“墨水朋友多交”“清水朋友常交”“口水朋友少交”“酒水朋友慎交”“油水朋友莫交”“雾水朋友淡交”“脏水朋友勿交”。

**结论**

毒品危及人类健康与福祉。当前，全球毒品问题仍处于加剧扩散期，一些国家和地区毒品问题持续泛滥，种植、制造、贩卖、滥用毒品问题严重，毒品问题已成

---

① 彭华民．人类行为与社会环境．高等教育出版社，2011：337－340.

为全球性的社会顽疾。在毒品问题全球化的大背景下，中国毒品形势依然严峻复杂，境外毒品渗透不断加剧，国内制毒问题日益突出，毒品滥用问题持续蔓延，毒品社会危害更加严重。我国毒品问题将在相当长一段时间内持续发展蔓延，禁毒工作面临着巨大压力和严峻挑战。

禁毒工作关乎国家、民族未来。我们要按照中共中央、国务院《关于加强禁毒工作的意见》的要求，按照习近平总书记关于禁毒工作的指示，把禁毒工作纳入国家安全战略和平安中国、法治中国建设的重要内容，按照“源头治理、以人为本、依法治理、严格管理、综合治理”的基本原则，坚持“预防为主，综合治理，禁种、禁制、禁贩、禁吸并举”的工作方针，立足当前，长期治理，突出重点，多管齐下，不断创新禁毒工作体制机制，进一步完善毒品问题治理体系，深入推进禁毒人民战争，坚决遏制毒品问题发展蔓延。

预防教育是禁毒工作的治本之策。面对严峻的毒品形势，我们必须全面落实《中华人民共和国禁毒法》规定的“预防为主，综合治理，禁种、禁制、禁贩、禁吸并举”的禁毒方针。深刻理解国际禁毒战略，一方面减少毒品供应——禁种、禁制、禁贩，加大对毒品违法犯罪行为的打击力度，加强对制毒物品、易制毒化学品和精神药品麻醉药品的管控；另一方面减少对毒品的需求——禁吸、防吸，加大对吸毒人员的戒断治疗，降低危害，深化全民毒品预防教育，特别是青少年的教育。充分发挥学校主阵地、课堂主渠道作用，对保护和促进学生健康成长，遏制和减少新吸毒人员滋生，有着极其重要的意义。

# 第六章　毒品滥用的乡村治理①

地处我国云南边境的 R 村，由于特殊的地理位置和历史原因，曾饱受毒品危害。面对一个个被毒品夺去生命或健康的亲人，面对一片片因毒品而荒废的家园，备受毒害煎熬的村民再也无法坐以待毙。R 村以自己的方式，与毒品进行了不懈抗争，目前已取得良好效果。在 R 村实现毒品控制的实践中，村民充分调动当地可用资源，利用自发组织的护村队、村规民约、风俗习惯等非正式控制方式，与国家法律、政策等正式控制方式结合实现了力度、刚度和致密度的耦合并驱，在实现毒品有效控制的同时，也促进了村寨的复苏与发展。R 村的经验值得关注、思索、参照。

R 村已然涅槃，更多的村寨等待重生！

## 第一节　研究缘起

### 一、研究背景及目的

（一）社会背景

据《2015 中国禁毒报告》显示，截至 2014 年底，全国累计登记吸毒人员 295.5 万名。云南省作为中国的西南门户，与缅甸、老挝、越南接壤，边境线长达 4060 公里，毗邻世界主要毒品产地“金三角”。云南省边境州市成为“金三角”毒品进入我国的主要通道，也成为毒品流入的主要集散地，边境地区毒品形势严峻，急需采取有效的社会控制措施，通过“堵、查、截，打、防、治”多渠道、多方法，来减少毒品对边境社会、家庭、个人的危害。

由于云南地理条件复杂，各村落形成了相对封闭的格局，也形成了独特的风俗习惯，而具有高度概括性、普适性的国家法律和政策不足以完全应对当地复杂的毒品控制问题。长期受毒品危害的村落，如 R 村，不得不尝试探索符合当地实际情况的做法，以弥补正式控制方式力不能及的空隙，逐渐形成了自己的毒品控制体系。

---

① 以 R 村毒品问题的村寨控制个案为例，本章所有案例及数据采集于 2014 年。

（二）研究目的与意义

1. 研究目的。

（1）为边境村寨实现毒品控制提供可行性借鉴。以边境典型村寨拒毒、治毒、防毒的具体案例，为我国基层村寨进行毒品控制提供借鉴。通过对毒害严重、浴火涅槃的典型村寨选点调查，从社会控制视角分析毒品在我国边境村寨中蔓延的共性特征、危害情况、多种社会控制措施实施过程及效果。

（2）为整合毒品社会控制资源提供理论支持。现有毒品控制研究理论主要涉及对法律、政策、舆论、习俗、道德、宗教在毒品控制中的必要性和可行性分析，但缺乏将这些社会控制措施进行整合、实际运用的实证分析，就社会控制措施的针对性、连续性缺乏有力论证。本研究力求突破已有毒品控制研究理论过于空泛的局限，通过典型性研究剖析、讨论毒害严重区域内进行多种社会控制的整合效果，为饱受毒品危害的村寨实现有效毒品控制提供理论支持。

2. 研究意义。

（1）实际应用价值。国家法律、政策等正式社会控制凭借国家强制力，在毒品控制过程中，确实对毒品犯罪、毒品滥用起到了一定的控制作用。但由于正式社会控制的高度概括性和普适性，在应对具体地区毒品问题的多样性、复杂性时，往往容易出现纰漏或无力。例如，国家法律将吸毒行为认定为违法行为，规定应根据吸毒人员的情况采取不同的戒毒措施，但由于边境山区吸毒人员较易隐蔽，而基层公安在警力、信息方面又极其有限，很难对吸毒人员采取全面、及时的查禁、管控及矫治。而监管本村村民吸食毒品的护村队、村规民约或村内居民对吸毒人员采取否定性舆论及相关措施，可以在很大程度上减少毒品滥用的可能，并能帮助滥用毒品的村民戒断毒瘾、重新融入村寨生活，尤其是在村寨后续发展和持续控制方面能更好地发挥补充与整合作用。

本研究通过对一个云南边境典型村寨的毒品社会控制历程及效果进行翔实调研，梳理当地整合各种社会控制措施的经验，并结合社会控制理论，在分析其合理性和可行性的基础上将其进行概括，以期在我国云南边境地区进行推广应用，促进村寨实现有效毒品控制和后续发展，进一步推进、巩固禁毒人民战争成果。

（2）现实指导意义。本研究讨论的典型经验——适应当地实情的社会控制体系在毒品控制过程中的整合性和致密性优势。其价值显示在对当地现有资源的整合和对村寨后续发展的支撑两个方面，实现了毒品社会控制力度、刚度和致密度的耦合并驱，充分调动防毒、治毒、控毒的各类要素和资源，具有“开发展之源，截毒害之流”的实际指导意义。

同时，在研究过程中发现，调动基层自主性，依靠人民、借力人民是实现基层治理、促进基层发展的重要途径。R 村在实现毒品有效控制的同时，也实现了本村治理有序化、经济生产持续化、村民身心健康化的良性发展。因此，R 村的控毒经验，同时也可作为边疆基层村落治理的参考借鉴。

## 二、研究设计

### （一）研究对象

本研究以云南边境地区典型村寨——R村的毒品控制历程为研究对象。

R村是一个地处云南省德宏傣族景颇族自治州陇川县的行政村，主要居住着汉族、景颇族和傈僳族。这里曾经是毒品通道、毒品中转站和毒品重灾区，曾经因毒品滥用导致村内老无所养、幼无所教、地无人耕、家无人居。R村自2005年起，经过十余年的禁毒实践，不仅在毒品控制上成绩显著，村寨经济也得到了复苏和发展。

### （二）研究方法

1. 文献研究。2014年5月至6月，主要通过文献检索研习，明晰该社会现象的实施方法和已有经验，科学认识该社会事实。文献检索主要涉及国内外关于毒品控制的相关理论资料和当地地方志、统计报表、报道性文件和会议记录等。

2. 实地调研。2014年6月初，3名调研人员通过进入村寨与村民委员会负责人接洽，说明入村调研计划，并修正确定。

“6·26”国际禁毒日前后，参加镇禁毒委员会的禁毒报告会，进行街头巷尾禁毒防艾知识宣传救助，并参加R村的禁毒防艾宣传会，获得R村禁毒宣传资料。

6月下旬至10月下旬，3名调研人员通过多次参与村民禁毒组织活动、总结会议，观察村规民约的具体实施和村民反应，以及对该村多名长期涉及禁毒工作的村领导和村民组织负责人进行访谈，了解其多种控毒措施的具体实施办法和成效，并对村民的抽样问卷调查和进入已戒断村民户和曾有吸毒人员村民户进行访谈，包括对已戒断人员及其家庭成员，获得村寨现有多种社会控制措施和经济发展状况等定性材料，以及个案典例事实资料。

11月份，参加该村2014年中期禁毒总结会议（该会议主要分析该村40名毒品滥用人员的成长个案）。之后通过与个案家属访谈，明确其戒毒过程和明显成效。获准并进入云南省第六强制隔离戒毒所陇川分所进行参观，观察戒毒学员戒毒现状。

12月份，对先后获得的各项资料进行整理后查缺补漏。

3. 统计调查。统计调查的目的在于调查村民对毒品控制的感受，收集曾有或现有吸毒人员及其家庭对毒品控制的体验等。收集到村寨此前毒品泛滥时期和实现有效毒品控制后的经济报表等定量资料，进行对比分析。

通过抽样调查抽取160户，每户1名村民进行自填式问卷调查，完成问卷回收（实际发出问卷160份，回收153份，有效问卷150份，回收率95.6%，有效率93.8%），之后进行数据的录入和分析并完成所有数据分析和相关资料的查询工作。

### （三）研究工具

根据研究目的设计自填式调查问卷、结构化访谈提纲，并运用统计分析软件

SPSS19.0 对问卷收集的资料数据进行分析。

## 第二节 R 村毒品问题发端

### 一、R 村概况

R 村是一个多民族杂居的行政村，地处云南省德宏傣族景颇族自治州陇川县，位于景罕镇西南方向，临近章遮公路，距中缅边境线仅 10 公里。该村土地为山坝结合，全村共 702 户，2909 人，主要居住着汉族、景颇族、傣族和傈僳族 4 种民族，其中汉族 1010 人，占总人数的 34.7%，景颇族 1167 人，占总人数的 40.1%，傣族 586 人，占总人数的 20.1%，傈僳族 129 人，占总人数的 4.4%，其他民族 17 人，占总人数的 0.7%。全村现有耕地 11555 亩，其中水田 3871 亩，旱地 7682 亩，人均占有耕地 3.97 亩，以甘蔗、水稻种植为主，另外有草果、核桃、油茶、烤烟和杉木经济林种植，得天独厚的气候条件和地理位置，为农业发展提供优厚的条件。2014 年该村人均年收入 6850 元。①

### 二、毒品在 R 村

根据陇川县县志记载，该县毒品存在古已有之。1885 年缅甸成为英国的殖民地后，英国人便在缅甸大量种植罂粟，这些娇艳的花朵迅速开满了中缅边境。鸦片随之传入陇川，陇川县种植罂粟主要集中在王子树、护国、清平、杉木笼、赵家寨、岗巴、帮东、广外、曼软、曼面等区域。

因种植罂粟历史悠久，陇川县境内吸食鸦片人数也逐年增多，清末至民国时期，历届政府屡禁不止。由于境外毒源不断流入，陇川贩卖和吸食鸦片现象一直存在，并没有被彻底消除过。

为遏制毒品危害，1982 年底，陇川县全面排查登记吸毒人员为 3749 人，吸食毒品的种类全为鸦片。1991 年对人体危害更大的毒品海洛因流入陇川，吸食鸦片者转而吸食更强力的海洛因（俗称“白粉”“四号”）。至 1993 年底，全县吸毒人员达 4069 人，其中吸食海洛因的已达 1364 人。直到 1995 年陇川县大部分山区还种植有鸦片，景颇山区种植情况较为严重。2004 年底，陇川县登记在册吸毒人员已达 8880 人。②

R 村是陇川县的典型村寨，有着种植罂粟、贩卖和吸食鸦片，并有将鸦片当作药品的历史与传统。③ 1993—1995 年间，海洛因开始在村内出现，改变了村民单一

① 数据来源：《数字乡村 云南新农村》R 村 2013 年调查表。

② 云南省陇川县志编纂委员会. 陇川县县志. 云南民族出版社，2005.

③ 当地曾有很多村民认为用鸦片熬煮鸡汤可以强身健体、预防感冒。

使用鸦片的状况。

罂粟种植和贩卖在当地屡禁不止，这些违法行为不仅能在短期内使当地村民经济收入迅速增加，也能为当地吸毒者提供吸食鸦片和海洛因的便利。因此，毒品迅速在R村蔓延。

长年生活在R村内的景颇族与缅甸边境的克钦族因婚姻、血缘和地缘等有着密切关系。因此，缅甸产的鸦片、海洛因等毒品利用这一特殊的“人群通道”，迅速、方便地到达R村，使毒品交易和村民吸毒在R村成为普遍现象，R村逐渐成为了境外毒品进入云南的通道和中转站，R村也成了毒品重灾区。为了吸毒和贩毒，村内青壮年铤而走险，致使老无所养、幼无所教、地无人耕、家无人居。

尽管在之后漫长的禁毒斗争中，各级政府采取强力禁毒措施，很大程度上遏制了云南省毒品问题快速蔓延的势头。在此期间，R村的深重毒情受到德宏州的高度重视，各级政府主导的控毒措施得以强力实施，毒品危害在村内的蔓延得到基本遏制。但由于R村地理位置、民族构成和毒品成瘾人员构成等因素影响，毒品的流通和吸食仍然屡禁不止。

为挽救村寨、恢复生活，R村村民利用本村现有资源自发地开展控毒，在积极配合国家正式控制实施的过程中，发挥控毒积极性、自主性和主动性，在借鉴其他村寨控毒经验中探索出针对该村毒情特殊性的非正式控制体系，实现村寨的全面控毒。目前，R村已取得“原有吸毒者基数不断降低，新增吸毒人数零增长”的成果。①

### 三、毒品对R村的影响

在R村实现毒品控制之前，毒品深深地影响着生活在这里的人们，使他们陷入痛苦的深渊。本研究通过个案描述与数据分析，将毒品对R村的危害进行如下解读：

#### （一）毒品沾手，如入虎口

R村有多个村民曾因吸食毒品而引发多种疾病，有的甚至因吸食毒品而死亡。一些年轻人也因沾染毒品而失去上学的机会，丧失生产劳动能力。

【个案1】2003年，15岁的R村傈僳族村民麻某辍学之后，终日跟在村里几位“大哥”身前身后，在接触到海洛因后觉得非常享受，于是跟着他们开始长期吸食。当没钱购买毒品后，他就学几位“大哥”，到村民家里偷东西，卖钱后买毒品。久而久之，他再也离不开毒品，身体越来越差。今年26岁的他虽已戒断毒瘾，但身体孱弱，常感觉虚弱乏力，无法从事重体力活。

【个案2】2005年，40岁的R村景颇族村民雷某患有严重的肾病，反复剧痛难忍，经常住院，后来听村里有人说抽一点鸦片，不用去医院也能治好，就向村民买了些鸦片来抽，之后的一段时间剧痛真的消失了，还全身轻松，家里人也很高兴。

---

① 数据来源：该村委会2014上半年《禁毒防艾统计报告》。

但从那之后，身体稍微病痛，他便会通过各种途径买鸦片抽，因此走上了吸毒之路。他不顾家人的劝阻，常常为寻觅毒资而偷卖家中财物、打骂家人。2008 年，雷某去世。

吸食毒品会严重危害个人的生命健康。大量医学实践证明，毒品可导致呼吸系统、消化系统、心血管系统、神经系统和免疫系统受损，严重时可引发并发症而致死。同时，吸食毒品可能引发“以娼养吸”或性乱，从而大大增加了吸毒者感染性病、艾滋病的风险。

吸食毒品后，人的精神受到毒瘾的控制，表现出对毒品的强烈渴求，沉溺于毒品的感官刺激之中。导致个人道德沦丧，失去正常人应有的道德观念、伦理准则和是非标准。因此，吸毒者大多表现出自私、冷漠、精神空虚，毫无自我约束能力，对生活和未来丧失信心。

（二）与毒为伴，亲朋受难

R 村曾有多名村民因吸食毒品而不顾及家人朋友反对，经常打骂家人，破坏家庭和睦，导致未成年子女缺乏家庭温暖与关爱，无法正常就学、成长。为获取毒资，吸食毒品的村民常常靠偷、骗、抢等方式将家人或他人财物变卖后换取毒品。村民们将此现象评论为：“一人吸毒，祸及众人”。

本研究对 160 名村民进行问卷调查，关于该村 1993—1995 年学龄儿童辍学比率及辍学原因的调查结果见表 6－1、图 6－1。

表 6－1

| 统计量：1993—1995 年辍学率 | |
|---|---|
| 均值 | 0.7766 |
| 中值 | 0.8088 |
| 众数 | 0.88 |

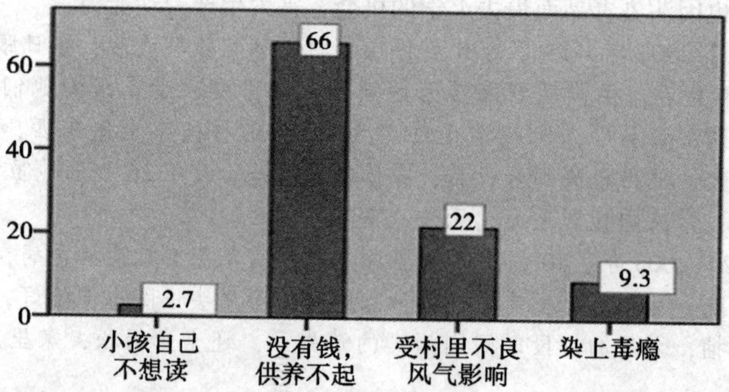


图 6－1　认为村内学龄儿童因以上原因辍学的村民人数百分比

图6－1、表6－1显示，在1993—1995年毒品严重泛滥期间，学龄儿童辍学率极高，平均高达78%的辍学率。辍学的原因中因为没有钱，供养不起的占了66%，受村里不良风气影响占到22%，染上毒瘾的占到9.3%，因小孩自己不想读的仅占到2.7%。

可见，毒品导致R村辍学率极高。一方面因家庭成员吸毒，毒资支出导致家中经济难以发展，甚至衰退，无法支付教育所需费用；另一方面，成员吸毒形成不良示范，家庭教育缺失，甚至导致个别子女也走上吸毒之路。此外，吸毒者对于村寨产生负面影响，在村中形成不良学习风气，其他非吸毒者成员家庭的子女也受到影响而自主辍学。

【个案3】2000年2月，22岁的R村傣族村民岩某经朋友介绍到缅甸克钦邦控制的“迈扎央赌场”担任牌手工作。由于赌场内人员复杂，毒品交易随处可见，岩某能经常接触到海洛因，认为吸食海洛因和抽烟是一回事而且便宜，在牌友的影响下他吸上了海洛因。此后，他不顾生病的“阿啵、阿咩”①，天天沉溺在赌场和海洛因之中，多次进入强制隔离戒毒所。岩某为筹措毒资而私自变卖了仅有的耕地经营权，妻子难以忍受远走他乡，留下无人照料的年迈双亲和年幼儿子。

【个案4】20岁的R村村民李某进入大学学习，但她的父亲因常年吸食海洛因，于一年前去世，母亲之前为劝说父亲戒毒而服用农药，以死相逼，虽经抢救保住了性命，但因此造成精神障碍和行动不便。李某弟弟刚刚初中毕业，辍学在家。一家人的生活开支、求学费用全由李某的小姨负担，小姨现在已30出头，仍未结婚，一边经营商铺，一边照看李某的母亲和弟弟，并为李某在大学学习、生活费用而操劳，一家人在贫困中艰难度日。

吸毒使个人及家庭经济崩溃。由于吸毒耗费大量钱财，普通的经济收入根本不能满足吸毒者的需要，随着毒瘾不断增大，家庭经济必然迅速萎缩，其结果只能是吸得一贫如洗、债台高筑。有的吸毒者还遗弃老人、出卖子女，甚至胁迫妻女卖淫以换取毒资。另外，吸毒者往往表现出自私、冷漠，根本没有家庭观念，不关心其他家庭成员，不承担对家庭的责任和义务，因此，很多吸毒者的家庭都破裂和崩溃，致使子女感情受到严重伤害，因缺乏教育，人生观、价值观受到负面影响。

（三）毒流社会，千疮百孔

本研究对160名村民进行问卷调查，关于村民对该村毒品泛滥时期毒品造成不良社会影响的调查结果见图6－2。

① 当地傣族对爸爸和妈妈的称呼。

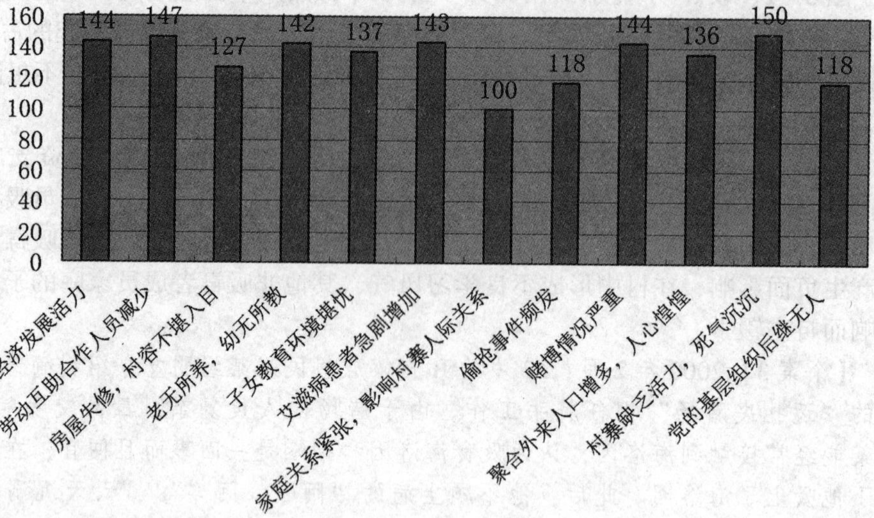


**图6-2　认为毒品从以上方面危害村寨社会环境的村民人数**

数据表明，关于在1993—1995年毒品泛滥期间村寨社会受到的影响，有超过90%的被调查村民认为毒品导致“村寨缺乏活力，死气沉沉”“严重削弱经济发展活力”“劳动互助合作人员减少”“赌博情况严重”；近90%认为毒品导致“老无所养，幼无所教”“子女教育环境堪忧”“聚合外来人口增多，人心惶惶”“艾滋病患者急剧增加”；超过70%认为毒品导致“房屋失修，村容不堪入目”“偷抢事件频发”“党的基层组织后继无人”；有超过60%认为该村“家庭关系紧张，影响村寨人际关系”。

【个案5】1998年5月，31岁的R村汉族村民杨某废弃自家田地，到缅甸境内棒弯地区投靠种植罂粟的亲戚，长期与其从事鸦片生产和海洛因贩运，负责背运海洛因到昆明，在运毒途中被警方抓获，至今仍被关押于云南省某监狱。

可见，毒品严重影响到边境地区的经济发展和社会秩序。受毒品影响，边境村民缺乏安全的生产环境，劳动互助合作人员减少，劳动力补给不足，无法进行科技改良和再生产的投入，使农村经济发展缺乏内在动力，阻碍了多民族村寨经济的发展。吸毒人员因为吸毒耗光自家的财物和生产资料，同时也波及整个村寨，致使吸毒人员家庭和村寨经济贫困。另外，高额的毒资消耗使吸毒家庭生活难以为继，成为用土地承包经营权换取“地下高利贷”的牺牲品，陷入经济崩溃的边缘，成为社会经济发展的制约因素。同时，因毒品诱发偷盗事件频发，加之聚合了混杂的各类人员，故而引发社会治安案件、刑事案件，严重影响社会安定。

## 第三节 R 村对毒品的抗争

正式控制的力量源自国家机构，如法律控制和政策控制等；非正式社会控制的力量来源于非国家性质的社会组织、群体、个人，对“越轨”行为的反应、消除或约束往往依靠现有资源，针对性和持续性较强。

国家禁毒法律、法规、政策作为正式控制，以外来者的身份对吸毒者与被毒品影响的社会进行干预，目标在于解决毒品问题，恢复社会秩序，使社会运行步入正轨。而以禁毒为目标的村规民约、护村队、舆论等非正式控制，则在很大程度上依靠现有资源，因地制宜地实现，因此能与国家法律、法规、政策等相配合，实现根源禁毒和持续禁毒。

### 一、正式控制

历史上陇川县对毒品的抗争也包括 R 村对毒品的抗争。1953 年陇川县按照“正面代替，逐步削弱”的方针，大量调入小麦、蚕豆、豌豆、茶叶籽种发放引导种植，到 1961 年，种植罂粟的现象基本禁绝。1957 年 8 月 20 日，陇川县委发布了《对禁种大烟的意见》，同时规定从 9 月 1 日起，禁止在市场上买卖鸦片，所有烟馆停止营业或转业，违者一律予以取缔。1982 年，陇川县公安局成立了缉毒队，到各个村寨进行缉毒排查工作，加大了对贩卖鸦片罪犯依法从重从快惩处。2004 年 4 月，陇川县一位景颇族县长请求上级“救救我们民族”，引起了党中央的高度重视。自 2005 年起，伴随着轰轰烈烈的禁毒人民战争，R 村推行了以下正式控制措施：

#### （一）实施强制隔离戒毒

依照国家法律对吸毒人员给予强制隔离戒毒处理，是最典型、最强力的正式控制措施。

云南省第六强制隔离戒毒所位于德宏州境内，收戒学员主要来自该自治州及周边区域，由于收戒学员人数较多，该所分别在陇川、盈江设有分所。

离 R 村所在区域最近的便是云南省第六强制隔离戒毒所陇川分所。该所的前身为 1984 年成立于麻栗坝的强制戒毒所，于 1988 年迁至景罕镇宛岗村，2011 年 11 月，更名为云南省第六劳动教养管理所，此后又更名为云南省第六强制隔离戒毒所陇川分所（以下简称陇川分所）。2005 年在第一轮禁毒人民战争之时，由国家立项改扩建工程，建筑面积由原来的 4000 多平方米增至 20000 余平方米，收戒容量由 640 人增至 3290 人。强制隔离戒毒所收容量的增加和强戒手段的完善，对陇川县类似 R 村的吸毒者收戒发挥着极大的作用。

根据国家《禁毒法》和《戒毒条例》相关法律规定，陇川分所建立起“跟踪帮教制度”，常年跟踪回访，并承诺 5 年内如戒毒学员能不再吸食毒品，陇川分所将对其奖励500元；建立劳动技能培训机制，组织戒毒学员进行生猪饲养、大棚蔬菜种植、甘蔗种植和理发等技能培训，为戒毒人员戒断出所自谋生路奠定了基础；组建文艺宣传队，先后深入各乡镇、村寨和学校进行禁毒防艾宣传；充分发挥禁毒教育基地作用，利用图片展板和戒毒学员现身讲述毒品危害的方式向前来参观的党政机关、社会团体和中小学生进行警示教育。自2000年起，每年“6·26”国际禁毒日之际，陇川分所还会组织景罕镇中心小学和中学的学生入所进行参观学习，开展禁毒宣传教育。

（二）进行宣传救助

吸毒与艾滋病感染关系密切，当地政府意识到控毒与控艾必须双管齐下。陇川县根据《禁毒法》《全民禁毒教育实施意见》《关于深化全民禁毒宣传教育工作的指导意见》等政策法规，大力开展禁毒宣传教育，对戒毒人员提供关怀救助。2004年4月，陇川县成立了“陇川县艾滋病防治工作委员会”，根据2006年1月颁布《艾滋病防治条例》的规定，结合实际实施“四免一关怀”政策。在各个乡镇开展防治艾滋病知识宣传培训，发放各种防治艾滋病知识宣传材料。对毒品危害严重的村寨全面开展艾滋病综合防治工作，创新村寨艾滋病宣传教育、咨询和村卫生室一体化模式，进行不间断监测检测工作，实行持“健康抽检卡”领取结婚证、准生证。同时，教育部门对在校艾滋遗孤实行建档登记并持续实行“两免一补”政策，关怀救助大量受艾滋病影响儿童。在深受毒品和艾滋病危害的村寨内有效减缓了艾滋病的传播速度，从而为控毒工作提供了支持。

（三）组织家长学校进行预防毒品教育

家庭教育在人整个社会化过程中起初始的作用，对儿童的规范和价值认知至关重要，其功能是任何一种学校教育都难以替代的。但农村家庭教育的缺陷十分明显，父母文化水平都较低，没有掌握丝毫毒品和艾滋病的知识，本身又受到集体环境的极大影响，对于子女的基本教育既无力，还容易造成消极影响。

意识到家庭预防毒品教育的必要性，2006年5月景罕镇政府牵头，成立了农村家长学校，组织对镇级以下各个村寨的家长代表进行毒品专业知识和艾滋病预防知识传授。R村也在其指导下成立了自己的农村家长学校，由受培训的家长代表，在农闲时，按每班60户，分班进行培训。培训期间同时进行禁毒小品编排，组织表演比赛，故事情节均取自吸毒村民的实际案例。

农村家长学校的存在，既提高了村民的基础文化素质，为预防毒品专业知识传授提供平台，在子女教育过程中提供正确指导，对于因毒而成为留守儿童的帮助能够更加全面。同时使村民在学习中获得快乐，丰富村民的集体生活，替代毒赌等不良集体活动。

（四）整治罂粟种植

2014年春节前，景罕镇开展禁止种植加工食用罂粟苗、罂粟壳和罂粟籽专项整治行动，在各村委会协助下，镇政府工作人员到各村寨进行专项宣传教育，主要针对禁种、禁食、禁贩罂粟苗、罂粟壳、罂粟籽，以及种植、加工、出售、食用罂粟苗、罂粟壳、罂粟籽的违法性和危害性的宣传；突击检查曾有种植罂粟的家庭是否有残余；地毯式检查全镇蔬菜大棚、农贸市场、各类餐馆，包括烧烤摊，是否存在种植罂粟、售卖罂粟籽现象。不定期的整治行动，为扫除毒品原生植物残余，巩固禁毒成果发挥了切合实际效用，更使R村村民群众加深了对毒品的认识。

## 二、非正式控制

R村地处云南省德宏傣族景颇族自治州陇川县景罕镇，离中缅边境线仅10余公里，离章凤国家二级口岸仅9.3公里，章凤口岸边境线长50.9公里，中缅两国之间无天然屏障。与R村相邻的缅甸东北部居住的克钦族与R村景颇族有相近的语言，相似的民俗、生活习惯，这对R村的控毒措施提出了巨大挑战。因此，加强边民的防毒、控毒意识是R村最重要的禁毒措施之一。

但从另一角度看，R村距主要口岸通道拉影、拉勐很近，自古就是中缅贸易的集散地，具有便利的边境贸易条件，同时R村自然环境适宜开展农业生产，人均占有耕地充裕，如能充分利用自然条件，开展生产劳动及边贸生意，R村也具备得天独厚的自然优势。因此，多年来R村村民根据本村毒品问题实际情况、自有习俗和文化资源摸索出以下非正式控制措施：

### （一）组织村寨护村队

R村借鉴同县（陇川县）的城子镇曼冒村委会上寨坝的“金木玲妇女护村队”[①] 经验，于2004年由R村村民组织建立护村队自控组织，此举得到陇川县禁毒委员会和景罕镇派出所的充分肯定和大力支持。

R村护村队成员由部分吸毒者家属和村中未吸毒的青壮年共30余人组成，分为巡逻员、联络员和安保员，并设立专门的“禁毒基金”账户，由专人管理，该基金主要来源于村民缴纳的“禁毒保证金”和对违规者罚款两部分，用于护村队成员劳务补贴及奖励。

巡逻员的工作职责主要包括：严格按照时间和路线安排进行巡逻，及时发现村内出现的外来可疑人口，进行监督；当场抓获现行吸毒者，及时扭送当地派出所；在过年过节时和村里有红白事人员集中的场合，到场监督，杜绝吸毒者聚众吸毒，一旦发现村民聚众吸毒，及时向派出所举报，协助派出所工作人员查证；监督刑释解教人员异常动向，及时管控；建立刑释解教人员动态监控档案，与强制隔离戒毒

① “金木玲妇女护村队”由景颇族妇女金木玲倡导并创办，针对该村寨吸毒人员多、危害严重的情况，金木玲带领同村村民自发开展村内禁毒工作，主要措施包括村内巡逻及时发现村内吸毒人员，帮助、劝说其戒毒，对吸毒成瘾严重的村民，配合公安机关对其进行查获、送戒工作等。由于工作业绩突出，金木玲及其护村队受到各级政府的表彰，其本人于2003年被国家禁毒委和全国妇联评为“不让毒品进我家”先进工作者，2006年被国家禁毒委和中央宣传部评为“2005年度十大民间禁毒人士”，2008年被推选为党的十七大代表。

所跟踪帮教制度配合，在戒毒所民警跟踪回访时提供档案资料等。

联络员的工作职责主要包括：联络村内被收戒吸毒者家庭成员，对他们进行禁毒宣传教育，坚定他们禁毒的信心；在联络过程中，及时发现家属包庇和说情现象，对其进行教育；对毒品导致的未成年遗孤，及时发现，并帮助其联系亲友照管。

安保员主要负责对现场查获的吸毒者进行临时看管并移交公安机关，以及抵抗村内暴力分子的违法行为。

2005 年，护村队部分成员又组建了调解小组，及时调解因毒品引发的纠纷问题。这些纠纷主要包括：因村里吸毒成员在村内偷盗引起的纠纷事件；村民吸毒带动者与受带动吸毒者家属纠纷问题；因村民被收戒期间，其他村民占用土地引起的土地纠纷；村民举报者与被举报吸毒者及其家属的纠纷问题；因村内吸毒者为获取毒资所欠其他村民债务纠纷。调解小组往往借助国家法律和村内“人情”对纠纷双方进行劝解、开导。为保证工作长期开展，调解小组还制订了纠纷档案，及时归纳总结纠纷处理中积累的经验。

（二）落实村规民约

2006 年起，R 村村民之间形成了系列约定，逐渐建立起一套鼓励村民自我控毒、全体抗毒的规定，以此来控制村内毒品。这些约定主要涉及以下方面：

1. 特殊约定。按约定村民不得包庇复吸者，发现则进行处罚；因吸毒去世者，家属不得大肆操办丧事；吸毒者被收戒不得托人、托物说情；村民不得给予吸毒者劳动帮助和资金外借；屡教不戒断者不得参加任何村民活动；吸毒者家中老年人低保由村干部带领转交，不得经过吸毒者之手；戒毒成功者向村民寻求劳动互助帮助，村民不得拒绝。违反上述约定的，会受到相应的处罚。这项约定，获得村民的一致支持，其效果表现在：发动村民对吸毒者采取否定性评价、对吸毒者进行监控，同时，规定应帮助戒毒成功者，为其回归村寨生活提供了可能。

2. 帮教制度。R 村针对解教成功回归村寨人员设立了帮教制度，该制度由戒毒解教人员代表和村民代表共同拟定，目的在于帮助在强戒期间学会了生猪饲养、大棚蔬菜种植、甘蔗种植和理发等劳动技能的村民开展生产劳动，以此影响、带动其他戒毒解教村民，此举这得到了村民的极大支持。根据该村村民约定的帮教制度，一名戒毒解教成功人员和一名村民代表负责对一名戒毒回归人员进行帮教，帮教内容主要包括：建立帮教档案，掌握戒毒回归人员的基本情况、家庭和社会关系、经济状况、宗教信仰、爱好、特长，动员其坚持不复吸；筛选恢复生活困难者，帮教小组积极为其提供技术帮助，帮助他找到赖以生存的途径；对戒毒回归的未成年人，通过寻求亲友支持，积极动员他们复学或考试升学等。通过长期跟进、关怀，鼓励戒毒回归人员不复吸。

3. 流动人口管理约定。2008 年，村内出现大批缅籍务工人员，在为本村农业发展提供劳动力的同时，村内吸毒者复吸泛起，偷盗事件频发。为加强外来人口的管理，R 村制定流动人口管理制度。根据规定，村内娶缅甸籍妻子的家庭必须主动进行登记，报告缅甸籍妻子亲友到访记录。外来（流动）人口到本村租住房屋的，都必须在租住之前持原籍证明和照片到派出所办理暂住证，并向村委会申请备案（在房东的带领下），否则不许居住。外来（流动）人口在本村居住，必须遵守本村的各项规章制度，不许在村里打架或从事其他违法违纪行为，违反者立即搬出本村。外来（流动）人口暂住期满需提前三天到村委会办理注销手续或暂住延续手续。

（三）实行村寨联治

R 村所属的景罕镇共有八个行政村，由于相互毗邻，村民频繁往来，为毒品在村寨之间的流通提供了便利，同时也加大了公安机关对吸毒、贩毒行为查处的难度。据此，2014 年 1 月景罕镇政府组织八村联治行动，由 R 村、姐冒、莫袭等八村小组组成的八村理事会，制定八村公约和理事会财务规章制度，八村公约内容包括禁毒防艾、村风民俗和社管综治维稳三大方面的内容，共计 23 条。八村公约更好地维护了八村的社会秩序，促进了安定团结，为更好地开展综治维稳及禁毒防艾工作奠定了坚实的基础，有力地促进了社会主义精神文明建设。R 村与外村的联合治理和经验借鉴，增强了自身持续控毒的力量。

（四）利用风俗特点禁毒

边境村寨有着各民族“大杂居，小聚居”的生活背景，不同的民族拥有不同的风俗，它对各民族成员有一种非常强烈的行为制约作用。同时，风俗又是社会道德与法律的基础和相辅部分。面对毒品的深重危害，R 村村民充分运用民族的风俗正能量，不仅通过风俗仪式对吸毒村民进行戒毒教育，而且对其他村民进行持续性的行为约束。风俗仪式戒毒起于 R 村的一个傣族村小组拉院的傣俗“细万抓”① 方式自行戒毒，每天清晨，三五成群的傣族吸毒村民在“奘房”② 前集中，其中有正在自愿戒毒和经强制隔离戒毒出所的村民，进行“盆央蓝高断压，么辣让在压”③ 的宣誓，吸毒村民之间相互约束。后来这种风俗逐渐运用于 R 村的汉族和景颇族中，村民们将禁毒通过风俗习惯内化为自身的行为规范。

**三、控毒效果④**

（一）吸毒人员明显减少，戒断巩固率明显提高

目前 R 村登记在册吸毒人员 75 名，戒断 5 年及以上 27 人，戒断 5 年内 45 人，其中 2 人服用美沙酮，2 人进行社区戒毒，1 人进行社区康复。2008 年至今，吸毒人员零增长。1995—2008 年新增吸毒人数见表 6－2。

① 一种佛教分支，也是一种傣族文身，有不杀生的意思。此处是当地傣族的一种民间戒毒方式。

② 傣族进行宗教仪式的场所，现在功能更多样，各种村务也都在其中进行。

③ 傣语，意思为：我自愿戒毒，绝不碰毒，勤于劳动，好好生活。

④ R 村村容村貌的前后对比可以从另一个层面直观地反映出 R 村控毒效果。

表 6-2

| 年度 | 新增吸食毒品人数 | 年度 | 新增吸食毒品人数 |
|---|---|---|---|
| 1995 | 1 | 2003 | 19 |
| 1996 | 1 | 2004 | 5 |
| 1998 | 4 | 2005 | 8 |
| 1999 | 6 | 2006 | 8 |
| 2000 | 8 | 2007 | 5 |
| 2001 | 6 | 2008 | 1 |
| 2002 | 3 | 至 2014 年 | 0 |

可以发现，R 村现有吸毒人员总数大大减少，这与开展禁毒防艾人民战争密切相关。此外，从登记在册吸毒人员的戒断时间可看出，R 村吸毒人员复吸率大幅度下降，而有的戒断毒瘾人员，已经能恢复信心，在巩固戒断中发展生产，积极寻求发展之路，恢复社会功能。①

【个案6】R 村杨某一家 7 口人，全部与吸毒、贩毒有关。爷爷从 20 岁开始便在缅甸种植罂粟，吸食大烟（鸦片），25 岁返村结婚，婚后多次往返于中缅边境运送贩卖鸦片，其妻也同其一起贩卖、吸食鸦片。母亲是独生女，上门的父亲同样吸食鸦片。三个儿子从小在爷爷和父亲的剁把筒（大烟枪）边长大，闻着鸦片味就像吃着糖一样香，毋庸置疑，三人成年后均吸食鸦片。禁毒人民战争开始后，贩卖鸦片变得困难，杨某一家开始没落，父亲、大儿子和三儿子被送入强戒所和监狱，二儿子被送到安徽打工，家无人住、地无人种。在父亲、大儿子出所回家，二儿子返乡后，护村组织对其严密监控，督促其参加劳动技能培训，两年后，早已荒废的田地收获了甘蔗。

（二）健康水平显著提升，村民平均寿命延长

随着 R 村的毒情得到控制，毒品对村民的身体危害和精神伤害逐渐降低，原有吸毒人员成功戒断毒瘾，又积极参加生产劳动，精神和身体得以恢复，健康水平显著提升，大大延长了自身的基础寿命，积极影响 R 村村民的平均寿命。另外，村内社会环境大大改善，毒品本身以及因毒引起的消极影响渐渐消逝，村民的心理健康和身体健康都得到了恢复和提升。

【个案7】R 村的一个景颇族村小组“三八社”，在 2005 年以前村内 90% 以上的男子都吸了毒。上至七八十岁的“阿戈”②，下至七八岁的“只丈作”③，都深深

① 云南省陇川县志编纂委员会．陇川县县志．云南民族出版社，2005．

② 当地景颇族对七八十岁老翁的称呼。

③ 当地景颇族对七八岁小男孩的称呼。

地陷入毒品的泥淖里，“阿戈”没有一个是寿终正寝，“只文作”没有一个是茁壮成长，只剩那佝偻的老妪和稚气的小孩儿。村中时有丧事，可是无人操办、悼念。有孩子出生，可一出生便被艾滋病的阴影笼罩，没有新生命的喜悦。直到2005年后，各项控毒措施在“三八社”内实施，效果明显，茅草屋变成了空心砖房和青砖木房，废弃的耕地点缀了绿意，在老人逝世的丧事上跳起了目瑙①，孩子“三招”② 的时候有了欢声笑语。

（三）村民禁毒意识明显增强，民族文化得到发展

本研究对160名村民进行问卷调查，关于村民对所了解的国家和地方禁毒政策和法律法规的情况调查结果见表6－3和表6－4。

表6－3

| 知晓国家的禁毒政策和法规 | 百分比 |
|---|---|
| 禁吸、禁种、禁制、禁运、禁贩毒品 | 53.3 |
| 走私、贩卖、运输、制造毒品触犯《刑法》 | 56.7 |

从表6－3可以看出，超过一半的被调查村民知道国家禁吸、禁种、禁制、禁运、禁贩毒品，知道走私、贩卖、运输、制造毒品触犯《刑法》，将受到刑事处罚。

表6－4

| 知晓地方的禁毒政策 | 百分比 |
|---|---|
| 鸦片替代种植政策 | 73.3 |
| 加大强制戒毒所建设力度 | 76.7 |

从表6－4可以看到被调查村民，超过70%知道当地的鸦片替代种植政策，知晓当地加大强制戒毒所建设力度，力求禁毒的同时，也能发展生产。

从以上数据可以看出，在国家不断完善禁毒法律法规的同时，R村以各种群众喜闻乐见的宣传方式进行禁毒知识宣传，结合“农村家长学校”知识培训，村民自主组织进行禁毒小品自编自演等一系列活动，增强了村民参与禁毒人民战争的责任感和紧迫感，形成“人人知禁毒、个个来禁毒”人民战争的浓厚禁毒工作氛围，使村民参与禁防工作的积极性、主动性大大提升。

R村的毒品得到实效控制，为当地的景颇族、傈僳族以及其他少数民族的文化

① 全称为目瑙纵歌节，是景颇族最盛大的传统节日，每年的正月十五前后最为盛大，但作为一项舞蹈聚会，景颇族聚居的村寨每逢红、白事都会跳目瑙。

② 边境汉族为出生三天的新生儿举办的祝福礼，为孩子献饭（祭祀），并邀请亲朋好友吃一顿饭。景颇族因长期与汉族靠近居住，也都办“三招”。

延续和发展提供了稳定的社会环境，景颇族的目瑙纵歌又跳了起来，傈僳族的“上刀山，下火海”又活起来了。

(四) 村寨社会环境明显好转，村民安全感显著提高

本研究对160名村民进行问卷调查，关于村民对毒品受到控制之后村寨社会环境出现好转的态度的调查结果见图6－3。

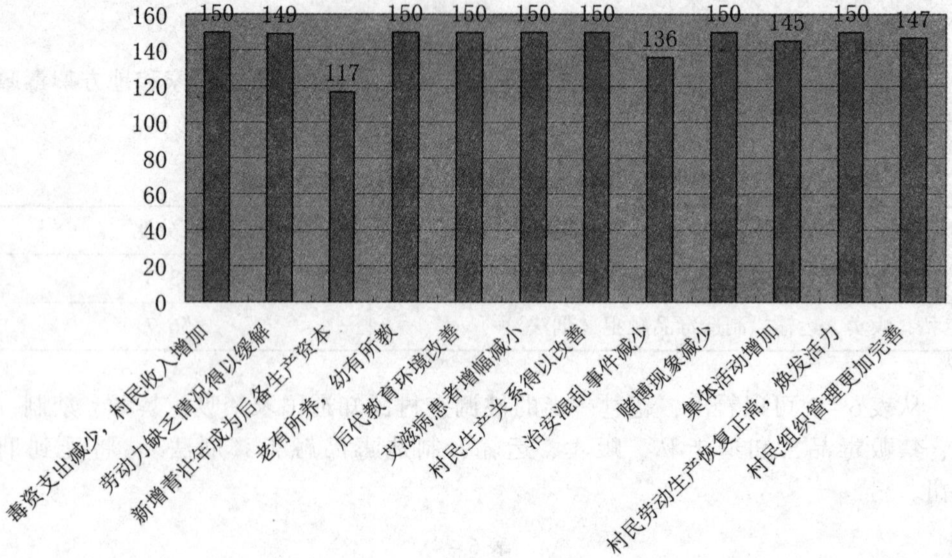


**图6－3　认为毒品得到控制后村寨发生以上转变的村民人数**

从图6－3以看到被调查村民普遍认为“毒资支出减少，村民收入增加”“老有所养，幼有所教”“后代教育环境改善”“ 艾滋病患者增幅减小”“村民生产关系得以改善”“赌博现象减少”“村民劳动生产恢复正常，焕发活力”“村民组织管理更加完善”。

可以看出，2005年开展禁毒防艾人民战争以来，通过各级政府、各部门的多层整治，R村积极借鉴其他村寨的成果经验并根据本村内毒情的特殊性自主创新禁毒措施施行，阻断村民境外亲戚毒源，严格管控贩毒村民以及家庭成员，严格管理外来复杂人员，使本村吸毒人员持续减少、复吸率明显下降，毒品蔓延趋势得到了遏制，刑事、治安案件全面下降，R村村民的生产环境、教育环境、卫生环境、关系环境和基层组织环境大大改善。

(五) 农业生产环境显著改善，村民生产互助紧密

R村的毒情得以控制，因毒引发的刑事、治安案件全面下降，农业生产环境大大改善。家长学校为毒品专业知识传授和法律宣传提供平台，既提高了村民的劳动力素质，也在子女教育过程中提供正确指导。对于因毒而成为留守儿童的帮助能够更加全面，适龄子女辍学率大幅降低，受教育水平稳步提升，为村寨劳动力素质提

供质的保证和提高。护村组织和村规民约实现有效控制，原有吸毒人员明显减少，新增初吸人员实现零增长，复吸率大大降低，为村寨劳动力提供量的保证和增加。村寨劳动力素质得以提升，数量得以增加，不仅扩大了村民生产互助面，而且使生产互助关系更加紧密，提高村民生产积极性，生产效率大幅提高。

（六）村民基层组织建设得到发展壮大

R村农村家长学校、护村队、调解小组等基层组织建立，人员组成、责任承担、特殊约定、帮教制度和流动人口管理规定为其运行提供可循规则，不仅结合村寨实际情况，有效实现本村禁毒，还能持续控毒，巩固控毒成果。这些组织由村民自发建立，在对村寨自身控毒的过程中更激发了村民参与禁毒战争的积极性和主动性，不仅树立了禁毒信心，更在恢复村寨发展中增强了村民的凝聚力和创造力，为村寨后续经济生产、基层组织建设和发展提供了充足的人力资源。实行村寨联治，实现了农村基层组织间在控毒过程中的资源共享和社会责任共担，不仅发展了单独村寨基层组织建设，更壮大了多村寨的基层组织。

## 第四节　R村控毒的经验与启示

【个案8】2010年8月，R村护村队在该村山地巡逻时发现本村青年女村民玉某正与两名缅籍女性躲在一窝铺①内吸食“卡苦”，当即，护村队对此三人进行临时管控，同时通知辖区派出所民警，并配合民警进行调查、取证。其后玉某被公安机关送入云南省第六强制隔离戒毒所陇川分所接受戒毒。因玉某已是第二次被护村队发现吸毒，按该村村规民约约定，玉某家人要在全村大会上缴纳禁毒保证金（罚款）200元，并保证今后要督促玉某戒毒，及时向护村队报告玉某情况。2012年，玉某被解除强制隔离戒毒，护村队派人协助民警将玉某接回R村，在回家路上便开始开导、规劝她要改过自新，避免复吸。此后，护村队每周派队员轮流到玉某家了解情况，与其本人和家人谈话，鼓励玉某自食其力，利用在强戒所学会的农业技术种植香瓜和西瓜，由村干部帮助她联系买家。目前，玉某靠种植每年可收入八万元左右，至今没有复吸，逐渐得到了家人和亲朋的谅解。

个案8其实是R村控毒历程的一个剪影，这样的个案在R村并非少数。它让我们看到，R村的护村队、村规民约等非正式控制措施与国家正式控制措施的衔接与耦合，二者相辅相成，为R村走出毒品阴影，重获新生提供了契机。如果对R村的控毒经验进行总结，我们可以得出以下启示。

① 村民为农忙时节方便从坝区到山地进行劳作，而在山中搭建的篱笆房、茅草房等临时、简陋建筑。

## 一、正式控制措施与非正式控制措施相得益彰

### （一）正式控制措施在非正式控制措施补充下得以落实

1. 查禁、戒断措施得到保障。由于边境地区居民社会关系复杂、地形崎岖，仅靠公安机关的力量很难及时、准确发现吸毒人员的行踪、提取吸毒证据。而村寨居民之间彼此熟悉，很容易发现本村人员吸毒情况，村寨内自发的禁毒措施，可以为公安机关查获吸毒人员提供重要线索，及时发现、收戒吸毒人员。

强制隔离戒毒对吸毒者仅仅是实现间断性控制戒断，但是这些戒毒学员回归社会后，复吸率居高不下已是世界公认的难题。国家的戒毒措施在对毒品实现持续控制上出现了空隙，而护村队控毒措施的具体实施作为非正式控制措施，对解教、戒断人员的异常动向，及时持续进行管控，能及时发现复吸以及新增吸毒村民，及时进行控毒，从而巩固吸毒人员管控成果。

对于自愿戒毒的吸毒人员，虽自身有积极主动性，但易受各种多变因素和环境影响，包括个人意志力、家人态度和他人影响，使自愿戒毒失败。而村民护村队监督和村规民约的制约，能及时控制那些可影响因素，创造自愿戒毒有利环境，从而促进实现戒毒，并巩固自愿戒毒成果。

2. 宣传教育发挥实效。《禁毒法》中明确规定国家和各级政府采取各种形式开展全民禁毒宣传教育，普及毒品预防知识，同时鼓励公民组织开展公益性的禁毒宣传活动。农村家长学校和各种村规民约的推行，以村民为主导，使禁毒教育落实到家庭、到村民个体，有效发挥了宣传教育实效。

### （二）非正式控制措施获得正式控制措施支持与保障

1. 方向目标得以明确。国家法律、政策等正式控制措施凭借国家强制力，在毒品控制过程中，对毒品犯罪、毒品滥用起到强力控制作用，对全国的毒品控制具有高度概括性，能指引全国禁毒的方向和目标。村民的非正式控制措施在方向和目标上，严格按照国家禁毒法律、政策的方向，支持吸毒者自愿戒毒，对不符合自愿戒毒和社区戒毒的吸毒者，及时发现帮助其进行强制戒毒，力求实现有效禁毒。在具体实施过程中，受国家禁毒法律、政策指导，护村队吸毒人员的监督和发现以公安机关的吸毒者检测为指导，在发现吸毒者时，及时与派出所、公安局取得联系，并移交。对于刑释解教人员的跟踪帮教制度以强制戒毒所的帮教制度为指导，同时助戒毒者自助。

2. 方式力度受到限定。法律是道德的底线，国家的禁毒法律是村民自治禁毒组织和村规民约的底线，不可逾越。护村队发现吸毒人员时，及时与派出所、公安局取得联系，并移交，没有私自以强硬方式进行管控的现象。对于发现吸毒人员没有以主观判断对其采取哪种戒毒措施，而是以卫生行政部门和公安部门的认定为准。村寨帮教制度秉承国家采取各种措施帮助吸毒人员戒除毒瘾，教育和挽救吸毒人员的理念，正确帮助、教育吸毒人员，实现持续控毒，没有以村寨熟人社会的

“人情”逾越帮助的界限。

（三）在实现毒品控制的同时促进当地社会协调发展

1. 巩固禁毒成果。护村队能在村寨这一特定范围内，对于那些在公安机关大面积检测发现吸毒人员的漏网之鱼，可以通过村寨这一熟人社会的关系，及时发现漏网的吸毒人员，进行快速管控。另外，对于解除强戒的吸毒人员，通过村规民约，村民进行相互监督和吸毒人员自我监督，使吸毒人员保持自愿戒毒信心，有效降低复吸率。调解小组和帮教制度，能迅速发现吸毒人员存在的困难和与其他村民间的矛盾，避免吸毒人员造成治安事件，巩固公安机关和强制戒毒所的禁毒成果。

2. 促进社会发展。

（1）劳动力素质提高，生产效率提高。农村家长学校在政府所组织家长学校的结构和方法指导下开展，为毒品专业知识传授和法律宣传提供平台，既提高了村民的劳动力素质，也在子女教育过程中提供正确指导。对于因毒而成为留守儿童的帮助能够更加全面，适龄子女辍学率大幅降低，为村寨劳动力素质提供质的保证和提高。护村组织和村规民约实现有效控制，原有吸毒人员明显减少，新增初吸人员实现零增长，复吸率大大降低，为村寨劳动力提供量的保证和增加。村寨劳动力素质得以提升，数量得以增加，不仅扩大了村民生产互助面，而且使生产互助关系更加紧密，提高村民生产积极性，生产效率大幅提高。

（2）人际关系改善，社会风气净化。调解小组对村内纠纷的调解，大大改善村内人际关系。村民自主组织集体活动，不仅替代毒赌等不良集体活动，更密切了村民之间的生活关系。贩毒、吸毒情况得以控制，使村寨老有所养，幼有所教，艾滋病患者增幅减小，因毒引起的治安事件和村民赌博情况减少，社会风气得到净化。

（3）基层民主制度完善，民众参与面扩大。R村农村家长学校、护村队、调解小组等基层组织建立，人员组成、特殊约定、帮教制度和流动人口管理制度为其运行提供可循制度规则，基层民主制度不断完善。基层组织由村民自主组织建立，对村民自身进行管理、监督和约束，依据村民相互协商制定的制度规则来规范这种自身管理、监督和约束，使民众对于基层民主的参与面得以扩大，参与程度得以加强。

**讨论与总结**

推进国家治理体系和治理能力现代化，体现在社会建设方面，就是要创新社会治理体制与机制。中缅边境地区由于涉及地理环境、历史渊源、跨境民族、制度差异等复杂因素，“金三角”地区毒品问题对我国的渗透及其社会危害问题日益凸显，亟须创新边疆社会毒品问题治理体制与机制，完善政策法律和乡村控制等机制。解决好边境民族地区毒品问题，是一个涉及国家安全、边疆稳定、民族团结、社会和谐的大事，更是关乎落实“四个全面”和“一带一路”发展倡议的正确理解和有效实施的大局。本章以对我国云南边境民族地区一个典型村寨的毒品危害描述为起点，在此基础上运用大量事实和定性定量的材料，详细分析了该村寨多年来对各类社会控制方式和可用社会资源的整合应用过程及实际效果。以当地村民自发组织护村队、制订村规民约等非正式控制方式与国家法律、政策等正式控制方式的配合运行为研究重点，结合社会控制的理论研究，对该典型村寨的经验进行梳理分析，使其条理化、系统化，力求将该经验推广到我国云南省边境村寨的禁毒实践中，进一步巩固、提升毒品控制实效，创新边疆社会毒品问题的治理体系。

（一）为世界性的毒品难题的解决进行了有益探索

毒品是全世界的共同敌人。据联合国发布的相关数据显示，全球有170多个国家及地区涉及毒品贩运问题，130多个国家及地区存在毒品消费问题。毒品本身的危害，以及其引起的毒品犯罪等问题是世界性的，禁毒问题成为世界性的难题。R村创新的毒品问题村寨控制机制，其成功实施和显著收效，可以为世界毒品控制提供借鉴与参考。

（二）为国家治理体系和治理能力现代化提供了宝贵经验

R村在控毒上的自我管理，关注了村寨整体，既支持毒品的正式控制，还积极探索村寨非正式控制机制，形成了系统的毒品治理体系，是国家的毒品治理体系现代化的缩影。另外，村民充分发挥已有治理能力探索、创新毒品治理体系，又在控毒过程中提升自我治理能力，更是国家治理能力现代化的表现。

（三）创新基层社会治理路径

R村创新的毒品治理，以村民为主体，由村民组织、实施，惠及于村民，是基层社会治理的探索与实践，在实现毒品控制的过程中，保护了村民生命财产安全，维护了村民根本利益，增强了村寨的社会发展活力。目前，村民安居乐业，村寨安定有序，从而促进了边疆安全与稳定，进一步维护了国家安全与利益。

（四）丰富社会控制理论

社会控制是伴随着人类社会矛盾的产生而出现的一种特殊现象，但作为一个学术概念，是由美国社会学家爱德华·A·罗斯在1896年发表的一篇题为《社会控制》的论文中首次提出。1901年，罗斯在此文的基础上进行了修改、汇集，完成了《社会控制》一书，从而使“社会控制”作为学术概念在理论研究领域广泛流传。罗斯认为“在良好的环境中，同情心、友善、正义感和怨恨能够靠它们自身产生出的一个纯粹的自然秩序，亦即一个没有人工设计和作用的秩序”，但是“这样一种秩序无不完善”①，难以维系无常的社会关系。这就需要“稳定的不受人影响的关系”来进行维持，也就是社会控制。关于具体的社会控制手段，罗斯提及了舆论、法律、信仰、社会暗示、教育、习惯、理想、礼仪、艺术、人格、启蒙、幻象、社会价值观和伦理准则等十多种具体手段，分别描述了不同手段对社会秩序

① ［美］E·A·罗斯．社会控制．秦志勇，毛永正译．华夏出版社，1989：32

产生作用的方式及效果。

根据社会控制的力量来源和表现形式可以将社会控制粗略地分为“正式社会控制、非正式社会控制、准正式社会控制”……“由国家机构适用、实施、执行法律、政策等正式规范以及对违法、违反政府政令行为的反应、消除或约束，可称作正式社会控制。”“非正式社会控制指的是非国家性质的社会组织、群体、个人对规范的实施、执行或对越轨行为的反应、消除或约束。准正式社会控制是指由国家干预制定的，但是以社会组织或非国家组织的名义发布、实施的规范，或者为了实现某些国家、政府的目的，由非国家组织制定的规范。”①

“社会控制”一词的提出，正式控制、非正式控制和准正式控制的分类、界定，都在社会控制理论体系中详尽论述，使社会控制理论有了形和骨。R 村创新的毒品问题村寨控制机制中，正式控制和非正式控制的具体方式和成功实施，将正式控制和非正式控制联动发挥作用，使社会控制在社会运行中形象体现并具体运用，用翔实个案和数据描述了各种社会控制方式之间相互促进、相互补充，联动实现基层社会治理的事实，是对社会控制理论的丰富和充实。

---

① 王启梁. 迈向深嵌在社会与文化中的法律. 中国法制出版社，2010：180.
本调查研究过程中，暂未发现当地具备“准正式社会控制”明显特征的措施，因此未在报告中讨论“准正式社会控制”问题。

# 参考文献

[1]［法］埃米尔·迪尔凯姆. 自杀论. 冯韵文译. 商务印书馆，2001.

[2]［捷］夸美纽斯. 大教学论. 傅任敢译. 教育科学出版社，1999.

[3]［美］E. A. 罗斯. 社会控制. 秦志勇，毛永政译. 华夏出版社，1989.

[4]［美］O. 瑞 C. 科塞. 毒品、社会与人的行为（第八版）. 夏建中等译. 中国人民大学出版社，2001.

[5]［美］罗斯科·庞德. 通过法律的社会控制. 沈宗灵译. 商务印书馆，2012.

[6]［美］霍华德·S. 贝克尔. 局外人：越轨的社会学研究. 张默雪译. 南京大学出版社，2011.

[7]［美］杰克·凯鲁亚克. 在路上. 王永年译. 上海译文出版社，2006.

[8]［美］罗伯特·K. 默顿. 社会理论和社会结构. 唐少杰，齐心，等译. 译林出版社，2008.

[9]［美］詹姆斯·克里斯. 社会控制. 纳雪沙译. 电子工业出版社，2012.

[10]［英］安东尼·吉登斯. 社会学（第四版）. 李康译. 北京大学出版社，2003.

[11]［英］安东尼·吉登斯. 失控的世界. 周红云译. 江西人民出版社，2001.

[12] 安建. 中华人民共和国禁毒法释义. 法律出版社，2008.

[13] 陈贝帝. 中国吸毒调查. 新华出版社，2006.

[14] 范晓清. 毒品的危害与戒毒治疗. 人民军医出版社，2006.

[15] 费孝通. 乡土中国生育制度. 北京大学出版社，1998.

[16] 风笑天. 社会学研究方法. 中国人民大学出版社，2008.

[17] 冯文全. 现代教育学新论. 电子科技大学出版社，2007.

[18] 高和荣. 越轨社会学. 吉林大学出版社，2007.

[19] 耿柳娜. 毒瘾透视：吸毒人群心理研究. 合肥人民出版社，2011.

[20] 谷中原. 社会学理论基础. 中南大学出版社，2005.

[21] 郭星华. 法社会学教程 . 中国人民大学出版社，2011.

[22] 韩丹，张鸿雁. 城市毒瘾：吸毒行为的社会学研究. 东南大学出版社，2008.

[23] 韩丹. 吸毒人群调查. 江苏人民出版社，2007.

[24] 韩丹. 吸毒与艾滋病问题的社会学研究. 中国社会科学出版社，2011.

[25] 何颂跃. 大脑的白色杀手. 科学出版社，2003.

[26] 侯钧生. 西方社会学理论教程. 南开大学出版社，2007.

[27] 李绍六. 成瘾性. 中国社会出版社，1997.

[28] 李银河. 女性主义. 山东人民出版社，2005.

[29] 刘长茂，张纯元. 人口结构学. 中国人口出版社，1990.

[30] 刘基，杨玲，等. 吸毒与戒毒. 甘肃教育出版社，2003.

[31] 刘建宏. 新禁毒全书（第一卷）：全球化视角下的毒品问题 . 人民出版社，2014.

[32] 刘少杰. 国外社会学理论. 高等教育出版社，2006.

[33] 刘选略，马敏艾，袁成. 禁毒立法和执法研究. 云南民族出版社，2000.

[34] 骆方，刘红云，黄昆. SPSS 数据统计与分析. 清华大学出版社，2011.

[35] 莫关耀，杜敏菊，李涛，杨久迎. 禁毒法学. 中国人民公安大学出版社，2014.

[36] 莫关耀，曲晓光. 禁毒社会工作. 中国人民公安大学出版社，2017.

[37] 莫关耀.《戒毒条例》释义. 中国人民公安大学出版社，2011.

[38] 彭华民. 人类行为与社会环境. 高等教育出版社，2011.

[39] 秦和平. 西南民族地区的毒品危害及其对策. 四川民族出版社，2005.

[40] 沙莲香. 社会心理学. 中国人民大学出版社，2011.

[41] 沈海梅. 医学人类学视野下的毒品、艾滋病与边疆社会. 云南大学出版社，2010.

[42] 师建国. 成瘾医学. 科学出版社，2002.

[43] 时立文. SPSS19. 0 统计分析从入门到精通 . 清华大学出版社，2012.

[44] 石起才. 毒品复吸的原因与预防. 苏州大学出版社，2008.

[45] 陶东风，胡疆锋. 亚文化读本. 北京大学出版社，2011.

[46] 王恩铭. 美国反正统文化运动：嬉皮士文化研究. 北京大学出版社，2008.

[47] 王继芬. 大麻毒品滥用与检验. 中国人民公安大学出版社，2009.

[48] 王启梁. 迈向深嵌在社会与文化中的法律. 中国法制出版社，2010.

[49] 王行愚. 控制论基础. 华东化工学院出版社，1989.

[50] 温勇，尹勤. 人口统计学（第一版）. 东南大学出版社，2006.

[51] 文军，蒋逸民. 质性研究概论. 北京大学出版社，2010.

[52] 夏国美，杨秀石. 社会学视野下的新型毒品. 上海社会科学院出版社，2009.

[53] 杨玲，李明军. 毒品吸戒问题研究：来自心理学的探索. 科学出版社，2010.

[54] 于燕京，张义荣，莫关耀. 禁毒学（上、下册）. 群众出版社，2005.

[55] 张明. 摆脱痛苦的心理依赖：成瘾心理. 科学出版社，2006.

[56] 张绍民，张翔鹰. 禁毒大视角：吸毒的预防与戒毒. 中国人民公安大学出版社，2004.

[57] 张绍民，张翔鹰. 禁毒大视角：毒品的种类和危害. 中国人民公安大学出版社，2004.

[58] 赵翔，等. 毒品问题研究：从全球视角看贵州毒品问题. 中国人民公安大学出版社，2005.

[59] 郑杭生. 社会学概论新修. 中国人民大学出版社，2005.

[60] 朱力宇. 法理学. 科学出版社，2013.

[61] 蔡晓良，陈沙麦. 女性吸毒问题的社会文化分析——以福州市的实证调查为例. 福建省社会主义学院学报，2008（3）.

[62] 陈为智. 论边疆社会问题的民族特性及其启示. 重庆工商大学学报（社会科学版），2011（4）.

[63] 陈文生，张玉竹. 北京地区高学历吸毒者人口学特征分析. 中国药物滥用防治杂志，2004（4）.

[64] 陈曦，何咏梅. 云南边疆民族地区禁毒教育的思考. 云南警官学院学报，2008（1）.

[65] 程巍. 毒品对青少年的危害及干预. 滨州教育学院学报，2001（1）.

[66] 褚天新，李桂英，刘海林，吴疆，唐耀武，孙伟东，边新玲. 北京地区吸毒人群人口学和行为学特征改变研究. 中华流行病学杂志，2003（4）.

[67] 戴冬菊. 药物依赖性与药物滥用. 西藏医药，2009（1）.

[68] 段伟，祝小慧. 当前青少年吸毒危险因素及治理对策. 中国药物依赖性杂志，2008（2）.

[69] 范辰辉. 吸毒人群的社会支持研究综述. 中国药物滥用防治杂志，2013（4）.

[70] 范志海，李建英. 青少年吸食合成毒品问题的社会学分析——基于上海市的个案调查. 华东理工大学学报（社会科学版），2012（5）.

[71] 房红. 国外禁吸戒毒模式述评. 云南警官学院学报，2010（1）.

[72] 房红，等. 云南强制隔离戒毒场所资源整合研究. 云南警官学院学报，2010（5）.

[73] 高朝霞. 对国外戒毒模式的借鉴与探索. 中国司法，2009（3）.

[74] 管彦杰，邵翀. 香港青少年禁毒教育简介及其启示. 青岛职业技术学院学报，2009（3）.

［75］韩丹. 国内吸毒问题的社会学研究述评. 唯实，2008（5）.

［76］韩丹. 国外吸毒问题的社会学理论视角述评——以美国相关研究成果为例. 唯实，2010（3）.

［77］何志雄，罗伟导，丘志文，邱鸿钟. 对吸毒原因的调查与分析. 中国药物滥用防治杂志，2004（1）.

［78］胡剑，景海俊. 北京青少年吸毒主观原因与预防研究. 经济师，2010（7）.

［79］黄雪妮. 家庭关系和谐对孩子成长的影响. 才智，2009（21）.

［80］蒋涛，朱玲怡. 初次吸毒行为的社会学解析. 青年研究，2005（8）.

［81］蒋涛. 吸毒研究文献综述. 中国市场，2010（9）.

［82］康均心，夏婧. 青少年犯罪的高危因素及其防控措施——以青少年吸毒为视角. 河南警察学院学报，2012（2）.

［83］蓝李焰. 吸毒者初次吸毒行为的原因探析——以成都市一家脱瘾康复医院的实证调查为例. 社会，2003（9）.

［84］兰月新. 吸毒人口趋势的定量研究. 武警学院学报，2011（4）.

［85］李光懿. 论边疆地区新型毒品的蔓延态势及控制对策——以云南为例. 武汉公安干部学院学报，2009（4）.

［86］李桂蓉. 英国中小学校药物滥用预防教育：政策、实践与研究. 中国药物依赖性杂志，2001（1）.

［87］李莉. 对毒品控制策略的理论探索. 人民论坛，2010（26）.

［88］李林. 风险社会背景下我国危险犯立法趋势研究. 东北大学学报（社会科学版），2012（2）.

［89］李全生. 布迪厄场域理论简析. 烟台大学学报（哲学社会科学版），2002（2）.

［90］李双其. 福建省吸毒者吸毒原因调查报告——基于对 240 名吸毒者的全面调研. 中国刑事法杂志，2004（1）.

［91］李桐，盛永红. 云南省少数民族地区农村家庭受教育水平现状及对策——对云南省少数民族地区教育负担率的抽样调查分析报告. 经济研究导刊，2008（11）.

［92］李霞. 女性吸毒人员回归社会问题透析. 云南警官学院学报，2010（6）.

［93］李雄鹰，杨玲. 女性吸毒者的社会态度及其改变. 社科纵横，2004（2）.

［94］李志军. 吸毒成瘾的行为主义分析及其对策研究. 南方论刊，2007（7）.

［95］廖龙辉. 青少年怎么会吸上毒的？——青少年吸毒的社会学分析. 社会，

2001（10）.

［96］廖龙辉．当前青少年吸毒行为现状及其成因的社会学分析．青年探索，2001（4）.

［97］廖全明，李辉．目前国内关于吸毒问题研究的现状综述．云南警官学院学报，2003（3）.

［98］林少真．多元话语视角下的毒品成瘾问题分析．集美大学学报（哲学社会科学版），2012（2）.

［99］刘长想．吸毒原因系统的理论分析．兰州学刊，2005（5）.

［100］刘晖，刘霞．女性吸毒特质诱因的社会学述评——以新型毒品为解释视角．学术界，2011（6）.

［101］刘燕，张良．毕节地区吸毒人群人口学特征调查分析．贵州警官职业学院学报，2008（6）.

［102］陆杰华，朱荟．2011：中国人口学研究的回顾与评述．人口学刊，2013（1）.

［103］周凌，罗伯特·歇尔．国际毒品控制决策的行为学分析与评估．西南石油大学学报（社会科学版），2009（2）.

［104］罗圣荣．21世纪初西南境外毒品问题及其影响与对策研究．思想战线，2018（5）.

［105］马滔．在我国推广戴托普模式的必要性和可行性分析．湖北警官学院学报，2014（10）.

［106］马永清，马克继．毒品问题的社会学透视法．学术探索，2004（9）.

［107］马永清，曲凯音．社会学视野下的毒品问题研究理论、方法及其实践．兰州学刊，2008（7）.

［108］梅传强，胡江．我国毒品犯罪的基本态势与防治对策（上）．法学杂志，2009（2）.

［109］莫关耀，杜敏菊．云南35岁以下青少年滥用合成毒品的现状及原因分析．中国药物滥用防治杂志，2016（1）.

［110］莫关耀，杜敏菊．云南35岁以下青少年吸食新型毒品的朋辈原因分析及预防策略．中国药物滥用防治杂志，2014（6）.

［111］莫关耀，杜敏菊．云南省青少年吸食新型化学合成类毒品的个人原因及其预防．云南大学学报（法学版），2014（6）.

［112］莫关耀，顾克非．《禁毒法》实施以来戒毒工作面临的境遇．昆明理工大学学报（社会科学版），2010（6）.

［113］莫关耀．调整云南禁毒战略措施的思考．云南大学学报（法学版），2011（5）.

［114］倪彤．中美青少年禁毒教育模式浅探及比较思考．教育教学论坛，2012

(18).

[115] 牛何兰，郭维丽.《禁毒法》视野下对云南禁毒宣传教育工作的思考.云南警官学院学报，2010（3）.

[116] 彭文涛. 父母教养方式研究概述. 阴山学刊，2008（1）.

[117] 钱宁. 社区戒毒的控制与支持网络——昆明市创建无毒社区活动研究.华东理工大学学报（社会科学版），2002（1）.

[118] 屈书杰. 美国中小学的禁毒教育. 外国中小学教育，2001（2）.

[119] 阮惠风. 女性毒品犯罪的实证分析. 云南民族大学学报（哲学社会科学版），2007（1）.

[120] 沈康荣. 新型毒品使用者的群体特征. 社会观察，2007（6）.

[121] 师索. 犯罪与风险——风险社会视野下的犯罪治理. 犯罪研究，2011（5）.

[122] 苏中华，郝伟，肖水源，范长河，谌红献，刘铁桥，杨德森. 我国部分地区成瘾物质使用的纵向研究第三部分：吸毒人员的人口学特征. 中国药物依赖性杂志，2005（1）.

[123] 唐斌. 浅析青少年吸毒的群体性特征及防治. 青少年犯罪问题，2005（1）.

[124] 田杰，傅思苑. 深圳市青少年吸毒现状及禁戒问题分析. 青少年违法及药物滥用防治对策学术研讨会论文集，1999.

[125] 万志红. 云南青少年吸毒现状分析. 云南警官学院学报，2007（1）.

[126] 王祎，周庆. 对浙江省女性吸毒问题的调查和思考. 中国药物依赖性杂志，2005（2）.

[127] 王强. 禁毒治理的社区资源整合. 政治与法律，2005（3）.

[128] 王新华，刘永亮，贾东水. 从《禁毒法》视野剖析学校毒品预防教育的缺失. 法制与社会，2009（25）.

[129] 王艳芬，张玉竹，等. 北京地区三种新型毒品流行滥用特征. 中国药物依赖性杂志，2008（6）.

[130] 王正兴. 毒品控制与替代发展. 科技导报，1999（6）.

[131] 王志华. 毒品控制政策的经济分析. 黑龙江省政法管理干部学院学报.2004（6）.

[132] 夏国美，王莉娟. 吸毒女性的社会心理. 社会，1999（9）.

[133] 夏国美. 国内首次新型毒品大型调查报告. 社会观察，2007（6）.

[134] 夏国美. 社会学视野下的禁毒研究——青少年吸毒问题调查. 社会科学，2003（10）.

[135] 夏小燕，性别角色发展的理论述评. 黑龙江教育学院学报，2007（2）.

[136] 徐向群. 青少年吸毒行为及其防控的社会学分析. 青年研究，2000

(3).

[137] 徐媛媛，庄华，张鹏. 中外社区戒毒和社区康复研究比较. 云南警官学院学报，2010 (1).

[138] 许华宝. 澳门特区禁毒教育的情况及发展. 中国药物滥用防治杂志，2003 (3).

[139] 杨惠. 社会因素对吸毒行为影响及吸毒社会心理分析. 中国公共卫生管理，1995 (5).

[140] 杨慧芳. 女性犯罪者的人格、应付方式、情境因素与犯罪行为研究. 心理科学，2004 (2).

[141] 杨玲，孙连荣，李雄鹰. 女性吸毒行为及其社会处境的相关研究. 西北师范大学学报（社会科学版），2002 (4).

[142] 俞国华，程宜福，等. 259例吸毒者心理社会因素分析. 中国行为医学与脑科学杂志，1997 (2).

[143] 刘敬平，房红，阮惠风，等.《禁毒法》背景下云南禁吸戒毒工作现状与建议——以云南省德宏州禁吸戒毒工作为例. 云南警官学院学报，2010 (1).

[144] 张爱华，韩丹. 亚文化视角下的青少年吸毒行为分析及干预. 青少年犯罪问题，2015 (3).

[145] 张金生. 2000余名吸毒者社会心理透视. 中国社会工作，1996 (2).

[146] 张胜康. 论亚文化群体对青少年毒品使用行为的影响 . 青年探索，2002 (4).

[147] 张晓春. 浅析毒品问题的社会控制手段. 广西警官高等专科学校学报，2005 (1).

[148] 张莹，王玥. 吸毒行为的法律定性. 中国卫生法制，2013 (4).

[149] 陈文生，张玉竹. 北京地区高学历吸毒者的情况分析. 中国药物滥用防治杂志，2004 (4).

[150] 赵子慧，王晓丹，等. 女性吸毒人员的吸毒因素、社会化状况及应对措施. 中国药物依赖性杂志，2005 (2).

[151] 郑晓边，朱明慧. 女性吸毒人员的心理调查与研究. 妇女研究论丛，2005 (3).

[152] 周小琳，杨碧. 导致吸毒的因素探析. 法制与社会，2011 (17).

[153] 周艺. 鸦片对近代云南沿边少数民族地区的影响. 大理学院学报，2011 (9).

[154] 朱振菁，吴莉莉，杨扬. 浅析人际交往中从众、顺从与服从现象. 学理论，2012 (12).

[155] 陈谞. 禁毒预防论. 吉林大学博士学位论文，2005.

[156] 林少真. 话语建构视角下的新型毒品吸食行为研究. 上海大学博士学

位论文，2010.

［157］林晓萍．美国毒品控制模式研究：1945—1973．福建师范大学博士学位论文，2012.

［158］朴昕．女性吸毒行为的心理机制及影响因素研究．内蒙古师范大学博士学位论文，2007.

［159］Cloward · R. and Ohlin，L. E，1960，Delinquency and Opportunity：A Theory of Juvenile Gang. New York：Free Press.

［160］Hirschi，T.，1994，A Control Theory of Delinquency. Theories of Deviance.

［161］Rjader，S.，2005，“I am not a Drug Abuser，I am a Drug User”：A Discourse Analysis of 44 Drug Users’ Construction of Identity. Addiction Research and Theory.

［162］Albert Cohen. Delinquent Boys：the Culture of Gang. New York：New York Free Press，1955.

［163］Boardman，J. D，Finch，BK，Filison，C. C，William，D. R，and Jackson，J. S.，2001，Neighborhood Disadvantage，Stress and Drug Use among Adults. Journal of Health and social behavior. 1986.

［164］Kadel，D. B and M. davis. Prgression to regular Marijuana Invovement：Phenomenology and Risk Factors for Near – daily Use. in Vunerability to Drug Abuse，eds. M. Glantz and R. Pickens. Washington，D. C.：American Psychological Association，1992.

［165］United Nations：Office on Drug and Crime，2014 World Drug Report. June 2014，New York：United Nations Publication.

# 附录

## “云南省35岁以下青少年吸食毒品原因调查分析”问卷

________女士\先生：

您好！我们是云南师范大学的学生，我们在做一个由云南省禁毒委员会办公室、云南省公安厅禁毒局委托的项目——“云南省35岁以下青少年吸食毒品原因调查分析”，我们采取偶遇抽样的方式选择您为我们的调查对象，本次调查主要涉及的问题包括：您的基本信息、您吸食毒品方面的一些信息。我们将对您的所有信息进行保密，感谢您对我们工作的支持！谢谢！

填写问卷时，请在您认为符合自己情况的序号上打“√”，谢谢您的合作。

1. 调查地点：______________　2. 调查时间：______________
3. 问卷编号：______________　4. 调查地编号：______________
5. 调 查 员：______________

A　**基本信息**

A1. 您的性别：1. 男　2. 女

A2. 您的年龄：1. 18岁以下（不包括18岁）；2. 18~25岁；3. 26~35岁

A3. 您之前或者现在的职业：

01. 国家与社会工作人员　　02. 经理人员
03. 私营企业主　　04. 专业技术人员
05. 办事人员　　06. 个体工商户
07. 商业服务业员工　　08. 产业工人
09. 农业劳动者　　10. 城乡无业、失业、半失业者
11. 学生　　12. 其他，请注明：______

A4. 您之前或者现在的月收入：

1. 2000元以下　2. 2001~4000元　3. 4001~7000元
4. 7001~10000元　5. 10001元以上

A5. 您的教育程度是：

1. 文盲半文盲 2. 小学 3. 初中 4. 高中、中专、职高技校 5. 大学专科 6. 大学本科及以上

A6. 您的婚姻状况：

1. 未婚 2. 未婚同居 3. 已婚 4. 已婚分居 5. 离婚 6. 丧偶

A7. 您的户口性质：1. 城市户口 2. 城镇户口 3. 农村户口

A8. 您的户籍所在地：____________________

A9. 您的民族是：__________

A10. 您认为您家总体收入状况在当地处于：

1. 底层 2. 中下层 3. 中层 4. 中上层 5. 上层

A11. 您是否有在娱乐服务场所从业的经历（如舞厅、酒吧、游艺厅、美容美发室、浴室、洗脚屋等）

1. 是 2. 否

A12. 您在吸毒前，业余时间经常出入哪些场所：

1. 娱乐场所（迪厅、舞厅、网吧等） 2. 棋牌馆 3. 美容美发室 4. 浴室、浴足房

5. 其他，请注明：________

## B 行为方式

B1. 在吸毒以前或者以后，是否曾经有过下列行为

| 项 目 | 吸毒以前 | | 吸毒以后 | |
|---|---|---|---|---|
| | 是 | 否 | 是 | 否 |
| 1. 借朋友的钱不还 | | | | |
| 2. 偷拿家里人的钱 | | | | |
| 3. 靠谎话和假话骗钱 | | | | |
| 4. 有意破坏或损害公共财物（比如路灯、电缆等） | | | | |
| 5. 破坏公共秩序的行为 | | | | |
| 6. 在超市拿了东西不付钱 | | | | |
| 7. 常常旷工或是逃学 | | | | |

B2．在过去一周内，出现下列情况的程度

| 项　目 | 没有（一天也没有） | 很少有（一天以下） | 有时有（1~2天） | 常常有（3~4天） | 都有（5~7天） |
|---|---|---|---|---|---|
| 1. 感到和你家里人相处得来 | 1 | 2 | 3 | 4 | 5 |
| 2. 感到你对家人很重要 | 1 | 2 | 3 | 4 | 5 |
| 3. 感到家里人很信任你 | 1 | 2 | 3 | 4 | 5 |
| 4. 感到生活中不缺少亲情 | 1 | 2 | 3 | 4 | 5 |
| 5. 感到家里人漠视你的存在 | 1 | 2 | 3 | 4 | 5 |
| 6. 感到在你需要时，家里人都会帮助你 | 1 | 2 | 3 | 4 | 5 |
| 7. 感到家里人给了你很多的帮助 | 1 | 2 | 3 | 4 | 5 |
| 8. 感到家里人永远不会抛弃你 | 1 | 2 | 3 | 4 | 5 |

B3．在过去一周内，出现下列情况的程度

| 项　目 | 没有（一天也没有） | 很少有（一天以下） | 有时有（1~2天） | 常常有（3~4天） | 都有（5~7天） |
|---|---|---|---|---|---|
| 1. 感到你现在的朋友其实也不是真正的朋友 | 1 | 2 | 3 | 4 | 5 |
| 2. 感到朋友很少 | 1 | 2 | 3 | 4 | 5 |
| 3. 感到周围没有信任你的人 | 1 | 2 | 3 | 4 | 5 |
| 4. 感到和周围的人交往没有任何意思 | 1 | 2 | 3 | 4 | 5 |
| 5. 感到周围没有值得你信赖的人 | 1 | 2 | 3 | 4 | 5 |

（续表）

| 项　　目 | 没有（一天也没有） | 很少有（一天以下） | 有时有（1～2天） | 常常有（3～4天） | 都有（5～7天） |
|---|---|---|---|---|---|
| 6. 感到周围没有一个人理解你 | 1 | 2 | 3 | 4 | 5 |
| 7. 感到自己和周围的人很疏远 | 1 | 2 | 3 | 4 | 5 |
| 8. 感到周围的人没有人愿意接近你 | 1 | 2 | 3 | 4 | 5 |
| 9. 感到没有任何一个人会帮助你 | 1 | 2 | 3 | 4 | 5 |

B4. 您是否同意以下说法

| 项　　目 | 很不同意 | 不太同意 | 一般 | 比较同意 | 非常同意 |
|---|---|---|---|---|---|
| 1. 我比较容易受朋友的影响 | 1 | 2 | 3 | 4 | 5 |
| 2. 我会在言行举止上尽量和朋友们一样 | 1 | 2 | 3 | 4 | 5 |
| 3. 朋友对我的生活来说非常重要 | 1 | 2 | 3 | 4 | 5 |
| 4. 我总是接受朋友们的建议 | 1 | 2 | 3 | 4 | 5 |
| 5. 我很在乎朋友怎么评论我 | 1 | 2 | 3 | 4 | 5 |
| 6. 我会根据朋友的评价来改变自己的行为 | 1 | 2 | 3 | 4 | 5 |
| 7. 我迫切希望得到朋友的认可和赞扬 | 1 | 2 | 3 | 4 | 5 |
| 8. 我只要有空就希望能和朋友待在一起 | 1 | 2 | 3 | 4 | 5 |

B5. 在还没有吸毒的时候，您平时交往的朋友大概有____人，这些朋友和您的关系是：(可多选)

1. 同学 2. 同事 3. 邻居 4. 亲戚 5. 社会结交 6. 网络结交 7. 其他，请注明________

B6. 这些朋友中有正式工作的人所占的比例是：

1. 100% 2. 75% ~100% 3. 50% ~75%
4. 25% ~50% 5. 25%以下 6. 0%（没有）

B7. 这些朋友中有______人当时已经吸毒的。

B8. 这些朋友主要以吸__________________为主。

B9. 您与这些朋友经常聚会吗？

1. 没有 2. 偶尔 3. 非常少 4. 常常 5. 非常频繁

B10. 您与这些朋友聚会的主要形式是：(可多选)

1. 吃饭 2. 打牌（麻将） 3. 唱歌 KTV
4. 跳舞蹦迪 5. 洗浴按摩 6. 泡吧
7. 其他，请注明________

B11. 您有没有因吸毒而结识其他的朋友：______，有________人。

1. 有 2. 没有

B12. 这些新朋友中有正式工作的人所占比例是：

1. 100% 2. 75% ~100% 3. 50% ~75%
4. 25% ~50% 5. 25%以下 6. 0%（没有）

B13. 您与这些新朋友经常聚会吗？

1. 没有 2. 偶尔 3. 非常少 4. 常常 5. 非常频繁

B14. 您与这些新朋友聚会的一般形式是：

1. 吃饭 2. 打牌（麻将） 3. 唱歌 KTV
4. 跳舞蹦迪 5. 洗浴按摩 6. 泡吧
7. 其他，请注明______

B15. 这些新朋友中，有多少是吸毒的：

1. 100% 2. 75% ~100% 3. 50% ~75%
4. 25% ~50% 5. 25%以下 6. 0%（没有）

B16. 您与这些新朋友聚会时，一起吸毒吗：

1. 没有 2. 偶尔 3. 非常少 4. 常常 5. 每次

B17. 你们通常吸毒的场所是在哪里？第一地点：______ 第二地点：______ 第三地点：______

1. 自己家里 2. 朋友家 3. 娱乐服务场所 4. 宾馆酒店 5. 隐蔽的公共场所，比如公厕等 6. 其他：请注明__________

B18. 吸毒使您与原来的多少朋友疏远：

1. 100%　　2. 75% ~100%　　3. 50% ~75%

4. 25% ~50%　　5. 25%以下　　6. 0%（没有）

C　**毒品滥用**

C1. 您初次吸毒大约是______岁。

C2. 您初次吸毒是谁提供的？

1. 朋友　　2. 配偶或恋人　　3. 亲戚或家人

4. 娱乐场所服务人员　5. 不熟悉的人　　6. 自己购买

C3. 您初次吸食的毒品有哪些：（可多选）

1. 海洛因　　2. "摇头丸"　　3. "K粉"　　4. 大麻　　5. 麻古

6. 冰毒　　7. 古柯碱　　8. 其他，请注明：________________

C4. 您当时知道吸毒是违法的吗？

1. 知道　　2. 不知道　　3. 不清楚　　4. 没想过这个问题

C5. 初次吸毒之前，您对这些药物的认识是：（可多选）

1. 从未听说过　2. 听过这方面的宣传教育　3. 从朋友处听到过觉得很刺激

4. 从影视或网络上听到过　　5. 知道使用它们是违法的

6. 其他，请注明______________________________

C6. 您初次吸毒是在哪里？

1. 家里　2. 娱乐服务场所　3. 朋友家里　4. 公共场所，比如广场、公厕

5. 其他，请注明______________

C7. 你初次吸毒时有几人在场：

1. 独自一人（跳答C9）　　2. 1人　　3. 2~3人　　4. 很多人

C8. 若是两人以上在场，他们和你的关系是：（可多选）

1. 家人亲戚　2. 同学　3. 同事　4. 社会上的朋友　5. 不熟悉的认识的人

6. 聚会场所偶尔遇到的人　　7. 其他，请注明________________________

C9. 您初次吸毒的心理是：（可多选）

1. 有点担心，但还是想试一试　2. 听说吸一次不会上瘾　3. 不想试，但担心旁边的人看不起自己　4. 无所谓　5. 心情不好，想试一试　6. 认为自己能控制　7. 不知道危害性

C10. 您初次吸毒的原因是：（可多选）

1. 好奇　2. 压力过大　3. 从众心理　4. 被人引诱\被逼迫　5. 寻求刺激

6. 过于相信自己的自制力，认为即使上瘾也可以戒掉

7. 其他，请注明：____________________

C11. 进入戒毒所戒毒以前，您原来就读的学校有没有举办过禁毒知识宣传或讲座教育：（若没有上过学则跳过该题）

1. 有　　2. 走形式　　3. 没有

C12. 进入戒毒所戒毒以前，您所在的社区有没有举办过禁毒防艾等的知识宣传或讲座教育：

1. 有　　2. 没有　　3. 不清楚

C13. 进入戒毒所戒毒以前，您父母有没有对您进行过毒品知识教育：

1. 有　　2. 没有　　3. 听不进去

C14. 进入戒毒所戒毒以前，您有没有参加过禁毒等的知识宣传或讲座教育：

1. 有　　2. 没有　　3. 与我无关

C15. 进入戒毒所戒毒以前，您有没有在报纸、网络、电视中看到过禁毒等知识的宣传或讲座教育：

1. 有　2. 没有　　3. 离我很远

C16. 您希望接受的禁毒宣传方式：(可多选)

1. 讲座　2. 宣传画或海报　3. 禁毒视频或电影、电视　4. 禁毒话剧　5. 吸毒人员现身说理　6. 其他，请注明＿＿＿＿＿＿＿＿

C17. 您希望接受的禁毒宣传内容：(可多选)

1. 毒品的基本知识　2. 最新的戒毒方式与技术　3. 毒品的危害　4. 最新的禁毒形势

5. 拒绝毒品的技巧　6. 禁毒法律政策　7. 其他，请注明＿＿＿＿＿＿＿＿

C18. 您进入戒毒所是：1. 初次吸毒（跳答 C21）　2. 复吸

C19. 您复吸的地点：(可多选)

1. 娱乐场所（迪厅、舞厅、网吧等）　2. 家里（包括自己家与朋友家）

3. 浴池或厕所　4. 公共场所（车站、厕所、广场等）　5. 宾馆酒店或出租房

6. 其他，请注明：＿＿＿＿＿＿＿＿

C20. 您复吸的原因：(可多选)

1. 自己决心不大　2. 心瘾的折磨　3. 无一技之长找不到工作

4. 受粉友的诱惑　5. 无家可归　6. 受人歧视

7. 其他，请注明：＿＿＿＿＿＿＿＿

C21. 最常吸食的毒品名称有哪几种：(可多选)

1. 海洛因　2. "摇头丸"　3. "K 粉"　4. 大麻　5. 麻古

6. 冰毒　7. 古柯碱　8. 其他，请注明：＿＿＿＿＿＿＿＿

C22. 您的毒品通常从哪种途径获得：(可多选)

1. 亲友提供　2. 从贩药人那里购买　3. 同伴提供　4. 个体诊所和零售药店

5. 偷窃　6. 医院　7. 娱乐服务场所

C23. 您吸毒后生理是否有瘾：1. 有　2. 没有　3. 说不清楚

C24. 您吸毒后心理是否有瘾：1. 有　2. 没有　3. 说不清楚

D　高危行为

D1．您吸毒后的反应有哪些：（可多选）

1. 兴奋、疯狂　2. 有性冲动　3. 想发泄　4. 感觉不舒服（生理上的）

5. 感觉很放松、很舒服　6. 其他，请注明：________________

D2．您吸毒后是否有过破坏性行为（如伤人、自伤、破坏财物）：

1. 有　　2. 没有

D3．您是否曾经因吸毒而生命有危险：

1. 是　　2. 否

D4．吸毒是否曾经使您陷入经济困境：

1. 是　　2. 否（跳答 D6）

D5．若陷入经济困境，您一般采取什么方法来增加您的经济收入：（可多选）

1. 向父母要　2. 向亲戚朋友借　3. 多做兼职挣钱　4. 卖家里的东西

5. 偷窃抢劫　6. 到处骗钱　7. 以贩养吸　8. 坐台或出台　　9. 其他，请注明：______________

D6．您对吸毒的认识是：（可多选）

1. 自己愿意，与别人无关　2. 扰乱治安、危害家庭社会　3. 性关系混乱，传染疾病　4. 没什么想法，活到哪里是哪里　5. 可作为对海洛因的替代品，减少对毒品的依赖

D7．您是否与他人共用过针具：1. 是　2. 否

D8．您认为自己会有感染艾滋病毒的风险吗：1. 是　　2. 否　　3. 不清楚

D9．您是否认为自己的性伴侣中已经有人感染了艾滋病：1. 是　2. 否　3. 不清楚

D10．您是否进行过艾滋病感染检查：1. 是　　2. 否　　3. 没想过要检查

D11．您在吸毒以后是否发生过同时和多个人的性关系：1. 有过　　2. 没有过（跳答 D13）

D12．您吸毒以后发生过多个人性关系的对象是：（可多选）

1. 熟悉的朋友　2. 不太熟悉的朋友　3. 商业性交易　4. 陌生人

5. 其他，请注明：________________

D13．吸毒后，您与别人发生性关系的地点是：（可多选）

1. 没有发生过（跳答 D15）　2. 家里　3. 朋友家　4. 旅馆　5. 娱乐服务场所　6. 其他，请注明：________________

D14．吸毒后，您与他人发生性关系时，您或对方使用安全套的频率是：

1. 从来不用　2. 很少用　3. 约一半时间用　4. 大部分时间用　5. 每次都用

D15．您通常性行为的对象是：

1. 同一个人　　2. 不同的两个人　　3. 不同的三个人　　4. 三个人以上

D16. 您通常发生性行为的对象和你的关系是：(可多选)

1. 配偶　2. 恋人　3. 娱乐场所的性交易者　4. 聚会上遇到的朋友

5. 熟悉的朋友　6. 不熟悉的朋友

D17. 发生性行为时，您或对方使用安全套的频率是：

1. 从来不用　2. 很少用　3. 约一半时间用　4. 大部分时间用　5. 每次都用

D18. 您在吸毒后感染过哪种传染疾病：(可多选)

1. 性传播疾病　2. 感染性疾病（甲肝、乙肝、肺炎 等）　3. 没有感染任何病

4. 不清楚有没有感染

我们的调研到这里就结束了，再次感谢您对我们工作的支持与理解！

# 后 记

我们依托云南省禁毒委员会办公室和云南省禁毒教育培训科研基地相关项目，运用多学科视角、交叉学科的研究思路，采取文献研究、比较研究、定性与定量实证研究等方法，展开了毒品滥用的原因与治理的研究，用实证研究的方法探寻毒品滥用的规律和特点，以及治理的对策建议，进一步丰富了相关研究的第一手资料，拓展了禁毒研究的视野和领域。目的是为了进一步加深对于毒品问题的理解与认识，丰富相关研究成果，推动禁毒学科专业建设。成果也可供各级党委政府、公安司法、社会工作等有关机构做决策咨询和实务工作参考。

本书由全国著名的禁毒教育专家莫关耀教授和他的学生陈璐、金羽、康蔚林、段宏宇、马彦、杨海燕共同撰写。相关的调研和实证研究从 2012 年持续到 2017 年，遍及云南全省。研究得到了云南省禁毒委员会办公室、云南师范大学、云南省禁毒教育培训科研基地和各地公安禁毒、司法等部门领导、民警、老师和学生的大力支持，同时参阅了大量其他学者的研究成果，在此一并表示深深的敬意与谢意。特别需要感谢的是原云南省禁毒办主任、现云南省公安厅副厅长胡祖俊，云南省禁毒办主任郭有兵，云南省禁毒办副主任余兵，云南省禁毒委员会原专职副秘书长陈新民，云南省公安厅禁毒局两禁处处长高运弘、副处长杨长福，预防教育处原处长朱姝玫，以及云南师范大学原校长、现云南大学党委书记杨林教授，云南师范大学哲学与政法学院毕天云教授、杨九迎副教授、刘婷副教授、蒋凌月副教授、曹丽副教授、房珂竹教授、朱海平博士、李芳博士，云南中医药大学谢晓如副教授，以及所有参与项目调研的老师同学们。

莫关耀

2018 年 6 月